OS NOVOS CAPITALISTAS

Preencha a **ficha de cadastro** no final deste livro
e receba gratuitamente informações
sobre os lançamentos e as promoções da
Editora Campus/Elsevier.

Consulte também nosso catálogo
completo e últimos lançamentos em
www.campus.com.br

STEPHEN DAVIS
JON LUKOMNIK
DAVID PITT-WATSON

OS NOVOS CAPITALISTAS

Tradução
Afonso Celso da Cunha Serra
Professor de Especialização em Tradução,
PUC-Rio, CCE

ELSEVIER

CAMPUS

Do original: *The New Capitalists*
Tradução autorizada do idioma inglês da edição publicada por Harvard Business School Press
Copyright © 2006 by Stephen Davis, Jon Lukomnik e David Pitt-Watson

© 2008, Elsevier Editora Ltda.

Todos os direitos reservados e protegidos pela Lei nº 9.610, de 19/02/1998.

Nenhuma parte deste livro, sem autorização prévia por escrito da editora, poderá ser reproduzida ou transmitida sejam quais forem os meios empregados: eletrônicos, mecânicos, fotográficos, gravação ou quaisquer outros.

Copidesque: Ana Cristina de Assis Serra
Revisão: Jaime Teotônio Borges Luiz e Roberta Borges
Editoração Eletrônica: Estúdio Castellani

Elsevier Editora Ltda.
Rua Sete de Setembro, 111 – 16º andar
20050-006 – Centro – Rio de Janeiro-RJ – Brasil
Telefone: (21) 3970-9300 Fax: (21) 2507-1991
E-mail: info@elsevier.com.br
Escritório São Paulo
Rua Quintana, 753/8º andar
04569-011 – Brooklin – São Paulo – SP
Tel.: (11) 5105-8555

ISBN: 978-85-352-3066-6
Edição original: ISBN 978-1-4221-0101-8

Nota: Muito zelo e técnica foram empregados na edição desta obra. No entanto, podem ocorrer erros de digitação, impressão ou dúvida conceitual. Em qualquer das hipóteses, solicitamos a comunicação à nossa Central de Atendimento, para que possamos esclarecer ou encaminhar a questão.

Nem a editora nem o autor assumem qualquer responsabilidade por eventuais danos ou perdas a pessoas ou bens, originados do uso desta publicação.

Central de atendimento
Tel.: 0800-265340
Rua Sete de Setembro, 111, 16º andar – Centro – Rio de Janeiro
e-mail: *info@elsevier.com.br*
site: *www.campus.com.br*

CIP-Brasil. Catalogação-na-fonte
Sindicato Nacional dos Editores de Livros, RJ

D295n Davis, Stephen M., 1955-
     Os novos capitalistas : a influência dos investidores-cidadãos nas decisões das empresas / Stephen Davis, Jon Lukomnik, David Pitt-Watson ; tradução Afonso Celso da Cunha Serra. – Rio de Janeiro : Elsevier : PREVI, 2008.
     (ExpoMoney)

     Tradução de:The new capitalists
     Inclui bibliografia
     ISBN 978-85-352-3066-6

     1. Investimentos. 2. Capitalismo – Aspectos sociais. I. Lukomnik, Jon. II. Pitt-Watson, David. III. Caixa de Previdência dos Funcionários do Banco do Brasil. IV. Título. V. Série.

08-2188   CDD: 330.122
                                                    CDU: 330.342.14

Agradecemos a Clo, Lynn e Ursula

e dedicamos este livro a nossos filhos,

Gabriel, James, Jacob, Julia, Aidan,

Eleanor, Jimmy e Isabel.

Esperamos que eles tenham a chance de prosperar

e contribuir, num mundo onde prevaleça a economia civil.

Agradecimentos

Muita gente em todo o mundo está contribuindo para o desenvolvimento da sociedade civil. No entanto, a sabedoria e as recomendações de algumas pessoas, em especial contribuíram para nossa compreensão de suas possibilidades e armadilhas. Tomamos a liberdade de cognominá-los, neste contexto, de economistas civis. Nessa categoria se incluem Jamie Allen, Philip Armstrong, André Baladi, Marco Becht, Igor Belikov, Pierre Bollon, Gordon Brown MP, Matt Brown, Steve Brown, Tim Bush, Peter Butler, Sir Adrian Cadbury, Jonathan Charkham, Peter Clapman, Bill Crist, Frank Curtiss, J. Sanford Davis, Peter Dey, Sandy Easterbrook, Jesus Estanislau, Harrison J. Goldin, Jeff Goldstein, Peter Gourevitch, Sandra Guerrra, Jim Hawley, Alan J. Hevesi, Patrícia Hewitt MP, Marianne Huvé-Allard, Mats Isaksson, Hasung Jang, Jeff Kindler, Paul Lee, Pierre-Henri Leroy, Michael Lubrano, Bob Massie, Alan McDougall, Colin Melvin, Ira Millstein, Nell Minow, Bob Monks, Carol O'Cleireacain, Taiji Okusu, Bill Patterson, David Phillips, Iain Richards, Alastair Ross Goobey, Howard Sherman, James Shinn, Anne Simpson, Tim Smith, Christian Strenger, John Sullivan, Raj Thamotheram, Dario Trevisan, Shann Turnbull, Paulo Conte Vasconcellos, David Webb, Ted White, Ralph Whitworth, John Wilcox, Andrew Williams e Ann Yerger. Também agradecemos a Mikael Lurie por suas pesquisas e a Josie Reason pelo apoio a nossos esforços.

Ainda estendemos nossos agradecimentos a Gail Ross, Howard Yoon e Jacque Murphy pela ajuda em transformar *The New Capitalists*, de início uma série de artigos, em livro plenamente concebido e documentado como tal. Entretanto, quaisquer erros remanescentes, por omissão ou comissão, são de responsabilidade dos autores.

Attachments

Os Autores

Stephen Davis, PhD, é presidente da Davis Global Advisors, empresa de consultoria especializada em governança corporativa internacional, e editor da newsletter semanal *Global Proxy Watch*. Também é co-fundador da International Corporate Governance Network e membro do grupo consultivo do PNUMA sobre investimentos responsáveis. Participa do International Advisory Board of Euronext e do grupo de trabalho da Policy Network sobre reforma econômica. Além disso, é sócio fundador da GovernanceMetrics Internacional, g^3 [global governance group] e Beacon Global Advisors. Dr. Davis fez o doutorado na Fletcher School of Law and Diplomacy, Tufts University. Seu livro anterior, *Apartheid's Rebels,* foi indicado para o Prêmio Pulitzer.

Jon Lukomnik é sócio-gerente da Sinclair Capital, consultoria em estratégia, especializada em gestão de investimentos. Já serviu como Controlador Adjunto da cidade de Nova York, atuando como assessor de investimentos de planos de benefício definido, com ativos superiores a US$ 800 bilhões, e da própria tesouraria municipal. Também foi membro do Comitê de Credores da falência da WorldCom, presidente do Comitê Executivo do Council of Institutional Investors, participante da Força-Tarefa de Investidores da International Finance Corporation do Banco Mundial e único membro não advogado do Comitê sobre a Lei das Sociedades por Ações da Associação dos Advogados da Cidade de Nova York. Co-fundou a International Corporate Governance Network e a GovernanceMetrics International, serve no International Advisory Board of Euronext e é sócio do g^3 (global governance group).

David Pitt-Watson é presidente do Hermes Equity Ownership Service (HEOS) e ex-CEO do Hermes Focus Asset Management (HFAM), importante fundo ativista da Europa e único do mundo de propriedade e patrocínio de importante instituição de investimentos. Com o apoio de alguns dos maiores fundos de pensão do mundo, o HEOS e o HFAM desempenharam papel importante na reversão do desempenho de mais de trinta grandes empresas da Inglaterra e da Europa Continental. Pitt-Watson é autor de "Princípios Hermes", primeira iniciativa de uma grande instituição de investimentos no sentido de definir suas expectativas em relação às empresas em que efetua investimentos.

Prefácio

Dê uma olhada em sua conta de poupança. Talvez você não saiba, mas nela está faltando sua fatia de um bolo que, no todo, vale mais de US$3 trilhões. Seu extrato deveria mostrar parte de um colossal pool de riqueza, destinado a fomentar a prosperidade, mas nele nada se vê. Agora, folheie os cadernos de emprego dos jornais, onde se depara com outro mistério. O mundo deveria oferecer muito mais empregos, mas todo esse manancial de trabalho continua inexplorado.

Dois são os principais objetivos deste livro. Primeiro, expor os mecanismos que historicamente afastaram entre si empresas e cidadãos, na tentativa de resolver o enigma do desperdício de poupanças e empregos. Segundo, identificar poderoso fenômeno compensatório que está levando gestores, investidores, políticos, ativistas e cidadãos a cultivar novas habilidades para uma nova forma de capitalismo. O que chamamos *economia civil* aos poucos se transforma em realidade por uma razão simples: a população de *novos capitalistas* está exercendo influência cada vez maior sobre a agenda das empresas.

Quem são esses novos capitalistas? O poder das empresas era exercido por magnatas ou pelo Estado. Em alguns lugares ainda é assim. Mas, na América do Norte, na Europa, no Japão e, cada vez mais, em todo o mundo, os proprietários das empresas multinacionais são as dezenas de milhões de trabalhadores que investem suas poupanças em ações, por meio de fundos de pensão e de investimentos. Essas poupanças acumuladas detêm participação acionária majoritária nesses grandes empreendimentos, compostas pelo total das lascas minúsculas pertencentes a cada um dos investidores pessoas físicas. Dos desbravadores da tecnologia da informação no Vale do Silício aos perfuradores de poços de petróleo na Nigéria, das cervejarias do México às gigantes de produtos químicos da Alemanha, os cidadãos, em conjunto, são agora os verdadeiros proprietários das maiores empresas do mundo.

Evidentemente, esses cidadãos ainda não se conscientizaram da nova realidade nem passaram a desempenhar o novo papel. Com efeito, até pouco tempo, essa transferência histórica de propriedade era efetivamente pouco significativa – com natureza mais de factóide peculiar que de tendência de fato relevante para empresas ou países. O poder efetivo continuava em mãos de um pequeno elenco de atores distantes, anônimos e irresponsáveis, em Wall Street, em Tóquio e na City de Londres, ou ainda nos gabinetes dos governos, simplesmente porque os cidadãos proprietários ainda não tinham consciência dessa propriedade civil – de sua condição de novos capitalistas – que lhes outorgará poderes para cobrar responsabilidade dos tradicionais traficantes de influência ou os expulsará do palco.

Entulho e receita

Veja essas duas histórias que, para nós, ilustram o *passado* e o *futuro* das empresas.

Altas horas de uma noite fria de 2004, policiais da cidade de Nova York prenderam à força o ex-principal executivo da Enron, Jeffrey Skilling. Várias pessoas haviam telefonado para a polícia, queixando-se de que o homem estava bêbado e agressivo, assediando estranhos, tentando arrancar a blusa de uma moça, em busca de dispositivos de escuta, e acusando transeuntes de serem agentes do FBI. No trajeto para a delegacia, o carro da polícia que levava preso Skilling passou pelos arranha-céus que ele outrora freqüentara como traficante de influência, na época do apogeu da Enron, antes de a empáfia e a desfaçatez ostensiva de seus executivos terem deflagrado uma enxurrada de processos criminais por fraude, transformando a empresa em entulho.

Poucas horas depois, nos grupinhos que se reúnem em torno dos bebedouros daquelas torres de escritório, o comportamento de Skilling era o principal tema de bate-papo entre executivos. Também houve quem expressasse alívio por ter conseguido esquivar-se das balas que feriram o ex-colega com tanta gravidade. A Enron, concordaram, era exceção. Ou a operadora de energia fora vítima de muito azar ou era realmente maçã podre num mercado que, em geral, funcionava bem.

Mas essas não eram as lições certas a extrair do episódio. As forças que haviam do derrubado Skilling tinham menos a ver com má sorte ou com grave transgressão do que com a ascensão de uma nova classe popular de cidadãos investidores, que contavam com as ações da Enron e de outras empresas para financiar suas aposentadorias. Numa ruptura com o passado, a queda vertiginosa da Enron não resultou apenas na baixa sangrenta de alguns magnatas nos campos de batalha. Dessa vez, perdas gigantescas assolaram as contas de investimento e os sonhos para o futuro de milhões de poupadores da classe média e do povo em geral. O escândalo espontaneamente desencadeou intensa reação nos Estados Unidos – e, depois, em todo o mundo – contra a má conduta das empresas. Assim, a prisão de Skilling, mais que ocorrência inusitada, foi demonstração vigorosa de como os novos cidadãos, donos de empresas, estão impondo o fim do velho estilo de fazer negócios.

Mas qual é o novo estilo de fazer negócios almejado pelos cidadãos investidores? À guisa de resposta, considere uma segunda história, que estabelece uma relação improvável entre a General Electric, uma das empresas mais poderosas do mundo, e uma obscura coalizão de freiras católicas. Em 2002, os fundos de pensão de várias ordens religiosas, detentores de participação infinitesimal na empresa, requereram inclusão de proposta de deliberação na ordem do dia da assembléia geral ordinária dos acionistas da GE. A pretensão das freiras era a de que o conselho de administração divulgasse relatório sobre as emissões de gases do efeito estufa e indicasse as medidas a serem adotadas para promover a eficiência energética e combater as mudanças climáticas. As freiras argumentavam que a responsabilidade ambiental seria favorável aos resultados financeiros da empresa.

O CEO Jeffrey Immelt de início rechaçou a proposta e determinou sua rejeição formal pelos meios rotineiros. Mas a reação dos proprietários de ações que compareceram à assembléia geral foi surpreendente. Nada menos do que 23% deles votaram contra a administração e apoiaram a proposta das freiras. Depois daquela admoestação, os executivos decidiram analisar com mais cuidado a recomendação dos novos proprietários capitalistas e determinaram que se analisassem em profundidade as implicações da redução das emissões. Os resultados desses estudos foram espantosos. Se a GE mudasse de curso e convertesse a eficiência energética em missão básica da empresa, ela não só reforçaria sua reputação no mercado, mas também geraria receitas adicionais de pelo menos US$10 bilhões nos cinco anos seguintes. Por fim, em 2005, a empresa anunciou um grande projeto, abrangendo toda a organização, denominado "ecomagination", para realizar os objetivos propostos pelas freiras.[1]

Círculo de responsabilidade e prestação de contas

O caso da GE não é atípico. Os novos capitalistas estão começando a promover mudanças radicais em todo o planeta, à medida que impulsionam a economia civil. Encontramos demonstrações dessa realidade, primeiro, no ciclo de responsabilidade e de prestação de contas:

Pessoas físicas proprietárias de ações – os novos capitalistas – estão despertando para o poder dos cidadãos investidores em todo o mundo, **incitando os**

Investidores institucionais a construir *portfolios* responsáveis e a adotar estratégias ativistas, que **induzam** os

Conselhos de administração a promover reformas abrangentes que os tornem responsáveis perante os acionistas, **desenvolvendo uma agenda para**

As empresas e os executivos de empresas que estão aderindo a um novo "manifesto capitalista", que, ao mesmo tempo, desbrava nova rota para o sucesso, **o que, por sua vez,** confere aos

Novos capitalistas poder sem precedentes.

Este livro não pretende ser texto definitivo sobre atuação do conselho de administração, sobre funções dos auditores nem sobre governança dos investidores. Na bibliografia, sugerimos recursos para atender exatamente a esses propósitos. Em vez disso, oferecemos um insight inovador: o de que todas essas peças do mercado agora se encaixam umas com as outras. Nosso objetivo é decifrar o código não expresso que as interliga na economia civil. Também recomendamos ferramentas práticas a serem usadas pelos gestores, pelos investidores, pelos cidadãos e pelos formuladores de políticas para deflagrar e impulsionar a revolução.

Entrando na economia civil

O que queremos dizer exatamente com o termo *economia civil*? Na esfera política, adotamos o termo *sociedade civil* para definir o vasto conjunto de instituições indispensáveis a promover e a reforçar a responsabilidade dos governos democráticos pelo atendimento das necessidades públicas. Entre essas entidades se incluem imprensa livre, judiciário equânime, grupos cívicos, partidos políticos, sindicatos, instituições religiosas e cidadãos.

A economia civil é fenômeno que envolve variedade semelhante de instituições paralelas – mas que atuam no âmbito dos negócios, não na esfera da política. Hoje, essas entidades interagem de maneira a impelir a ascensão de uma nova espécie de empresa. Atualmente, os empreendimentos bem-sucedidos são aqueles que desenvolvem cada vez mais a capacidade de cultivar o dinamismo comercial, mas florescem num contexto de responsabilidade e de prestação de contas perante os proprietários de ações.

Esse ambiente ainda é território exótico para algumas empresas. As pessoas de negócios geralmente são demonizadas como gananciosas e imediatistas. Algumas realmente merecem esses epítetos. Porém, a grande maioria é composta de líderes empresariais com mentalidade prospectiva e empreendedora, conscientes de que o ressentimento popular contra a globalização, contra a segregação entre o chão da fábrica e as suítes executivas e contra os choques recorrentes entre empresas e interesses sociais está minando a confiança do público nas instituições fundamentais para o crescimento econômico.

Essa transformação da economia convencional em economia civil não é apenas algo que se espera venha a acontecer. Já *é* fenômeno em curso, que está ocorrendo agora. Se prosseguirá, e em que rumo, são evidentemente aspectos questionáveis. Porém, nem os gestores de empresas, nem os investidores em ações, nem os cidadãos participantes podem ignorar essa tendência em andamento.

Anfetaminas financeiras

No entanto, antes de tudo, considere três erros em que *não* incidiremos neste livro. Primeiro, não temos a ilusão de que a revolução da propriedade arregimentará imediatamente quem tem interesses no *status quo*. Com efeito, apontamos em cada capítulo as barricadas erigidas contra o avanço dos novos capitalistas. Não se pode subestimar o poderio das forças convencionais. Contudo, neste livro, também enfatizamos as muitas *soluções* que os novos capitalistas estão desenvolvendo fora do alcance dos holofotes da atenção pública. Nem todas essas inovações são bem-sucedidas; o avanço por vezes é retardado e, não raro, bloqueado; em outras ocasiões, a marcha para frente é entremeada por sucessivos retrocessos. Porém, mesmo intermitente, o progresso é contínuo, pois a nova realidade persistente da propriedade do capital é irreversível, como tentamos demonstrar neste livro.

Segundo, não sustentamos que, ao assumirem responsabilidade social, as empresas automaticamente superam os concorrentes. É até possível que desenvolvam vantagens competitivas, mas deixamos a questão para os acadêmicos, que estão divididos sobre o tema. Ao contrário, nosso argumento é diferente: os novos capitalistas estão reescrevendo as regras que há muito definem como julgar os vitoriosos e os fracassados no mundo comercial.

Considere as corridas de velocidade nos jogos olímpicos como analogia. Se nos importássemos apenas com a vitória de nossos atletas numa única prova, insistiríamos em que usassem drogas estimulantes ou até que, de alguma forma, prejudicassem os concorrentes, comprometendo o desempenho deles mediante recursos desleais. Mas não agimos assim, pois queremos que nossos atletas sejam honestos com os concorrentes, que não arrisquem sua saúde e segurança, que participem não só da próxima prova, mas de muitas outras no futuro e, finalmente, que sejam exemplos do que os seres humanos são capazes por meio de pura força de vontade, talento e disciplina, sem recorrer a meios ilícitos. Em conseqüência, celebramos os atletas vencedores como heróis – mas *somente* se competirem em conformidade com as regras de boa conduta.

No mundo dos negócios, os equivalentes financeiros das anfetaminas e do jogo sujo são manipular opções sobre ações, adulterar demonstrações financeiras, defraudar fundos de pensão, poluir o meio ambiente e comprar influências políticas. Quando os proprietários pouco se importam com as regras do mercado de ações, executivos inescrupulosos podem recorrer a técnicas fraudulentas, sem restrições, para arrancar na frente e para manter a dianteira – mesmo que suas empresas se estilhacem depois da explosão de desempenho ou causem graves danos a outras organizações ou ao mercado.

Os novos capitalistas exigem jogo limpo porque seus interesses, como os dos expectadores dos jogos olímpicos, são amplos e duradouros. Portanto, a economia civil que estão construindo não se constitui de empresas que se afastam da rota principal e enveredam por desvios em busca de sucessos efêmeros que não duram mais que um trimestre ou um ano. Compõe-se, isto sim, de empresas que mudam de curso sob a orientação dos incentivos e desincentivos *impulsores* de mudanças duradouras no mercado como um todo. Daí decorre a adoção de novos métodos de gestão pelos executivos, de supervisão pelo conselho de administração, de participação pelos proprietários de ações, de intermediação pelos intermediários, de apuração do patrimônio e dos resultados pelos contadores e de influenciação pelos cidadãos.

Finalmente, não estamos afirmando que economia civil emergente é arauto de uma nova espécie de "fim da história", em que os conflitos sociais pelo controle da economia desapareceriam como que por magia. Por que seria assim? A revolução da propriedade remanejará o poder para promover diferentes meios e modos de solucionar problemas, mas não será capaz de eliminar os problemas em si.

Impulsionando a mudança

Observe de novo sua conta de poupança. Estamos tentando demonstrar que o capital é o combustível que impulsiona a reforma. Ao atuarem cada vez mais como novos capitalistas, refletindo os interesses dos cotistas, os grandes fundos de investimento pressionam cada vez mais os conselhos de administração e os CEOs a operarem em consonância com um novo contexto pragmático. Sim, os cidadãos investidores forçam as empresas, por todos os meios disponíveis, a gerar lucros crescentes. Afinal, sem lucros não há pensões. No entanto, os novos capitalistas também se empenham, com igual energia, em garantir que os lucros das empresas sejam reais, em vez de meras ilusões produzidas por prestidigitações contábeis. O foco se desloca com intensidade crescente para o desempenho empresarial duradouro e de longo prazo, afastando-se dos malabarismos imediatistas que apenas produzem resultados efêmeros. E os fundos de investimento e de pensão insistem com persistência e obstinação em que as empresas gerem lucro sem transferir despesas – como as decorrentes da poluição do meio ambiente – para a sociedade em geral, pois, como contribuintes, os cidadãos investidores acabarão pagando a conta.

A economia civil, decerto, ainda está em gestação. Obstáculos formidáveis retardam seu desenvolvimento. Mas o embrião está crescendo. A prisão noturna de Jeffrey Skilling representou o fim de sua trajetória como senhor do mundo dos negócios. A GE é uma das desbravadoras dos novos caminhos rumo ao futuro. Os líderes que não mudarem o próprio comportamento e não alterarem o curso de suas instituições ficarão para trás. Os que se adaptarem terão muito maiores chances de sucesso, em proveito de todos, pois a economia civil bem gerenciada oferecerá aos novos capitalistas perspectivas bem mais promissoras, sob a forma de prosperidade duradoura, difusa e eqüitativa, baseada na confiança pública.

Para descobrir como obter todos esses resultados, voltemos ao mistério exposto no início deste prefácio. De que maneira US$3 trilhões escoaram entre os dedos de empresas famintas por capital e de cidadãos investidores desprevenidos? Ao esclarecermos esse mistério, desbravaremos o caminho para uma nova agenda empresarial.

Sumário

Prefácio — xi

PARTE UM
OS NOVOS CAPITALISTAS

CAPÍTULO 1
A Economia Civil: Democratização da Propriedade — 3

CAPÍTULO 2
Passado dos Negócios: Economia Incivil — 25

PARTE DOIS
O NOVO CÍRCULO CAPITALISTA DE RESPONSABILIDADE E PRESTAÇÃO DE CONTAS

CAPÍTULO 3
O Futuro da Empresa: Manifesto Capitalista — 39

CAPÍTULO 4
Investidores Institucionais: Mobilização da Propriedade — 65

CAPÍTULO 5
Conselhos de Administração: Novas Práticas de Responsabilidade e Prestação de Contas — 101

PARTE TRÊS
O NOVO ECOSSISTEMA CAPITALISTA

CAPÍTULO 6
Monitoração do Mercado: Os Manda-chuvas da Informação   125

CAPÍTULO 7
Normas Contábeis: Desvencilhando-se dos Quadrados do Irmão Luca   151

CAPÍTULO 8
ONGs e Capital: A Sociedade Civil Conflui com a Economia Civil   177

PARTE QUATRO
A AGENDA DO NOVO CAPITALISMO

CAPÍTULO 9
Memorandos de Ação: A Agenda do Novo Capitalismo   209

Epílogo   245

Notas   249

Bibliografia Selecionada   269

Índice   281

PARTE UM

Os Novos Capitalistas

CAPÍTULO 1

A Economia Civil

Democratização da Propriedade

Pouca gente se considera magnata, capaz de mudar os destinos de enormes empresas multinacionais. Mas é assim que deveríamos sentir-nos, ao menos de acordo com os números.

Veja o caso da GE, a maior empresa do mundo, cujo valor de mercado em 2006 era de nada menos que estonteantes US$350 bilhões – mais de um terço de um trilhão de dólares.[1] Se toda a população da Indonésia, 200 milhões de pessoas, labutasse durante um ano e não consumisse absolutamente nada, ainda assim não produziria o suficiente para comprar esse gigante multinacional.

E quem são os donos da GE? Não são grandes magnatas. Quem examinar a lista de acionistas da empresa não encontrará um único prócer do capitalismo. Na verdade, os principais detentores de ações da GE são enormes instituições financeiras, como Barclays Bank, State Street e Fidelity. Os fundos de investimento dessas instituições representam os proprietários da GE. O capital por eles gerenciado não é próprio, mas sim de dezenas de milhões de pessoas que agregam suas poupanças sob a gestão profissional dessas empresas de serviços financeiros.

Isso significa que, provavelmente, muitos leitores deste livro serão proprietários da GE. A maioria das pessoas, sobretudo em países como Estados Unidos, Inglaterra e em outras economias desenvolvidas, poupa para a aposentadoria, investindo suas poupanças em fundos de investimento ou em fundos de pensão. Portanto, cada um desses indivíduos, por meio de seus bancos, corretores, gestores de recursos e empresas de seguros, são donos de pequenas fatias da GE.

Esse tipo de propriedade é fenômeno global. Dois dos maiores proprietários de empresas na Inglaterra não são Sir Richard Branson ou a rainha, nem mesmo J. K. Rowling, mas os fundos de pensão dos empregados da British Telecom e dos trabalhadores em empresas de mineração; juntos são mais de 800 mil proprietários de ações. Nos Estados Unidos, os mil maiores fundos de pensão gerenciam mais de US$5 trilhões em recursos de terceiros. Os cinco maiores representam servidores públicos dos estados da Califórnia (dois fundos), Nova York e Flórida, além do sistema de aposentadoria de servidores públicos federais.[2] Na Dinamarca, é o ATP, fundo de pensão de todos os trabalhadores assalariados do país; na Holanda, é o ABP, abrangendo todos os servidores públicos. Cada uma dessas instituições detém participações acionárias em milhares de empresas.

Em conjunto, os trabalhadores, por meio de suas poupanças, são acionistas majoritários das empresas mais poderosas do mundo. Mas nem sempre foi assim.

Ainda em 1970, um pequeno grupo de capitalistas controlava as maiores organizações de negócios. Nas empresas americanas típicas, as instituições financeiras, representando pequenos investidores, possuíam apenas 19% das ações, muito menos que a participação direta de pessoas físicas, a maioria delas pertencente ao grupo dos 1% mais ricos da população.[3] Hoje, em contraste, os fundos de investimento e de pensão são proprietários de mais da metade de todas as ações em circulação nos Estados Unidos. Com efeito, os 100 maiores gestores de dinheiro dos Estados Unidos, sozinhos, controlam 52% de todas as ações de empresas americanas.[4] Além disso, a tendência não mostra sinais de reversão. De acordo com o Conference Board, os investidores institucionais detinham 69,4% das mil maiores empresas abertas dos Estados Unidos em 2004, forte aumento em comparação com 61,4% em 2000.[5] Deslocamento tectônico semelhante do poder econômico ocorreu na Inglaterra. Lá, em 1963, a participação acionária direta de pessoas físicas, geralmente ricas, era de 54%. Hoje, essa proporção reduziu-se para 15%, enquanto as instituições detêm mais de 70% das ações de empresas inglesas, em cotejo com apenas 25% naquele ano.[6] Na Austrália, na França, na Alemanha, no Japão, na Holanda e na Suécia – de fato, na maioria dos grandes mercados acionários do mundo – o capital dos investidores institucionais está ofuscando cada vez mais o de pessoas físicas afluentes.

A capacidade de determinar os rumos econômicos de países inteiros – outrora apanágio exclusivo de governos ou de poucos mercadores e príncipes, como os Rothschild ou os Medici – hoje se transferiu para investidores institucionais que representam as poupanças para a aposentadoria de categorias profissionais diversas, como policiais, metalúrgicos e programadores de computadores.[7] A premissa deste livro é a de que estamos diante de transformação revolucionária que vem exercendo impacto profundo em todo o mundo, afetando desde as reservas de cada um para a terceira idade até o vigor das economias nacionais. Peter Drucker, o profeta da administração, previu esse formidável deslocamento de recursos já em 1976, em seu livro *The Unseen Revolution*.[8] Agora, chegou a hora dos "novos capitalistas".

Magnatas do povo?

Mas não nos empolguemos. Nem todas as pessoas têm o tipo de poupança que as qualifica como cidadãos investidores. Vastas camadas das sociedades continuam pobres. Salário satisfatório, sem falar em reserva para a aposentadoria, está além do horizonte para bilhões de pessoas. Além disso, as notícias do dia-a-dia acompanham a tendência de as empresas reduzirem os benefícios para a aposentadoria. Os trabalhadores temporários e os de baixa remuneração geralmente não desfrutam de qualquer destes benefícios. Até os que trabalham em tempo integral, com empregos estáveis, se sentem inseguros em relação aos recursos com que contavam para pagar as despesas de subsistência depois da aposentadoria.

Porém, se a capacidade de poupança como atributo universal ainda é algo distante, a transformação sem precedentes na propriedade de empresas é, sem dúvida, realidade inquestionável. As estatísticas já citadas indicam que os investidores institucionais substituíram os ricos como detentores de ações. Contudo, convém escavar mais fundo para verificar se os grandes fundos de investimentos e de pensão não passam de novos intermediários de pessoas afluentes, apenas sob outra denominação, ou se essas entidades realmente refletem nova e ampla participação do público na propriedade de ações.

E aqui despontam as questões fundamentais: de quem é o dinheiro gerenciado por essas instituições? Perante quem essas instituições são responsáveis e a quem prestam contas? Vejamos primeiro a situação no Reino Unido e nos Estados Unidos, países em que as informações são mais abundantes e acessíveis.

Quantas famílias britânicas contribuem para fundos de pensão e compram apólices de seguro de empresas cujas reservas são investidas em ações? Cerca 55% da população trabalhadora do Reino Unido investe em fundos de pensão privados e outros 10% têm parceiros que também contribuem, de acordo com pesquisa recente do governo. Além disso, trabalhadores que talvez não mais contribuam o fizeram no passado. Portanto, mesmo se admitindo o fato de que alguns fundos de pensão do setor público talvez não se lastreiem em investimentos em títulos e valores mobiliários, cerca de dois terços da população do país investe em ações por meio de seus fundos de pensão.[9] Mais ou menos 47% das famílias inglesas têm seguro de vida; outros 15% têm pensões fornecidas por empresa de seguro.

Os números contam história semelhante nos Estados Unidos, onde, em 1989, menos de um terço das famílias possuíam ações. Hoje, algo entre 50% e 60% têm poupanças no mercado de ações, diretamente ou por meio de fundos de investimento ou de contas de aposentadoria. Essas transformações se manifestam inclusive sob a forma de autopercepção, ou seja, a maneira como as pessoas se identificam perante si mesmas. Em princípios da década de 1990, apenas cerca de 20% dos eleitores americanos se consideravam investidores; agora, mais da metade se inclui nessa categoria.[10] E a tendência deve perdurar, quanto mais não seja porque as empresas estão substituindo os planos de pensão tradicionais por outros de contribuição definida e transferindo as decisões e os riscos dos investimentos para cada um dos empregados.

Sem dúvida, milhões de pessoas – entre 35% e 45% da população dos Estados Unidos e da Inglaterra – não contam com reservas de poupança aplicadas em ações. Porém, alta porcentagem da população – 55% a 65%, mais do que a fatia que comparece às eleições, nas quais o voto não é obrigatório – participa de alguma maneira dos mercados de capitais. Numerosos gurus e políticos não hesitam em afirmar que uma nova "classe de investidores" está surgindo na América do Norte, na Europa, na Austrália e agora em partes da Ásia. Essas são as pessoas que denominamos *novos capitalistas*.

Fechando o hiato da riqueza

Reconhecemos que os cidadãos investidores desfrutam de participações diferentes nos fundos de pensão. Executivos com altas remunerações investem muito mais que os empregados de linha de frente.[11] Mas é provável que ambos invistam por meio do mesmo esquema coletivo, como os fundos de pensão das respectivas empresas. E esses investidores institucionais têm os mesmos deveres perante todos os investidores, não apenas em relação aos mais ricos. Por força da legislação pertinente, os fundos não podem adotar políticas de investimento que beneficiem os pensionistas ricos em detrimento dos mais pobres, ou vice-versa.

Em outras palavras, a influência dos pequenos investidores é ampliada pelas poupanças coletivas e pelos veículos de investimento. O conselho de administração do sistema de pensão CalPERS, da Califórnia, um gestor de *portfolio* da Fidelity e o presidente da empresa de seguros AXA têm as mesmas obrigações fiduciárias perante todos os participantes de fundos de pensão, de fundos de investimento e de outros investidores institucionais. Os conselhos de administração e os gestores não podem dispensar tratamentos diferentes a um novo empregado com baixa remuneração, cujo saldo no fundo de pensão seja de apenas US$500, e a um alto executivo, prestes a se aposentar, com investimentos superiores a US$1 milhão. Ao atuarem perante empresas e países, esses fundos de investimento e de pensão falam em nome de motoristas, de professores e de executivos. E, lastreados em tanto capital, sempre são ouvidos.

Tudo bem nos Estados Unidos e na Inglaterra, alguém diria. Nesses países, a propriedade das empresas geralmente é muito difusa, conferindo grande poder aos investidores institucionais. Mas e quanto à Europa continental, ao Japão, ao Brasil, à Coréia e a outras partes do mundo? Em muitos mercados, famílias importantes e grandes bancos geralmente exercem influência dominante, não porque detenham participações controladoras nas empresas, mas sim porque adotam estratégias diversionistas para reforçar artificialmente seu poderio. Aí se incluem ações sem direito a voto, restrições ao direito de voto, blocos de ações de propriedade de empresas coligadas, *phantom stocks* (ações fantasmas), voto múltiplo e esquemas de propriedade em pirâmide. Mas essas estratégias diversionistas estão em recuo na Europa e em outros lugares, em conseqüência da difusão global de investidores institucionais na qualidade de representantes dos novos capitalistas.

Não exageremos nem minoremos a situação fora do Reino Unido e dos Estados Unidos. "Simplesmente não se dispõe de dados" sobre a efetiva propriedade de ações em outros países, mesmo na Europa continental, segundo os acadêmicos Marco Becht e Colin Mayer.[12] Mas, realmente, conhecemos alguns fatos sobre a dispersão das participações acionárias – para não falar em difusão da propriedade – segundo os quais se observa a mesma dinâmica em boa parte do mundo desenvolvido. Na Holanda, por exemplo, os investidores aumentaram em 27% a parcela de suas carteiras aplicada em ações, entre 1992 e 1999. Na França, a ampliação foi de 23% no mesmo período. Na Alemanha, o aumento foi de 18%.[13] Em conseqüência dessas transformações, os mercados de ações se tornaram importantes para os investidores comuns. Na França, por exemplo, a propriedade de ações como porcentagem da renda familiar era de 144%, em 2001, mais alta que nos Estados Unidos e quase o dobro da vigente no Reino Unido. Entre os países do G7, tanto os italianos quanto os canadenses tinham mais ações que os ingleses, como porcentagem da renda familiar.[14]

Além disso, a influência de investidores institucionais não residentes, geralmente oriundos dos Estados Unidos e do Reino Unido (e, cada vez mais, da Holanda), torna-se cada vez maior, ampliando os efeitos da ascensão de uma cultura acionária em muitos mercados (ver box: "Exemplo típico: Cidadãos investidores movimentam um país"). Na França, na Bélgica, na Suécia, na Alemanha, na Holanda e em outros países da União Européia, investidores institucionais não residentes hoje detêm entre 30% e 75% das maiores companhias abertas do país.[15] No Japão, essa proporção atingiu o recorde de 24% em 2004.[16] Não admira que multinacionais como a Unilever – que já foram consideradas imunes ao ativismo dos proprietários de ações – tenham abandonado recentemente velhas tradições de governança para satisfazer os investidores.

Em outras palavras, fora dos países anglófonos, o ponto de partida e a velocidade da mudança talvez sejam diferentes, e o mesmo ocorre com os veículos de propriedade coletiva, assim como com a legislação pertinente. Mas os rumos da evolução para a economia civil são os mesmos.

Maré de dinheiro

Agora vejamos por que a propriedade de ações se difundiu das elites para o povo em geral. As causas da transformação consistem em um conjunto de fatores demográficos e econômicos.

Os fatores demográficos são notórios: o crescimento incessante da população mundial e a expansão constante das classes trabalhadora e média geram apetite insaciável por mais recursos para a aposentadoria. Ao mesmo tempo, avanços na assistência médica e nos padrões de vida aumentam a longevidade e, portanto, ampliam a sobrevida dos aposentados. As transformações econômicas são igualmente óbvias. A maré montante de trabalhadores que se aproximam da idade de aposentadoria, avolumada na América do Norte e na Europa pela explosão demográfica subseqüente à Segunda Guerra Mundial, forçou os políticos e os cidadãos a enfrentar brutal realidade macroeconômica: os programas de aposentadoria dos governos são inadequados e precisam ser suplementados por programas de aposentadoria privados, com pré-financiamento. Esses sistemas pré-financiados devem investir com antecedência de muitos anos para acumular riqueza ao longo do tempo. Em conseqüência, os governos em todo o mundo estimularam o desenvolvimento de enorme variedade de programas para pré-financiar, pelo menos em parte, as aposentadorias dos cidadãos. Além disso, os formuladores de políticas estão atentos a diversos estudos que sempre apontam para a propriedade de ações como a maneira mais eficaz de gerar retornos totais mais altos, no longo prazo, que os investimentos tradicionais em bônus, ou seja, em títulos de crédito públicos ou privados.

Resultado: expansão da propriedade de ações e difusão da cultura acionária.

BOX: CIDADÃOS INVESTIDORES MOVIMENTAM UM PAÍS

Em fevereiro de 2002, o Índice Composto de Manila, Filipinas, caiu 3,3% num dia. Razão: O California Public Employees' Retirement System (CalPERS), maior plano de pensão dos Estados Unidos, anunciou que não mais investiria no mercado de ações das Filipinas, pois concluíra que a infra-estrutura de mercado, as leis e os procedimentos do país estavam abaixo dos padrões de risco aceitáveis.

Durante dois anos, o governo das Filipinas promoveu forte campanha para reverter a decisão. Nesse período, alterou leis, mudou procedimentos e enviou seu embaixador em peregrinação especial à sede do CalPERS, em Sacramento, Califórnia, para negociar a atenuação das exigências. Valeu a pena? Bem, no dia em que o CalPERS levantou o boicote, a bolsa de valores de Manila fechou com a maior alta de três meses. "É importante que continuemos contando com os investimentos de *portfolio* do CalPERS", disse Albert del Rosário, embaixador das Filipinas nos Estados Unidos, explicando que a decisão do fundo de pensão representava um selo de aprovação para investidores de todo o mundo.[a]

Embora del Rosário também quisesse que pessoas físicas investissem diretamente em empresas filipinas, os investimentos realmente influentes são os de instituições que agregam grandes volumes de recursos individuais. O CalPERS, como a maioria dos fundos de pensão, representa as poupanças de aposentadoria de pessoas que estão muito longe de serem ricas. O embaixador del Rosário não visitaria nenhum dos cotistas do CalPERS – motoristas de ônibus, operários de redes de saneamento, bombeiros e outras categorias – como indivíduos. Mas esse é exatamente o ponto: cada vez mais pessoas que não são ricas possuem ações por meio de vários veículos coletivos de poupança e investimento. A quantia que o CalPERS deixou de aplicar durante algum tempo nas Filipinas representava apenas 0,05% do patrimônio do fundo, o equivalente a uma moeda de US$0,05 em US$100, insignificância que talvez esteja perdida entre as molas e os estofos de sofás e poltronas em muitos lares americanos. Contudo, como parcela dos US$172 bilhões sob controle do CalPERS, essa moedinha corresponde a US$85 milhões.[b]

---

a. Andy Mukherjee, "CalPERS Flips and Flops in Philippines – Again", Bloomberg News Service, 22 de abril de 2004; CalPERS press release, 19 de abril de 2004.

b. Embaixada das Filipinas, "Philippines is Retained by CalPERS n its Permissible List", press release, 31 de janeiro de 2005.

De mais a mais, o capital institucional se tornou global. Os investidores institucionais dos Estados Unidos e do Reino Unido estão liderando a tendência. Só o capital dessas entidades na América do Norte e no Reino Unido responde por aproximadamente 61% dos ativos dos 300 maiores fundos de pensão do mundo.[17] Os fundos de investimento e de pensão dos Estados Unidos, do Canadá e do Reino Unido juntos detêm 70% do pool de US$32,1 trilhões em ativos financeiros que movimentam os maiores mercados de ações internacionais.[18] Em termos simples, quando uma multinacional francesa típica, com ações negociadas na Euronext de Paris, precisa de uma injeção de caixa, ela deve lançar ações não só para os investidores internos, mas também para os gestores de recursos dos aposentados do Texas, de Yorkshire ou de Ontário. Portanto, mesmo que você sozinho não se considere um magnata internacional, os cidadãos investidores em conjunto assumiram as torres de comando da economia mundial.

"Capitalismo sem proprietários..."

A principal razão por que os cidadãos investidores ainda não se conscientizaram do próprio poder é o fato de terem transferido para outros as funções inerentes ao exercício da propriedade. Em cada capítulo deste livro, mostramos como, mediante imperfeita delegação de autoridade, todos nós como investidores não conseguimos tornar as empresas responsáveis. Em seguida, focalizamos as várias maneiras novas pelas quais se está restabelecendo essa responsabilidade, dando origem à economia civil. Mas não há dúvida de que as disfunções, quando ocorrem, produzem conseqüências devastadoras.

Quando os poupadores não se sentem proprietários nem atuam como proprietários, as empresas têm liberdade para agir como se não tivessem de prestar contas da própria atuação e resultados. Sem responsabilidade e prestação de contas, a conseqüência inevitável é abuso de poder. Essa situação, levada ao extremo, resulta em escândalos: Maxwell e Polly Peck, no Reino Unido; Enron, Tyco, WorldCom e Adelphia, nos Estados Unidos; Parmalat, Ahold e Skandia, na Europa Continental; HIH e One.Tel, na Austrália; Livedoor, no Japão.

Sem dúvida, poucas transgressões empresariais chegam ao ponto de constituírem crime. Mas a falta de responsabilidade e de prestação de contas talvez se manifeste em práticas diárias mais corrosivas, ainda que nem sempre sensacionalistas, que prejudicam os proprietários de ações, os empregados e o meio ambiente. Os gestores podem reter lucros sem destinação específica ou podem reinvesti-los em aquisições duvidosas, com o único intuito de ampliar seu domínio e arbítrio, em vez de distribuí-los aos proprietários, mediante recompra de ações, pagamento de dividendos ou outros meios. Os CEOs podem postergar ações estratégicas, podem desviar capital dos pequenos proprietários de ações para os acionistas controladores, podem inibir o empreendedorismo interno, para não comprometer o certo e o previsível, mesmo que perdendo terreno para os rivais. As empresas podem vaguear às cegas para a obsolescência, destruindo empregos e riqueza ao longo do caminho. Podem agir, enfim, como se ninguém estivesse cuidando do negócio.

No capitalismo, isso é letal. O sucesso de qualquer empreendimento na economia de mercado depende de proprietários suficientemente alertas para promover a mudança em tempos difíceis ou para recompensar o bom desempenho em épocas de prosperidade. Bob Monks, pioneiro do ativismo dos proprietários de ações, assim se manifestou, em termos hoje reiterados a toda hora: "O capitalismo sem proprietários fracassará." Quando não se cultiva a responsabilidade e a prestação de contas na esfera das empresas em si e em todo o âmbito do mercado, os custos são avassaladores.

Como calcular os prejuízos quando os proprietários não exercem a propriedade? Temos de fazê-lo por inferência. Michael Jensen, de Harvard, estimou que, entre 1977 e 1988, perderam-se cerca de US$500 bilhões em conseqüência de má gestão em apenas um pequeno grupo de empresas. Somente depois da transferência do controle acionário, da mudança dos altos executivos e do fechamento do capital das empresas foi possível recuperar esse valor. Trata-se de quantia muito vultosa, decorrente apenas da melhoria dos métodos de gestão e do aprimoramento da estrutura de capital de umas poucas empresas. Jensen estimou que se havia perdido esse valor em conseqüência da "principal vulnerabilidade das companhias abertas – o conflito entre proprietários e gestores sobre o controle e a aplicação dos recursos da empresa".[19]

Se jamais houve uma convocação para a ação, com o objetivo de melhorar o desempenho do conselho de administração das empresas, aí está ela. As descobertas de Jensen mostraram que a reformulação dos conselhos de administração, para garantir que as empresas sejam administradas de modo a atender aos melhores interesses dos proprietários de ações, pode gerar retornos formidáveis.

Sucessivos estudos confirmaram essa assertiva. A McKinsey & Company, por exemplo, constatou que os gestores de *portfolios* com ações de empresas americanas declararam estar dispostos a pagar 14% a mais pelos papéis das que adotassem boas práticas de governança, em comparação com os de congêneres nas mesmas condições, sob os demais aspectos, mas que não se distinguissem por esse atributo específico. Como a totalidade das empresas americanas vale cerca de US$15 trilhões, se fôssemos capazes de aumentar em

14% o valor da metade inferior do todo, o ganho seria de mais ou menos US$1 trilhão.[20] Os números são impressionantes em qualquer área do planeta. No Reino Unido, os investidores pagariam mais 12%. Na Itália, 16%. No Japão, 21%. No Brasil, 24%.

A lacuna de US$3 trilhões

Evidentemente, é improvável que os investidores, de uma hora para a outra, simplesmente por investirem em empresas com "boa governança", passem a ganhar mais dinheiro que se aplicassem seus recursos em empresas "lucrativas". O mercado de ações não é burro. Os papéis de empresas com boa governança terão preços mais altos que os de empresas com "má governança". Mas o peso dos estudos acadêmicos e setoriais – entre os quais os mais preeminentes são os da University of Michigan, Stanford University, McKinsey & Company e Deutsche Bank – mostram que os investidores institucionais aumentarão o valor de seus investimentos se atuarem como participantes ativistas no mercado.[21] O fundo ético pioneiro administrado pela Hermes no Reino Unido pode reivindicar o mérito de não só ter gerado ganhos adicionais para seus próprios investidores, mas também de haver contribuído para aumentar em bilhões de libras o valor das empresas em que tem investido.[22] E esses benefícios fluem diretamente para as empresas em si. As que correspondem às expectativas de proprietários de ações atentos, melhorando sua governança, conseguem reduzir seu custo de capital.

As pesquisas ainda demonstram que o ativismo dos proprietários de ações e os aprimoramentos daí decorrentes na governança corporativa conferem forte impulso às economias nacionais. A recíproca também é verdadeira. Os países que não promovem boas práticas de governança corporativa ficam para trás na geração de riqueza e de empregos. O ANZ Bank calculou que, só em 1998, a má governança corporativa custou à Nova Zelândia o equivalente a 7% de seu PIB em valor para os proprietários de ações.[23]

Façamos, então, algumas especulações quantitativas. A reavaliação, de uma só vez, decorrente da mudança de opinião pelo mercado sobre empresas até então vistas como praticantes de má governança poderia aumentar em 10% o valor de suas ações, o que, por seu turno, corresponderia a US$3 trilhões em termos globais. Em outras palavras, se constatássemos mudança abrangente no comportamento dos conselhos de administração, de modo que as empresas orientassem suas operações para melhor atender aos interesses dos proprietários de ações, a economia mundial receberia um impulso de US$3 trilhões: em média, o equivalente a ganho de US$500 para cada um dos 6,4 bilhões de homens, mulheres e crianças do planeta, para não mencionar a variedade de outros benefícios não financeiros.[24]

Porém, a eliminação dessa lacuna multitrilionária, decorrente do mau exercício da propriedade, é apenas uma das vantagens da economia civil. Estudos pioneiros mostram que as empresas alinhadas com os proprietários de ações criam mais empregos ao longo do tempo que as gerenciadas para atender aos interesses especiais dos gestores e dos acionistas controladores. A McKinsey & Company estimou que os países seriam capazes de reduzir o desemprego em até 2% se suas empresas fossem estruturadas com vistas à criação de valor para os proprietários de ações.[25] Ou adote a perspectiva oposta. Em 2005, o Economic Policy Institute reportou um "déficit de emprego" de 3,2 milhões, só nos Estados Unidos – em outras palavras, empregos que poderiam ter sido criados em fase comparável do ciclo econômico, mas que simplesmente não se converteram em realidade.[26] Um dos fatores que mais contribuíram para essa calamidade, revela novo estudo, é a manipulação financeira – o tipo de malfeitoria que derrubou a Enron e obrigou cerca de uma em cada 10 empresas americanas a refazer suas demonstrações financeiras. Adicionem-se os quase 600.000 empregos perdidos em 2001-2002, decorrentes do corte de empregos por empresas transgressoras, e tem-se uma idéia das conseqüências para o nível de emprego quando os proprietários não agem como proprietários.[27]

Constantemente, cada vez mais observadores estão despertando para as implicações da ampla propriedade de ações pelos cidadãos. James Hawley e Andrew Williams argumentam que fundos de pensão muito grandes atuam como "proprietários universais" que, por necessidade, se preocupam mais com a economia geral que com seus investimentos específicos.[28] E chegam lá. Hoje vivemos num sistema econômico em que todos os participantes usam muitos chapéus: trabalhadores, proprietários, consumidores, grupos de interesses, reguladores, concorrentes, fornecedores. Relacionamentos que antes eram unidimensionais e lineares hoje se tornaram profundamente integrados. De tudo isso emergiu um novo círculo de responsabilidade e de prestação de contas que começa e termina no investidor-pensionista-empregado-consumidor-cidadão.

O novo círculo capitalista de responsabilidade e prestação de contas

A Parte Um deste livro se concentra exatamente nisso. Os gurus da gestão escreveram bibliotecas inteiras, demonstrando que a responsabilidade e a prestação de contas no âmbito interno das organizações – todos os empregados se reportarem a alguém em relação ao próprio desempenho – torna as empresas eficientes. Mas negligenciam uma questão fundamental: a quem presta contas o conselho de administração das companhias abertas? Numa época em que os conselheiros e os acionistas não passavam de meros ornamentos, a questão era praticamente irrelevante. Mas nesta nova era de conscientização dos novos capitalistas, desenvolvem-se novas linhas de responsabilidade e de prestação de contas que afetam as empresas como um todo.

A Figura 1.1 mostra essas novas linhas de responsabilidade e de prestação de contas. Os executivos prestam contas ao conselho de administração, que presta contas aos proprietários de ações, que são representados pelos gestores de dinheiro, que geralmente são contratados pelos administradores dos fundos de pensão, como mandatários legais e como agentes fiduciários dos pensionistas. Esses decididores, por seu turno, são responsáveis pelas finanças dos empregados, cujas poupanças para aposentadoria e outras economias tentam investir da melhor maneira possível.

No todo, portanto, os empregados das companhias abertas prestam contas, cadeia de comando acima, até os proprietários, que, por sua vez, são os próprios empregados, os aposentados e os respectivos dependentes, assim como os fornecedores, os concorrentes e os clientes. Logo, as empresas contam com incentivos para procurar maximizar, com eficiência, os interesses complexos e duradouros de todos nós.

Muitos altos executivos de empresas estão conscientes de que a ascensão dos cidadãos investidores está impondo nova ênfase aos conceitos de respon-

FIGURA 1.1

Círculo de responsabilidade e prestação de contas

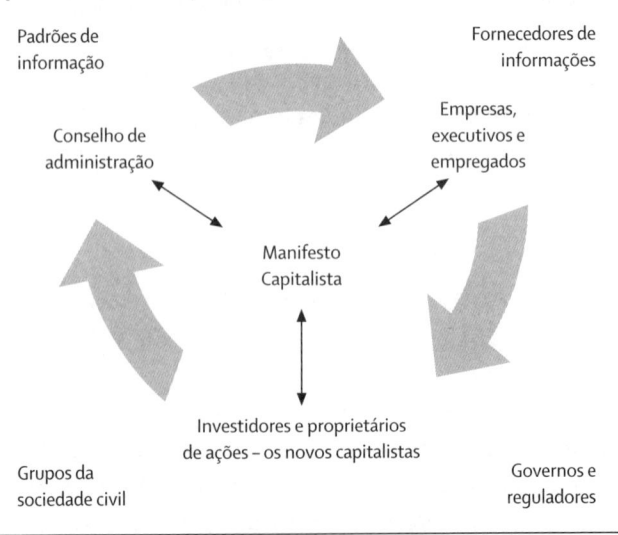

```
        Padrões de              Fornecedores de
        informação              informações

      Conselho de              Empresas,
      administração            executivos e
                               empregados

                  Manifesto
                  Capitalista

              Investidores e proprietários
              de ações – os novos capitalistas
   Grupos da                    Governos e
   sociedade civil              reguladores
```

sabilidade e de prestação de contas. Porém, como sugere a Figura 1.1, trata-se de responsabilidade e prestação de contas não só por parte das empresas, mas também pelas instituições de investimentos, inclusive sob o aspecto de até que ponto elas são eficazes na supervisão do desempenho das empresas em que investiram nosso capital. Quando todos os estágios desse círculo de responsabilidade e de prestação de contas operam sem obstáculos e restrições, o resultado é um fenômeno que denominamos *economia civil*.

Passo a passo, a conscientização e a multiplicação dos novos capitalistas produziram dezenas de inovações pouco observadas – mudanças nas regras, pressupostos e comportamentos – que, com efeito, "reestruturaram" o mercado. Ou seja, essas transformações construíram nova doutrina contábil no mundo empresarial. Novas estruturas – algumas voluntárias, outras obrigatórias; algumas explícitas, outras tácitas – redefinem a função dos conselhos de administração, aumentam a transparência, ampliam os poderes dos proprietários de ações e reformulam os critérios de escolha dos conselheiros. Também alteram a função das leis e regulamentos, que deixam de impor resultados específicos e passam a reforçar os elos fracos do círculo de responsabilidade e de prestação de contas, de modo que as forças do mercado sejam capazes de desbravar caminhos responsáveis.

Chegamos a um ponto em que podemos identificar uma economia civil florescente que reflete a sociedade civil. Na esfera política, a sociedade civil se lastreia em instituições democráticas, na separação dos poderes e na proteção das liberdades individuais. Se forem explorados da maneira correta, esses fundamentos podem ser as pedras angulares de uma sociedade mais tendente a beneficiar a maioria de seus membros, reforçando assim as bases para o progresso e para a coesão social ao longo do tempo. A reestruturação do mercado significa que arcabouço semelhante está emergindo na esfera econômica – capaz de promover o crescimento do emprego e a prosperidade eqüitativa.

A economia civil é menos uma invenção em si que um referencial que nos permite conectar a miríade de pontos representativos de cada uma das mudanças e ocorrências que borbulham no cenário internacional. A interpretação dessas mudanças como parte de um fenômeno difuso proporciona alguns insights sobre o que está acontecendo, sobre como nos beneficiarmos desses acontecimentos e sobre como impulsioná-los, se essa for nossa escolha.

Instituições políticas constitutivas e responsáveis, com o apoio dos partidos políticos, do judiciário independente, da imprensa livre, de leis imparciais, de entidades civis e de cidadãos participativos são os sustentáculos primordiais da democracia na sociedade civil. As instituições paralelas da economia civil são empresas constitutivas e responsáveis, com o apoio de proprietários de ações engajados e de seus representantes responsáveis, de monitores independentes, de normas confiáveis e de organizações comunitárias participantes do mercado (ver Figura 1.2). A mudança é produto da mobilização desses agentes, que assim alteram a infra-estrutura e as regras, que no todo representam a constituição não escrita das atividades comerciais.

Em resumo, o ideal do mercado global, implícito na economia civil, é este: proprietários institucionais que prestam contas a seus poupadores impulsionam as empresas rumo à prosperidade sustentável, por meio da gestão responsável.

FIGURA 1.2

Comparação entre instituições da sociedade civil e da economia civil

Sociedade civil	Economia civil
Governo responsável e prestador de contas • Constituição • Eleições • Limitação de poderes	**Empresas responsáveis e prestadoras de contas** • Constituição do conselho de administração (ou seja, estatuto do conselho de administração) • Eleição dos conselheiros • Limitação do poder dos executivos
Eleitores esclarecidos • Os votantes compreendem e são capazes de escolher entre programas políticos coerentes nas eleições	**Engajamento dos proprietários de ações** • Representantes dos proprietários (ou seja, gestores de recursos de terceiros) esclarecidos, qualificados e envolvidos adequadamente com as empresas em que investem.
Monitores Independentes • Imprensa livre, judiciário independente • Estatísticas imparciais, liberdade de informação	**Monitores independentes** • Auditoria anual totalmente independente, proporcionando as informações de que os proprietários necessitam. • Serviços de orientação aos votantes, consultorias em remuneração transparentes e sem conflitos de interesses.
Padrões confiáveis • Estatísticas relevantes e imparciais e outras maneiras de avaliar o desempenho.	**Padrões confiáveis** • Estatísticas relevantes e imparciais e outras maneiras de avaliar o desempenho.
Organizações da sociedade civil • Liberdade com observância da lei e da Constituição para fazer campanha com o intuito de mudar as políticas públicas. • Aceitação do direito dos outros de perscrutar os antecedentes e a motivação de tais iniciativas.	**Organizações da sociedade civil** • Liberdade com observância da lei para fazer campanha com o intuito de mudar as políticas da empresa. • Aceitação do direito dos outros de perscrutar os antecedentes e a motivação de tais iniciativas.

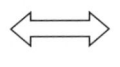

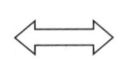

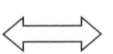

Para nós, o mercado tem o potencial de se transformar em economia civil, por meio do círculo de responsabilidade e de prestação de contas, que consiste basicamente na maneira como os cidadãos investidores estão desobstruindo os canais de influenciação. Na Parte Um, focalizamos os principais estágios desse circuito. Mas também argumentamos que a responsabilidade e a prestação de contas estão amadurecendo graças ao que denominamos *novo ecossistema capitalista*, o qual garante o funcionamento eficaz do círculo de responsabilidade e de prestação de contas. Esse é o foco da Parte Dois. Por hora, façamos uma breve excursão pelos caminhos do livro.

Empresas e executivos: Da economia incivil para o manifesto capitalista. No Capítulo 2, examinamos a economia incivil no estágio mais óbvio do círculo de responsabilidade e prestação de contas: a empresa. Qual será o impacto da economia dos proprietários sobre as formas de operação das empresas? Na economia convencional, os executivos, em geral, defendiam os interesses dos proprietários apenas da boca para fora ou então presumiam que os investidores queriam, acima de tudo, maximizar o lucro a curto prazo. Hoje, os executivos se defrontam com diferentes impulsos. Os novos proprietários capitalistas não têm papas na língua; muitos deles estão exercitando a nova musculatura e pressionando as empresas por melhor desempenho. Nessas condições, como será que as empresas se adaptarão à nova economia civil? O que devem fazer os gestores de negócios?

Para responder a essas perguntas, restabelecemos um pouco da história para mostrar com clareza de onde viemos, antes de projetar para onde estamos indo. O papel e as atividades das empresas foram fundamentais na moldagem de nossas idéias sobre política e economia globais no século XX. Mas as mudanças na propriedade dos negócios acarretarão mudanças profundas em nossa visão de mundo. No Capítulo 3, expomos as demandas dos novos proprietários, sob a forma do *manifesto capitalista*, que se completa com as estratégias a serem adotadas pelos executivos em busca de vantagem competitiva. Ele começa com a afirmação de que qualquer empresa deve empenhar-se em ser lucrativa; porém, igualmente importante, também define o que significa lucratividade numa economia civil que impõe responsabilidade e exige prestação de contas: investir em projetos que proporcionem retornos superiores aos oferecidos em aplicações alternativas. Caso não disponha de projetos que preencham esse requisito, a empresa deve devolver o excesso de capital aos proprietários. A geração de ganho extra sobre o capital investido é o principal propósito das empresas. Se de alguma maneira negligenciarmos essa exigência, solaparemos todo o sistema de poupança e de investimento em ações.

Porém, já não faz sentido estratégico para as empresas lucrar à custa da sociedade em geral. Essa afirmação é a conseqüência lógica não de algum tipo de etos beneficente, mas sim das novas premissas decorrentes da revolução da propriedade. Os economistas clássicos usavam o termo *externalidade* para se referirem ao custo de transações que oneram terceiros. Por exemplo, uma fabrica que utiliza carvão como combustível e não investe o suficiente em dispositivos de controle da poluição pode inflar o lucro do trimestre, por meio da redução das despesas de capital. Tradicionalmente, os reguladores tentavam legislar contra externalidades danosas aplicando multas por poluição. Como era de prever, as empresas se opunham a tais normas, uma vez que podiam reduzir custos, transferindo-os para terceiros.

Mas os veículos de investimento coletivo dos novos capitalistas têm interesses muito variados e provavelmente rejeitarão iniciativas de empresas específicas que melhorem seus resultados de curto prazo, mas prejudiquem o sistema econômico como um todo.

Em suma, estilos de gestão empresarial aceitos pela economia convencional hoje podem ser considerados danosos aos interesses dos cidadãos poupadores que confiam seu capital aos grandes fundos de investimento e de pensão. Em contraste, a gestão de empresas na economia civil enfatiza a busca da lucratividade sustentável, pois suas práticas são compatíveis com os interesses dos novos proprietários capitalistas, aumentando o valor da ação ao longo do tempo e reduzindo o custo de capital da empresa.

Investidores institucionais: mobilização da propriedade. Na sociedade civil, trata-se de eleitores. Na economia civil, referimo-nos a proprietários. Os investidores institucionais são os eixos de uma rede de ativistas. Considere CalPERS, nos Estados Unidos; Ontário Teachers, no Canadá; Hermes, na Europa; Sparx, no Japão; ARIA, na Austrália; Dynamo, no Brasil; Templeton, em vários mercados emergentes. Esses investidores praticam o ativismo em nome de seus membros como timbre de seus estilos de investimento. Sob esse aspecto, eles se afastam drasticamente das modalidades convencionais de investimento, em que os acionistas eram induzidos a considerar suas ações de cada empresa como "títulos negociáveis", não como fração da propriedade, que lhe conferia direitos e deveres. Até a nomenclatura – *shareholder*, acionista ou detentor de ações, em vez de *shareowner*, acionista ou proprietário de ações – transmite ambigüidade. Se a empresa apresentasse mau desempenho, o acionista simplesmente vendia sua participação. (Neste livro, usamos o termo *shareowner*, que reflete com mais exatidão o comportamento adequado que se espera dos modernos gestores de dinheiro).

Evidentemente, muitas instituições financeiras ainda estão manietadas pelas práticas convencionais. Os fundos de investimentos e de pensões, por exemplo, por vezes atuam sem levar em conta sua função de agentes fiduciários de milhões de poupadores, sendo opacos e obscuros quanto à maneira como lidam com a gestão das empresas ou como votam nas assembléias gerais em defesa dos interesses de seus investidores. Planos de pensão, fundos de investimento e outras instituições gestoras podem enfrentar conflitos de interesses e não desafiar empresas transgressoras em que mantêm participações acionárias. Os fundos de investimentos, por exemplo, talvez não votem contra propostas da administração da empresa, por exemplo, se a instituição gestora tiver negócios com o CEO. Além disso, os fundos de investimentos e congêneres muitas vezes (embora nem sempre) são avaliados pelo desempenho a curto prazo, sujeitando-se, portanto, a muitas das pressões imediatistas que afligem as empresas. Analisamos essas disfunções no Capítulo 4.

Em seguida, esclarecemos como – por meio de inovações do mercado, pressões das bases, códigos voluntários, além das leis e regulamentos – os investidores institucionais estão ficando mais responsáveis e prestadores de contas e, em conseqüência, passam a exercer papel mais ativo como representantes dos proprietários.

Conselho de administração: Novos conceitos de responsabilidade e de prestação de contas. O Capítulo 5, última parada no círculo de responsabilidade e de prestação de contas, retorna às empresas pela porta do conselho de administração. Até os últimos 10 ou 20 anos, pouco se refletiu sobre as funções e as atribuições dos conselheiros. Resumimos algumas das conseqüências: as maneiras como os conselhos de administração, adormecidos ou cooptados, não cumpriram suas obrigações em relação aos cidadãos investidores. Contudo, para os novos capitalistas, os conselhos de administração são o principal recurso para garantir que as empresas se concentrem em melhorar o desempenho a longo prazo. Essa dinâmica está revigorando o relacionamento entre os investidores e os agentes que devem defender os interesses deles, acrescentando outro canal à economia civil.

O novo ecossistema capitalista

Na Parte Três do livro, focalizamos as barreiras integrantes da economia convencional e mostramos como esses obstáculos estão sendo derrubados, possibilitando que os cidadãos investidores imponham mudanças às empresas.

Mas os ciclos não se movimentam sem a atuação de catalisadores externos. É como a eletricidade fornecida pelas concessionárias para ativar a fiação elétrica interna das residências. No círculo de responsabilidade e de prestação de contas, é um conjunto de serviços de informação e de grupos de pressão que constitui o que chamamos de ecossistema da economia civil. Na economia convencional, os monitores e a contabilidade deviam prestar serviços aos investidores, mas raramente a realidade correspondia às expectativas. As organizações civis quase sempre ignoravam o capital, concentrando sua atuação no governo, com o objetivo de atingir seus objetivos sociais. Porém, esse ecossistema passou por evolução discreta e hoje todos os participantes começam a concentrar-se na nova dinâmica capitalista do mercado.

Monitoração do mercado: Os manda-chuvas da informação. Na sociedade civil, contamos com a vigilância da imprensa livre e com as clavas do judiciário independente para proteger-nos contra a tirania. Os cidadãos investidores recorrem à ampla variedade de monitores para tornar transparente o comportamento das empresas. Afinal, as informações são essenciais para o funcionamento eficiente do mercado, conforme já observou mais de um economista. Porém, como observamos no Capítulo 6, conflitos de interesses históricos restringiram a importância dos "manda-chuvas da informação", como analistas de investimentos, auditores, consultores, agências de avaliação de crédito e a imprensa, que deveriam monitorar o mercado com imparcialidade.

Também isso está mudando, à medida que se consolida a economia civil. Os manda-chuvas da informação estão dando meia-volta: em vez de atender aos gestores de empresas, estão servindo aos novos capitalistas. Os intermediários tradicionais do mercado de capitais reagiram à altura, alimentando os conselhos de administração e os gestores executivos com análises vigorosas e críticas. Agora, as agências de avaliação de crédito dispõem de pessoal especializado em governança corporativa para melhor avaliar os riscos dos negócios. As empresas de recrutamento de executivos se gabam da adoção de práticas de governança corporativa. Os escritórios de advocacia, de Los Angeles a Joanesburgo, também passaram a prestar serviços de governança corporativa.

Tudo isso culminou com o surgimento de uma nova geração de especialistas em governança corporativa, que analisam a situação vigente e orientam a implementação das melhores práticas. São os indispensáveis olhos e ouvidos de que até agora careciam os proprietários de ações. E esses serviços, literalmente, se difundem por todo o planeta.[29] Cada vez mais, organizações especializadas analisam o desempenho social e ambiental das empresas.

Essas novas instituições de monitoramento da economia civil fornecem meios aos gestores de *portfolio* para, pela primeira vez, atribuir às empresas o "*investment grade* em governança corporativa" – ou seja, o reconhecimento da capacidade da empresa de alinhar-se com os interesses dos novos capitalistas – ao tomar decisões de compra e venda. Além disso, as empresas passaram a dispor de condições para fazer o benchmark de suas práticas de responsabilidade e de prestação de contas, no próprio país ou em qualquer lugar do mundo.

Normas contábeis: Desvencilhando-se dos quadrados do irmão Luca. A sociedade civil depende de informações sintonizadas com os interesses do eleitorado, que ajudem os eleitores a avaliar o progresso, de modo que os cidadãos sejam capazes de responsabilizar seus mandatários. A disponibilidade de informações sobre criminalidade, produtividade, níveis de emprego e habitação permite que os cidadãos debatam os méritos das políticas públicas, com base em indicadores válidos.

No ecossistema dos proprietários, a contabilidade, em geral, e as normas de elaboração das demonstrações financeiras, em especial, além da legislação abrangente, exercem o mesmo papel. Essas regras – desenvolvidas, de início, 500 anos atrás, pelo frade franciscano Luca Bartolomeo Pacioli – orientam contadores e executivos sobre o que e como mensurar e gerenciar. Mas será que esses padrões correspondem às atuais necessidades e expectativas dos novos capitalistas e de seus agentes? No Capítulo 7, analisamos como as mensurações convencionais são inadequadas às novas exigências dos investidores por outros indicadores do desempenho das empresas. Descrevemos os novos padrões que estão sendo adotados pelo mercado – e como eles estão alterando o comportamento dos investidores e dos CEOs.

As novas normas sobre demonstrações financeiras no estilo da economia civil oferecem condições de medir de maneira adequada a criação de valor para os proprietários de ações. Quando as empresas começam a divulgar demonstrações financeiras baseadas nas novas normas contábeis, os preços das ações também passam a refletir a capacidade da empresa de gerenciar todos os seus recursos – tangíveis ou intangíveis – de longo prazo e de curto prazo, absolutos e contingentes, mensuráveis até a segunda casa decimal ou apenas sujeitos a estimativas. Em última instância, o objetivo dessas novas normas da economia civil não é apenas ajudar o mercado de ações a precificar as ações das empresas, mas também criar condições para que os executivos gerenciem melhor seus recursos e fornecer meios para que os cidadãos investidores tomem medidas corretivas oportunas, sempre que os gestores se mostrarem omissos ou incapazes.

ONGs e capital: a sociedade civil conflui com a economia civil. O sucesso da sociedade civil depende em parte da difusão e da influência de organizações não-governamentais – partidos políticos, religiões organizadas, sindicatos trabalhistas, grandes empresas, grupos de interesses e universidades – promovendo mudanças com observância da legislação vigente.

Da mesma maneira, também a economia civil se erige em parte sobre os alicerces de organizações comunitárias, conforme delineamos no Capítulo 8. Alguns grupos são novos; outros são entidades tradicionais da sociedade civil, que adaptaram suas estratégias aos novos canais fornecidos pelo capital. Obviamente, algumas organizações tradicionais ainda evitam o mercado, aferrando-se ao hábito convencional de buscar soluções apenas no nível político. Outras – como os bandidos *sokaiya*, do Japão –, promovem protestos violentos ou recorrem à força física para propósitos corruptos, atuando, decisivamente, além das fronteiras da economia civil. Porém, muito mais ONGs compreendem o poder latente do capital dos cidadãos proprietários, arregimentados por meios pacíficos.

Conclusão: A nova agenda capitalista

No sentido darwiniano, os piores aspectos do mercado de capitais da economia tradicional – proprietários submissos, monitores marginais ou sujeitos a conflitos de interesses, grupos civis ausentes e normas contábeis bitoladas – constituíam ambiente propício para o surgimento de empresas míopes, que se empenhavam em engendrar aumentos abruptos e não raro efêmeros nos preços das ações, em vez de promover o crescimento sustentável. Criaturas que evoluíram em contexto econômico hostil, muitas empresas, por suas iniciativas, provocaram clamor público compreensível contra a globalização.

Em contraste, os contextos em que predominam cidadãos investidores energizados, monitores blindados contra conflitos de interesses, critérios de avaliação focados nos efetivos indutores de valor e organizações da sociedade civil atuantes no mercado como forças construtivas são ambientes propícios para a proliferação, por seleção natural, de uma nova espécie de empresa. Esse tipo de território da economia civil, por promover a responsabilidade e a prestação de contas, dissemina negócios capazes de cultivar o dinamismo comercial. Para um vislumbre inicial de como tudo isso funciona, basta observar a extensão em que as pressões de consumidores e investidores convenceram algumas das maiores multinacionais do mundo – BP, Nike e GE – a se tornarem apóstolas, ainda que imperfeitas, da gestão imbuída de responsabilidade social.

Evidências oriundas de diversos mercados já mostram que o círculo de responsabilidade e de prestação de contas é virtuoso. As empresas que contam com proprietários de ações ativistas, que almejam o longo prazo, adotam práticas de governança mais responsivas e tendem a produzir retornos mais elevados. Essas empresas levantam capital a custos mais baixos, desenvolvendo vantagens em relação aos concorrentes. A responsabilidade e a prestação de contas, como práticas difusas entre todos os participantes, em suma, são chaves mais eficazes para promover a criação de valor sustentável. Os novos conceitos de responsabilidade e de prestação de contas são a essência do que denominamos economia civil.

No entanto, apenas pequena fração das companhias abertas de todo o mundo apresentam o que poderíamos identificar como marcas dos empreendimentos da economia civil: conselho de administração independente e profissional; cultura de plena divulgação de informações; e executivos qualificados para praticar e extrair valor da gestão de empresas, como entidades responsáveis e prestadoras de contas perante os proprietários.

Por esse motivo, oferecemos no Capítulo 9 um conjunto de memorandos de ação aos conselheiros, aos executivos, aos proprietários de ações, aos fornecedores de informações e aos lobbies civis. Afinal, a revolução deflagrada pelos novos capitalistas é, acima de tudo, oportunidade a ser aproveitada ou desperdiçada pelos participantes do mercado. Nossas recomendações foram elaboradas para oferecer a cada um desses atores as melhores condições para otimizar seus interesses na economia civil, ao longo de seu processo de evolução e crescimento.

Também desenvolvemos uma agenda para os formuladores de políticas públicas. Os legisladores e os reguladores são parceiros imprescindíveis na criação de condições para a atividade comercial responsável e prestadora de contas. O objetivo desses atores deve ser o de eliminar obstáculos à movimentação do círculo de responsabilidade e de prestação de contas. Nessas condições, podem outorgar poderes aos fundos de investimento e de pensão para que exerçam papel ativo como proprietários, em nome dos cidadãos investidores, e ao mesmo tempo municiar os novos capitalistas, como pessoas físicas, com informações adequadas e confiáveis para que imponham responsabilidade e prestação de contas aos investidores institucionais.

Com a influência dos novos capitalistas, os formuladores de políticas, tanto do setor público quanto do setor privado, estão começando a compreender que a emergente economia civil representa um caminho prudente para uma "reestruturação do mercado", em âmbito mundial. Nesse contexto, os investidores institucionais poderão promover a fusão de responsabilidade, prestação de contas e comércio, pressionando as grandes companhias abertas a perseguir prosperidade mais difusa e sustentável.

CAPÍTULO 2

Passado dos Negócios

Economia Incivil

A luta pelo controle do poder econômico levou o mundo à beira do conflito nuclear. Os choques da Guerra Fria entre comunismo e livre mercado cederam espaço hoje aos riscos de um novo cisma mundial, desta vez entre cidadãos e empresas multinacionais. Mas os novos capitalistas estão preparando o cenário para que as empresas sejam vistas de maneira diferente.

As comunicações com o comando naval em Moscou haviam sido cortadas. O capitão do submarino B-59 sentia-se meio estonteado em conseqüência do calor e do ar rarefeito. As explosões de cargas de profundidade tornavam-se cada vez mais freqüentes e intensas, sacudindo seu vaso de guerra. Na superfície, a esquadra americana parecia determinada a forçá-lo a emergir. Sem dúvida, não se tratava de manobra de treinamento. Mas o capitão soviético não tinha meios de receber instruções, nem mesmo de descobrir o que estava acontecendo. Era outubro de 1962, no litoral de Cuba. As duas superpotências se confrontavam sobre se Moscou manteria os mísseis nucleares na ilha, apontados para cidades no sul dos Estados Unidos. "Talvez a guerra já tenha começado", o capitão declarou a seus oficiais. A Marinha dos Estados Unidos não sabia que o arsenal submarino secreto da Rússia incluía mísseis nucleares. O capitão, então, ordenou o lançamento de um míssil. "Vamos aniquilá-los", praguejou. "Morreremos, mas afundaremos todos eles."[1]

No final das contas, evidentemente, o comandante não disparou o artefato, e a crise dos mísseis de Cuba chegou ao fim. Mas o lançamento do míssil teria desencadeado uma conflagração atômica mundial, matando dezenas de milhões de pessoas, em conseqüência das explosões em si, das ondas de choque ou das radiações letais. Esse foi um exemplo típico de como a situação pode ficar preta na luta pelo poder econômico.

As duas superpotências se defrontavam naquele dia, nos encapelados mares de Cuba, sobretudo porque tinham idéias opostas sobre como exercer a propriedade e o controle do capital. De um lado, a União Soviética defendia a eliminação da propriedade privada. A doutrina comunista sustentava que a única maneira de alcançar a igualdade e o desenvolvimento entre os seres humanos era a propriedade comum ou estatal dos meios de produção. Em *O Manifesto Comunista*, Karl Marx escreveu: "A teoria dos comunistas pode ser resumida numa única frase: Abolição da propriedade privada."[2] De outro, os Estados Unidos acreditavam que a propriedade e o controle do capital eram liberdades civis fundamentais. Se fossem violadas, outras liberdades rapidamente desapareceriam. Em seu discurso de posse, apenas 21 meses antes de o comandante do submarino soviético hesitar diante do botão de disparo, o presidente John F. Kennedy definiu as regras do jogo. A América "pagaria qualquer preço, suportaria qualquer sacrifício, enfrentaria todas as dificuldades, apoiaria qualquer amigo, enfrentaria qualquer inimigo, a fim de garantir a sobrevivência e o sucesso da liberdade".[3] Durante a crise dos mísseis de Cuba, quase que pagamos o preço mais alto. Todos nós.

Em toda a história, os conflitos sobre poder econômico demonstraram feroz potencial de desestabilização. Hoje, já se sugeriu que tais conflitos chegaram ao fim. No entanto, a confiança na livre empresa global ainda é baixa. Na alvorada do século XXI, testemunhamos um novo choque. De um lado, multidões de cidadãos, os novos capitalistas, tornaram-se proprietárias de nossas grandes empresas, apenas para constatar as dificuldades de torná-las responsáveis e prestadoras de contas. De outro, poderosos grupos de interesses tradicionais se beneficiam com a falta de responsabilidade e de prestação de contas.

Sustentamos que existe um terceiro caminho: a revolução da propriedade, aos poucos e em silêncio, constrói os alicerces de um capitalismo responsável e prestador de contas, capaz de conquistar a confiança do público. Os executivos de empresas, os líderes políticos e os trabalhadores em geral apostam todas as fichas nos resultados. O agravamento do conflito entre cidadãos e empresas aumentará a probabilidade de instabilidade econômica e de inquietação social, com a imposição de altos custos em termos de perdas de emprego, redução da renda, aumento da pobreza, destruição ambiental e difusão das restrições à atividade empresarial.

Alfinetes e pobreza

A Guerra Fria já acabou há muito tempo. Porém, as atitudes então dominantes ainda permeiam o raciocínio de muitos economistas e as operações de numerosas empresas, o que não chega a ser surpresa. O divórcio entre cultura dos gestores e interesses dos acionistas tem raízes profundas – e até recentemente as empresas evitavam as mudanças. Porém, sem que muita gente se dê conta da realidade, esse velho estilo de superintendência de empreendimentos é tão obsoleto quanto a própria Guerra Fria. Os executivos que não conseguirem erradicar suas empresas da "economia incivil" constatarão que elas enfrentarão riscos cada vez maiores, impostos por concorrentes sob a liderança de executivos capazes de ajustar suas organizações ao novo contexto.

De onde extraímos nosso modelo de funcionamento dos negócios? Para responder a essa pergunta, precisamos voltar no tempo, até o advento das primeiras fábricas, por volta de 1770.

A Revolução Industrial reordenou a sociedade. Seus efeitos foram tão profundos que levaram os historiadores a argumentar que "eclipsaram completamente" todas as outras mudanças sociais nos mil anos anteriores.[4] Os pensadores contemporâneos procuraram interpretar a mudança, prever seus resultados e recomendar políticas para melhorá-las. Seus exercícios intelectuais ajudaram a moldar nossas idéias sobre o mundo dos negócios de hoje.

Um dos grandes pensadores do século XIX, Adam Smith, foi professor da Universidade de Glasgow, na Escócia. Embora tenha sido um dos maiores economistas de todos os tempos, ele não lecionava Economia, mas sim Filosofia Moral. Em parte, essa dispersão refletia a ampla variedade de interesses de Smith (ele era, por exemplo, defensor entusiasta da independência americana). Também resultava do fato de, durante séculos antes de Smith, os temas referentes a dinheiro terem sido considerados questões de ética. Na Idade Média, por exemplo, o próprio preço a ser cobrado por bens e serviços girava em torno do que poderia ser considerado "justo".[5]

Smith mostrou como as fábricas vinham promovendo aumentos de produtividade de cair o queixo, graças à divisão do trabalho. Em *A Riqueza das Nações*, ele descreveu, em trecho que se tornou famoso, uma fábrica de alfinetes com 10 empregados. Se cada trabalhador se concentrasse numa tarefa especializada, a fábrica produziria 48 mil alfinetes por dia. Se labutassem cada um por conta própria, como nos velhos tempos, "eles sem dúvida não conseguiriam, cada um de per se, produzir 20 alfinetes, talvez nem mesmo um alfinete por dia".[6] E concluiu que o mundo ingressara numa era totalmente nova. Quanto maior fosse a demanda do mercado por qualquer bem, maior seria o escopo de especialização do fabricante. E quanto maior fosse a especialização, maior seria o aumento da produtividade e da riqueza.

Adam Smith também teve um segundo insight revolucionário: não existem preços "certos"; os preços são determinados pela lei da oferta e da demanda. A competição aberta no mercado equilibrará automaticamente a oferta e a demanda e garantirá que os preços reflitam os custos de fabricação. Foi esse efeito da competição que Smith apelidou de "mão invisível". Para ele, e mais exatamente para seus seguidores, a economia seria menos um tema filosófico que uma questão pragmática de oferta e demanda.

Cinqüenta anos depois da morte de Smith, suas previsões sobre a produtividade se converteram em realidade – muito além das expectativas. Em sua cidade natal de Glasgow, os comerciantes haviam feito fortunas com a compra e venda de têxteis, tabaco e outras mercadorias. Porém, a maioria dos cidadãos – mesmo os que tinham empregos fixos – continuava pobre, comprimindo-se em favelas apinhadas e insalubres, em torno de grandes fábricas que exploravam os benefícios da divisão do trabalho. E muitos homens de negócios de Glasgow demonstravam indiferença empedernida pelas conseqüências de suas ações. Um deles até chegou a tentar, em vão, controlar o mercado por meio da escravidão. Mal conseguimos imaginar o sofrimento humano predominante nesse contexto social e econômico.[7]

Para algumas pessoas, as más condições da classe trabalhadora, até as próprias favelas, eram conseqüências da oferta e da demanda; nesse caso, a oferta de pessoas. Os pobres trabalhadores viviam naquelas condições, argumentavam os críticos, porque eram muito numerosos. Se o governo não limitasse a taxa de natalidade ou não estimulasse as pessoas a emigrarem para as colônias na América do Norte, as massas continuariam em degradação. Enquanto isso, as autoridades precisavam com urgência controlar a situação para evitar rebeliões.

O império dos trabalhadores

Esse foi o ponto em que começou o cisma que redundou nas atuais batalhas sobre a missão das empresas. Nem todos aceitam essa análise. Alguns concluíram que os trabalhadores eram pobres porque os manda-chuvas das fábricas reservaram para si o excesso de mão-de-obra produtiva dos trabalhadores. Na Idade Média, explicavam os comunistas, quando a terra era fonte de riqueza, os barões controlavam as propriedades e exerciam o poder para transformar em servos os trabalhadores. Agora, o capital era a principal fonte de riqueza. Os "capitalistas" controlavam as alavancas do poder econômico e político e exploravam a força de trabalho.

A única solução, assim pensavam os comunistas e socialistas, era os trabalhadores assumirem o controle do capital produtivo. Para os socialistas, o controle do capital seria alcançado pela evolução. Para os comunistas, seria atingido pela revolução. Mas, para ambos, a propriedade dos meios de produção era fundamental para o desenvolvimento de uma sociedade justa e decente, em que todos desfrutassem da mesma dignidade e da mesma liberdade e vivessem em comunidade.

Keir Hardie, fundador do Partido Trabalhista Britânico, expressou o argumento com grandiloqüência, em 1907:

> As fronteiras da liberdade se ampliaram com o passar das eras. O escravo de 1000 anos atrás, sem mais direitos que os suínos sob seus cuidados, lutou pela própria ascensão, da servidão à cidadania. O trabalhador moderno é teoricamente igual, aos olhos da lei, aos membros de qualquer outra classe social. Nas urnas, seu voto pesa tanto quanto o de seu empregador milionário. Ele é tão livre para cultuar, quando e como mais lhe agradar, quanto o mais nobre dos barões... Mas sua tarefa ainda não terminou; a luta em que há tanto tempo porfia ainda não chegou ao fim. Resta uma batalha a ser combatida... Ainda precisa sobrepujar a propriedade e conquistar a liberdade econômica. Ao converter a propriedade em seu servo, ele literalmente terá subjugado todos os inimigos. [8]

"Desigualdade crassa"

Os socialistas e comunistas enfrentaram maiores dificuldades para conquistar um lugar ao sol nos Estados Unidos. Talvez por que o país tivesse longa tradição em minifúndios e em pequenas empresas, forte herança de suspeição quanto ao poder do Estado e uma Constituição que protegia os direitos de propriedade. O caminho preferido dos políticos progressistas não era nacionalizar as enormes empresas emergentes, mas desmembrar os trustes e monopólios que, segundo se supunha, abusavam do poder de mercado, e aumentar a força dos sindicatos trabalhistas para proteger os direitos dos trabalhadores.

Mesmo nos Estados Unidos, contudo, acirrava-se o debate político sobre o poder das empresas. Quando o presidente Franklin D. Roosevelt falou aos milhões de desempregados, na década de 1930, sobre os "financistas inescrupulosos que eram condenados pelo tribunal da opinião pública", ele se referia a uma pequena elite que acumulara vastas fortunas.[9] O presidente Theodore Roosevelt, na década anterior, já descrevera em cores vívidas uma era de "desigualdade crassa":

As grandes empresas de mineração e de transporte de carvão poderiam dispensar com facilidade os serviços de qualquer mineiro. O mineiro, por outro lado, não poderia dispensar a empresa. Ele precisava do emprego; sua mulher e filhos morreriam de fome se ele ficasse desempregado. A mercadoria que o trabalhador tinha para vender – seu trabalho – era perecível. O trabalho de hoje – se não fosse vendido – se perdia para sempre. Além disso, seu trabalho não era como a maioria das mercadorias, mera coisa; era parte de um ser humano vivo, que respira. E os trabalhadores viram que o problema do trabalho não era apenas econômico, mas também moral e humano.[10]

No final das contas, o episódio político revolucionário que cristalizaria o debate sobre o controle do capital não ocorreu nem na Europa nem nos Estados Unidos, mas na Rússia, quando os bolcheviques conquistaram o poder, em 1917. Em poucos anos, os bolcheviques constituíram a União Soviética, Estado baseado na eliminação de toda a propriedade privada. Aquele seria, segundo alegavam, o fim da economia civil.

O império do Estado

Ao destruir a empresa privada e ao tentar reverter as leis da economia de livre mercado, os comunistas demonstraram indiferença impiedosa em relação à vida e à liberdade humana. Os soviéticos tornaram ilegal qualquer propriedade de capital produtivo pelas pessoas físicas e, portanto, o exercício de qualquer atividade comercial. O Estado controlava todas as decisões referentes à produção. As empresas não podiam "vender" umas às outras; em vez disso, entregavam e recebiam mercadorias de acordo com quotas. As empresas não geravam lucro. Os planejadores centrais – em lugar das leis de oferta e procura de Adam Smith – impunham os bens que iam para as prateleiras.

Para os trabalhadores, a mudança de emprego era difícil, entre outras razões por que os direitos de residência exigiam licença pública, a *propiska*. Por outro lado, dificilmente se perdia o emprego, pois as empresas públicas tinham poucos incentivos para reduzir os custos com pessoal. Assim, os soviéticos controlavam a mobilidade do trabalho, mas a alto custo, tanto para a produtividade quanto para a liberdade pessoal.

As pessoas podiam poupar, mas o dinheiro não garantia acesso a bens e serviços, como nas economias de mercado. Os planejadores davam pouca atenção às frivolidades. Admitiam poucos restaurantes e simplesmente ilegalizaram quiosques de comidas à beira das calçadas. Ninguém podia adquirir a própria moradia; quem quisesse alugar uma casa maior ou comprar um carro, precisava submeter-se a um processo burocrático de alocação, baseado nas necessidades – ou então entrar no jogo de influências. Desenvolveu-se uma cultura de corrupção, que reduziu ainda mais a produtividade, à medida que a extorsão e o suborno atuavam como tributo sobre o crescimento econômico. As empresas eram, na verdade, órgãos públicos, que forneciam habitação, educação e transporte – e até providenciavam acomodações para as férias dos empregados.

Em suma, em reação a uma economia incivil, de livre capitalismo e de extrema desigualdade, os soviéticos construíram uma economia incivil de opressão autoritária. E essa economia incivil funcionou – durante algum tempo. O Partido Comunista Soviético se mostrou eficiente no fornecimento de bens e serviços elementares – ao menos de início. Muita gente em todo o mundo considerou o modelo russo, apesar de todos os aspectos negativos, alternativa válida para o regime ocidental de livre capitalismo de mercado. Mas o modelo soviético estava a ponto de implodir.

Vácuo moral

Por ocasião da crise dos mísseis de Cuba, o abismo entre as superpotências em relação ao controle de capital passara a dominar a política global. Ironicamente, durante toda a Guerra Fria, os comunistas e os capitalistas compartilharam uma crença básica: nenhum dos dois achava que os negócios tinham muito a ver com moralidade.

Os comunistas e os socialistas subscreviam teorias que tendiam a ver o capital privado como imoral, opressivo e explorador. Do outro lado do abismo, os economistas de livre mercado encaravam o capitalismo como "amoral". As faculdades de economia em todas as grandes universidades já se tinham divorciado dos departamentos de Filosofia Moral dos dias de Adam Smith. Os especialistas passaram a chamar a economia, inclusive o estudo do funcionamento das empresas, de "rainha das ciências sociais" (queen of social science) e até de "ciência funérea" (dismal science), ao menos em parte, porque seus modelos teóricos envolviam poucas considerações sobre ética e responsabilidade social.[11]

Coitado do executivo de empresa que hoje se vê enleado em meio a tantas demandas conflitantes. A teoria da administração durante a Guerra Fria simplesmente assumia que o objetivo da produção era a maximização do lucro. As questões-chave – o que é lucro e como gerá-lo – muitas vezes ficavam sem resposta.

Com efeito, na década de 1990, com o fim da Guerra Fria e a derrota do comunismo, muitos líderes intelectuais abraçaram o que veio a ser conhecido como "Consenso de Washington": os grandes temas econômicos referentes a propriedade, capital e finanças, que haviam empurrado o mundo para a beira do conflito nuclear no século XX, agora tinham sido resolvidos. A economia de livre mercado triunfara. A prosperidade passara a ser função das forças de mercado, liberadas pela desregulamentação, pela privatização e pelo novo ambiente de negócios.

Evidentemente, nem todos concordavam, mas poucos foram os que ofereceram alternativas viáveis. Durante as demonstrações antiglobalização de 1999, um dos manifestantes ostentava um cartaz que exortava os espectadores: "Destrua o capitalismo global e o substitua por algo mais ameno."

"Algo mais ameno" não era bem o que se poderia considerar projeto de reforma. Entretanto, a mensagem captava com exatidão aspecto importante da convicção popular. O colapso da economia incivil do comunismo não sinalizava apenas o triunfo do capitalismo de mercado. As principais herdeiras do poder financeiro eram as empresas multinacionais – e elas não conseguiam conquistar a confiança mundial. Não admira. O fim da Guerra Fria não promoveu ampla reconsideração da cultura dos negócios. As empresas, fincadas em raízes que remontavam a séculos, atuavam sem responsabilidade e prestação de contas.

"A busca patológica do lucro"

Deslize o dedo sobre um planisfério, no rumo sul do hemisfério ocidental, até a ponta da América do Sul, onde a Terra do Fogo, na Argentina, se aproxima da Antártica. Lá, nos mares violentos da extremidade setentrional do planeta, encontra-se um memorial inusitado de uma das primeiras tentativas de controlar as atividades das empresas.

O Estreito de Le Maire simboliza as mais ousadas ambições de um mercador e investidor flamengo. Aventureirismo e fanfarronice não são termos geralmente aplicáveis aos gestores de dinheiro, que trabalham em luxuosos escritórios de esquina das imponentes torres de vidros e aço que se tornaram lugar comum das mais prósperas metrópoles do mundo. Porém, 400 anos atrás, Isaac Le Maire se enquadrava nesse padrão. Sua nêmesis foi a Companhia das Índias Orientais (Vereenigde Oost-Indische Compagnie – VOC) a primeira empresa com ações negociada em bolsa de valores. O empreendimento levantou 6,45 milhões de guildas, entre mais de mil pessoas. Porém, seus gestores eram impiedosos, desbravando um caminho que acabou levando diretamente a empresas como Enron, WorldCom, Parmalat e a outros desastres. Seus funcionários complacentes desfrutavam de opulentos benefícios, ao mesmo tempo em que destruíam sistematicamente o valor para os acionistas. Já seus diretores acumularam fortunas substanciais, da noite para o dia, "à maneira de cogumelos", como observaram alguns contemporâneos,[12] que eram mantidas em contas secretas. Os investidores não participavam da seleção dos gestores nem da aprovação das políticas da empresa. O conselho de administração se recusava a pagar dividendos – ou os distribuía na forma de sacos de noz-moscada excedentes, em vez de dinheiro.[13]

Entra em cena Isaac Le Maire, pai de 24 e maior investidor minoritário da VOC. Insatisfeito com os retornos anêmicos, ele apresentou a primeira petição de acionista dissidente de que se tem conhecimento, em 24 de janeiro de 1609. O comerciante de Amsterdã acoimou a gerência da VOC de "absurda e impertinente" e sustentou que a dilapidação crônica do capital dos investidores era uma "espécie de tirania". Na retórica da ofensa veemente, Le Maire iniciou uma tradição fértil. "Porcos na gamela" foi como a escritora Arianna Huffington qualificaria comportamentos semelhantes dos conselhos de administração, 400 anos depois.[14] *Nieten in nadelstreifen* (patetas engravatados) foi a expressão usada pelo jornalista Günter Ogger num best-seller alemão.[15] Para outros, não se trata apenas de ganância ou de incompetência da gerência. É a própria natureza da sociedade por ações em si. De acordo com o professor canadense Jel Bakan, as empresas são organizações de negócios constituídas para a "busca patológica de lucro e poder".[16]

No entanto, os executivos da VOC não se impressionaram com as queixas de Le Maire. Inconformado, o financista obstinado arregimentou uma coalizão de investidores e especuladores para derrubar o preço das ações da VOC, por meio de vendas maciças, na esperança de forçar a capitulação da gerência.

No final das contas, o governo holandês apressou-se em salvar a pele dos diretores da VOC, por meio de concessões especiais à empresa e de restrições ao poder dos investidores. Mas o ataque realmente forçou o conselho de administração a fazer as primeiras concessões aos acionistas. A contragosto, a VOC se comprometeu a pagar dividendos regulares e a manter a negociação pública de suas ações, permitindo que os acionistas recuperassem o capital, por meio da venda das ações no mercado, e criando, assim, a primeira companhia aberta do mundo. Porém, o evento levou os gestores a erigir formidáveis barreiras estatutárias contra futuros ataques dos investidores.

A VOC esperou o melhor momento para contra-atacar Le Maire. Derrotado, mas ainda mais obcecado em fustigar a empresa, Le Maire desafiou o gigante, ao embarcar mercadorias para mercados de especiarias lucrativos na Indonésia. Em 1615, financiou ousada expedição, comandada por seu filho Jacob, que descobriu canal não mapeado de acesso ao Pacífico, 200 milhas ao sul do Estreito de Magalhães, monopólio controlado pela VOC. A caravela de Le Maire avançou triunfante até Jacarta, conquista que inebriou o comandante com a visão de novo império comercial. No entanto, a VOC não permitiria a realização do sonho. Três dias depois do aportamento do navio, a tripulação foi presa e a embarcação confiscada pelas autoridades locais. A empresa contestou taxativamente a alegação de Le Maire de ter descoberto nova rota para a Ásia e conseguiu a extradição de Jacob para a Holanda, o qual morreu durante a longa viagem de volta. A VOC, por fim, se vingava.

Durante os dois anos seguintes, o enfurecido Isaac Le Maire travou batalha legal contra a empresa. Não obstante todas as chances em contrário, venceu. Recuperou seu navio e garantiu o direito de batizar o estreito descoberto pelo filho no sopé do mundo com o nome da família como epônimo. A VOC, por seu turno, deu de ombros para a derrota e continuou a crescer.

Brilhante e perigoso

A sociedade por ações se destacara como o novo protagonista que mudaria profundamente a natureza do comércio. Mas seu começo não foi auspicioso. O modelo era brilhante, pois permitia que o negócio levantasse capital de várias fontes, garantindo sua permanência mesmo com a mudança de investidores. No entanto, o perigo residia exatamente nessa separação entre propriedade e gestão do capital.

Primeiro, os gestores se defrontavam com a grave tentação de agir em busca dos interesses próprios, em vez de atender aos interesses dos acionistas. Para os economistas, trata-se do problema principal-agente. Segundo, se os títulos mobiliários emitidos pela empresa fossem passíveis de especulação, os gestores poderiam tirar proveito da situação. E foi o que fizeram.

Em 1720, escândalos resultantes exatamente desse tipo de abuso deflagraram quedas vertiginosas nos mercados de ações de Londres e de Paris, que duraram mais de um século. As Enrons e Parmalats da época foram a Mississippi Company, na França, e a South Sea Company, na Inglaterra. Cada uma demonstrou pouco interesse pelo comércio em si. Ao contrário, compravam títulos da dívida pública dos governos e artificialmente impulsionavam os preços das ações. Alguns insiders e investidores ganharam fortunas, mas, para a maioria, o esquema trouxe apenas lágrimas. E o público passou a ver as empresas como pouco mais que fecundos esquemas de especulação. Até Adam Smith se mostrou cauteloso. As sociedades por ações eram úteis quando se precisava reunir muito capital e quando sua missão era o bem comum – a construção de um canal, por exemplo. Mas "constituir sociedades de capital, para qualquer empreendimento, apenas porque essa forma societária seria capaz de gerenciá-lo com sucesso... sem dúvida não seria razoável", concluiu Smith. A lógica dele era clara: "Não se pode esperar dos diretores [dessas sociedades por ações], por serem gestores do capital de outras pessoas, não do capital deles, que o gerenciem com a mesma diligência cuidadosa com a qual [os proprietários] cuidam dos próprios recursos. Portanto, sempre prevalecerá maior ou menor grau de negligência e dissipação na gestão dos negócios dessas empresas."[17]

Apesar das preocupações de Smith, as sociedades por ações prosperaram. Com efeito, elas são fundamentais para a cultura de livre mercado e se expandiram por todo o mundo, inclusive ultrapassando a jurisdição dos governos nacionais.

Vimos como as empresas geraram benefícios e suscitaram controvérsias ao longo de 400 anos. Hoje, depois de conquistarem poder sem precedentes no âmbito mundial, as sociedades por ações estão no centro de nosso debate. Porém, antes de exaltarmos ou condenarmos suas atividades, precisamos fazer outras perguntas básicas. Qual é, ou qual deve ser, o propósito de uma sociedade por ações? E como a revolução na propriedade influencia a resposta?

PONTOS BÁSICOS

- A iminência do conflito nuclear durante a Guerra Fria demonstrou como a luta pelo poder econômico pode ser perigosa. Hoje, em vez do confronto entre superpotências, abre-se um abismo preocupante entre cidadãos e empresas globais. Para mapear o futuro das grandes empresas numa era de novos capitalistas, precisamos compreender sua evolução.

- Adam Smith formulou o mais influente argumento econômico pela Revolução Industrial. No século XIX, polarizou-se o debate sobre o livre mercado. Os comunistas e os socialistas consideravam a empresa privada socialmente desintegradora, enquanto os preconizadores do livre mercado defendiam sua capacidade de gerar riqueza.

- O comunismo soviético contrapôs a uma economia incivil de livre capitalismo, mas profundamente desigual, uma economia incivil de opressão autoritária.

- O fim da Guerra Fria não promoveu ampla reconsideração da cultura de negócios. As empresas do setor privado herdaram o poder econômico, mas não angariaram a confiança universal. Os executivos se defrontaram com pressões públicas para converter suas empresas em boas cidadãs. Mas poucos críticos definiram o que isso significava.

- O advento dos novos capitalistas erige nova base para responder-se à questão que hoje se situa no âmago do debate econômico: qual é, ou qual deve ser, o propósito de uma sociedade por ações?

PARTE DOIS

O Novo Círculo Capitalista de Responsabilidade e Prestação de Contas

CAPÍTULO 3

O Futuro da Empresa

Manifesto Capitalista

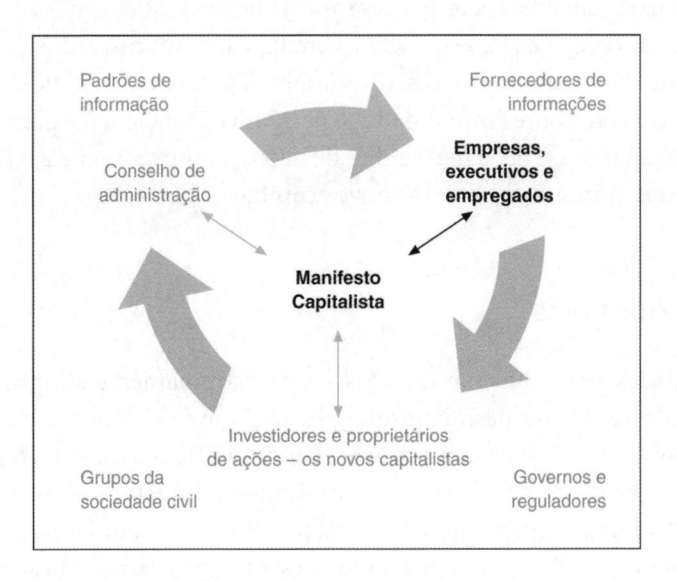

```
Padrões de                          Fornecedores de
informação                          informações

                                    Empresas,
    Conselho de                     executivos e
    administração                   empregados

                    Manifesto
                    Capitalista

              Investidores e proprietários
              de ações – os novos capitalistas
    Grupos da                       Governos e
    sociedade civil                 reguladores
```

A regulamentação, os mercados e a cultura limitam a liberdade das empresas, impedindo-as de tripudiar sobre os interesses sociais. E os novos capitalistas também já estão atuando como força poderosa, capaz de impulsionar o valor a longo prazo para os acionistas, induzindo as empresas a trabalhar para o benefício social. Neste capítulo, apresentamos um *manifesto capitalista* de 10 pontos, com base no qual os executivos bem-sucedidos podem alinhar os interesses das empresas com os dos cidadãos proprietários.

"**G**anância é bom" (Greed is good), rejubila-se Gordon Gekko (Michael Douglas), diante de banqueiros de investimentos bajuladores, no hit de Hollywood, de 1987, *Wall Street – Poder e Cobiça*. Na vida real, Milton Friedman, ganhador do Prêmio Nobel, declarou de maneira quase tão incisiva: "A responsabilidade social das empresas é maximizar seus lucros."[1]

Com essa afirmação, Friedman cativou os corações empenhados em combater a interferência do governo na economia e em romper os grilhões sociais impostos às empresas. Mas também rendeu para o economista o desdém de muitas outras pessoas. Friedman parecia defender que a missão principal das empresas deveria consistir em satisfazer seu próprio apetite econômico, quaisquer que fossem as conseqüências danosas que pudessem infligir a terceiros. Por que uma sociedade civilizada, indagavam seus opositores, deveria fomentar instituições tão obcecadas pelos próprios interesses?

É o velho debate entre esquerda e direita, cada um dos lados plenamente convencido de que as empresas são amorais e não menos convicto de que a visão do outro lado sobre "moralidade" é perigosa e ineficiente. Agora, chegou a hora de escapar desse beco sem saída e de descobrir novas maneiras de encarar a missão das empresas na era dos novos capitalistas do século XXI.

Senhor dos anéis

As sociedades por ações são criações legais extremamente simples, embora muito poderosas. Elas permitem que pessoas, talvez desconhecidas entre si, contribuam com capital para um empreendimento, mas não se responsabilizem pelos atos da sociedade, além do dinheiro investido no negócio. Essa ação coletiva de levantamento de capital possibilita economias de escala e eficiências de especialização, conferindo a essas organizações eficácia e poder suficientes para dominar a economia mundial.

Porém, como já vimos, as sociedades por ações também podem ser perigosas. Reflita sobre a questão ética que um discípulo, chamado Glauco, submeteu a Sócrates, uns 25 séculos atrás. Imagine que você tenha um anel que lhe confira poderes mágicos, como o de Giges, personagem da mitologia grega. Ao usá-lo, você pode tornar-se invisível e fazer o que quiser para atender a seus próprios interesses, sem medo de ser descoberto e punido. Como você se comportaria? "Decerto", pensou Glauco, refletindo a visão comum de que "qualquer pessoa que possuísse esse poder... [e], mesmo assim, se recusasse a fazer qualquer coisa injusta ou a roubar os companheiros seria considerada o mais miserável e tolo dos mortais, por todos que soubessem de seus poderes e de sua conduta".² Sócrates contestou com a afirmação de que é melhor para as pessoas – invisíveis ou não – comportar-se com ética, pois a conduta moral é mais compatível com a verdadeira natureza humana e, portanto, mais propensa a contribuir para a felicidade.

E se o usuário do anel não for um ser humano, mas uma empresa? Não importa como se considere o argumento de Sócrates, é difícil aplicá-lo à pessoa jurídica conhecida como sociedade de responsabilidade limitada. Ela não tem natureza, consciência ou crenças que a estimulem a comportar-se com moralidade. Ela fará o que bem entender, sujeita à única sanção de perder o capital. Afinal, os executivos podem ser presos, mas não há como colocar a empresa atrás das grades. Nem mesmo se consegue que se sintam culpadas! Em casos extremos, é possível liquidá-las (veja, por exemplo, o caso da empresa de auditoria e contabilidade Arthur Andersen). Porém, na maioria das situações, as sociedades por ações criam condições para que seus donos se comportem como se estivessem usando anéis de Giges.

O medo de que a perspectiva de Glauco prevalecesse no mundo dos negócios assombrou a sociedade ao longo dos séculos. Quando os governos concederam as primeiras licenças para a operação de empresas, os termos dos respectivos estatutos restringiam rigorosamente as atividades de negócios a oportunidades específicas, como, por exemplo, praticar o comércio em determinada área geográfica, constituir um banco ou operar um canal. Os estatutos sociais também vigoravam por prazo determinado. Se a empresa quisesse manter o capital dos proprietários de ações depois da expiração do prazo previsto no estatuto, ela precisaria de autorização especial. Com efeito, durante toda a fase inicial da Revolução Industrial inglesa (1720-1825), necessitava-se de ato específico do Parlamento para constituir uma empresa.³ Os legisladores receavam que essas criaturas poderosas, se não fossem controladas, disporiam como que de uma licença para a fraude e para a dilapidação.

Licença para causar danos?

Por que será que um economista como Milton Friedman aparentemente pretendeu conferir poderes ainda maiores às sociedades por ações? A resposta é que Friedman pretendia exatamente o contrário. O objetivo dele era garantir que as empresas *não* usassem seus poderes de maneira arbitrária e potencialmente danosa.

Imagine se os conselhos de administração de empresas poderosas decidissem explorar com arbitrariedade sua capacidade financeira, considerando apenas os interesses próprios de seus membros, em vez de no intuito de gerar lucro para os proprietários. Talvez tudo começasse com pequenas infrações ao mandato de gerar lucro: por exemplo, doando-se dinheiro a instituições nobres e atribuindo-se ao CEO os méritos pela generosidade da empresa com o dinheiro dos proprietários de ações. As transgressões poderiam agravar-se, inflando-se a remuneração dos gestores ou expandindo-se os domínios da empresa, com a aquisição de negócios de alta visibilidade – como veículos da mídia e equipes esportivas, que exercem o papel de troféus para a adquirente e seus administradores e rendem influência política e status social. Também se poderia contribuir para campanhas políticas, como meio para garantir a promoção e proteção de interesses pessoais dos conselheiros e diretores. Em situações extremas, até se usariam as contas bancárias da empresa para comprar "o governo" da terra.

Esses comportamentos, obviamente, são muito comuns no mundo dos negócios. Por isso, muitos observadores citam as idéias de Louis Brandeis, juiz da Suprema Corte dos Estados Unidos, ao comparar as empresas a monstros Frankenstein que escaparam ao controle de seus criadores e agora os subjugam sob suas garras.[4] Milton Friedman, por incrível que pareça, estava ao lado dos que pretendiam domesticar o monstro. O objetivo das empresas, pregava, deveria ser definido com clareza e exatidão: servir aos acionistas simplesmente por meio da maximização do lucro.

O paradoxo é que Friedman sugeriu que a exclusiva maximização do lucro era objetivo social legítimo, embora não pareça ser assim e a afirmação soe pouco ética. Talvez o que Friedman quisesse dizer é que a maximização do lucro pelas empresas decerto redundaria em conseqüências sociais positivas, como a produção de bens e serviços almejados pelos consumidores, além da promoção do crescimento econômico e da geração de empregos. E, sem dúvida, análise perfunctória das economias do Ocidente sugere que as empresas foram extraordinariamente bem-sucedidas na produção desses resultados. Portanto, talvez Friedman tenha formulado a equação da maneira errada. A questão não é se o objetivo social das empresas é maximizar o lucro; a maximização do lucro é objetivo privado. O que ele deveria ter dito é o seguinte:

> As empresas, dirigidas com base no interesse dos proprietários de ações, podem ser veículos para a geração da prosperidade sustentável demandada pela sociedade.

Soltando o monstro de Frankenstein

Não obstante o receio natural de que as empresas se comportem como o monstro de Frankenstein, a má conduta das empresas ainda é a exceção, não a regra.

Isso porque ao menos três importantes restrições orientam as empresas para a realização dos objetivos sociais: o mercado, o Estado e as sociedades em que realizam suas operações. Vale a pena refletir primeiro sobre como a ascensão dos novos proprietários capitalistas impõe a revisão completa dos próprios propósitos e objetivos do comportamento das empresas.

Primeira restrição: O mercado e a mão invisível

Que fatores impedem uma empresa cujo objetivo seja maximizar o lucro de enganar os clientes? No mercado realmente livre, os clientes que se sentirem lesados simplesmente recorrerão a outros fornecedores. Se a empresa cobrar preços altos demais por seus produtos e serviços, os concorrentes tentarão conquistar seus clientes, forçando-a a reduzir os preços até o nível que reflita os custos dos produtos e serviços vendidos, acrescidos de margem de lucro razoável. Esse foi o insight pioneiro que Adam Smith denominou "mão invisível". A competição entre fornecedores garante que os preços dos bens e serviços sejam iguais aos custos de produção mais margem de lucro razoável. Se algum produtor oferecer mercadorias de má qualidade, os clientes logo se darão conta do fato e reduzirão o preço que estão dispostos a pagar.

A mesma situação também se aplica ao emprego. Se algum empregador oferecer más condições de trabalho, os melhores empregados procurarão outros empregos e o mau empregador será expulso do mercado.

Com efeito, os apóstolos do livre mercado acreditam que a mão invisível garante que todas as transações cumprirão esses objetivos sociais, argumentando que, se todos os atores da economia competirem entre si, os preços se aproximarão dos custos. Portanto, argumentam, os governos devem garantir que todos os mercados sejam tão competitivos quanto possível. Assim, nenhuma empresa deve desfrutar de posição monopolista. Eis por que, sobretudo nos Estados Unidos e na União Européia, os governos não poupam esforços na tentativa de eliminar os "trustes" ou monopólios.

Em conseqüência, os governos passaram a recorrer a todos os meios para induzir as empresas a operarem em condições de livre mercado, sob competição aberta, com plenitude de informações e com base em leis e contratos confiáveis.

Mas isso não é suficiente para disciplinar o comportamento das empresas. Por quê? Porque, em boa parte, é extremamente difícil encontrar contextos em que a mão invisível de Adam Smith seja capaz de atuar conforme as previsões da teoria. Os monopólios naturais podem inibir o funcionamento do livre mercado. Às vezes, economias de escala significativas, vantagens de localização especial ou exclusividade tecnológica representam trunfos para um produtor em detrimento de outros concorrentes. Ou as informações são restritas, impedindo que os clientes saibam tanto quanto os fornecedores sobre os produtos e serviços. Ou a mobilidade do trabalho é limitada por fatores lingüísticos, demográficos, culturais ou legais. Quando surgem essas situações, entram em cena os reguladores.

Segunda restrição: Regulamentação

Entre em qualquer loja, compre qualquer bem ou serviço e você provavelmente descobrirá que, para ser produzido, distribuído e vendido, o bem ou serviço precisou atender a uma pilha de regulamentos. Em todo o mundo, trava-se debate acalorado sobre o nível de regulamentação adequado. Porém, qualquer que seja a intensidade da normatização, as normas são tão essenciais para definir o mercado quanto as regras do jogo são fundamentais em qualquer competição esportiva. No futebol, por exemplo, trata-se das dimensões e das divisórias do campo, do tamanho e das características da bola, do número de jogadores em cada equipe – nada disso é negociado apenas no início de cada partida. Do mesmo modo, as regras básicas do mercado são decididas bem antes de cada transação de negócios.

Até que ponto os regulamentos afetam o comportamento das empresas? Os eletrodomésticos e outros utensílios de nossas casas devem passar por testes severos que garantam sua segurança contra riscos de incêndio. Os próprios prédios devem ser construídos conforme normas técnicas rigorosas. O mesmo se aplica aos automóveis, aos serviços de hotelaria e de alimentação, assim como a investimentos e seguros. Em suma, os padrões regulatórios abrangem todos os produtos e serviços do mercado.

Se retrocedermos 150 anos, compreenderemos por que a regulamentação é tão necessária para sustentar a economia de mercado. Naqueles dias, pessoas de negócios inescrupulosas rotineiramente adulteravam alimentos, misturavam farinha com pó de giz ou adicionavam ácido sulfúrico à cerveja. Não raro os produtos continham traços de substâncias que criavam dependência; um dos produtos mais famosos com essa característica era a Coca-Cola, que continha quantidades mínimas de cocaína.

Mas a regulamentação não foi a única solução para o problema da proteção ao consumidor. O movimento cooperativista representou uma alternativa. Em princípios do século XX, o cooperativismo dominava o comércio varejista na Inglaterra, pois só se confiava em cooperativas para o fornecimento de produtos seguros e de boa qualidade, a preços razoáveis. [5] Se os governos tivessem optado pela inação, talvez as cooperativas fossem hoje a forma societária predominante. Mas os legisladores intervieram com uma teia de normas técnicas, de modo que hoje a maioria das empresas lucrativas também merece confiança como fornecedoras de bens e serviços de qualidade.

No entanto, as normas e padrões não versam apenas sobre produtos físicos. A regulamentação também se aplica às práticas comerciais e às relações trabalhistas. Em muitos países também se controlam o salário mínimo, a duração da jornada de trabalho, as horas extras, a segurança e a medicina do trabalho, a representação sindical, o repouso semanal, os feriados e as férias anuais, a proteção contra demissões arbitrárias e a igualdade de oportunidades.

Todas as fábricas, todos os escritórios, todos os restaurantes e hotéis e todos os meios de transporte estão sujeitos a inspeções. Impõem-se limites à poluição. As normas de zoneamento urbano determinam as atividades industriais e comerciais a serem desenvolvidas nas diferentes áreas da cidade. Os regulamentos até determinam a concessão de licença para a instalação de boates e cassinos. E, para levantar capital nos mercados de capitais do mundo, as empresas também precisam observar numerosas normas e regulamentos, que às vezes impõem multas draconianas a qualquer transgressão, para garantir o tratamento justo e eqüitativo de todos os investidores.

Qual é o objetivo de toda essa regulamentação? Garantir que as empresas, ao maximizar o lucro, também gerem benefícios sociais e pessoais. Além disso, a regulamentação cria condições para que todos os participantes do mercado tenham a certeza de estarem atuando com observância do mesmo conjunto de regras. A cervejaria que entrega a cerveja prometida deve estar confiante em que não será levada à falência por um concorrente que adultera o produto.

A regulamentação não é a única ferramenta de que dispõem os governos. O poder público também recorre a tributos, a subsídios ou a incentivos para que as empresas se dediquem com maior ou menor intensidade a determinadas atividades. Por exemplo, um imposto sobre o carbono talvez desestimule a emissão de gases do efeito estufa, ao passo que certos subsídios podem incentivar atividades na área de biotecnologia. Contudo, além dos efeitos dos mercados, da regulamentação e dos incentivos, outras forças igualmente poderosas influenciam o comportamento das empresas.

Terceira restrição: Cultura empresarial

A maioria das pessoas de negócios mais experientes sabe que a força coesiva das grandes organizações em busca do sucesso é o compartilhamento da mesma cultura organizacional, ou seja, a compreensão comum das práticas e dos comportamentos adequados e inadequados. As grandes empresas, como organizações complexas, simplesmente não poderiam existir sem o próprio senso de cultura, fator crítico da ética.

A cultura organizacional ajuda a explicar os comportamentos das organizações e de seus membros, a maneira como tratam uns aos outros e a forma como se relacionam com as pessoas de fora. Como os antropólogos, os analistas descrevem as organizações de negócios em termos dos símbolos, das histórias e das lendas que os empregados contam sobre a empresa; das linhas de autoridade formais e informais que facilitam a tomada de decisões e a adoção de iniciativas; e dos tipos de comportamentos que são considerados positivos ou negativos.[6]

Pergunte aos líderes de negócios. Eles lhe dirão que a cultura é, em geral, o obstáculo mais difícil à engenharia da mudança. Os executivos de ex-empresas estatais – mesmo as que foram privatizadas há quase uma geração – ainda se queixam de uma cultura arraigada de "serviço público" que valoriza a prudência e a cautela e, em conseqüência, retarda a inovação. Fusões e incorporações de empresas não raro fracassam em decorrência de choques de culturas. Uma coisa é reformular toda a estrutura legal de um negócio. Outra muito diferente é transformar as maneiras fundamentais pelas quais se influenciam os comportamentos individuais.

O desafio é ainda mais árduo para empresas que operam além fronteiras. As culturas empresariais não existem no vácuo. As pessoas que compõem a empresa são, em si, parte de uma ou mais culturas nacionais. Por exemplo, quando o Wal-Mart adotou a política de proibir namoro entre os empregados, iniciativa adequada nos Estados Unidos, para evitar o assédio sexual, um tribunal de Düsseldorf derrubou a nova norma, por considerá-la conflitante com os costumes alemães.

As culturas empresariais não podem ignorar as culturas das sociedades em que operam. Uma das razões por que a maioria das empresas não mente, não frauda e não empulha como questão de política é o fato de os empregados, em sua maioria, não serem mentirosos, fraudadores e empulhadores. Com efeito, as culturas herdadas de fora podem impor práticas que contrariam à índole de muita gente. Lembre-se de que as organizações de negócios têm fortes incentivos para promover o pessoal com base apenas no mérito. No entanto, muitas empresas ainda deixam transparecer certa resistência em promover mulheres e minorias étnicas, sob a influência das crenças e expectativas predominantes nas sociedades em que concentram suas atividades, não em conseqüência de pressões econômicas diretas; a doutrina dos negócios as incentivaria a contratar e promover a mais ampla diversidade de talentos disponível.

Críticos de fora da comunidade de negócios geralmente acreditam que a motivação do lucro levará inevitavelmente a comportamentos antiéticos. No entanto, a maioria dos participantes desse contexto sabe que, em negócios, o senso nítido de ética e o mais alto grau de confiança são essenciais. A capacidade de fechar negócios com base em apertos de mão é fundamental para o funcionamento de qualquer mercado. A reputação de abertura e de honestidade é fator crítico para o sucesso dos negócios em longo prazo. No sentido oposto, a reputação de impostura, na melhor das hipóteses, retarda o crescimento e, no pior dos casos, destrói a empresa.

Com efeito, as evidências geralmente sugerem que as empresas mais lucrativas são, em geral, as que dispensam melhor tratamento aos empregados e que, ao mesmo tempo, se concentram em gerar valor para os clientes. Eis por que, em fins da década de 1970, um livro-texto best-seller em negócios declarava que as empresas "excelentes" "tratam [os empregados] como parceiros; trata-os com dignidade, trata-os com respeito. Trata-os como a principal fonte de ganhos de produtividade – mais que as despesas de capital e os investimentos em automação".[7]

Cadeias fracas

Não pretendemos sugerir que as empresas são ou serão perfeitas. No entanto, já percorremos longo caminho para a compreensão mais refinada da afirmação de Friedman de que "a responsabilidade social das empresas é maximizar o lucro". O que estamos constatando é que as empresas estão sujeitas a rigorosas restrições pelos mercados e pela regulamentação. Além disso, culturas organizacionais bem-sucedidas tendem a promover comportamentos sociais positivos. Lembre-se de que todas essas três forças interagem umas com as outras. Determinada norma que imponha o fornecimento de informações aos consumidores, por exemplo, redunda em maior esclarecimento do público; que, em conseqüência, passa a fazer campanhas favoráveis ou contrárias aos produtos e serviços; as quais, por sua vez, afetam o sucesso desses mesmos produtos e serviços no mercado. Essas pressões entrelaçadas canalizaram as energias do monstro de Frankenstein para objetivos sociais mais positivos do que receavam os críticos do capitalismo empresarial sem peias.

Mas será que essa situação ainda é satisfatória no mundo de hoje, quando as fronteiras nacionais se esgarçam sob as forças da globalização? Mesmo que o monstro tenha sido amansado, ainda é besta selvagem, capaz de a qualquer momento romper as grades que o confinam em diferentes países. Algumas pessoas que adotam essa visão defendem maior regulamentação das empresas.

Outras argumentam em favor de nova legislação empresarial segundo a qual todas as partes interessadas, afetadas pelas atividades da empresa, colaborem entre si na elaboração de sua estratégia de negócios. Alguns países, sobretudo a Alemanha, converteram em lei parte do "capitalismo dos stakeholders": representantes dos trabalhadores participam dos conselhos de administração.

Na teoria, o conceito de stakeholders é atraente. Porém, na prática, conforme já advertiram muitos comentaristas, a idéia envolve o risco de transformar os gestores em servos de muitos senhores, com a conseqüência não intencional de lhes outorgar poder excessivo para atuar como árbitros entre as diferentes reivindicações. Outros problemas são igualmente amedrontadores. Como definir que stakeholders terão assento nos órgãos deliberativos? As multinacionais alemãs, por exemplo, conferem representação no conselho de administração apenas aos trabalhadores *alemães*, não aos de outras nacionalidades. Outra questão: depois de se instalarem nos conselhos de administração, será que os representantes dos stakeholders realmente servirão aos melhores interesses de seus constituintes, se, no curto prazo, forem conflitantes com os da empresa? Finalmente, como implementar essa solução sem pisotear os direitos adquiridos dos proprietários das empresas? Todas essas questões são grandes desafios para os defensores da solução dos stakeholders.

Porém, o velho argumento em favor da outorga de poderes aos stakeholders baseia-se na convicção de que as empresas, por maiores que sejam as restrições a que estão sujeitas, tendem a ignorar o interesse social mais amplo, caso se concentrem em satisfazer os proprietários de ações. Hoje, mundo em que predomina a propriedade difusa das grandes empresas e os fundos de investimentos e de pensões representam o pool de capital dos cidadãos, essa doutrina talvez já não tenha tanto peso. Vejamos como os novos capitalistas reverteram a equação, definindo novos objetivos para as empresas.

Os caminhos para a empresa civil

Mudemos a analogia. Comparemos a empresa não a um monstro, mas a uma máquina de cortar grama. Todas as restrições dos mercados, dos regulamentos e da cultura afetam a segurança, a poluição, o desempenho, a aparência e a eficiência energética do motor, além de como e onde é produzido. Mas o motor permanecerá inútil em meio à grama cada vez mais alta, se não houver ninguém para empurrá-lo e orientá-lo, para dar-lhe direção. Este é o ponto em que entram os proprietários de ações, os novos capitalistas.

Sob a perspectiva dos economistas e dos advogados, a empresa pertence aos proprietários de ações e deve servir a seus interesses. Como vimos nos capítulos anteriores, os proprietários de ações hoje não são o punhado de ricos de antigamente. São milhões de cotistas de fundos de investimento e de pensão, além de outros poupadores. Nós, o povo, somos os donos das empresas gigantes do mundo. Nós, o povo, somos os novos capitalistas e nos sentiremos mais do que felizes em concordar com a afirmação de Milton Friedman: "As empresas são propriedade dos acionistas. Seus interesses são os interesses dos acionistas."[8] Porém, essa assertiva suscita a questão básica que devemos formular para nós mesmos: Quais são os nossos interesses? E, uma vez definidos os nossos interesses, que comportamentos devemos exigir das empresas de que somos proprietários?

A ascensão dos investidores impõe que busquemos as respostas à luz de duas perspectivas que caracterizam os tempos presentes em relação ao passado. Primeiro, os novos capitalistas tendem a ser altamente "diversificados" em seus investimentos. Segundo, as forças mais poderosas do mercado de capitais global são os fundos de investimentos e de pensão que representam milhões de poupadores, com diferentes idéias sobre velocidade, direção e missão, ao empurrarem o cortador de grama. Como a empresa mudará seus objetivos à luz desses fatos básicos da economia civil?

O poder da diversificação

A maioria dos fundos de pensão, dos fundos de investimento e de outros programas de poupança coletiva investe em muitas empresas. Em vez de deter grande participação em uma empresa, mantém em carteira frações minúsculas de centenas, talvez de milhares de empresas em todo o mundo. Os resultados desses investidores institucionais não são determinados pelo sucesso de uma empresa, mas pelo êxito conjunto de todas as empresas cujas ações compõem seus *portfolios*. Com efeito, uma das principais razões para diversificar os investimentos é exatamente evitar exposição excessiva ao sucesso ou ao fracasso de uma única organização.

E como será que a diversificação muda os interesses dos investidores? Bem, imagine que todas as suas poupanças tivessem sido investidas numa só empresa. Seu único interesse seria o sucesso desse empreendimento isolado. Você gostaria que ele sobrevivesse, prosperasse e crescesse, mesmo em detrimento do sistema econômico como um todo. Mas suas perspectivas seriam outras se você tivesse investimentos em muitas empresas.

Vejamos um exemplo. Digamos que a empresa X esteja tentando conquistar um grande contrato no exterior. O representante da licitante deixou claro que concederá o contrato à empresa se ela depositar em seu nome determinada importância numa conta bancária numerada. Embora realmente se trate de suborno, os advogados descobriram uma lacuna legal para torná-lo legítimo. O que deve fazer a empresa X? Se adotar a perspectiva do investidor que está interessado apenas no sucesso da empresa, talvez faça sentido pagar o suborno. Mas, se a empresa X agir assim, abrirá um precedente que será uma caixa de Pandora: no futuro, todas as empresas que operam nesse país estrangeiro deverão pagar suborno como condição para fazer negócios – o que prejudicaria os interesses dos proprietários de ações diversificados.

A melhor solução sob o ponto de vista dos investidores diversificados será fechar qualquer lacuna legal que comprometa a abertura e a eqüidade das operações de mercado. Embora, nesse exemplo, a empresa X talvez considere perigoso recusar-se a pagar suborno e, portanto, arriscar-se a perder o contrato, essa atitude seria a mais compatível com os interesses de seus proprietários de ações diversificados, desde que nenhuma outra empresa aproveite a lacuna para ficar com o contrato. Em outras palavras, os novos capitalistas têm interesse em criar regras que levem ao sucesso do sistema econômico como um todo, ainda que, em determinadas circunstâncias, tais regras possam manietar algumas empresas.

Evidentemente, o principal executivo e os gestores das diferentes empresas, isoladamente, talvez vejam as coisas de maneira diferente. A incumbência deles, muito adequadamente, é maximizar o *lucro* de sua organização – critério pelo qual serão remunerados. Sob um ponto de vista prático, seria tolice mudar o foco dos gestores de cada uma das empresas. Queremos que eles se concentrem com obstinação no sucesso de suas organizações. Qualquer abordagem diferente tornaria quase impossível gerenciar as diferentes empresas como entidades independentes. Contudo, não estarão servindo aos interesses dos proprietários de ações se adotarem práticas boas para cada empresa, individualmente, mas prejudiciais para o sistema econômico como um todo.

Além disso, como compreende a maioria dos empresários, a comunidade de negócios bem-sucedida precisa de regras para alcançar bons resultados comerciais. Já vimos como o governo impõe normas na tentativa de proteger a sociedade contra condutas empresariais impróprias. Com efeito, as empresas precisam de regulamentos garantidores de que o sistema econômico lhes proporcione condições para, em conjunto, alcançarem o sucesso como comunidade de negócios e, ao mesmo tempo, capazes de protegê-las de comportamentos delinqüentes. Voltemos ao exemplo anterior. O primeiro "suborno" pode ser lucrativo, mas o resultado inevitável de abrir precedentes para o esquema é estimular a corrupção crescente. Em breve, também os concorrentes receberão pedidos de suborno, aumentando a quantia a ser depositada pelas empresas em contas numeradas para se manterem como fornecedores preferenciais, gerando um círculo vicioso de exigências cada vez mais elevadas. Assim, a espiral de corrupção começará a agregar custos, em vez de vantagens, para cada uma das empresas de per se, assim como para a economia como um todo.

Muita gente argumentaria que os comportamentos suspeitos são, em boa parte, anticompetitivos, com o objetivo único de ganhar vantagem a curto prazo, à custa das regras do jogo de conhecimento geral, como o atleta que usa estimulantes ilegais para a melhoria imediata de seu desempenho na próxima competição. O esportista, no caso, até pode conquistar vantagem temporária, mas arriscará a própria carreira, com o risco de contrair doenças e até de morrer. E, evidentemente, descoberta a fraude, suas próprias marcas e sua reputação tornam-se suspeitas. (Não admira que os atletas, em geral, se submetam a rigorosos regimes de teste de doping).

O equivalente a esses testes no ambiente empresarial seria apoiar práticas observadas por todo o mercado, que tornem ilegais os subornos e outros truques competitivos antiéticos, adotadas indiscriminadamente por todos os setores e empresas. Passemos do mundo teórico para o mundo real. Recentemente, várias empresas de exploração de petróleo e de mineração que operam em mercados emergentes assinaram um acordo conhecido como Iniciativa de Transparência (Transparency Initiative), que as obriga a divulgar todos os pagamentos efetuados a governos e a autoridades. Na época, enfatizou-se pela imprensa que seu objetivo era contribuir para eliminar a corrupção e, portanto, para promover o desenvolvimento. Porém, os novos capitalistas proprietários de ações com carteiras diversificadas estariam dispostos a apoiar o programa, mesmo que não promovesse o desenvolvimento, pois o sucesso das empresas tende a ser mais favorecido por normas claras e éticas que por práticas corruptas.

Portanto, as demandas econômicas dos investidores diversificados são diferentes das dos investidores concentrados. Porém, os novos capitalistas, além de se diversificarem entre numerosos setores e empresas, também se distribuem entre milhões de cidadãos investidores. Portanto, suas exigências, no todo, são diferentes das demandas dos grandes acionistas solitários que dominavam os mercados de capitais em tempos idos.

O proprietário universal

Os cidadãos adquirem ações como veículos de poupança para a aposentadoria, para a educação superior ou para a compra da casa própria. Em termos técnicos, fazem "hedge" contra um passivo real a longo prazo (o dinheiro de que precisamos para a aposentadoria, para a educação superior ou para a casa própria), investindo em ativos reais a longo prazo (ações de diversas empresas). Portanto, embora os operadores do mercado de ações tendam a concentrar-se no desempenho a curto prazo, o grande objetivo das empresas deve consistir em maximizar a geração de valor para seus proprietários a longo prazo. O objetivo, em geral, seria o mesmo, não importa que a empresa tenha um único dono ou milhões de proprietários.

O que é diferente para as empresas com muitos proprietários é a maneira como estes decidirão o que constitui valor e qual é o horizonte temporal. Se houver apenas um proprietário, o indivíduo, a família, a organização ou o Estado definirá sozinho o que espera como retorno e quando espera auferir o retorno. Se esse proprietário for especialmente sensível aos deveres sociais, é provável que induza a empresa a se comportar com responsabilidade social. Alternativamente, o proprietário também pode aposentar-se em Palm Springs e estimular seu gestor de recursos a gerar o maior lucro privado possível, sem muita preocupação com as conseqüências para a sociedade em geral.

Para os novos capitalistas, a situação é muito diferente. Em boa parte, eles *são* a sociedade em geral. Não faz sentido para os cidadãos investidores estimular a empresa a gerar altos lucros para seus proprietários de ações, mas ignorar os danos que estão infligindo à economia como um todo, como, por exemplo, ao poluir o meio ambiente. Se agirem assim, simplesmente estarão roubando de um bolso para pôr o dinheiro no outro bolso. O mesmo se aplica a qualquer atividade das empresas que transfira custos para a sociedade em geral. Evidentemente, nem todos os danos são desqualificativos. Contudo, ao compreender as necessidades dos proprietários diversificados, criamos uma gama de iniciativas possíveis para as empresas da economia civil diferente da que prevaleceria na hipótese de a empresa ser controlada por poucos proprietários individuais. Efeitos até então considerados irrelevantes para as empresas de poucos donos se tornaram muito importantes para as empresas sob o controle de numerosos cidadãos investidores.

Na década de 1930, Adolf Berle e Gardiner Means, gurus em gestão, imaginaram um mundo em que as empresas detinham enorme poder econômico e não prestavam contas a ninguém. Para manter a boa vontade do público, encorajavam os CEOs a se comportarem voluntariamente como se o objetivo das empresas fosse o bem da sociedade em geral.[9] Nosso argumento é que, no século XXI, os proprietários de ações de companhias abertas refletem as demandas da sociedade. Esse ponto é consistente com a visão de Milton Friedman – que os interesses das empresas são os dos proprietários de ações – e com a opinião dos defensores da responsabilidade social das empresas. Sociedade e proprietários de ações de empresas são cada vez mais a mesma coisa.

Mas o que exatamente esses proprietários universais esperam das empresas? Será que podemos definir os objetivos dos novos capitalistas com nitidez suficiente para criar um paradigma mensurável rigoroso, a ser usado pelos CEOs para orientar o curso das empresas?

O novo manifesto capitalista

Eis nossas 10 regras para os conselhos de administração das empresas, o que denominamos *manifesto capitalista*.

1. Seja lucrativo – crie valor
2. Cresça apenas onde puder criar valor
3. Remunere as pessoas adequadamente, para que elas façam as coisas certas
4. Não desperdice capital
5. Concentre-se onde suas habilidades são mais fortes.
6. Renove a organização
7. Trate com justiça os clientes, os fornecedores, os empregados e as comunidades
8. Promova regulamentos capazes de garantir que suas operações não provoquem danos colaterais e que seus concorrentes não obtenham vantagens injustas
9. Mantenha-se longe da política partidária
10. Comunique-se e seja responsável

Essa lista não é um conjunto aleatório de "regras de ouro". Cada uma dessas recomendações decorre necessariamente das necessidades dos novos capitalistas.[10] E, embora os princípios talvez pareçam à primeira vista simples recomendações óbvias, cada um deles pode suscitar complexidades consideráveis para os gestores de empresas, tanto em teoria, quanto, principalmente, em suas aplicações práticas. Examinemos cada um deles mais de perto.

Regra número um: Seja lucrativo – crie valor

Ou, em termos formais, as empresas devem procurar *maximizar* o valor que geram para seus proprietários de ações.

Por que será que esse é o objetivo central dos proprietários universais diversificados? Porque os fundos de investimento e de pensão dos cidadãos investidores compram ações para criar um reservatório de valor capaz de gerar rendas no futuro.[11] Portanto, o primeiro objetivo de uma empresa que atue em nome dos novos capitalistas é maximizar esse reservatório de valor. Para tanto, precisa gerar lucro. Afinal, como já dissemos, sem lucro, sem pensão. As empresas não são serviços sociais. Elas não levantam capital próprio por meio da emissão pública de ações para gastar arbitrariamente a fortuna dos investidores em boas causas. Se agirem assim, comprometerão a própria razão pela qual os fundos de pensão investiram em suas ações. Milton Friedman estava certo: a responsabilidade das empresas é maximizar seu valor.

Porém, aqui surge um problema prático: geralmente é difícil discernir se a empresa está maximizando seu valor. O sucesso dos negócios é incerto e em geral se constrói com lentidão, durante períodos de tempo muito longos.

Um exemplo ajuda a esclarecer a dificuldade. Imagine Marco Polo antes de partir em sua viagem épica de Veneza à China e de volta a Veneza. Antes de partir, ele levanta milhares de ducados entre seus patrocinadores para comprar mercadorias a serem vendidas aos chineses e para custear as despesas com alimentos e alojamentos durante a jornada. Depois de 30 anos, boa parte do capital dos investidores já havia sido consumida. Na China, encheu-se de mercadorias que não valiam muito em Beijing, mas que, assim ele supunha, renderiam uma fortuna em Veneza. Evidentemente, entre China e Veneza, despontam montanhas e vales, enchentes e tempestades, salteadores e piratas, pedágios e impostos. Será que Marco Polo maximizou o valor para seus investidores? Ou ele apenas tirou férias de 29 anos na corte de Kublai Kahn com o dinheiro de seus promotores?

Os contadores de hoje tentariam responder a essa pergunta por meio de um sistema complexo de cálculos para chegar a uma avaliação "verdadeira e justa" dos lucros de Marco Polo a cada ano. Mas, como podemos supor, é muito difícil concluir se ele ganhou algum dinheiro ao voltar a Veneza e vender suas mercadorias. Isto dito, se Marco Polo soubesse como os contadores fazem seus cálculos arcanos, ele poderia agir de maneira a favorecê-lo, para que seus retornos contábeis parecessem bons – mesmo que não tivesse gerado valor para os investidores.

Agora, substitua Marco Polo por um gestor de empresa. Com muita freqüência, as empresa perseguem objetivos contábeis, como "aumentar o lucro por ação" ou "maximizar o retorno sobre o capital". Não raro, até usam indicadores contábeis para ocultar o fato de que não estão gerando valor para os proprietários. Talvez não consigam identificar onde e por que estão criando valor – às vezes em conseqüência da própria complexidade da apuração, mas, como também é muito comum, apenas porque é embaraçoso analisar as razões pelas quais os planos não produziram os efeitos previstos.

As empresas da economia civil devem maximizar o valor. Isso significa, mantendo-se todos os outros fatores inalterados, que precisam gerar o maior superávit de caixa sustentável (ajustado pelo custo de capital) durante tanto tempo quanto possível.[12] Afinal, para compensar seus passivos de longo prazo, os novos capitalistas, no todo, precisam de investimentos que ofereçam retornos reais, ou seja, acima da taxa de inflação.

Regra número dois: Cresça apenas onde puder criar valor

Em outras palavras, as empresas devem buscar o crescimento, mas *apenas* onde o crescimento gerar superávit além do custo de capital.

Os proprietários universais diversificados podem aplicar seu dinheiro em ações de milhares de empresas, para não mencionar outros ativos como em imóveis e em bônus. Entre as diferentes alternativas, procurarão investir onde o capital for mais produtivo e lhes proporcionar os mais altos retornos. Se os investidores se comportarem de acordo com essas regras, as empresas contarão com dinheiro prontamente disponível quando surgirem oportunidades de investimento.

Mas aqui surge um corolário. Se *não* tiverem boas oportunidades de investimento, as empresas devem devolver o excesso de caixa aos proprietários de ações, para que possam investi-lo em outros lugares. Com muita freqüência, os CEOs repetem como mantra que o propósito da empresa é gerar valor para os proprietários de ações (e falam sério), mas acabam fazendo exatamente o oposto. Ele ou ela basearão as aquisições de outras empresas, por exemplo, em projeções de lucro otimistas ou no caixa acumulado como disponibilidade imediata, em vez de nos benefícios duradouros da transação para os proprietários de ações. Sucessivos estudos demonstram que a maioria das aquisições não gera retorno adequado para a adquirente, gerando perdas de bilhões de dólares para os investidores.

Então, por que os conselhos de administração insistem nessas estratégias perdulárias? Em geral, a explicação é apenas otimismo ou excesso de confiança; porém, às vezes, outras motivações desempenham papel relevante. Alguns CEOs sem dúvida sucumbem à tentação de usar com imprudência o dinheiro dos proprietários de ações, em vez de concentrar-se no trabalho árduo e indispensável para promover o verdadeiro crescimento. Os bancos de investimento estimulam essas transações em razão dos enormes honorários que pagam seus serviços. Além disso, a remuneração dos executivos se vincula mais ao tamanho da empresa que aos retornos gerados para os acionistas. Ainda por cima, os conselhos de administração rotineiramente concedem bonificações desmesuradas aos executivos quando da conclusão do negócio, independentemente de seu potencial de geração de valor. Em conjunto, tudo isso produz vigoroso caldo de incentivos às operações de fusão, de incorporação e de compra e venda de empresas.

Veja o caso da Bass plc, proprietária da Bass Brewers. Em princípios da década de 1990, a empresa era não só a maior cervejaria da Inglaterra, mas também a proprietária de literalmente milhares de pubs ingleses. Ela era extremamente lucrativa, mas a demanda por suas cervejas e pubs estava encolhendo, na medida em que os consumidores passavam mais tempo em casa e mudavam seus hábitos de bebida da cerveja para o vinho.

O que a Bass deveria fazer? Uma possibilidade era distribuir o lucro aos proprietários de ações, até que a gerência desenvolvesse planos de crescimento mais criativos. No entanto, em vez disso, usando seu enorme acúmulo de caixa e recorrendo aos mais prestigiosos assessores da City de Londres, a empresa comprou cadeias de hotéis internacionais – Holiday Inn, Intercontinental, Crowne Plaza e outras – pelas quais pagou caro.

Evidentemente, a gerência de um pub em Birmingham, Inglaterra, é bem diferente da direção de um hotel de luxo em Nova York. Para surpresa de ninguém, a farra de aquisições não gerou retorno adequado. No entanto, a empresa ainda parecia disposta a realizar novas aquisições, na expectativa de que elas destruíssem menos valor para os acionistas.

Quando os proprietários de ações resolveram intervir, a Bass, agora renomeada Six Continents, gastara quase tanto em aquisições quanto o valor total de suas ações. Foram necessários três anos de envolvimento dos investidores para convencer o conselho de administração a abandonar a estratégia. Finalmente, a empresa vendeu suas cervejarias, cindiu as divisões de pubs e de hotéis e devolveu mais de um bilhão de libras aos proprietários de ações.

O caso da Bass focaliza um erro crônico que as empresas podem cometer na busca de caminhos para a geração de valor. Usam o lucro para diversificar os negócios e para converter-se em conglomerado, com base na crença de que essa estratégia de diversificação reduz os riscos. No entanto, os investimentos dos proprietários universais já estão diversificados; razão por que não auferem qualquer valor quando as empresas em si promovem a diversificação em nome deles. Essa perspectiva pode ser totalmente diferente da adotada pela gerência, que talvez prefira controlar diversos negócios, de modo que, se alguns não obtiverem bons resultados, os outros sustentarão a administração central da empresa. Com efeito, essa é uma prática típica dos gestores, sobretudo em setores de baixo crescimento. Talvez procurem o que percebem como o entusiasmo de dirigir um novo negócio, em vez de concentrar-se nos negócios existentes e explorar rotas mais criativas para o crescimento.

Regra número três: Remunere as pessoas adequadamente, para que elas façam as coisas certas

Os salários e incentivos devem ser projetados sob o ponto de vista de custo e eficácia, para maximizar a geração de valor a longo prazo.

Quase nenhuma controvérsia sobre negócios tem sido objeto de mais manchetes que os salários desmedidos que algumas companhias abertas pagam a seus CEOs. Agora, alguns pacotes de remuneração são medidos em dezenas de milhões de dólares por ano, ordem de magnitude que supera o salário do presidente dos Estados Unidos.

Um dos motivos pelo qual a remuneração dos executivos está fora de controle é o fato de os conselhos de administração decidirem quem deve ser o CEO antes de perguntarem qual será o salário. E poucos são os incentivos para que negociem em defesa dos interesses dos proprietários de ações. Os conselheiros não executivos, muitos deles também CEOs, raramente facilitaram a própria vida ao se oporem a aumentos de salário para o CEO. Do mesmo modo, os consultores em remuneração, cujos honorários são pagos pela empresa contratante, não impulsionam seus negócios ao recomendar que se limitem os salários dos altos executivos.

Não é apenas a grandeza desses salários que contraria os interesses dos novos capitalistas, mas também o fato de os níveis de remuneração não se relacionarem com o desempenho nem com o sucesso do executivo na criação de valor duradouro para os proprietários. Além disso, os salários dos executivos se situam muitíssimo acima do salário médio da força de trabalho, o que pode constituir um em forte fator de desmotivação em épocas de prosperidade. Aumentar os salários, as bonificações e os benefícios do CEO e ao mesmo tempo reduzir a remuneração dos empregados em geral pode ser letal para a empresa.

A remuneração é não só importante fator contributivo para a criação ou destruição de valor, mas também o melhor indicador da extensão em que a empresa passou a ser brinquedo dos gestores em vez de negócio dos proprietários. O que for válido para todos os empregados também deve ser aplicável ao CEO. O objetivo deve ser remunerar com eqüidade os CEOs, de maneira a estimulá-los a se comportar de acordo com os interesses dos cidadãos investidores.

Regra número quatro: Não desperdice capital

A estrutura de capital das empresas deve ser eficiente para minimizar os custos. No entanto, muitas empresas levantam mais dinheiro do que precisam e mantêm grandes estoques de caixa para seu próprio uso. Essa prática tende a facilitar a vida dos gestores, que passam a dispor de um amortecedor que atenua os solavancos do mau desempenho. Porém, ao zelarem pelo próprio conforto dessa maneira, os gestores estão negando aos proprietários a oportunidade de investir em outros empreendimentos lucrativos.

Em contraste, algumas empresas se endividam demais. Quando as coisas vão bem, a disponibilidade de excesso de caixa pode gerar retornos mais elevados, e talvez mais valor para as opções sobre ações do CEO. Mas quando a conjuntura é negativa, os proprietários de ações (e, em casos de insolvência, os credores da empresa) ficam com todas as perdas. Com efeito, em algumas jurisdições (como nos Estados Unidos), é até comum que algumas varas de falências concedam pacotes de remuneração especiais aos executivos das empresas insolventes, pois os juízes acreditam que as bonificações de retenção, ou seja, adicionais para que o capitão não abandone o barco, estimularão os gestores a ressuscitar a falecida, mesmo quando se trate das mesmas pessoas que levaram o negócio à insolvência. A situação é a epítome do paradigma "cara, eu ganho; coroa, também ganho", com todos os riscos recaindo sobre os proprietários e credores.

Regra número cinco: Concentre-se onde suas habilidades são mais fortes

As empresas devem desenvolver estratégias coerentes com base na capacidade de, em comparação com os concorrentes, gerar para os clientes mais valor ao mesmo custo ou o mesmo valor a custos mais baixos. As empresas devem ser "as melhores matrizes" de todas as operações que compõem seu *portfolio*.

Nos mercados competitivos, os maiores lucros irão para o produtor capaz de fornecer melhores produtos e serviços ou de cobrar preços mais baixos. As empresas que primam pela qualidade aumentam as vendas ou cobram preços mais altos. Já as que enfatizam os custos mais baixos desfrutam de margens de lucro mais elevadas ou reduzem os preços em prol dos volumes. Portanto, nos mercados competitivos, as empresas criarão mais valor para os proprietários ao se concentrarem nas atividades em que dispõem de maiores vantagens em relação aos concorrentes. Agindo assim, as empresas não só usam o dinheiro com eficácia, mas também implementam o grande insight de Adam Smith, ao afirmar que a especialização e os mercados competitivos tendem a usar os recursos com eficiência. Portanto, ao se concentrarem nas áreas onde desfrutam das maiores vantagens, as empresas beneficiam os clientes e também os novos proprietários capitalistas.

Contudo, há ainda outro corolário. Se a empresa executar atividades de negócios em que não é a melhor operadora, a melhor alternativa é vendê-las a preço adequado para alguém capaz de conduzi-las com melhores resultados. Dessa maneira, a empresa passa a ser a "melhor matriz" para suas operações.

Regra número seis: Renove a organização

Sempre tenha planos de desenvolvimento da gerência, do staff, dos produtos, dos processos e das tecnologias, para enfrentar os desafios do futuro.

Dirigir uma empresa é uma das atividades menos estáticas do mundo. Os mercados, as tecnologias, a infra-estrutura e a sociedade estão em constante mutação. Com efeito, se não fosse assim, nossa economia de livre mercado rapidamente se paralisaria sob uma esclerose múltipla no estilo soviético.

As empresas precisam proagir e reagir com rapidez. Também devem empenhar-se em busca constante de renovação, de novas maneiras de atender às necessidades dos clientes, com mais qualidade ou a preços mais baixos que os concorrentes. Do contrário, serão superadas pelos competidores, com a conseqüente dissipação do capital dos proprietários.

Mas a renovação não consiste apenas em gastar mais com pesquisa e desenvolvimento. Trata-se, acima de tudo, de mentalidade que deve impregnar toda a organização. Começando no topo, o conselho de administração da empresa sempre deve imaginar maneiras de executar melhor suas atribuições. Com as transformações do mundo a seu redor, as empresas devem pensar incessantemente em como melhor explorar essa dinâmica para gerar mais valor para os proprietários.

Regra número sete: Trate com justiça os clientes, os fornecedores, os trabalhadores e as comunidades

As empresas precisam gerenciar com eficácia seus relacionamentos com os clientes, os fornecedores, os empregados e outras partes com interesse legítimo nas atividades da empresa. Também devem comportar-se com ética, considerando o impacto de suas atividades sobre o meio ambiente e sobre a sociedade como um todo.

Empresas bem gerenciadas não podem ignorar os efeitos de suas operações sobre o contexto mais amplo. Mesmo sob um ponto de vista egoísta, seria tolo desprezar esses impactos. A insensatez empresarial tende a resultar em fracasso no mercado, em justificativa para o excesso de regulamentação e em outras tensões entre a cultura da empresa e a do mundo exterior.

Porém, as necessidades dos proprietários universais diversificados são ainda mais profundas. Os novos capitalistas dependem do sistema econômico inteiro, não apenas de uma ou de poucas empresas, para o sucesso duradouro. Por suas próprias características, não podem auferir vantagens com lucros efêmeros, obtidos à custa do bem-estar social, pois arcarão com as conseqüências dos efeitos negativos, da mesma maneira como se beneficiam com os resultados positivos.

Isso não significa que as empresas tenham obrigações sociais ilimitadas. O objetivo dos negócios é gerar excedentes para os proprietários. Portanto, não faz sentido ignorar os custos sociais de suas atividades. Se agirem assim, os novos capitalistas objetarão que estão apenas roubando de Pedro para dar a Paulo.

Tampouco quer dizer que as empresas devam favorecer os interesses de determinadas partes, como empregados ou consumidores, conforme se poderia depreender do modelo dos stakeholders já analisado neste capítulo. Contudo, significa realmente que, para atender às demandas de seus proprietários de ações capitalistas, os gestores precisam compreender as posições das partes interessadas sujeitas aos efeitos de suas atividades, relacionando-se com elas de maneira justa e honesta. Isso porque, no agregado, os interesses dos proprietários de ações e das demais partes interessadas em geral são imbricantes. No Capítulo 9, sugerimos algumas iniciativas que podem contribuir para a consecução desse objetivo.

Regra número oito: Promova regulamentos apropriados

As empresas devem promover medidas voluntárias e estatutárias que minimizem a externalização de custos em detrimento da sociedade como um todo e que evitem o desenvolvimento de mercados competitivos injustos e opacos.

Ao analisar a regra número sete, não mencionamos as dificuldades enfrentadas por muitas empresas para serem, ao mesmo tempo, bem-sucedidas e honestas. É muito fácil afirmar que as empresas não devem poluir. Mas o que fazer se um de seus concorrentes tirar proveito de seu comportamento consciente, sob o ponto de vista social, para expulsá-lo do mercado? Como reconciliar mercados competitivos com responsabilidade social?

Conforme demonstra este capítulo, as empresas podem descobrir muitas maneiras de promover essa conciliação, mediante mercados, regulamentação, incentivos e cultura. Se os concorrentes adotarem comportamentos anti-sociais, as empresas, em nome de seus cidadãos proprietários, devem recorrer a normas ou a incentivos que modifiquem as regras do jogo para garantir que os rivais não gerem efeitos colaterais danosos. Em termos ideais, essas regras devem ser tão voluntárias e tão flexíveis quanto possível. Mas, em última instância, nada obsta a que se promova regulamentação compulsória.

Regra número nove: Mantenha-se longe da política partidária

As empresas são produtos da lei. Elas não devem usar seu poder econômico para auferir vantagens político-partidárias, com o objetivo de mudar a legislação a seu favor.

A sociedade por ações é mecanismo maravilhoso para organizar o capital de maneira produtiva, que presta melhores serviços quando opera em mercados competitivos, sob o olhar atento dos proprietários, com a observância de normas promulgadas por reguladores independentes. Ao tentar influenciar os reguladores em proveito próprio, sem considerar os custos públicos, as empresas não só enfraquecem as demandas de seus novos proprietários capitalistas, mas também solapam a superestrutura da sociedade civil democrática. Raramente faz sentido para as empresas envolver-se com a política partidária. Se, não obstante, acharem necessário fazê-lo, devem antes obter autorização explícita dos proprietários de ações.

Regra número dez: Comunique-se e seja responsável

As empresas devem buscar um diálogo aberto e honesto com seus proprietários de ações e com outras partes interessadas, que sejam influenciadas por seus planos, responsabilizando-se com clareza por suas iniciativas e delas prestando contas.

Outras duas razões importantes explicam por que os novos capitalistas exigem a transparência das empresas. A primeira é que os mercados eficientes, em especial os mercados de capitais eficientes, dependem de informações. A segunda, ainda mais importante, é que, para serem responsáveis e prestarem contas aos cidadãos investidores, as empresas devem oferecer a esses proprietários as informações necessárias à avaliação de seus resultados.

A responsabilidade e a prestação de contas situam-se no âmago da economia civil. Como quaisquer outras instituições, todas as empresas devem dispor de meios para prestar contas de suas iniciativas, boas ou más. Os mercados, os reguladores e a sociedade podem impor restrições às empresas, mas apenas os proprietários são capazes de criar um arcabouço abrangente de responsabilidade e prestação de contas.

Conquista da confiança

Se as empresas atuarem de acordo com as 10 regras desse manifesto capitalista, contaremos com novo modelo de livre empresa entre as companhias abertas.

Acima das pressões tradicionais, anteriores à economia civil, sobre as empresas, situa-se a vigilância atenta dos cidadãos investidores. Em face de seus amplos interesses, os cidadãos investidores promovem a ascensão de uma nova espécie de empreendimento. As empresas da economia civil são induzidas pelas forças do mercado a operar com vistas à geração de valor social e privado, exatamente por concentrarem o foco nas necessidades duradouras de seus novos proprietários capitalistas.

Hoje, muitas companhias abertas já percorreram longo caminho no esforço para seguir o manifesto capitalista. Mas a teoria convencional entrou em forte dessintonia com a realidade. Em tese, conforme observamos no começo deste capítulo, as empresas poderiam agir como se estivessem usando o anel de Giges – gerando lucro para os proprietários de ações, sem dores de consciência, com base no exercício irrestrito de suas atividades comerciais. Na prática, contudo, as empresas estão sujeitas a restrições impostas por forças externas, como mercado, reguladores e sociedade em geral. Além disso, com intensidade crescente, também estão sendo, ao mesmo tempo, impulsionadas e refreadas por seus proprietários civis e pela infra-estrutura cada vez mais ampla das instituições da economia civil.

Com o aumento dessas pressões, as empresas serão capazes – com efeito, serão forçadas – a produzir resultados ainda melhores. Se forem bem-sucedidas nesse mister, conquistarão a confiança dos cidadãos investidores, na medida em que contribuírem para a geração de prosperidade sustentável. A questão a ser analisada no próximo capítulo é, então, se os investidores institucionais estão fazendo sua parte para garantir o funcionamento do círculo de responsabilidade e de prestação de contas.

PONTOS BÁSICOS

- Durante boa parte do século XX, os pensadores políticos e econômicos do mundo discutiram sobre que ator – os indivíduos ou o Estado – deveria possuir e controlar os recursos produtivos para melhor proteger a sociedade. Alguns deles receavam que as empresas, com o foco específico em gerar lucro máximo para os proprietários de ações, poderiam tripudiar sobre os interesses sociais.

- Três forças impedem que os negócios prejudiquem a sociedade: o funcionamento dos mercados (a "mão invisível"), a regulamentação e a necessidade de que a cultura das empresas reflita os valores das sociedades em que mantêm operações.

- Agora surgiu nova força impulsora. A revolução dos proprietários deu origem aos novos capitalistas, que participam de muitas empresas e que representam milhões de cidadãos investidores. Na verdade, representam a sociedade como um todo. Na medida em que os novos capitalistas exercem influência crescente sobre os conselhos de administração, desvanecem-se os receios de que as empresas provoquem danos sociais.

- Os fundos de investimento e de pensão dos novos capitalistas têm pouco interesse em promover iniciativas que beneficiem certo negócio em detrimento de outros componentes do sistema econômico. Eles não lucram quando determinada empresa transfere custos para a sociedade em geral, pois seus cidadãos investidores também terão de arcar com esses ônus.

- Ao adotar o ponto de vista de investidores universais diversificados, podemos identificar as 10 mais importantes políticas de negócios a serem seguidas pelas empresas. Essas políticas, ou normas, constituem o que podemos denominar *novo manifesto capitalista*.

- O manifesto afirma que os executivos de empresas melhor alinharão seu desempenho com as demandas dos novos capitalistas proprietários se forem capazes de gerar lucro com eficiência; de crescer apenas onde puderem criar valor; de vincular a remuneração dos executivos ao desempenho duradouro da empresa; de não desperdiçar capital; de concentrar-se onde suas habilidades forem mais fortes; de renovar a organização; de tratar com justiça os clientes, os fornecedores, os empregados e as comunidades; de promover regulamentação adequada; de manter-se afastados da política partidária e de comunicar-se o suficiente para preservar a responsabilidade e a prestação de contas.

CAPÍTULO 4

Investidores Institucionais

Mobilização da Propriedade

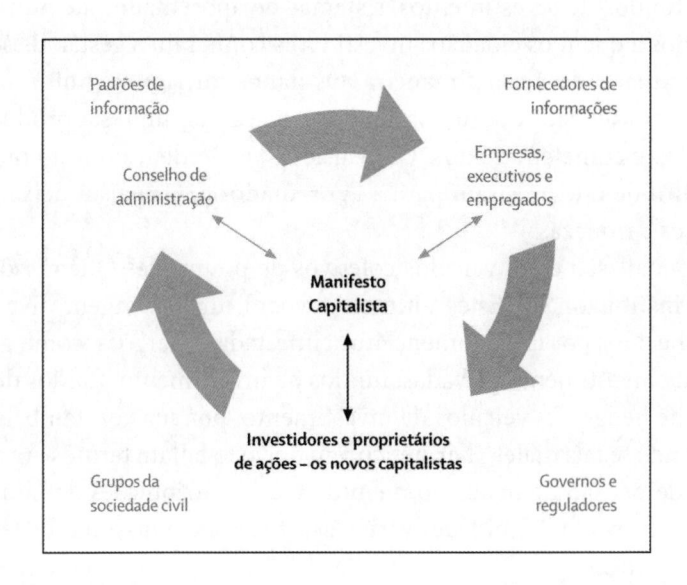

```
Padrões de                              Fornecedores de
informação                              informações

      Conselho de              Empresas,
      administração            executivos e
                               empregados

                    Manifesto
                    Capitalista

               Investidores e proprietários
               de ações – os novos capitalistas

   Grupos da                              Governos e
   sociedade civil                        reguladores
```

Os poupadores devem confiar seu dinheiro a gigantescas instituições financeiras. Este capítulo descreve a maneira como essas entidades vêm exercendo suas atribuições como gestoras das poupanças dos novos capitalistas. Também localiza os conflitos destrutivos e identifica lacunas na responsabilidade e prestação de contas que geraram perdas de bilhões. Passo a passo, essas falhas estão sendo eliminadas, abrindo canais para que os cidadãos investidores sejam capazes de exercer pressões produtivas sobre os gestores das empresas.

"Na história do mundo, ninguém jamais lavou carro alugado", observou o ex-presidente da Universidade de Harvard, Lawrence Summers.[1] Em contraste, cuidamos muito bem de nossas coisas, carros ou caminhões, casas ou apartamentos. Basta observar a quantidade de empresas que operam nos setores de reformas e melhorias domésticas, de "do-it-yourself" e de peças e acessórios de automóveis, além do sucesso de programas de televisão sobre reformas de casas e automóveis. Se a coisa for nossa, nós a mantemos, a consertamos e a melhoramos, certo?

Errado – ao menos quando se trata de investimentos. Historicamente, milhões de investidores têm atuado mais como locatários de participações acionárias que como efetivos proprietários fracionários das empresas. Pior ainda, muitos fundos de investimentos, sistemas de aposentadoria e outros agentes fiduciários a quem os cidadãos investidores confiaram a gestão de seus recursos têm atuado da mesma maneira. Os danos tornam-se muito mais graves quando a passividade dos investidores é crônica. As empresas produzem maus resultados e cometem delitos. Os pensionistas perdem no todo ou em parte o dinheiro de que precisam para a aposentadoria. Os países deixam de criar empregos e riqueza.

Mas quais são esses veículos coletivos de poupança? Quem são os investidores institucionais? Estes últimos povoam uma paisagem diversificada e são conhecidos por uma nomenclatura infestada de jargões, como gestores de contas de investimento privadas, fundos de investimento, fundos de pensão e fundos de hedge. Os veículos de investimento, por sua vez, também habitam região onde se fala dialeto hermético, em que não faltam termos arcanos como fundos de pensão de benefício definido e de contribuições definidas, planos de pensão privados, anuidades variáveis e fixas, além de sopas de letras como PGBL e VGBL.

Contudo, ninguém pode deixar-se enganar por essas expressões infames e pela aparente complexidade de todo o jargão. Basicamente, essas entidades e esses veículos apenas representam as poupanças e os investimentos de dezenas de milhões de trabalhadores.[2] Juntos, os fundos de investimentos e de pensão acumulam, aplicam e vendem recursos com mais eficácia, para mais pessoas, que quaisquer outros esquemas de investimento de toda a história. No entanto, para que o círculo de responsabilidade e prestação de contas exerça seu papel, é preciso que os veículos e as instituições se considerem verdadeiros agentes fiduciários dos novos capitalistas.

E essa é a situação predominante. Os escândalos dos fundos de investimentos nos Estados Unidos e o desastre dos split-capital trusts no Reino Unido mereceram tanto destaque na imprensa exatamente por representarem comportamento contrário aos padrões aceitáveis. Contudo, o mais assustador nessas desventuras foi o fato de não terem sido incidentes isolados, mas sim ocorrências mais ou menos difusas e sintomáticas de deficiências sistêmicas. Falhas estruturais continuam a assolar os mercados, criando condições para que muita gente atue como rentistas – ou, no vernáculo do mercado de capitais, como "traders" (operadores) – em vez de como proprietários de longo prazo. A existência desses participantes é evidência óbvia e imediata das necessidades de reparo do sistema.

Primeiro, precisamos identificar os elos fracos do círculo de responsabilidade e prestação de contas. Em seguida, devemos analisar como reparos abrangentes agora em andamento estão compatibilizando a conduta dessas instituições com os interesses dos cidadãos investidores.

Em quem podemos confiar?

Você confiaria as poupanças de toda a sua vida a um assessor financeiro conhecido como "confuso, apático, letárgico e conflituoso"? Provavelmente não, mas essa é a descrição do setor de gestão de recursos, apresentada por ninguém menos que um gestor de recursos de terceiros. Em outubro de 2004, David Cohen, da Iridian Asset Management, com sede em Connecticut, dava uma palestra no U.S. National Council on Teacher Retirement. "Os investidores institucionais", advertiu, numa sala cheia de educadores preocupados com a segurança de seus planos de pensão, são "cerceados por um sistema de regulamentação mais propício a atender aos interesses das organizações gestoras por eles representadas que aos beneficiários dos recursos investidos".[3]

Essa não é bem a imagem que essas instituições – incumbidas de salvaguardar as poupanças dos cidadãos trabalhadores – procuram projetar. Seus logotipos e seu marketing – lembre-se do estilizado Rochedo de Gibraltar da Prudential; das "boas mãos" da Allstate e das próprias palavras *Fidelity* (fidelidade) e *Trust* (confiança), tão freqüentes e preeminentes em tantos nomes de gestores de dinheiro – são construídos para transmitir know-how, confiança, cautela e solidez. "Fazemos dinheiro da maneira antiga", murmura o ator John Houseman, em memorável anúncio de televisão para o Smith Barney. "Trabalhamos para produzi-lo."

Deixando de lado a lisonja, quantos fundos realmente são mais bem configurados para cuidar de seu dinheiro? Examinemos rapidamente dois dos maiores segmentos da indústria: o setor de gestão de recursos, que supervisiona os fundos de investimentos e congêneres; e o setor de previdência privada.

Primeiro elo fraco: O setor de gestão de recursos

Carly Fiorina, a badalada ex-CEO da Hewlett-Packard, estava desesperada para atrair os últimos grandes blocos de votos, em favor da controvertida incorporação da Compaq por sua empresa. Era o começo de 2002 e os assessores dela também estavam nervosos. O conselheiro dissidente Walter Hewlett, herdeiro do fundador William Hewlett, vinha conquistando terreno em suas tentativas para impedir o negócio, sob o argumento de que destruiria valor para os proprietários de ações. A votação estava apertada demais para que qualquer dos lados se sentisse seguro. Até que Fiorina tomou conhecimento de um desastre potencial. O braço de gestão de fundos do Deutche Bank – que controlava 17 milhões de ações da empresa – votara com todo o seu peso contra a incorporação. Analistas internos da instituição financeira haviam concluído que a operação seria um negócio amargo para seus clientes investidores. A enorme participação acionária do DB seria suficiente para desequilibrar a balança.

Fiorina rapidamente telefonou para Robert Wayman, diretor-financeiro da empresa, e deixou uma mensagem em seu correio de voz que mais tarde veio à tona durante um processo judicial. "Precisamos fazer alguma coisa extraordinária que traga o Deutch Bank para o nosso lado", determinou. Wayman procurou o banco sobre a mudança do voto quando o prazo já chegava ao fim. O recado não poderia ter sido mais claro e taxativo: a HP faria desaparecer milhões de dólares em negócios com o banco se eles insistissem em manter seu voto. A própria Fiorina não usou meias-palavras. O voto do Deutsche Bank seria de "grande importância para a continuidade de nossos relacionamentos", asseverou, numa teleconferência com diretores da instituição financeira. Estes, então, diligentemente convocaram seus administradores de fundos para uma reunião de emergência e os advertiram dos riscos para seus "enormes negócios bancários com a Hewlett-Packard".

Os administradores de fundos poderiam ter resistido à pressão dos executivos. Afinal, eles haviam analisado com cuidado seu voto e a única nova informação que os altos executivos lhes haviam transmitido não tinha nada a ver com os benefícios ou prejuízos da operação HP/Compaq para seus clientes investidores, embora tivessem tudo a ver com os lucros que a HP proporcionava ao DB. Entretanto, em vez disso, os administradores de fundos mudaram seu voto poucos minutos antes de Fiorina bater o martelo naquela assembléia crucial dos proprietários de ações da HP. A incorporação foi aprovada por diferença muito pequena, com o voto em bloco do DB respondendo pela vasta maioria da estreita margem de vitória.[4]

Conforme sugere o incidente da HP, os gestores de *portfolio* não são maus, nem corruptos nem burros. Com liberdade de ação, eles haviam assumido posição defensável sobre como votar em bloco com suas ações. O problema é que impedimentos econômicos e estruturais no setor de gestão de recursos lançam obstáculos no caminho até dos gestores bem intencionados. Muitas instituições de gestão de recursos são subsidiárias de empresas gigantescas com interesses que podem ser muito diferentes dos de seus clientes proprietários de ações. Não raro surgem conflitos em que os melhores interesses de uma divisão (gestão de recursos) são pisoteados pelos de outra linha de negócios (banco de investimentos), como na operação HP/Compaq. Porém, interesses comerciais divergentes também afetam a gestão rotineira do dinheiro dos proprietários de ações. "Os investidores comuns não são nossa prioridade número 1", escreveu a revista *Pensions & Investments* em editorial sobre a indústria de fundos de investimento.[5]

Embora alguns administradores de fundos possam ter conflitos de interesses, os novos capitalistas investidores e o setor de gestão de recursos, que deveria prestar-lhes serviços, estão mal alinhados em três outras áreas fundamentais:

1. Como as empresas gestoras de fundos são remuneradas
2. Como se avalia o sucesso nos investimentos
3. Em que horizonte temporal se avalia o sucesso.

Pagando pela captação de recursos, não pela gestão de recursos

As empresas administradoras de fundos de investimentos e de pensão geralmente são remuneradas sob a forma de porcentagem da base de recursos. Em outras palavras, seus honorários se fundamentam em quanto dinheiro gerenciam, não em quão bem cuidam da poupança alheia. Mais uma vez, isso é de conhecimento geral. Porém, pare e pense por um momento: o modelo econômico de todo o setor se destina a promover a excelência na *captação* de recursos, não a excelência na *gestão* de recursos. Com efeito, o fato de muitos gestores de recursos se empenharem em prestar bons serviços é atestado mais de seus atributos pessoais que dos incentivos do setor. Decerto, ser bom em administração de dinheiro deve resultar, como é realmente o caso, em aumentar a captação de recursos. Mas a propaganda, o pagamento por indicação de clientes e várias outras atividades podem ser mais eficazes que a qualidade da gestão quando se trata de captação de recursos.

Mesmo que o gestor de fundos tenha boas intenções, a estrutura do setor torna mais atraente apresentar bom desempenho mediante negociações com ações que atuando como bom proprietário. Considere o seguinte exemplo:

Digamos que uma empresa de gestão de fundos invista US$50 bilhões em ações das maiores empresas dos Estados Unidos. Os gestores do fundo escolheram 200 empresas do S&P 500 para nelas aplicar o dinheiro dos clientes. Isso significa que possuem cerca de 1% de cada empresa em seu *portfolio* e que serão um dos maiores proprietários de ações de cada empresa em que investiram o dinheiro dos clientes. [6] Eles cobram dos clientes 0,25% ao ano para gerenciar suas carteiras.

Depois de algum tempo, um dos jovens e brilhantes analistas da instituição administradora de fundos identifica uma empresa que simplesmente não está apresentando o desempenho esperado. Os executivos estão praticando má gestão e não estão sendo monitorados. Transações com partes relacionadas estão transferindo riqueza dos proprietários para os insiders. Aprovam-se projetos de interesse dos gestores e cupinchas, que talvez não gerem retorno nem mesmo igual ao custo de capital. Na verdade, os abusos são tão graves que, com base em estimativas dos analistas, a empresa hoje avaliada em US$10 bilhões valeria no mínimo US$15 bilhões se contasse com governança adequada. Evidentemente, o analista ficou muito entusiasmado com suas constatações e procurou a principal gestora do *portfolio*.

"Olha", começa o analista, "os acionistas desta empresa podem ganhar nada menos que US$5 bilhões se exercerem seus direitos de proprietário para mudar a gestão da empresa".

A gestora do *portfolio* parece impressionada. "Sem dúvida", responde. Depois de uma pausa, prossegue. "Mas a execução dessas mudanças exige recursos e expertise que, em boa parte, não temos aqui. Precisaríamos contratar pessoal de fora, como advogados e outros especialistas. Talvez tenhamos de gastar um milhão ou mais antes de darmos a virada. Obviamente, não vale a pena."

"Como não vale a pena?", retruca o analista. "Um milhão de dólares é ninharia, em comparação com o potencial de ganhos de US$5 bilhões."

"Sim", diz a chefe. "Mas não para nós. Nossos clientes têm apenas 1% dessa empresa."

"Certo, mas 1% de US$5 bilhões ainda são US$50 milhões", contesta o analista, um tanto desanimado. "Podemos ganhar US$50 milhões para os nossos clientes!"

"E, então, ficamos só com 0,25% disso. US$125 mil, como disse, não vale a pena."

O analista volta para a sua mesa. A gestora do *portfolio*, convencida pelo analista de como a empresa tem sido mal administrada e satisfeita com a conclusão de que não vale a pena envolver-se no negócio por tão pouco, vende as ações. E a empresa continua a apresentar mau desempenho, destruindo mais emprego e mais valor.

Essa é a razão por que muitos administradores de fundos não atuam como proprietários participantes. Não agem assim por negligência ou displicência, mas sim com base em critérios de *racionalidade econômica*, desfazendo-se das ações em vez de interferir em empresas mal administradas. Não admira que o material de marketing de praticamente todos os gestores explique as políticas de *compra* e as políticas de *venda*, mas não as políticas de *propriedade*.

Sucesso mal avaliado

O segundo desalinhamento de interesses se situa nos próprios critérios de avaliação das habilidades em investimento. Os gestores tradicionais são julgados com base nos retornos relativos, não em função dos retornos absolutos, ou seja, como se comparam os resultados deles com os de outros fundos de investimento ou com outros paradigmas como o S&P 500, o CAC 41 ou o FTSE 350. O retorno total do fundo para os investidores, isoladamente, é irrelevante, pois, por mais alto que seja, pode ser inferior ao de outros fundos ou ao dos paradigmas.[7]

O que isso tem a ver com os novos capitalistas? Embora proprietários vigilantes e participantes possam evitar alguns fracassos de suas empresas, o benefício dessa vigilância aproveita a todos os investidores. Assuma, para efeitos do presente argumento, que o gestor do *portfolio* do diálogo acima tivesse concordado com a proposta do analista e que a intervenção tivesse sido bem-sucedida. O fato é que a maioria dos concorrentes do fundo provavelmente também teria ações da mesma empresa e teria auferido valor como caronas da iniciativa, sem ter gasto um tostão e sem enfrentar o risco de reações do tipo da que Fiorina infligiu ao Deutsche Bank.

Tom Jones, ex-alto gestor de ativos do Citigroup, foi de uma honestidade brutal sobre a situação. "Quero fazer o que me pagam para fazer", disse. "E não sou pago para fazer ativismo de acionistas... Se gastarmos dinheiro com isso, os acionistas da área de gestão de recursos do Citigroup pagariam as despesas, mas não obteriam ganhos superiores aos dos acionistas de outras instituições que também se beneficiariam com os ganhos."[8]

Evidentemente, até essa análise presume que os administradores de fundos queiram que as empresas cujas ações compõem o *portfolio* sejam bem-sucedidas. Os vendedores a descoberto – que vendem ações hoje, que ainda não têm, para entrega futura, ou que tomaram emprestadas, para entrega imediata, na expectativa de queda no preço e, portanto, de comprá-las mais baratas amanhã – são um exemplo óbvio. Mas a corrida por desempenho relativo, em vez de desempenho absoluto, pode criar um incentivo para administradores de fundos tradicionais, que talvez passem a torcer para que as empresas tenham mau desempenho, levando-os a aplicar as poupanças dos cidadãos investidores de maneira a prejudicar até empresas bem-sucedidas.

Eis como a coisa funciona. Para controlar o risco, a maioria dos administradores de fundos investe em dezenas, se não em centenas de empresas. Ao comporem seus *portfolios*, incluem proporcionalmente mais ações das empresas de que gostam e menos ações das empresas de que não gostam que a média dos demais gestores ou dos paradigmas (por exemplo, S&P 500). No segundo caso, conforme o jargão americano, eles ficam "underweight", ou "abaixo do peso". Assim, por exemplo, se as ações da GE responderem por 3% do S&P, os gestores que esperarem, respectivamente, alta ou baixa do índice, aplicariam em ações da GE 4% ou 2% de seu capital. Porém, como as ações da GE representam proporção muito alta do índice, poucos gestores deixariam de incluí-las em seus *portfolios*, pois isso elevaria seus riscos em relação ao paradigma a níveis desconfortáveis.[9]

Nessas condições, o que acontecerá com o desempenho do gestor se uma empresa que estiver "abaixo do peso" apresentar mau desempenho? Bem, obviamente, a conseqüência será negativa para o dinheiro dos clientes. Mas, *proporcionalmente*, esse gestor de fundos terá perdido *menos* dinheiro que os concorrentes. Ele terá superado o mercado e seu desempenho relativo será melhor. Assim, embora os clientes tenham perdido dinheiro, o gestor de fundos achará que fez bom trabalho.

Especulação no curto prazo

A terceira incompatibilidade estrutural é o horizonte temporal. A perspectiva de longo prazo é importante para os novos capitalistas que poupam para a aposentadoria ou para a compra da casa própria, mas raramente é adotada pelos administradores de fundos, que são avaliados com base no desempenho comparativo, em horizontes de tempo relativamente curtos. As avaliações dos fundos são compiladas por trimestres do ano civil e geralmente se concentram em períodos de um a três anos. As bonificações para gestores e analisas de *portfolio* geralmente são calculadas com base no desempenho relativo trimestral ou anual. O resultado natural é que eles se concentrem em negociações lucrativas no curto prazo, em vez de na propriedade vigilante de longo prazo.

"Atuávamos no negócio de investimentos de longo prazo", lamenta-se o fundador da Vanguard, Jack Bogle, "e agora estamos no negócio de especulação de curto prazo".[10] Hoje, a rotatividade anual média dos fundos de investimento é de nada menos que 110%. E estima-se que o setor desperdice cerca de US$100 bilhões por ano de dinheiro dos investidores com excesso de comissões, com operações desnecessárias e com ordens mal executadas, de acordo com a Liquidnet.[11] Isso, por sua vez, cria no mercado financeiro situação equivalente à mentalidade do locatário de carros a que se referiu Larry Summers. Por que se envolver em estratégia de aquisição imprópria de uma das empresas participantes do *portfolio* se deixaremos de ser proprietários da empresa em poucas semanas?

Operações de mercado e exercício da propriedade envolvem diferentes habilidades. Com efeito, muitos administradores de fundos segregam o trabalho de "possuir" uma empresa (ou seja, de votar nas assembléias dos acionistas, envolvendo-se com a gestão da empresa quando necessário) do trabalho de operar com ações. Muita gente compartimentaliza a propriedade como exercício da observância de leis e regulamentos, em vez de como atividade que cria valor. Em conseqüência, atribuem a tarefa a analistas juniores, que tendem a votar mecanicamente a favor ou contra determinadas propostas de deliberação, com pouca ou nenhuma fertilização cruzada de idéias com os gestores de *portfolio* que estão comprando ou vendendo ações.

Portanto, os gestores de *portfolio* se sentem desonerados da necessidade de analisar não só os números concretos convencionais, mas também questões mais "abstratas", tais como qualidade do conselho de administração, cuja capacidade preditiva se estende por períodos de tempo mais longos, embora sejam menos relevantes para os resultados do próximo trimestre.[12] Não raro, as informações se situam entre esses dois silos: "operações" e "propriedade". Não admira que os executivos de empresas muitas vezes se queixem de que os analistas dos fundos de investimentos e de pensões raramente levantem questões referentes à governança durante os road shows e as sessões privadas – para acabar constatando que os agentes do mesmo fundo mais uma vez votaram contra a administração na assembléia dos acionistas.

O segredo propicia o mau exercício da governança corporativa. Os cidadãos investidores nos Estados Unidos, por exemplo, nem mesmo tinham condições de saber como seus administradores de fundos votaram nas assembléias dos acionistas. Essas informações eram confidenciais até 2004, quando os reguladores americanos (e, depois, canadenses e franceses) forçaram a divulgação anual dos registros de votos. O setor de fundos de investimentos opôs-se à medida com unhas e dentes, mas não conseguiu alterar a decisão. Antes da adoção do sistema de divulgação de voto nos Estados Unidos, os fundos de investimento apoiavam praticamente todas as propostas das administrações das empresas, mesmo quando os interesses dos proprietários de ações impusessem supervisão mais crítica. O Vanguard, por exemplo, votou a favor em 90% das eleições de membros do conselho fiscal em 2002. Porém, ao prever que os votos em breve passariam a ser divulgados, endureceu suas diretrizes e proferiu o sim em apenas 29% das empresas um ano depois, com um aumento de sete vezes no número de empresas em que rejeitava a recomendação de voto da administração.[13]

A tentação dos fundos de investimento de votar apenas a favor é determinada por um imperativo comercial consagrado pelo tempo: não morda a mão que o alimenta. Todos os fundos de investimento também anseiam por negócios lucrativos com as mesmas empresas a cujas assembléias gerais compareçam como representantes dos proprietários de ações. Veja o caso da Fidelity e da Enron. "Embora devesse ter interesse em proteger do colapso suas ações na empresa, a Fidelity também gerenciava os planos de previdência privada dos empregados da Enron", escreveram os acadêmicos Jim Hawley, Andrew Williams e John Cioffi. Os autores afirmam que a Fidelity deve ter receado que "mesmo qualquer forma sutil de monitoramento da empresa poria em risco sua receita de honorários oriunda desses serviços".[14] Contudo, para os investidores, o acompanhamento apenas "superficial" das empresas de que são co-proprietários representaria tratamento displicente de seus direitos de propriedade. Com a revelação do voto, essa constatação tornou-se óbvia.

Os conselhos de administração dos fundos de investimentos e de pensão devem ser baluartes dos novos capitalistas investidores – mas, em geral, não exercem esse papel. Não é difícil entender por quê. As empresas administradoras, não os cotistas, efetivamente selecionam os conselheiros. O TIAA-CREF é o único fundo de investimentos dos Estados Unidos cujos investidores votam com regularidade nos membros do conselho de administração; não admira que o TIAA-CREF seja considerado um dos fundos de investimentos mais ativista do mundo. Em seguida, surge a questão do escopo impossível do cargo. As mesmas pessoas não raro participam de dezenas, se não de centenas de conselhos de administração de fundos de investimentos de uma única empresa administradora. Cada membro do conselho de administração da Fidelity, por exemplo, era responsável pela supervisão de 277 fundos de investimento em 2003. Não obstante certa superposição na gestão desses fundos de investimentos, gerando eficiências de escala, a vigilância atenta de cada fundo pode esmigalhar-se sob o peso desse grande volume.

A Securities and Exchange Commission, dos Estados Unidos, determina que a maioria dos conselheiros dos fundos de investimentos seja independente da empresa administradora, para reforçar a liberdade de tomar decisões difíceis em defesa dos interesses dos proprietários de ações. Mas, como observou a revista *Business Week*, "muitos deles aprovam contratos de gestão com honorários correspondentes ao dobro do que os fundos de pensão pagam por serviços de seleção de carteiras. Além disso, são relapsos em insistir no afastamento de assessores de investimentos com mau desempenho".[15]

Com todos esses impedimentos e conflitos de interesse estruturais, não surpreende que o setor de gestão de recursos, em geral, mas nem sempre, tenha atuado como proprietário negligente e omisso.

Segundo elo fraco: Fundos de pensão

O fato de os planos de pensão representarem os interesses de seus membros deveria ser premissa básica. É o que determina a lei na maioria dos países, da mesma maneira como os estatutos e contratos. Mas a verdade é que não é assim que age a maioria deles.

Lição básica da sociedade civil é que nenhuma instituição cuidará espontaneamente de qualquer constituinte se ele não tiver voz ativa no processo decisório. "No taxation without representation" (cujo equivalente na Constituição brasileira é o artigo 150, inciso I: não se exigirá nem se aumentará tributo sem lei que o estabeleça) foi o grito de guerra da Revolução Americana. Mas muitos fundos de pensão em todo o mundo operam sem qualquer espécie de representação das próprias pessoas por cujos interesses devem zelar. Quase todos os fundos de pensão nos Estados Unidos e no Japão, por exemplo, são dirigidos exclusivamente por funcionários da empresa administradora, com nenhum órgão do tipo board of trustees (conselho de agentes fiduciários), com a participação de empregados ativos e de aposentados. Em 2002, apresentou-se projeto de lei exigindo que metade dos membros dos órgãos de governança de planos de previdência privada de empresas americanas fosse composta por representantes dos pensionistas.[16] A medida não tinha nada de radical; as leis australianas, inglesas, sul-africanas e de outros países impõem que 50% dos membros dos board of trustees sejam representantes dos investidores. Mesmo nos Estados Unidos, metade dos participantes dos board of trustees dos fundos Taft-Hartley – que abrangem setores inteiros, em vez de empresas isoladas – são escolhidos pelos investidores. Mas o projeto de lei logo foi derrubado pelo intenso lobby de empresas e da Casa Branca.

A subordinação dos planos de pensão garante às empresas patrocinadoras vantagens nítidas – algumas delas em conflito direto com os interesses dos investidores – pois esses executivos podem contratar, e efetivamente contratam, administradores de fundos relacionados com empresas do setor financeiro, que têm interesses vitais em ficar do lado dos CEOs, para não perder outros negócios lucrativos, como operações de underwriting. Esses administradores de fundos quase não têm incentivos para exercer com vigor os direitos de propriedade em nome dos participantes dos planos de pensão, mas não lhes faltam motivações para servir à empresa patrocinadora, como vimos no caso da operação HP-Compaq.

No entanto, os conflitos não precisariam ser assim tão dramáticos. Muitas empresas oferecem aos empregados a possibilidade de investir em suas próprias ações,[17] mas restringem os direitos desses proprietários de ações, que não podem exercer pessoalmente o direito de voto, mas somente por meio de agente fiduciário indicado pela gerência da empresa. Este, por sua vez, geralmente se predispõe a votar a favor da empresa, seja diretamente, nas assembléias gerais da própria empresa, seja indiretamente, nas assembléias gerais de empresas parceiras – que podem ser fornecedores, clientes ou concorrentes. Assim, o capital dos fundos de pensão cativos pode transformar-se em meio dissimulado de fortalecer posições contra os interesses dos participantes.

Cofre de porquinho

Por vezes, a gerência das empresas patrocinadoras ultrapassa os limites e avança da influenciação para a expropriação dos recursos dos fundos de pensão. Willie Sutton disse que roubava bancos por que era neles que se guardava dinheiro. O inglês Robert Maxwell concluiu que os bancos não passavam de cofres de porquinhos em comparação com os fundos de pensão das empresas. Fora do campo de visão de qualquer observador independente, o barão da mídia conseguiu açambarcar planos de aposentadoria no valor de £ 440 milhões. Em 1991, Maxwell afogou-se misteriosamente perto de seu iate, no litoral das Ilhas Canárias. Seu Mirror Group em breve também afundaria em crise financeira – e 32 mil empregados descobriram horrorizados que nada mais restava nos cofres para cumprir as promessas dos planos de pensão.[18]

O desastre de Maxwell desencadeou investigações maciças na Inglaterra para descobrir por que pessoas incumbidas de proteger as economias para a aposentadoria de dezenas de milhares de empregados do Mirror Group Newspapers de alguma maneira olhavam para o outro lado enquanto o CEO da empresa saqueava o tesouro. O Goode Commitee produziu um emaranhado de novas regras, muitas das quais resultaram no Pensions Act de 1995. As medidas ajudaram. Graças à reforma, os empregados da Enron no Reino Unido encontraram suas poupanças intactas quando a empresa naufragou – enquanto seus colegas nos Estados Unidos perdiam até o último tostão.

Mais ou menos uma década depois, analistas do U.S. Government Accountability Office (GAO) também se deram conta dos riscos e conflitos dos planos de pensão empresariais. Em relatório acusatório de 24 de setembro de 2004, o

GAO afirmava que a única barreira que protegia os interesses dos participantes dos fundos de pensão era o esgarçado Employee Retirement Income Security Act de 1974 (ERISA), ao exigir que os gestores atuassem exclusivamente em defesa dos interesses dos participantes.[19] Porém, uma coisa são normas escritas no papel. Outra coisa totalmente diferente é garantir que sejam aplicadas com eficácia. O Departamento do Trabalho, do governo federal dos Estados Unidos, desde 1996 não garante a aplicação das normas sobre votação previstas no ERISA, conforme observou o GAO, permitindo que os gestores da empresa interpretem como mais lhes convier a expressão "melhores interesses".

Aceleração das garantias de aplicação e aumento da divulgação de informações foram os antídotos do GAO. Porém, o órgão ignorou a solução mais óbvia dos novos capitalistas: assegurar que os participantes dos planos de pensão tenham voz ativa na supervisão de suas poupanças para a aposentadoria. Assim, ao menos se garantiria que as pessoas com maior exposição ao risco tenham assento à mesa quando se tomam decisões capazes de afetar seu futuro. Esse tipo garantia eliminaria obstáculos no círculo de responsabilidade e prestação de contas.

Quem duvida que a responsabilidade e a prestação de contas aumentariam a probabilidade de os fundos de pensão passarem a agir como proprietários, em vez de como rentistas, deve considerar o seguinte: em 2006, após mais de 30 anos de ativismo dos investidores nos Estados Unidos, apenas um único fundo de pensão patrocinado por empresa havia apoiado ou co-apoiado proposta de deliberação de acionista dissidente em companhia aberta. Em contraste, outros investidores apresentaram mais de mil propostas de deliberação apenas em 2003.[20] A marca ininterrupta de mais de três décadas de docilidade quase universal é difícil de justificar em termos de investimentos. Nem todas as empresas cujas ações compõem *portfolios* de planos de pensão têm sido tão pouco problemáticas a ponto de merecer o silêncio dos proprietários. Em contraste, as instituições mais ativas em propostas de deliberação são os planos de pensão de servidores públicos ou os fundos Taft-Hartley, os quais geralmente têm representantes dos empregados em seus conselhos de administração. Ao contrário dos funcionários do Deutsche Bank, que mudaram seu voto na assembléia geral da HP, esses agentes fiduciários não enfrentam obstáculos à responsabilidade e à prestação de contas perante os poupadores.

Relatório de desempenho

Evidentemente, mesmo o assento à mesa dos comitês de investimento não é, em si, garantia de uma economia civil em que o capital seja responsável perante os cidadãos investidores. Por quê? Bem, a maioria dos boards of trustees são um retrocesso: mais se parecem conselhos de administração de empresas em princípios da década de 1990. Seus membros, em geral, não estão preparados para a função e são nomeados por meio de processos obscuros. Alguns são escolhidos ou demitidos pelo patrocinador, não pelos participantes, razão por que sua lealdade é bipartite. Contam com recursos próprios limitados ou inexistentes, de modo que dependem quase completamente das recomendações de analistas e executivos. Esses agentes fiduciários têm poucas diretrizes sobre como exercer o controle e como questionar a visão convencional de curto prazo dos gestores de dinheiro – tal como a de sua remuneração geralmente recompensar o desempenho no curto prazo. No fim das contas, os agentes fiduciários geralmente demonstram pouca independência no exercício de sua atribuição mais elementar: contratar, monitorar e demitir gestores de dinheiro.

Em 2003 e 2004, o Departamento de Trabalho e de Pensões da Inglaterra liberou relatórios de desempenho devastadores sobre os boards of trustees, inclusive quantificando o problema. A ladainha de fracassos ilustrava muito bem como as poupanças dos empregados estão sujeitas a abusos, ou seja, o quanto o dinheiro das pensões é gerenciado como carro alugado. O estudo constatou o seguinte:

- Os agentes fiduciários gastam menos de quatro horas por ano, em média, tratando de investimentos nas reuniões dos boards of trustees.
- Apenas 25% dos fundos pedem que os agentes fiduciários submetam-se a treinamento.
- Os agentes fiduciários apenas raramente analisam ou questionam o desempenho dos consultores de investimento.
- Menos de 40% dos boards of trustees passaram algum tempo desenvolvendo políticas sobre ativismo dos acionistas.
- Apenas 22% dos fundos de pensão divulgam para os cotistas até que ponto observam os princípios de governança – e por que, em caso contrário.
- Apenas 18% dos fundos dispõem de políticas sobre os riscos dos investimentos sociais.[21]

"Os resultados demonstram que os proprietários de ações são quase sempre omissos e que a administração da empresa preenche essa lacuna e exerce funções que rigorosamente competiriam aos acionistas", concluiu Allen Sykes, diretor-gerente da Consolidated Gold Fields.[22] "Nenhum agente fiduciário se julga responsável pelo esquema", fulminou Paul Myners, ex-chairman da Gartmore Investment Management e factótum da governança corporativa no Reino Unido, em discurso de 2005. "Ninguém, realmente, assume o controle."[23]

Agora, considerando que os fundos de pensão do Reino Unido estão entre os mais bem gerenciados do mundo, vê-se por que se rompe com tanta freqüência o círculo de responsabilidade e de prestação de contas que deveria ligar os novos capitalistas às suas poupanças.

No entanto, essas rupturas também podem ser auto-reparadoras. As sementes de novas idéias estão criando raízes e descobrindo nutrientes nas rachaduras e brechas das mesmas imperfeições estruturais que infestam os setores de gestão de recursos e de fundos de pensão. As novas práticas coexistirão com os métodos tradicionais ou tomarão seu lugar. Exploremos agora como essas idéias, impostas pelos novos capitalistas, estão transformando o panorama de investimentos numa economia civil.

Reparação do círculo de responsabilidade e prestação de contas: Os proprietários despertam

Estávamos em 1987 e o mundo empresarial era povoado por uma multidão assustadora de malfeitores, como sharks (tubarões), raiders (assaltantes) e greenmailers (chantagistas). A administração das empresas, por sua vez, tendia a resistir aos malfeitores por meio de trincheiras ou de linhas de defesa, como "shark repellents" (repelentes de tubarões) e "poison pills" (pílulas envenenadas). A única coisa que pareciam ter em comum era a capacidade de ganhar dinheiro, explorando os pequenos proprietários de ações.[24]

No alto da Third Avenue, no East Side de Nova York, um investidor institucional estava cheio de tudo aquilo. O TIAA-CREF era uma instituição híbrida sem igual: em parte, plano de pensão para professores universitários e, em parte, administrador de fundos de investimento, com representantes dos investidores e dos beneficiários em seu conselho de administração. Porém, a situação que vinha enfrentando não tinha nada de singular. A administração da International Paper procurava montar um conjunto de defesas contra tentativas de tomada de controle hostis que, na opinião da TIAA-CREF, ameaçava reduzir o valor das ações da empresa e das cotas do fundo. O diretor de investimentos do TIAA-CREF procurou Peter Clapman, advogado-chefe, em busca de ajuda. Juntos, procuraram novas maneiras criativas de proteger seus investimentos. "Bem, sempre podemos apresentar uma proposta de deliberação", concluiu Clapman. Ele estava sugerindo uma tática – protocolar pedido à administração, como parte da agenda da assembléia geral ordinária dos acionistas da empresa – que até então tinha sido adotada apenas por proprietários de ações voltados para questões sociais, como desfazer-se de participações de empresas que operavam na África do Sul. "Será que realmente podemos fazer isso?", perguntou o diretor de investimentos.

Podiam. E fizeram. A proposta do TIAA-CREF, em oposição às defesas que vinham sendo adotadas pela International Papers contra tentativas de tomada de controle hostis, foi a primeira de acionistas dissidentes sobre governança corporativa submetida à votação nos Estados Unidos. Não foi aprovada, mas, ao conseguir 27,7% dos votos numa época em que a maioria dessas investidas obtinha porcentagem de votos favoráveis na casa de um dígito, ela representou um marco no ativismo dos novos capitalistas.

As propostas de resoluções são apenas um barômetro do grau de conscientização dos investidores. Mas observe a situação do mercado hoje e veja como as coisas mudaram desde que Clapman lançou sua idéia aparentemente ousada menos de uma geração atrás. Em 2003, os proprietários de ações apresentaram nada menos que 1.077 propostas em assembléias gerais de empresas americanas.[25] Outrora considerados inusitados, esses desafios agora também são comuns na Inglaterra, no Canadá, na França, na Alemanha, na Austrália e em outros países.

A apresentação de propostas de deliberação às assembléias gerais é prática adotada nos Estados Unidos há gerações e foi muito usada em campanhas sociais durante a luta contra o apartheid na África do Sul. Em 1973, proprietários de ações liderados por investidores de orientação religiosa apresentaram 40 propostas dissidentes em assembléias gerais.[26]

Uma década depois, começaram a se dar conta de uma verdade espantosa: esse estilo de ativismo de acionistas mostrava-se eficaz. Algumas empresas estavam saindo da África do Sul para evitar as dificuldades oriundas de boicotes e de protestos de investidores. Outras começavam a envolver-se em diálogo com os patrocinadores das propostas. Assim, ao se deparar com situações destruidoras de valor, como a que, anos depois, motivou a iniciativa de Clapman, os fundos de investimentos e de pensões começaram a se fazer uma pergunta simples: por que não aplicar as mesmas pressões aos conselhos de administração para alcançar o grande objetivo dos investidores – ou seja, gerar valor ou ao menos evitar o uso inadequado do valor já criado?

Construção de grades protetoras

Assim também pensou Jesse Unruh, lendário tesoureiro do estado da Califórnia. Unruh acordou numa manhã de 1984 para descobrir que a Texaco, sob ameaça de tentativa de tomada de controle, pagara a um "raider" US$138 milhões em "greenmail" para que ele fosse embora. Unruh ficou furioso. Aquele dinheiro, raciocinou, tinha sido usurpado de todos os proprietários, inclusive dos fundos de pensão do estado da Califórnia, e oferecidos a uma única pessoa, apenas para evitar o isolamento da administração. Unruh queria promover reações de âmbito nacional para evitar esse tipo de abuso. Em 1985, ele se aliou a Harrison "Jay" Goldin, comptroller (secretário de finanças) da cidade de Nova York, e a Roland Machold, chefe dos fundos de pensão de New Jersey, para fundar o pioneiro CII (Council of Institutional Investors – Conselho de Investidores Institucionais), com o objetivo expresso de preservar os direitos dos acionistas.[27] Foi a idéia certa na hora certa. Hoje, o CII conta com 140 fundos de pensão como associados, que, em conjunto, perfazem US$3 trilhões em ativos.

Três anos depois, uma fonte improvável turbinou a idéia de que os investidores devem ser supervisores das empresas que compõem seu *portfolio*, em vez de apenas operadores de mercado: o Departamento de Trabalho do governo Reagan. Com Robert A. G. Monks nos bastidores, o órgão divulgou a chamada carta Avon, que declarava o exercício do voto nas assembléias gerais dos acionistas importante prerrogativa dos fundos de investimentos e de pensão, o que, efetivamente, transformou tal prática em obrigação fiduciária de muitos investidores institucionais.[28]

Até então, poucas instituições de investimento se davam ao trabalho de votar com suas ações, preferindo, por motivos já expostos, operar nos mercados, em vez de exercer a propriedade. Mesmo alguns anos depois daquela manifestação do Departamento de Trabalho, os fundos de investimento americanos informavam voltar com apenas 24% de suas ações fora dos Estados Unidos, principalmente porque não recebiam a tempo os pedidos de procuração ou porque os procuradores cobravam honorários elevados.[29] Em 1994, o governo Clinton expandiu o alcance da regulamentação, para incluir votos em participações fora dos Estados Unidos. Hoje, o voto é rotineiro, on-line, e quase universal (ainda com muitas falhas) entre os fundos de investimento e de pensão dos Estados Unidos.

Propulsores do voto por procuração

Na Europa, a decolagem do voto e do ativismo dos acionistas foi mais lenta. Considerando o tamanho da maioria dos países europeus, muitos fundos de investimentos e de pensão se diversificaram bem mais cedo e em extensão muito maior que nos Estados Unidos. Contudo, ainda em 1996, nenhuma das grandes instituições européias exercia o voto com mais de 10% das ações de empresas com sede em outros países.[30] Atualmente, o voto além fronteiras ainda é complicado, mas a situação está melhorando. Projeto de resolução da União Européia, de 2006, reduz ainda mais as barreiras internacionais. Hoje, o voto é mais regra que exceção. Por exemplo, o exercício do voto no Reino Unido disparou de 20%, em 1990, para 55,9%, em 2002.[31] Os princípios de governança da Organização para Cooperação e Desenvolvimento Econômico – OCDE hoje definem o exercício do voto como obrigação fiduciária.

Ao começarem a atuar como proprietários, a exemplo das instituições gestoras americanas, os fundos de investimento e de pensão europeus também passaram a reivindicar dos gestores das empresas que compõem seus *portfolios* o direito de praticar a supervisão fiduciária. Para sua surpresa, a empresa inglesa Hanson PLC foi um dos primeiros alvos. Em 1993, o conglomerado promoveu o que no passado teria sido considerado modalidade corriqueira de restrição aos direitos dos proprietários. Mas a PIRC, empresa de defesa dos direitos dos investidores, identificou uma lacuna e lançou ataque sem precedentes de âmbito transatlântico. "As propostas draconianas da Hanson são o equivalente a um golpe militar na democracia dos acionistas", trovejou o *Times* de Londres.[32] Defrontando-se com a perspectiva de derrota, a Hanson desistiu da tentativa.

Três anos depois, a francesa Eramet mostrou que o ativismo dos acionistas em âmbito multinacional não era evento isolado nem se limitava aos chamados mercados anglo-americanos. Em 1997, o governo francês, proprietário de 55% da empresa de mineração, tentou promover sua política externa à custa dos proprietários minoritários da empresa, levando a empresa a abrir mão de importante licença de mineração no Pacífico Sul. O governo supunha que os fundos assumiriam a costumeira atitude complacente de sempre. Porém, ao contrário, belicosa coalizão de instituições nacionais e estrangeiras se rebelou contra a proposta, afirmando simplesmente que se aquela era a maneira como o governo francês tratava os proprietários, seria melhor desistir de seus planos ambiciosos de privatizar a France Telecom. A resistência forçou Paris a recuar. [33]

Diferentes caminhos para o poder dos investidores

Como mostram esses exemplos, alguns fundos de investimentos e de pensão despertaram para a responsabilidade dos proprietários, não só apresentando propostas dissidentes à assembléia geral dos acionistas e exercendo regularmente o direito de voto, mas também adotando ampla variedade de táticas de envolvimento, como formação de coalizões, campanhas publicitárias e ações judiciais. Algumas contaram com grande participação do público; outras, nem tanto.

O CII (Council of Institutional Investors) divulgou uma lista de empresas americanas que vêm apresentando mau desempenho desde 1992. Ao criar massa crítica para a reforma da governança corporativa nessas empresas, o CII ajudou os novos capitalistas investidores a substituir maus gestores e a questionar planos estratégicos inadequados. Em conseqüência, o ativismo nessas empresas-alvo ajudou a gerar ganho inusitado de 11,6% para os acionistas, com a criação de US$39,7 bilhões sob a forma de aumento no valor de mercado.[34] Esse "dinheiro descoberto" teria permanecido oculto se os proprietários continuassem omissos.

O CalPERS compila e divulga uma lista anual de empresas americanas que mantêm práticas contumazes de má governança. Os fundos da cidade de Nova York também criaram "listas de foco". A National Association of Pension Funds (NAPC), da Inglaterra, dirige "comitês de casos", forças-tarefas confidenciais compostas por grandes investidores, que colaboram em diálogos nos bastidores com as empresas que estariam solapando o valor para os acionistas. A formação de grupos de investidores tem sido fundamental por agregar poder financeiro.[35] Porém, quando a atuação discreta, nas coxias, não produz os resultados almejados, uma ou mais instituições lideram ataques públicos a conselhos de administração transviados, na tentativa de resolver o problema.

Desde meados da década de 1990, o ativismo institucional transpôs as fronteiras nacionais. Em março de 1995, 49 pessoas de todo o mundo se reuniram no Hotel Watergate, em Washington, para fundar a International Corporate Governance Network (Rede Internacional de Governança Corporativa), que é agora o porta-voz mais altissonante dos investidores institucionais, representando recursos superiores a US$11 trilhões. Em breve, outros investidores começaram a perceber que os fluxos de capitais internacionais exigem alianças globais. Os sindicatos trabalhistas criaram o Committee on Workers' Capital (Comitê de Capital dos Trabalhadores). Os investidores pessoas físicas constituíram a organização Euroshareholders.

Decifrando o código da propriedade civil

A característica em si mais importante de que se gabam as instituições ativistas de primeira geração é a de contar com órgãos de governança ao menos em parte responsáveis perante as pessoas de cujo dinheiro eram gestores, a quem devem prestar contas. Fundos do setor público, como o CalPERS, o Plano de Pensão dos Professores de Ontário e o UniSuper, da Austrália, ou planos empresariais, como o BT Pension Scheme, situam-se na vanguarda do exercício da propriedade pelos novos capitalistas nos respectivos mercados. Todos têm governadores ou agentes fiduciários eleitos diretamente pelos cotistas ou com a participação deles. Os líderes sabem que estão sendo observados e avaliados. Também estão conscientes de que, se sua atuação for incompatível com os interesses dos cotistas, podem ser censurados – ou, em casos extremos, demitidos. Em conseqüência, eles evitam muitas das questões estruturais que normalmente prejudicam o círculo de responsabilidade e prestação de contas, cujo fortalecimento é a chave para que os fundos se comportem como se seus cotistas fossem realmente cidadãos capitalistas, em vez de meros rentistas.

Vetores da mudança

Os avanços no fortalecimento do círculo de responsabilidade e prestação de contas têm sido notáveis. Embora a maioria dos observadores não tenha percebido as relações entre os acontecimentos, quando se encontram as pistas, eles se encaixam uns com os outros como fenômeno global em andamento. Para uma caçada rápida, os três lugares onde pesquisar são as novas políticas públicas, as iniciativas dos fundos de investimento e as ferramentas de mercado inovadoras.

Impulso das políticas públicas

A mudança é estressante. No entanto, o capitalismo global tem deslocado grandes nacos do poder econômico, até então prerrogativas de nichos tradicionais do setor privado e até do próprio Estado, para as mãos de estranhos inescrutáveis do país ou do exterior. A ansiedade pública se agrava quando escândalos afligem os mercados de capitais. Franz Müntefering, ex-chefe do partido socialista da Alemanha, em manifestação que se tornou famosa, taxou de "gafanhotos" certos fundos de investimentos estrangeiros, por pressionarem empresas nacionais icônicas a adotarem planos de reestruturação.[36]

Ainda bem que, talvez para surpresa geral, a maioria dessas novas políticas se entrelaça para promover transparência e projetar integridade, em vez de impor determinado curso de ação. Essas medidas reforçam a responsabilidade e a prestação de cotas institucionais, ajudando a construir a economia civil. Portanto, de propósito ou sem intenção, algumas dessas iniciativas estão criando condições para que os novos capitalistas ativistas assumam o controle do que era até então província exclusiva de imposições governamentais prescritivas.

Mudanças recentes na legislação inglesa, por exemplo, procuram promover o desenvolvimento de espécies totalmente novas de fundos de aposentadoria.

O governo trabalhista lançou dois catalisadores. Primeiro, elaborou estatutos exigindo participação dos empregados de no mínimo 50% nos boards of trustees. Em seguida, promulgou o Pensions Act de 2004, que estabeleceu para esses órgãos padrões mínimos de qualificação dos membros e de divulgação de informações. Em conseqüência, pela primeira vez os agentes fiduciários devem ser capazes de demonstrar às agências reguladoras e aos participantes dos planos que realmente estão qualificados para gerenciar fundos de investimentos.

O notável é que o Pensiosn Act *não* estipula quais devem ser essas qualidades. Em vez disso, deixou por conta do mercado preencher o vácuo com uma sucessão de programas. Muitos deles, sobre temas como orientação aos agentes fiduciários, credenciamento e educação continuada, estão sendo elaborados por entidades como UK Society of Investment Professionals, Pensions Management Institute e Trades Union Congress. Órgãos inteiramente novos, como o Independent Pension Trustee Group, estão contribuindo para a maior profissionalização dos agentes fiduciários. Grupos da sociedade civil promovem programas para aumentar a conscientização dos agentes fiduciários quanto a questões de investimento mais amplas. O projeto Just Pensions, com ajuda financeira do governo do Reino Unido, lançou um repositório valioso de informações e orientações para agentes fiduciários. Da mesma maneira agiu o Carbon Trust, ao expor seus argumentos a favor da supervisão e vigilância das práticas das empresas em relação ao meio ambiente. Onde antes predominava silêncio ensurdecedor, hoje muitas vozes debatem o que significa ser agente fiduciário responsável. É o clássico mercado de idéias.

O foco dos ingleses na responsabilidade dos agentes fiduciários ecoou em outros mercados. Em março de 2005, uma empresa da África do Sul lançou o periódico especializado *Today's Trustee*. Tanto o SHARE, organização de estudos e pesquisas dos sindicatos trabalhistas canadenses, e o U.S. National Labor College patrocinam amplos programas de treinamento para agentes fiduciários. A Córtex Applied Reserch, com sede em Toronto, a Independent Fiduciary Services, baseada em Washington, D.C., e a Penfida Partners, de Londres, são apenas três empresas comerciais que oferecem serviços independentes aos agentes fiduciários. A Keith Ambachtsheer's K.P.A. Advisory ajuda os fundos a modernizar sua governança. Vistosa publicação comercial americana, *Plan Sponsor*, apresenta uma coluna mensal sobre obrigações dos agentes fiduciários dos fundos de pensão, enquanto um blog, criado em 2006 (www.pensionriskmatters.com), focaliza a governança das instituições de previdência privada.

Ativismo dos novos capitalistas

Os órgãos de governança dos fundos de pensão deixaram de ser meras entidades homologatórias das empresas patrocinadoras e dos administradores de fundos. Boards of trustees qualificados e plenamente informados, com representação dos investidores, são mudanças reais, com amplas conseqüências, que mal estão começando a aflorar. Os agentes fiduciários do fundo de aposentadoria da WH Smith chegaram ao ponto de pôr a pique a proposta de uma empresa de private equity para a aquisição de sua patrocinadora, porque seus termos não previam nenhuma solução para sanar o déficit de £250 milhões do plano de pensão. Reflita em como os pensionistas da Enron ou da United Airlines estariam protegidos se contassem com um board of trustees bem orientado e confiável. Espera-se que boards of trustees ativos exijam administradores de fundos muito mais responsáveis e responsivos – seja na proteção dos ativos financeiros contra todos os tipos de pilhagem, seja na monitoração das empresas componentes do *portfolio*, para a maximização do valor a longo prazo.

Do outro lado do Atlântico, nos Estados Unidos, os reguladores estão impondo mudanças profundas em práticas arraigadas que transformem a maneira como os fundos de investimentos se comportam como proprietários civis. Não obstante a feroz resistência do setor, a Securities and Exchange Commission adotou medidas destinadas a enfrentar os escândalos revelados pelo procurador-geral de Nova York, Eliot Spitzer, e passou a exigir que 75% dos conselheiros, inclusive o presidente, sejam independentes em relação à empresa de investimentos matriz. O setor ajuizou ação para derrubar a imposição. Seja como for, os conselhos estão evoluindo para órgãos mais profissionais e críticos. Quanto mais se submetem ao escrutínio dos cidadãos investidores, maior é a probabilidade de que alinhem suas atividades com os interesses dos novos capitalistas.

Os formuladores de políticas de outros países estão adotando práticas semelhantes às impostas pela SEC. Brasil, França e Tailândia, por exemplo, promulgaram normas que obrigam os investidores institucionais a exercer e a divulgar o voto com as ações que compõem suas carteiras. A transparência, na opinião desses reguladores, confere aos cidadãos os meios de vigilância de que precisam para garantir que seus agentes salvaguardem os interesses dos investidores.

Os políticos mais tarimbados já compreenderam que as políticas públicas mais fecundas criam condições para que os investidores assumam o cajado, mas não impõem atitudes. O que queremos dizer com essa afirmação? As manchetes inglesas alardeiam com regularidade as polpudas remunerações dos CEOs, gerando pressões políticas sobre o governo para de alguma maneira conter os abusos. Porém, em vez de intervir diretamente no mercado para manipular os salários e benefícios dos altos executivos, Patricia Hewitt, ministra da Indústria, determinou que os proprietários de ações votassem anualmente sobre as práticas de remuneração da empresa. A medida nada custou ao Tesouro, mas agora os proprietários de ações dispõem de meios para corrigir remunerações desmedidas ou para decidir que os tablóides estão fazendo muito barulho por nada e, portanto, não devem mexer em nada. O ônus político não mais recai sobre o governo britânico – ou sobre o governo australiano, que seguiu o exemplo, promulgando legislação semelhante.

Iniciativas dos fundos

O segundo conjunto de pistas que apontam para a presença de uma proto-economia civil talvez se encontre nas ações voluntárias dos fundos em si. Quase pareceu combustão espontânea quando, no Reino Unido, o Relatório Myners, de 2001, detonou súbita explosão internacional de códigos de prática de investidores. Na realidade, o combustível já se acumulava havia muito tempo, à medida que, cada vez mais, vozes isoladas clamavam por tais iniciativas.[37] Contudo, não há dúvida de que, ao menos na Europa, o Relatório Myners foi um estopim.

Paul Myners, então chairman da Gartmore Investment Management, passou um ano investigando o mundo dos fundos de pensão a pedido de Gordon Brown, Chancellor of the Exchequer (ministro da Fazenda) do Reino Unido, e então divulgou uma avaliação cáustica. A maioria dos agentes fiduciários de fundos de pensão, constatou, era mal treinada, dispunha de poucos recursos e não recebia remuneração adequada, além de não pressionar os gestores de dinheiro a questionar nem mesmo as empresas problemáticas de seus *portfolios*. O remédio proposto por Myners era uma nova "cultura de governança dos fundos". O elemento central de sua proposta: um código *voluntário*. Os fundos de pensão, os fundos de investimentos e as seguradoras devem enviar a seus cotistas relatório anual sobre até que ponto cumprem as normas do código, com as explicações cabíveis.[38] O relatório deve "converter-se em foro no qual os tomadores de decisões expliquem e justifiquem seus métodos e as partes interessadas exerçam a supervisão das decisões tomadas em seu nome".[39] Entre os preceitos do código destacava-se o de que cada fundo deve ter uma estratégia sobre a intervenção dos proprietários de ações e sobre como avaliar seus efeitos.

Em breve, os principais órgãos de gestão de fundos do Reino Unido – por meio do Institutional Shareholders Commiittee – juntavam-se ao trio elétrico de um novo código de práticas. Cada uma dessas iniciativas está contribuindo para uma arquitetura de governança de fundos que incorpora, pela primeira vez, a efetiva responsabilidade e prestação de contas perante os cidadãos investidores e, como conseqüência inevitável, a efetiva supervisão dos administradores e gestores, de modo a alinhar o desempenho dos investidores institucionais com os interesses dos novos capitalistas beneficiários.

A abordagem de Myners está germinando em todo o mundo. Grupos de acionistas no Canadá, na França e nos Países Baixos, por exemplo, desenvolveram recentemente códigos próprios de governança pelos investidores.[40] E, no nível multinacional, a International Corporate Governance Network divulgou, em 2006, as primeiras diretrizes básicas sobre transparência, responsabilidade e prestação de contas para fundos de investimento e de pensão. Além disso, os investidores participaram da elaboração das novas diretrizes da OCDE, das Nações Unidas e do Fórum Econômico Mundial sobre governança.

Marcos na revolução dos proprietários

Esse surto de atenção em torno da governança dos fundos de investimentos e de pensão decerto se ampliará ainda mais, convertendo-se em novo fator poderoso nos mercados globais. O efeito dominó será muito mais abrangente e prolongado. Veja o que alguns boards of trustees mais dinâmicos já conseguiram, mesmo nesses primórdios da economia civil:

- Em 2002, três fundos de pensão estaduais americanos tomaram iniciativas para eliminar conflitos e desalinhamentos em suas cadeias de investimentos. Os "Princípios de Proteção aos Investimentos" incumbem os fundos de exigir que seus administradores relatem os conflitos, como remuneram seus gestores de carteiras e o que fazem para agir como verdadeiros proprietários do capital dos investidores. Agora, os fundos devem considerar esses fatores ao contratar, supervisionar e demitir agentes de carteiras.
- Em outubro de 2004, um grupo de grandes fundos europeus fundou a Enhanced Analytics Iniciative (EAI), que orienta cada membro a direcionar 5% das comissões de corretagem a empresas de pesquisas sobre ações, que analisam fatores não financeiros capazes de afetar as empresas. Trata-se de programa pioneiro por destinar dinheiro de verdade ao desenvolvimento da economia civil, ao adotar o *style investing*, ou estratégia de gestão ativa de *portfolios* que, em vez escolher ações específicas, aplica em amplas categorias, como *growth stock* ou *value stock*,

small-cap ou *large-cap*. Os fundos participantes agora podem avaliar as empresas com base nos fatores que geram valor sustentável, a longo prazo, em vez de na expectativa de surtos de crescimento estreitos e de curto prazo. "Melhores pesquisas para melhores investimentos" é o mote da EAI. Em princípios de 2006, a EAI já havia atraído fundos com ativos superiores a US$1 trilhão.[41]

- Coalizões de fundos estão em formação dentro e além das fronteiras nacionais para tratar de riscos de investimentos a longo prazo, não raro ignorados. Entidades do Reino Unido, da América do Norte, da Austrália e da Nova Zelândia hoje se concentram em questões como mudança climática a serem levadas em conta na constituição de carteiras.[42] Outras começaram a colaborar com as empresas na análise de riscos característicos do setor farmacêutico.[43]

Transformações profundas na gestão de fundos

Finalmente, e talvez mais importante, o setor de gestão de fundos em si começou a despertar para o poder do envolvimento dos proprietários. Até partiu para a mudança dos paradigmas econômicos pelos quais se norteou nos últimos 50 anos.

Primeiro, um mar de mudanças filosóficas inundou a área. Até recentemente, one-stop shopping, ou tudo em um só lugar, era o mantra do setor, segundo o qual as instituições financeiras tentavam conquistar "share of wallet", ou fatia da carteira, procurando controlar toda a gama de serviços financeiros de que necessita cada cliente, como atividades bancárias de varejo e comerciais, gestão de recursos, seguros e até bancos de investimentos. Aos poucos, os conflitos e dificuldades inerentes à abordagem se tornaram evidentes. Hoje, a tendência é em outra direção, com foco em competências essenciais que não conflitem entre si. Assim, o Citicorp e a Legg Mason concordaram em trocar as divisões de corretagem e de banco de investimento da Legg pelo grupo de gestão de recursos do Citi, para que a Legg se tornasse pura gestora de recursos e o Citi se concentrasse em serviços bancários.[44]

Em virada ainda mais drástica, os administradores de fundos desenvolveram uma categoria de investimentos inteiramente nova, que busca por meio do ativismo extrair valor oculto das empresas. De maneira um tanto contra-intuitiva, esses fundos de governança corporativa deliberadamente aplicam em empresas com mau desempenho e mal governadas e, então, põem mãos à obra, convencendo os conselhos de administração a melhorar suas abordagens. O Hermes é o maior praticante desses métodos na Europa, contando, para tanto, com um exército virtual de 50 especialistas. Seu parceiro nos Estados Unidos, o Relational Investors, com sede em San Diego, é o maior da América do Norte. Juntos, gerenciam investimentos de quase US$10 bilhões.

Os fundos ativistas são limitados no que podem fazer sozinhos. Sem o apoio de grandes pools institucionais de capital acionário, talvez não consigam arregimentar poder suficiente para mudar conselhos de administração que se oponham às suas propostas. Porém, se os fundos ativistas estiverem preparados para pagar a conta e liderar o ataque, não faltarão aliados dispostos a reforçar a retaguarda.

Reinvenção dos incentivos

Mas será que de fato existem líderes potenciais com dinheiro no bolso, dispostos a avançar na linha de frente dessas investidas? Já não dissemos que os administradores de fundos preferem atuar como operadores de mercado a como proprietários ativos? Como será que os fundos ativistas conseguiram não só sobreviver, mas também prosperar em ambientes competitivos?

A resposta é a adoção de estruturas de remuneração que fomentam a propriedade. O Relational, o Hermes e muitos outros fundos ativistas cobram não só taxas de administração fixas, mas também taxas de performance de até 20% dos resultados obtidos acima do paradigma.

E eis que surgem os novos prodígios do bloco ativista, os fundos de hedge. Eles também são impulsionados pela remuneração por incentivos, que se afasta da tendência dominante; porém, mais que quaisquer outros, são pouco compreendidos e não raro temidos. Chegam a mais de 10 mil e estão longe de serem monolíticos. Alguns investem em ações; outros, em moedas; ainda outros, em renda fixa. A maioria é independente, mas alguns são ligados a grandes bancos ou a empresas administradoras de fundos. Também há os que investem em derivativos exóticos, que realmente exigem conhecimentos científicos avançados (ou ao menos de matemática pesada), ao passo que outros investem apenas em ações de companhias abertas de grande liquidez.

Com efeito, os fundos de hedge, em sua maioria, têm poucas coisas em comum. Para começar, devem buscar retornos absolutos, em vez de ganhos em comparação com um benchmark. Além disso, a exemplo dos fundos ativistas, cobram taxas de performance com base no desempenho dos *portfolios*.

Sem necessidade de competir pelo desempenho relativo, os fundos de hedge não precisam investir como a maioria. Com efeito, é a única coisa que *não devem* fazer.

Alguns fundos de hedge atuam como rentistas consumados, envolvendo-se em operações de curtíssimo prazo, às vezes com base em rumores e até em informações privilegiadas. Podem debilitar ou destruir empresas para alcançar seus objetivos. Não raro também agem como raiders (assaltantes), deixando as empresas em piores condições que antes de suas investidas. Por exemplo, um greenmailer (chantagista) pode extorquir dinheiro apenas para afastar-se do alvo. Esses comportamentos apenas transferem recursos de uma para outra empresa e dilapidam a riqueza dos capitalistas proprietários. Porém, outros fundos constroem grandes posições em empresas problemáticas na tentativa de consertá-las, gerando valor para os proprietários de ações.

Retornemos àquela conversa hipotética entre o analista e a chefe, do começo deste capítulo. Só que desta vez mudemos o contexto, que agora não é uma tradicional empresa administradora de recursos, mas sim um fundo de investimento remunerado por taxa de performance – digamos, um fundo ativista ou um fundo de hedge do tipo *style investing*. Montando o cenário, vamos reduzir os ativos do fundo em 98%, de US$50 bilhões para US$1 bilhão, número mais realista para essa modalidade. Porém, lembre-se, os gestores agora têm liberdade para compor *portfolios* com alta concentração, investindo em muito menos empresas. Portanto, vamos presumir que esse fundo mantém posições uniformes de 5%: US$50 milhões por empresa e 20 empresas no total. Agora, voltemos à cena:

Um dos jovens e brilhantes analistas da instituição administradora de fundos identifica uma empresa que simplesmente não vem apresentando o desempenho esperado. Os executivos estão praticando má gestão e não estão sendo monitorados. Transações com partes relacionadas estão transferindo riqueza dos proprietários para os insiders. Aprovam-se projetos de interesse dos gestores e cupinchas, que talvez não gerem retorno nem mesmo igual ao custo de capital. Na verdade, os abusos são tão graves que, com base em estimativas dos analistas, a empresa hoje avaliada em US$10 bilhões valeria no mínimo US$15 bilhões, se contasse com governança adequada. Evidentemente, o analista ficou muito entusiasmado com suas constatações e procurou a principal gestora do *portfolio*.

"Olha", começa o analista, "os acionistas desta empresa podem ganhar nada menos que US$5 bilhões se recorrerem a seus direitos de proprietário para mudar a gestão da empresa".

A gestora do *portfolio* parece impressionada. "Sem dúvida", responde. Depois de uma pausa, prossegue. "Mas a execução dessas mudanças exige recursos e expertise que, em boa parte, não temos aqui. Precisaríamos contratar pessoal de fora, como advogados e outros especialistas. Talvez tenhamos de gastar um milhão ou mais antes de darmos a virada. Prepare um orçamento para a execução da sua proposta."

"No duro? Você está disposta a gastar um milhão para consertar a empresa?", responde o analista, incrédulo.

"Sem dúvida", diz a chefe. "É claro que vale a pena. Nosso investimento nessa empresa é de US$50 milhões. Se realmente conseguirmos aumentar o valor em 50%, nosso ganho será de US$25 milhões. E ficamos com 20% disso. São nada menos que US$5 milhões, ou US$4 milhões líquidos, diretamente para nossos bolsos. Gastaremos US$1 milhão para ganhar US$5 milhões."

E, então, o analista volta para a sua mesa, verifica mais uma vez sua análise e parte para o conserto da empresa.

Evidentemente, nem todas as situações como essa têm um final feliz. Os fundos podem enganar-se em suas análises. Além disso, mesmo que a análise esteja certa, as propostas nela baseadas podem não ser factíveis. Mesmo que as conclusões estejam certas e as recomendações sejam factíveis, a gerência da empresa pode resistir e, às vezes, ganhar, caso em que apenas se incorreria em custos. Mas o ponto é que a nova economia torna racional sob o ponto de vista econômico a propriedade ativa. Não admira que, em fins de 2005, de acordo com o Bloomberg, já houvesse 99 fundos ativistas.

Esses fundos estão produzindo efeitos reais em ambos os lados do Atlântico. Em 2005, os fundos de hedge liderados pela TCI, com o apoio de tradicionais empresas administradoras de fundos, como Fidelity e Capital International, descarrilaram a mal gerenciada oferta pública da Deutsche Börse para a aquisição do controle da London Stock Exchange.[45] Mas talvez o exemplo mais conhecido de intervenção ativista de fundos de hedge tenha sido o da ESL, de Connecticut, que identificou valor potencial na Kmart, ao contrário da opinião predominante.[46] Na verdade, a Kmart estava falida. A ESL adquiriu o controle da empresa, substituiu o conselho de administração e reestruturou a Kmart, a ponto de torná-la atraente para a Sears, sua concorrente maior e mais antiga. Hoje, a gerência do ESL participa de todas as decisões importantes da Sears e da Kmart. Eddie Lampert, chairman e CEO da ESL, é presidente do conselho de administração da Sears. William Crowley, empregado da ESL, é diretor-financeiro e administrativo. Dois outros diretores, o vice-presidente de desenvolvimento de negócios e o vice-presidente sênior de imóveis, também são empregados da ESL.[47] Isso é propriedade ativa.

Porém, nem todo mundo se beneficia com a propriedade ativa, ao menos no curto prazo. Quando os proprietários reafirmam suas prerrogativas, os resultados podem ser perturbadores e dolorosos. Mudanças na administração, demissão de pessoal e até fechamento de fábricas são conseqüências não tão incomuns dessas intervenções. Todavia, os novos capitalistas quase sempre apóiam essas iniciativas radicais, quando a decadência das empresas já não admite soluções paliativas e a postergação da mudança pode ser letal.

Os preconizadores da economia civil e os proponentes do "capitalismo dos stakeholders" podem divergir nesses casos. Os defensores dos stakeholders querem que todas as partes afetadas pela empresa participem das decisões-chave. Mas as reivindicações dos stakeholders podem ser a própria causa da enfermidade do negócio. A remuneração dos gestores talvez esteja alta demais. Também é possível que os acordos trabalhistas sejam insustentáveis nos novos mercados. Outra hipótese é a de que os contratos com os fornecedores sejam muito generosos. Cada um desses stakeholders provavelmente se oporá às mudanças necessárias, por se beneficiarem com a situação vigente no curto prazo, embora corram o risco de matar a empresa por hemorragia no longo prazo. Os novos capitalistas investidores devem escolher as melhores alternativas para a saúde duradoura da empresa. O propósito deles será agir de maneira proativa e constituir conselhos de administração que mantenham relações produtivas com os vários stakeholders e evitem crises. Mas se o conselho de administração não produzir os resultados esperados e a saúde da empresa se tornar desesperadora, os proprietários civis talvez não tenham escolha senão partir para soluções cirúrgicas severas.[48]

A essência de tudo isso, então, não é que todo ativismo seja "bom" no sentido de que os resultados sempre sejam positivos para todas as partes interessadas. Ao contrário, o ponto mais importante é que, para o capitalismo ser dinâmico e saudável, para a "destruição criativa" produzir seus efeitos mágicos em meio a toda confusão, os proprietários precisam dispor de poderes e ser engajados.

Ferramentas de mercado

Não poderia haver pista mais evidente da existência de uma economia civil em formação que o fato de as demandas dos investidores de base terem dado origem a um setor inteiramente novo: o negócio de propriedade.

Muitos dos novos serviços que estão entrando no mercado fornecem aos fundos de pensão e aos gestores de dinheiro meios e modos de exercer seus direitos como proprietários. Pelo menos três agências de rating globais e muitas outras locais começaram a comparar os perfis de governança das empresas. Para tanto, desenvolveram-se ferramentas de monitoramento que analisam os conselhos de administração sob o ponto de vista de atitudes e conflitos que possam ameaçar o valor para os proprietários de ações. Locadores de ativismo oferecem serviços profissionais para a recuperação de empresas transviadas. Sites fornecem foros de discussão para os investidores que queiram debater iniciativas conjuntas contra empresas problemáticas dos respectivos *portfolios*. Quase todas essas opções ainda eram desconhecidas pelo capitalismo de fins do século XX, mas estão lançando raízes num novo século caracterizado pela propriedade participativa. Voltamos a esse tema com mais profundidade no Capítulo 6.

Porém, um dos segmentos do setor de propriedade nos interessa já neste capítulo por ser causa e efeito do mercado civil: os novos vigilantes da responsabilidade e de prestação de contas dos fundos de investimentos e de pensão. Essas entidades completam o círculo de responsabilidade e de prestação de contas ao permitir que os cidadãos investidores julguem a qualidade da supervisão exercida pelas instituições a que confiaram seu dinheiro.

Visite o site da empresa de informações financeiras Morningstar e, se for assinante, você verá como dois mil fundos de investimentos dos Estados Unidos são avaliados como vigilantes do capital dos clientes. Lançado em 2004, o "Fiduciary Grade" foi o primeiro serviço comercial a colocar sob o microscópio a responsabilidade e a prestação de contas dos fundos de investimento. Entre suas atribuições estão testar a independência do conselho de administração e avaliar se a remuneração dos administradores e gestores é compatível com o desempenho do fundo – e, então, classificar o fundo numa escala de A a F.

Agora que os Estados Unidos e o Canadá obrigam as empresas administradoras de investimentos a divulgar os registros de como votaram com as ações dos clientes, a comparação entre o ativismo dos fundos de investimento será muito mais fácil. Com efeito, os votos revelam como os fundos se comportam como proprietários. Diferentes grupos estão usando essas informações para o desenvolvimento de produtos que permitam aos novos capitalistas a avaliação dos fundos de investimentos sob várias perspectivas. Alguns desses produtos são acadêmicos; o Center for Financial Integrity do Baruch College produziu um banco de dados sobre votos dos fundos de investimento. Outros se destinam a gerar pressão dos investidores sobre os fundos de investimentos para que atuem mais em linha com os interesses dos clientes. O influente Webb-site.com, de Hong Kong, está usando os novos dados para "dar nome à vergonha" dos fundos de investimentos que não apóiam as iniciativas dos investidores em seu território. Ceres, a coalizão ambiental, encomendou uma análise sobre os votos dos fundos de investimento sobre questões referentes à mudança climática. A AFL-CIO promoveu triagem semelhante dos fundos de investimentos em relação a questões trabalhistas.

Esses novos serviços se juntam aos já existentes, mas ainda incipientes, vigilantes on-line, como a Fund Democracy, fundada como defensora dos cotistas de fundos de investimentos. À medida que ganharem força, esses monitores obrigarão as administradoras de fundos a serem muito mais sensíveis às demandas e necessidades dos clientes – sob o risco de perderem participação no mercado.

Apanhe o microscópio

Mesmo serviços de análise tradicionais aderiram à tendência ao se darem conta de que responsabilidade e prestação de contas eram aspectos negligenciados da gestão de recursos.

Fitch, a agência de rating, foi pioneira na avaliação dos administradores de fundos com base em parte no desempenho como proprietários. Lançado em 2001, o produto de início usava indicadores fracos. Porém, três anos mais tarde, a Lintstock, com sede em Londres, antecipando-se ao foco do governo do Reino Unido no comportamento dos fundos, anunciou o Institutional Investors Profiles ("ii-profiles"), serviço comercial que monitora as práticas de voto dos administradores de fundos. Os agentes fiduciários dos fundos de pensão o usam para verificar que administradores atuam em conformidade com os respectivos princípios de governança.

Então, em 2005, a Mercer – uma das maiores consultorias do mundo – lançou novo serviço que avalia os administradores de fundos em todo o mundo com base nos hábitos de votação, nas práticas de envolvimento e na extensão em que incluem análises ambientais, sociais e de governança (Environmental, Social and Governance – ESG) na composição de carteiras. Os clientes têm acesso às avaliações da qualidade da supervisão ao lado das pontuações tradicionais sobre o desempenho financeiro.

Em paralelo com esses serviços comerciais, desenvolve-se uma comunidade cada vez maior de blogs, veículos de defesa dos investidores e grupos da sociedade civil que se dedicam ao monitoramento do desempenho dos fundos e dos gestores de dinheiro na supervisão e vigilância das empresas que compõem os respectivos *portfolios*. O CorpGov.net, de James McRitchie, definiu o padrão, acompanhando as atividades do CalPERS. O projeto FairPension, lançado em 2005, almeja mobilizar a supervisão dos boards of trustees dos fundos de pensão do Reino Unido pelos novos capitalistas. E federações trabalhistas nos Estados Unidos, no Canadá e na Inglaterra realizam pesquisas anuais sobre os "key voters" (principais votantes), que criam condições para a responsabilização dos administradores de fundos por seus votos nas assembléias gerais das empresas. Esses relatórios também permitem que os cotistas dos fundos de pensão verifiquem se seus próprios agentes fiduciários estão cumprindo suas obrigações de monitoramento dos agentes financeiros.

Fazendo da maneira certa

Terminemos este capítulo com um exemplo do mundo real que mostra como os proprietários engajados devem trabalhar.

No lado dos investidores estava o Hermes, administrador de fundos, subsidiária integral da BT Pension Scheme. No lado da empresa estava a Premier Oil, na época objeto de grande preocupação para os interessados em governança e em responsabilidade social das empresas. O preço de suas ações se debilitava cada vez mais; a empresa parecia incapaz de apresentar bom desempenho.

Corria o ano 2000, e o Hermes já manifestara seus receios ao conselho de administração da empresa. Os conselheiros pareciam dispostos a atender às reivindicações de dois importantes proprietários de ações – Amerada Hess, empresa americana, e PETRONAS, empresa estatal de petróleo da Malásia – mas não as dos investidores minoritários, como o Hermes. Além disso, a empresa estava num beco sem saída estratégico. Não era grande o suficiente para competir com as novas gigantes do petróleo nem ágil o bastante para aproveitar as oportunidades de exploração. A liberdade de ação da Premier era limitada ainda mais por seu alto nível de endividamento. E, agravando suas dificuldades, ainda estava liderando o desenvolvimento do campo de gás de Yetagun, em Mianmar. Governado por brutal ditadura militar, o país (outrora conhecido como Birmânia ou Burma) era um Estado pária, que se encontrava sob boicotes internacionais. A Premier se expusera a grandes riscos éticos que muito comprometeram sua imagem; também limitara desnecessariamente suas opções financeiras.

O Hermes receava que o conselho de administração ainda não estivesse consciente dos dilemas com que se defrontava a empresa nem tivesse disposição e capacidade para resolvê-los. Porém, em vez de vender as ações, deixando que a empresa minguasse à custa dos demais investidores, optou pelo envolvimento dos proprietários de ações.

Ao mesmo tempo, os agentes fiduciários dos fundos de pensão de sindicatos trabalhistas, inclusive os da BT Pension Scheme, proprietária do Hermes, sugeriram que esta pressionasse a Premier para sair de Mianmar. David Pitt-Watson, executivo do Hermes e um dos autores deste livro, explicou-lhes que, como administrador do fundo, não poderia apoiar campanhas dos sindicatos trabalhistas baseadas em "interesses especiais" nem planos de ação que previssem a dilapidação de importante ativo da empresa. Mas ele também observou que o Hermes estava ansioso por envolver-se em empresas que não gerenciavam os riscos capazes de ameaçar no longo prazo o valor duradouro para os proprietários de ações. A Premier era uma dessas empresas.

O Hermes também se reuniu com a Burma Campaign UK e com a Anistia Internacional, apresentando-se como voluntário para liderar um grupo de gestores de recursos preocupados com a situação. O fundo foi contra a apresentação de proposta de deliberação por acionistas dissidentes, mas comprometeu-se com várias outras alternativas de envolvimento.

Em seguida, o Hermes pediu uma reunião com o chairman da Premier, Sir David John, que ocorreu em janeiro de 2001. "Embora Sir David não tenha concordado com tudo que dissemos", observou, depois, Pitt-Watson, em relatório do Hermes, "ele se dispôs a levar os receios dos proprietários de ações ao conselho de administração, onde seriam resolvidos, na medida do possível". Sir David também se comprometeu com reformas nas práticas de governança corporativa e concordou pela primeira vez em se encontrar pessoalmente com representantes da Burma Campaign UK.

Em março, a Premier incluiu no conselho de administração outro membro não executivo totalmente independente. Aos poucos, as decisões de alto nível começavam a levar em conta os interesses dos investidores minoritários. Em outubro, a empresa começou a tornar mais transparente sua posição estratégica, vendendo alguns ativos na Indonésia e reestruturando suas participações no Paquistão. Mas o progresso era lento, situação que o Hermes atribuía a dois importantes proprietários de ações.

O Hermes enviou a Sir David uma carta "urgente", manifestando impaciência e ameaçando advertir outros investidores institucionais globais, se os representantes da Amerada e da PETRONAS no conselho de administração da Premier Oil bloqueassem iniciativas do interesse dos acionistas minoritários. O fundo esperava que essa tática alertasse as duas empresas para a importância de tratar com eqüidade todos os proprietários de ações, pois, do contrário, enfrentariam dificuldades para levantar capital no mercado, tornando-as, assim, mais maleáveis nas negociações sobre a Premier. O Hermes aumentou ainda mais o cacife ao insinuar que as declarações da Amerada – de que seus representantes no conselho de administração da Premier não participariam de qualquer discussão sobre o envolvimento da empresa em Mianmar – eram incompatíveis com os deveres fiduciários dos conselheiros sob a legislação empresarial do Reino Unido.

A Premier entendeu a mensagem. Em 13 de março de 2002, a administração da empresa anunciou as diretrizes para resolver seus problemas: descartaria ativos maduros, para recomprar a participação dos maiores acionistas e para recuperar a empresa como negócio de exploração flexível e desenvolto. O negócio foi concluído em setembro. A Premier Oil esclareceu que trocaria ativos por ações, de forma que a PETRONAS ficasse com as operações em Mianmar e parte das atividades na Indonésia, e a Amerada, com o restante. Ademais, a PETRONAS faria substancial pagamento em dinheiro, além de perder sua participação acionária de 25% na Premier, não mais tendo o direito de nomear membros para o conselho de administração.

Assim, com um único golpe, a Premier resolveu suas questões referentes à propriedade de ações e à governança, além de melhorar seu balanço patrimonial. Ao mesmo tempo, reduziu suas atividades de produção de petróleo e gás, em proveito de sua agilidade como exploradora. Ainda por cima, desembaraçou-se de Mianmar, de maneira plenamente satisfatória para a BT Pension Scheme, para a Burma Campaign UK e para outros lobbies de direitos humanos – com total observância da racionalidade econômica.

Porém, para os cidadãos investidores dos planos de previdência privada da BT, talvez o resultado mais importante tenha sido o impulso drástico nos preços das ações da empresa, cuja valorização foi duas vezes superior à média do setor de petróleo e gás durante o período de envolvimento do Hermes, gerando aumento de retorno de £1 milhão para seus clientes e de mais de 50 vezes essa quantia para outros proprietários de ações minoritários.

Evidentemente, essas transformações na Premier não foram engendradas apenas pelo Hermes, que talvez tenha atuado apenas como catalisador. O verdadeiro agente de mudanças foi o conselho de administração, que elaborou e implementou a nova estratégia. Mas será que o Hermes teria atuado dessa maneira se não tivesse sido procurada por grupos de campanha ou se não houvesse contado com o apoio de outros administradores de fundos? Não podemos dizer. Entretanto, temos condições de afirmar que muitos elementos do ecossistema da economia civil interagiram, como veremos nos próximos capítulos.

PONTOS BÁSICOS

- Os fundos de investimentos e de pensão tradicionais arregimentaram e aplicaram mais capital que em qualquer outra época da história. Porém, esses investidores institucionais apresentam falhas sistêmicas quando se trata de alinhar seus interesses com os dos novos capitalistas investidores.

- Os administradores de fundos de investimentos e de pensão são vítimas de três debilidades. Primeiro, são remunerados com base em porcentagem dos recursos gerenciados, em vez de sob o critério de *qualidade* da gestão. Daí resulta a ênfase na captação de recursos, não na gestão de recursos. Segundo, a importância que o setor atribui ao desempenho relativo, em vez de ao desempenho absoluto, compromete a remuneração dos gestores tradicionais que se envolvem nas empresas como proprietários. Terceiro, a avaliação do desempenho relativo no curto prazo resulta em maior interesse pelas negociações com ações, o que estimula a mentalidade de rentista.

- As deficiências dos fundos de pensão geralmente decorrem do fato de os cotistas terem pouca ou nenhuma representação na governança de seus investimentos. Pior ainda, a mentalidade de retenção de informações dificulta para os cidadãos investidores o monitoramento do que está sendo feito em seu nome.

- Não obstante essas falhas, pequeno grupo de fundos de pensão e de gestores de recursos, ainda em minoria, começaram a se envolver como proprietários civis. Esse envolvimento tem sido liderado pelos fundos de pensão, em cuja governança os cidadãos poupadores desfrutam de participação ativa.

- Os formuladores de políticas públicas – sobretudo na Europa – reagiram tanto aos fatores demográficos básicos quanto aos vários escândalos que assolaram o mundo empresarial. Em vez de prescrever padrões de comportamento às empresas, eles reforçaram o círculo de responsabilidade e prestação de contas e ofereceram aos novos capitalistas proprietários ferramentas para monitorar os agentes que agem em seu nome.

- Alguns gestores de recursos, inclusive vários fundos de hedge, desenvolveram incentivos para tornar compensador o envolvimento dos proprietários. Existem pelo menos 100 fundos ativistas dessa modalidade, com dedicação exclusiva.

CAPÍTULO 5

Conselhos de Administração

Novas Práticas de Responsabilidade e Prestação de Contas

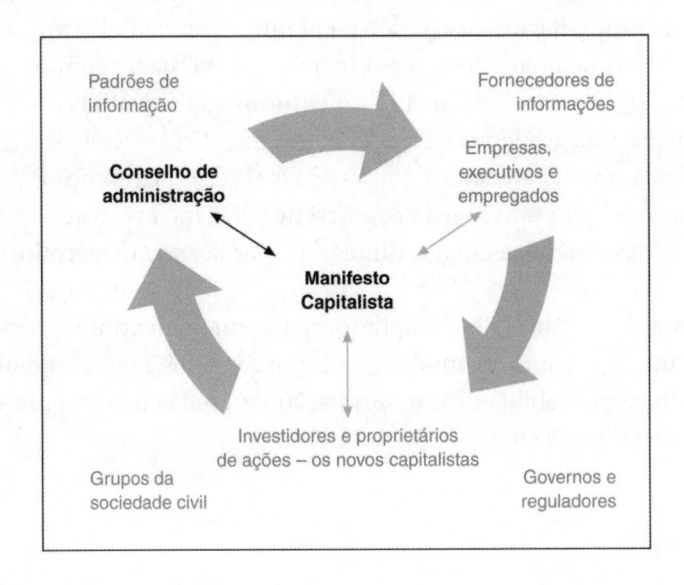

```
Padrões de                              Fornecedores de
informação                              informações

                                        Empresas,
    Conselho de                         executivos e
    administração                       empregados

                    Manifesto
                    Capitalista

            Investidores e proprietários
            de ações -- os novos capitalistas
Grupos da                               Governos e
sociedade civil                         reguladores
```

O conselho de administração supervisiona as companhias abertas – como responsável perante os proprietários de ações, aos quais deve prestar contas. No passado, os conselheiros eram pouco mais que ornamentos, rompendo o círculo de responsabilidade e prestação de contas. No entanto, como mostra este capítulo, os conselhos de administração estão ficando mais ativos, mais profissionais e mais alinhados com os novos capitalistas, impondo mudanças radicais aos executivos das empresas.

Numa manhã fria de 1968, os membros dos conselhos de administração das ferrovias da Pensilvânia e de Nova York participaram com entusiasmo da cerimônia de inauguração que simbolizou a fusão de suas duas empresas na gigante Penn Central, a maior ferrovia dos Estados Unidos e a sexta maior empresa do país. Dois anos depois, contudo, a Penn Central estava falida, afundando com ela o dinheiro de 100 mil credores e a poupança de 113.000 proprietários de ações.[1]

A destruição criativa talvez seja a regra no capitalismo dinâmico, mas a natureza repetitiva desses desastres empresariais em todos os mercados e ao longo de décadas suscitam uma pergunta: para onde estavam olhando os conselhos de administração, enquanto escândalos, ganância e incompetência engolfavam suas empresas?

Em todos os debacles de empresas, os conselheiros não foram capazes de proteger os proprietários de ações. No entanto, esses conselheiros, como pessoas, não eram nem corruptos nem ineptos. Na verdade, com base em seus currículos, alguns pareciam incluir-se entre os mais qualificados e íntegros nos negócios e na academia.[2] Porém, como membros desses órgãos colegiados, se revelaram disfuncionais. Por quê? Qual seria a explicação? A presença constante de maçãs podres ou a existência de deficiências estruturais crônicas? Haveria falhas sistêmicas que estimulariam ou ao menos permitiriam essas falhas?

Numa palavra, sim. Neste capítulo, tentaremos identificar essas falhas e também mostrar como as mudanças impostas pelos novos capitalistas nas práticas de responsabilidade e de prestação de contas das empresas acenam com a expectativa de cura.

Os três "Is"

Peter Drucker, o guru da administração, era claro sobre o problema: "Todos os conselhos de administração têm algo em comum", disse. "Não funcionam." A decadência dos conselhos de administração, argumentava ele, era fenômeno global. E uma de suas principais causas foi a ascensão da grande companhia aberta. "Originalmente, o conselho de administração, nos Estados Unidos, na Inglaterra, na França ou na Alemanha, foi concebido como órgão de representação dos proprietários... Cada conselheiro detinha participação vultosa no empreendimento... Porém, as grandes empresas, nos países avançados, não mais pertencem a pequenos grupos. Sua propriedade legal está pulverizada entre milhares de 'investidores', o conselho de administração deixou de representar os proprietários e tampouco atua como representante de quaisquer outras partes, em especial."[3]

Essa, então, é a grande anomalia estrutural que se situa no âmago da grande empresa de hoje. Em teoria, os conselheiros, em termos legais e éticos, são responsáveis perante os proprietários, a quem devem prestar contas. Os acionistas lhes outorgam poderes para nomear o principal executivo, para definir a estratégia, para aprovar despesas de capital e para distribuir dividendos. Porém, mesmo que os novos capitalistas sejam os verdadeiros donos das empresas, sua influência não será significativa se os conselhos de administração não forem responsáveis perante eles e não lhes prestarem contas. No entanto, a verdade é que nas empresas cuja propriedade seja difusa, os membros do conselho de administração raramente conhecem ou ouvem os proprietários e tampouco sabem que seu trabalho depende do apoio dos acionistas na qualidade de donos das empresas.

A conseqüência tem sido a ruptura do círculo e responsabilidade e prestação de contas. Imagine legisladores que se entendam apenas com o chefe do poder executivo e com seus ministros, em vez de com o povo, ou que sejam nomeados por chefes de governo ou de Estado, em vez de serem eleitos pelo escrutínio popular. Em política, isso se chama estar preso a interesses especiais. Em trabalho social, significa estar cativo ao cliente. No mundo empresarial de ontem, era considerado normal.

A revogação da responsabilidade e prestação de contas entre conselheiros e proprietários é um câncer a corroer a legitimidade das empresas. Felizmente, esse tumor maligno está começando a regredir em resposta ao tratamento. Aos poucos, a responsabilidade e a prestação de contas dos conselhos de administração estão sendo restauradas, fornecendo provas ainda mais convincentes da ascensão da economia civil. Primeiro, vejamos por que os conselhos de administração se mostraram tão impotentes. Três "Is" – *informações* insuficientes, *influências* impróprias e *incompetência* deslavada – conspiraram com muita freqüência para minar o desempenho dos conselhos de administração.

O primeiro I: Informações

Louis Cabot tinha boas qualificações para ser membro do conselho de administração de uma grande empresa. Na verdade, ele já fora conselheiro de várias outras empresas e viria a ser membro do conselho de administração do Federal Reserve Bank de Boston e agente fiduciário da Northeastern University. No entanto, ele era um dos membros do conselho de administração da Penn Central Railroad por ocasião de seu colapso. Eis como ele descreveu a conduta do conselho de administração durante seu mandato de um ano:

Em cada uma das reuniões do conselho de administração da Penn Central, que duravam apenas uma hora e meia, a diretoria submetia à nossa aprovação longas listas de despesas de capital relativamente pequenas e apresentavam-nos relatórios financeiros sucintos, que raramente eram discutidos em profundidade. Embora essas informações financeiras não fossem muito reveladoras, solicitavam que não as levássemos conosco. O CEO sempre fazia uma exposição oral em que prometia resultados melhores no mês seguinte.[4]

As informações que chegam ao conselho de administração e o momento em que se tornam disponíveis para os conselheiros ajudam a avaliar até que ponto o órgão é eficaz. Por maior que seja sua motivação, conselheiros mal informados não podem exercer de maneira adequada suas funções de supervisão e de vigilância com que contam os investidores.

No entanto, seria o caso de perguntar, se os membros do conselho de administração da Penn Central – ou de qualquer outra empresa – necessitassem de mais informações, por que simplesmente não as solicitavam? Uma das razões é que os conselheiros externos não raro são engabelados com incentivos para deixar correr sem interferências e são discriminados como criadores de caso se forem diligentes e fizerem perguntas.

O segundo I: Influência

Os CEOs exercem influência – muita influência – sobre os conselhos de administração. Embora a maioria receba de bom grado as contribuições desse órgão, alguns se irritam com qualquer interferência, até com perguntas educadas dos conselheiros durante as reuniões e usam sua autoridade para impedir a governança eficaz por parte do conselho de administração.

Veja as medidas do CEO Ross Johnson, da RJR Nabisco, para ter a certeza de que ele, não os proprietários de ações, seria alvo da afeição dos membros do conselho de administração, conforme narrativa de Bryan Burrough e John Helyar, em *Barbarians at the Gate*. Aqui, os autores descrevem como o CEO garantiu a docilidade do conselho de administração, depois do afastamento do chairman Paul Sticht:

> Os conselheiros viram que agora todas as suas necessidades estavam sendo bem atendidas. Bill Anderson, da NCR, substituiu Sticht na presidência do International Advisory Board e foi premiado com um contrato de US$80 mil por seus serviços. Johnson extinguiu o departamento de

serviços aos acionistas da RJR Nabisco e o terceirizou para o Anchovia Bank, de John Medlin. Juanita Kreps recebeu US$2 milhões como dotação para duas cátedras em Duke, uma delas com o seu nome. Por outros US$2 milhões, a escola de negócios de Duke batizou uma das alas de um novo prédio com o nome "Horrigan Hall" (Johnson foi nomeado agente fiduciário de Duke)...

Ao mesmo tempo, reduziu-se o número de reuniões do conselho de administração e aumentaram-se os honorários dos conselheiros para US$50 mil... Johnson os encorajou a usar o RJR Air Force (avião da empresa) a qualquer momento, em qualquer lugar, sem ônus. "Eu às vezes me sinto como diretor de transportes", lamuriou o CEO certa vez, depois de providenciar mais um vôo para outro conselheiro. "Mas sei que se eu for solidário com eles, eles também serão solidários comigo."[5]

E não se diga que Johnson e RJR Nabisco são casos isolados. As lições que ele pregou – de que a maneira de conquistar o coração dos conselheiros é pela carteira – foi bem aprendida pela nova geração de CEOs. Bernie Ebbers, fundador e ex-CEO da WorldCom (condenada por fraude e conspiração), em certa ocasião concordou que o conselheiro Stiles Kellett usasse o avião da empresa mediante o pagamento de US$1 por mês. Kellett era presidente do comitê de remuneração do conselho de administração, que, por sua vez, aprovou a concessão de US$400 milhões em empréstimos pessoais da WorldCom a Ebbers. Kellett, sem dúvida, foi "solidário" com Ebbers. Quando a American Express enfrentou problemas, descobriu-se que a empresa dirigida pelo ex-CEO Jimmy Robinson pagava honorários de consultoria ao conselheiro Henry Kissinger. Evidentemente, tudo isso suscita dúvidas sobre se Kellett e Kissinger estavam lá para prestar serviços aos proprietários da empresa.

O terceiro I: Incompetência

Finalmente, o terceiro I, incompetência. Os conselhos de administração são formados por pessoas. Controle quem são essas pessoas e você controlará o conselho de administração. Quando se cria um conselho de administração povoado por alpinistas sociais, celebridades com pouca experiência em negócios, arrivistas sem qualificações ou pessoas de alguma maneira relacionadas com o CEO ou com o acionista controlador, a supervisão e a vigilância a serem exercidas por esse órgão se convertem em mera ficção.

Eis um exemplo. Em 1911, a investigação sobre o colapso da Brazilian Rubber Plantation and Estates Ltd mostrou que o conselho de administração da empresa era tão incompetente que os conselheiros pareciam ter saído de um romance de P. G. Wodehouse: "Sir Arthur Alymer era absolutamente ignorante em negócios... H. W. Tugwell tinha... 75 anos e era muito surdo... Barber era corretor de borracha e recebeu a orientação de que sua função consistiria apenas em opinar quanto ao valor da borracha quando a mercadoria chegasse à Inglaterra."[6]

Mais de duas gerações depois, a cultura dos conselhos de administração ainda não havia melhorado muito. Um conselheiro veterano, Lord Boothby, assim descreveu as incumbências de seus membros, por volta de 1962: "Não se exige nenhum esforço de qualquer espécie. Você comparece a uma reunião uma vez por mês, para onde é levado em um carro da empresa. Lá chegando, assume uma fisionomia grave, cheia de sabedoria, e, em duas ocasiões, diz: 'Concordo'; mas, numa terceira, murmura: 'Não penso assim'. Se tudo correr bem, você recebe £5.500 por ano."[7]

Situações como essa são menos comuns hoje; mas de modo algum pertencem ao passado. Listas recentes de celebridades que atuam nos conselhos de administração de empresas incluem algumas de segunda categoria (Priscilla Presley), atletas (Tommy Lasorda, ex-gerente do Los Angeles Dodger, ou Laila Ali, boxeador), políticos democratas e republicanos e muitas outras personalidades, selecionadas muito mais pelo nome que pelas qualificações. No Reino Unido, relatório de 2003 elaborado por Sir Derek Higgs mostra que apenas 4% dos conselheiros passaram por alguma espécie de processo de seleção, o que seria considerado indispensável para qualquer outro cargo da hierarquia organizacional. Com efeito, o processo de escolher e treinar atendentes de balcão do McDonald's é muito mais rigoroso que o de triagem de alguém responsável pela supervisão e vigilância de empreendimentos multibilionários.

Portanto, os três "Is" – *informações* insuficientes, *influências* impróprias e *incompetência* deslavada – não raro criam situações que tornam os conselhos de administração sistematicamente menos eficientes do que seriam sob condições adequadas.

CEOs: Remuneração que desafia a gravidade

Vejamos um exemplo chocante de situação em que os conselhos de administração parecem ter caído no sono. Nada tem atraído tanto a atenção da mídia ou tem demonstrado com mais veemência a maneira como os conselhos de administração deixaram de ser leais aos acionistas para servir aos interesses dos CEOs quanto os excessos desmesurados na remuneração dos executivos, aprovados pelos conselheiros, principalmente em empresas dos Estados Unidos. Os CEOs, evidentemente, há muito desfrutam de muito conforto, de escritórios suntuosos, de entretenimento sofisticado, de aviões privativos, além de numerosos outros benefícios. Porém, na década de 1990, os conselhos de administração passaram a conceder aos CEOs privilégios ainda mais extraordinários. Ironicamente, o pretexto era a necessidade de criar valor para os proprietários de ações.

Basicamente, os CEOs argumentavam que, para cuidarem com mais desvelo dos interesses dos proprietários, deveriam receber recompensas quando também gerassem valor para os acionistas. O mecanismo preferido eram as opções sobre ações, que garantiam aos altos executivos o direito de comprar ações da empresa no futuro, a preço predeterminado, mais alto que o vigente quando da emissão da opção, o que os induziria a se esforçar para aumentar as cotações das ações e, em conseqüência, o valor de mercado da empresa. Ao contrário de derivativos semelhantes, comprados ou vendidos nos mercados de ações, essas opções sobre ações eram oferecidas de graça aos CEOs. O argumento era o de que o aumento do preço das ações era bom para os proprietários e para os executivos. Em breve, os conselhos de administração estavam oferecendo milhares e, em alguns casos, milhões de opções sobre ações aos CEOs. Contudo, embora os proprietários de ações penassem com a queda nos preços, os CEOs nada sofriam, sem qualquer conseqüência para seus bolsos. Os CEOs convenciam os conselhos de administração de que deviam receber "remuneração competitiva" para continuarem na empresa. Em outras palavras, a remuneração variável funcionava só num sentido: para cima.

Os preços das ações de muitas empresas dispararam durante a década de 1990, não só por causa do desempenho do CEO, mas também em conseqüência da alta cíclica do mercado de ações em geral, impulsionado pela redução das taxas de juros, tornando todas as ações mais atraentes. Mesmo executivos que nada faziam para criar valor se beneficiavam com a alta. No entanto, os conselheiros quase sempre deviam favores demais aos executivos para avaliar com objetividade aquela drenagem de dinheiro. Também dispunham de muito poucas informações para compreender na plenitude as ramificações daqueles esquemas de remuneração bizantinos, além de serem demasiado dóceis para contestar os consultores em remuneração (não raro contratados pelo próprio CEO). Estes, por sua vez, sempre pareciam argumentar que, como na mítica Lake Wobegon, cidade fictícia de Minnesota, Estados Unidos, cenário de alguns livros e de um programa radiofônico de Garrison Keillor, o principal executivo da empresa apresentava desempenho acima da média e, portanto, também deveria receber remuneração acima da média. Em exemplo especialmente embaraçoso, o chefe do comitê de remuneração da Bolsa de Valores de Nova York (que na época ainda não era companhia aberta, mas exercia a função de quase-regulador de centenas delas) afirmou nunca ter verificado que o total dos vários componentes do pacote de remuneração do ex-CEO Richard Grasso chegava a espantosos US$187 milhões.[8]

E, assim, a curva da remuneração dos CEOs perfurou o telhado, continuou em disparada, chegando à estratosfera, e avançou pelo sistema solar como um asteróide. E os conselhos de administração foram, no mínimo, omissos. A consultoria MVC Associates International descobriu que 60 empresas situadas na base do Russel 3000 Index, que avalia o desempenho das 3 mil maiores empresas americanas, sob o critério de capitalização de mercado, perderam US$769 bilhões em valor de mercado e destruíram US$475 bilhões em valor econômico no período de cinco anos, findo em 2004. Nessa mesma época, os conselhos de administração pagaram aos cinco mais altos executivos em cada empresa mais de US$12 bilhões.[9] Em 1992, a remuneração média dos CEOs nas 500 maiores empresas dos Estados Unidos era de US$2,7 milhões (em dólares de 2002) – não incluindo pensões, benefícios e diversas formas de "stealth compensation" (remuneração invisível). Em 2000, a média era de US$14 milhões, aumento de 500%.[10] Em oito anos, *apenas a inflação* da remuneração entre os 500 CEOs custaram às empresas e a seus acionistas US$5,6 bilhões por ano, metade da verba orçamentária dos Estados Unidos para ajuda externa.[11]

Primeira classe

Muitos CEOs talvez tenham feito jus a essas remunerações estratosféricas, com desempenho admirável. Seus conselhos de administração efetivamente compreendiam suas obrigações perante os proprietários de ações e exerciam a supervisão e a vigilância das empresas, de modo a gerar valor duradouro. Mas outros se locupletaram com excessos espantosos, não obstante o mau desempenho de suas empresas ou, pior ainda, por meio de desempenho fraudulento. Com efeito, as opções sobre ações talvez tenham induzido à fraude, ao menos em parte, na medida em que os executivos eram motivados a puxar o valor de suas ações para aumentar ainda mais o valor de suas opções. No livro *Remuneration*, Michael Jensen, Kevin Murphy e Erick Wruck descrevem os efeitos das opções como "maconha das organizações", pois os executivos se tornam dependentes do fornecimento de boas notícias aos acionistas, a fim de preservar o valor das opções.[12]

Os conselhos de administração desviavam o olhar quando a ganância esmagava os interesses dos proprietários, às vezes ultrapassando todos os limites do bom senso, com iniciativas absurdas e hilárias. Os conselheiros da Global

Crossing prodigalizaram Robert Annunziata com um pacote de remuneração descrito num contrato de emprego de 4.000 palavras, segundo o qual a empresa compraria determinado Mercedes-Benz (500 L) para o CEO e forneceria uma vez por mês passagens aéreas de primeira classe à sua esposa, filhos e mãe, além de luvas de US$10 milhões, precificadas abaixo do valor de mercado. "Parece-nos que qualquer pessoa que receba o equivalente a US$30 milhões apenas para dar as caras pode pagar as próprias passagens aéreas e o Mercedes", observou Nell Minow, de The Corporate Library, atribuindo nota baixa ao conselho de administração pela irresponsabilidade perante os proprietários de ações. Como seria de esperar, a Global Crossing, tempos depois, foi à falência.[13]

Em comentário mordaz sobre a passividade dos conselheiros, o economista John Kenneth Gralbraith certa vez observou: "O salário do CEO de grandes empresas não corresponde à recompensa do mercado por suas realizações. Quase sempre sua natureza é mais a de caloroso gesto pessoal do indivíduo em relação a si mesmo."[14] Porém, o exemplo do excesso de remuneração dos executivos é relevante não só por ensejar grandes manchetes. O ponto é o seguinte: a transferência épica de riqueza para os CEOs, qualquer que seja o desempenho, tem ocorrido porque os conselhos de administração não se consideram responsáveis perante os proprietários, com a obrigação de prestar-lhes contas. Não exigem as informações certas, se deixam atrair com facilidade pela influência do CEO ou são simplesmente incompetentes no exercício de suas funções de vigilância.

Mas agora a situação está mudando. Com o despertar das instituições investidoras dos novos capitalistas, questionam-se cada vez mais as funções e atribuições dos conselhos de administração e revigora-se o círculo de responsabilidade e prestação de contas. Dessa maneira, elas estão estruturando o que, na verdade, representa nova constituição não escrita para a empresa moderna.

Recursos improdutivos

Vejamos um dos primeiros esforços dos cidadãos investidores para melhorar as práticas de responsabilidade e de prestação de contas dos conselhos de administração. A Sears, Roebuck and Co. era um ícone da economia dos Estados Unidos. Seu catálogo de reembolso postal domesticou o Oeste Americano e depois abasteceu as periferias urbanas, povoadas pelos militares que retornavam da Segunda Guerra Mundial. Porém, em meados da década de 1980, sua história heróica parecia história antiga. Enquanto estreantes como Wal-Mart,

GAP e Circuit City desfrutavam aumentos de receita contínuos, a Sears padecia de lucros declinantes ano após ano. A reação da empresa foi correr em todas as direções ao mesmo tempo, não chegando a lugar nenhum. A administração vendeu a Torre da Sears, em Chicago, importante marco urbano. Também diversificou suas atividades, passando a atuar em serviços financeiros, por meio da compra de empresas seguradoras (Allstate), corretoras (Dean Witter) e imobiliárias (Coldwell Banker), mesmo enquanto empenhava-se em ser varejista de massa. A mistura de meias (socks) com ações (stocks) redundou em fracasso doloroso.

Em 1991, Robert A. G. Monks, ex-funcionário do Departamento de Trabalho dos Estados Unidos, responsável pela supervisão dos fundos de pensão, fundador do Institutional Shareholder Services, de orientação aos investidores no voto por procuração, e líder do ativismo dos acionistas na América do Norte, pôs na alça de mira o conselho de administração da Sears. Nessas condições, fez algo óbvio e radical: concorreu à eleição para conselheiro como candidato independente.

A administração da Sears não poupou despesas para derrotar Monks, superando-o no nível de desembolsos e na quantidade de advogados. E ainda processou-o no intuito aparente de intimidá-lo com o risco de falência pessoal. Além de tudo isso, chegou ao ponto de encolher o conselho de administração para reduzir o risco de que investidores dissidentes conquistassem assentos.

Monks perdeu a batalha, mas voltou no ano seguinte. Dessa vez, bombardeou o conselho de administração por sua incapacidade crônica de cumprir seus deveres fiduciários perante os proprietários. Publicou um anúncio no *Wall Street Journal*, brilhante na simplicidade e eficaz na mensagem, que atingiu o alvo com precisão de raios laser. O anúncio consistia apenas na silhueta do quadro de conselheiros, extraída de uma fotografia do relatório anual da empresa. A legenda era a seguinte: "Recursos improdutivos?" (Non-Performing Assets?)

O anúncio de Monks concentrou o foco da comunidade financeira nesses supostos agentes fiduciários, até então anônimos. A comunidade financeira começou a perguntar aos conselheiros, um a um, o que estavam fazendo pelos proprietários de ações, como representantes deles. Pouco depois, a Sears anunciou um plano para cindir a Dean Witter, vender a Coldwell Banker e começar a descartar a Allstate. Num único dia, a empresa conquistou mais de US$1 bilhão em valor de mercado. Em um ano, o retorno para os proprietários ficou acima de 36% – depois de arrastar-se em prostração durante anos.[15] Talvez ainda mais importante, a campanha de Monks restabeleceu o vínculo entre o conselho de administração e os proprietários de ações da empresa. Os conselheiros foram compelidos a redescobrir o senso de responsabilidade pelo desempenho da empresa e o dever de prestação de contas aos investidores.

Consertando o conselho de administração

A economia civil se cristalizava. Mas os cristais, evidentemente, precisavam de uma "semente" em torno da qual se desenvolvessem. Os investidores institucionais descobriram essa semente ao seguirem o conselho de Ira Millstein, sócio sênior do escritório de advocacia Weil, Gotshal & Manges, figura notável pela cabeleira branca e pelo vasto bom senso. Millstein, que mais tarde viria a ser um dos "sábios" que nortearam a criação dos Princípios de Governança Corporativa da OCDE, falou numa das reuniões do Council of Institutional Investors, exortando os fundos de pensão a se concentrarem nas retardatárias de seus *portfolios*. Em breve, as empresas problemáticas – como a Sears – tornaram-se os caroços ao redor dos quais se formavam os cristais da economia civil.

Os fundos de pensão começaram a se concentrar na eliminação dos entraves à responsabilidade e à prestação de contas. Como ponto de partida, esses investidores institucionais passaram a pressionar pela obrigatoriedade de que os conselheiros fossem pessoas de fora da empresa, realmente independentes em relação aos administradores e aos acionistas controladores, na expectativa de que pessoas imunes a conflitos seriam mais capazes de servir como agentes fiduciários dos investidores. Em breve, reguladores e legisladores atenderam à convocação. Hoje, a independência dos conselheiros foi consagrada como relíquia em regulamentos das bolsas de valores e em códigos de governança de todo o mundo.

Em seguida, os investidores deslocaram o foco para a questão das informações. Os códigos de melhores práticas recomendavam que os principais comitês dos conselhos de administração pudessem contratar especialistas diretamente, sem depender da diretoria. Alguns foram até mais específicos, determinando que os conselheiros recebessem os relatórios da diretoria determinado número de dias antes de cada reunião ou que tivessem acesso direto a qualquer pessoa da organização, de modo a desobstruir os canais de informação que não fluíssem através do CEO. A Lei Sarbanes-Oxley, nos Estados Unidos, exige que pelo menos alguns membros do comitê de auditoria possuam expertise em contabilidade e em mercados financeiros. Ao mesmo tempo, já está advertindo os conselhos de administração de que precisam ter plena consciência do que estão aprovando para não serem processados por responsabilidade civil e para efetivamente exercerem suas funções de supervisão e vigilância.

Finalmente, constata-se atenção cada vez maior em quem são os conselheiros, na tentativa de extirpar os incompetentes e os omissos. Empresas como The Corporate Library, GovernanceMetrics International, Institutional Shareholder Services e BoardEx proporcionam aos investidores amplos bancos de dados, facilmente acessíveis, de conselheiros de empresas, complementados com análises da qualidade com que representam os proprietários.

Portanto, retire os três "Is" da pauta. Problema resolvido?

Ainda não. A eliminação dos obstáculos à responsabilidade e à prestação de contas é condição necessária, mas talvez não suficiente. Lucian Bebchuk e Jesse Fried se expressaram melhor a esse respeito ao afirmarem que precisamos de conselhos não tão independentes da diretoria quanto "dependentes dos acionistas".[16] Os conselheiros ainda precisam ser religados aos proprietários sob sua representação. Comecemos examinando como promover essa religação, fazendo uma pergunta muito básica: "Para que servem os conselhos de administração?"

Para que servem os conselhos de administração?

O conselho de administração é a autoridade suprema na gestão da empresa. Especificamente, a lei das sociedades por ações nos Estados Unidos diz que "os negócios e os assuntos de todas as sociedades por ações... serão gerenciados pelo conselho de administração ou sob sua orientação".[17] Diferentes países adotaram diferentes modelos. A Alemanha divide a governança entre um órgão de supervisão não executivo e um órgão executivo incumbido do dia-a-dia da gestão da empresa. Tradicionalmente, os conselhos de administração japoneses são grandes, às vezes com 30 ou mais membros, dominados pelos executivos, embora essa situação esteja mudando. Nos Estados Unidos, os conselhos de administração contêm menos membros, oriundos predominantemente de fora da organização. Na Inglaterra, os conselhos são compostos por uma mistura de membros internos e externos. Em alguns países, os conselhos de administração são prescritos pela legislação, ao passo que em outros são consagrados pelos costumes. Porém, em todos os países, o conselho de administração é o responsável, em última instância, pela direção da empresa. Apenas o conselho de administração têm autoridade para governar a empresa, da mesma maneira como somente os legisladores no congresso ou no parlamento, não os cidadãos diretamente, podem governar os países.

Nessas condições, o que os novos capitalistas podem esperar dos conselhos de administração eficazes?

Primeiro e acima de tudo, a tarefa de qualquer conselho de administração é garantir a adequada *liderança* empreendedora da organização. A missão da empresa é gerar lucro para os proprietários de ações. Para tanto, ela precisa de liderança e de impulso adequados. Aqui alguns observadores discordam das reformas recentes, como a Lei Sarbanes-Oxley, nos Estados Unidos. O excesso de regulamentação pode ampliar a tal ponto a responsabilidade civil que os membros do conselho de administração desenvolvam aversão ao risco e, portanto, deixem de aproveitar oportunidades, situação em que os custos da observância superam seus benefícios. Se ocorrer essa situação, a reforma estará condenada ao fracasso. Nas economias de mercado empreendedoras, a governança efetivamente não consiste no zelo dos conselheiros pelo politicamente correto e pelo cumprimento das leis. O conselho de administração não é órgão policial. Seu objetivo é, isto sim, garantir a criação de valor.

A segunda tarefa de qualquer conselho de administração é julgar o que é melhor para os proprietários de ações, independentemente dos interesses dos diretores executivos e dos acionistas controladores ou majoritários. Compete ao conselho de administração garantir que os gestores cuidem em primeiro lugar dos interesses dos proprietários de ações, não dos próprios. Os conselheiros devem estar dispostos e ser capazes de demitir o CEO, caso essa medida se torne necessária. Esse é o teste definitivo de sua independência em relação à diretoria executiva.

E isso nos leva à terceira tarefa dos conselhos de administração: aplicar expertise. Para tomar boas decisões, os conselheiros devem explorar e utilizar conhecimentos especializados, sobretudo em empresas cujas operações envolvam tecnologias complexas. Às vezes, os conselheiros precisam recorrer a serviços de terceiros e acompanhar com imparcialidade as operações.

No papel, todas essas incumbências são muito claras. No mundo real, contudo, o caminho para a liderança criadora de valor está permeado de conflitos e de dificuldades. Ponha-se no lugar de um membro do conselho de administração. Em nome dos proprietários de ações, pessoas com quem você raramente se encontra, se é que algum dia virá a conhecê-las, de quem recebeu pouca orientação quanto às suas atribuições, compete-lhe contratar e apoiar o CEO da empresa e a equipe de gestores de alto nível. Também deverá motivá-los e oferecer-lhes incentivos, além de encorajá-los a desenvolver e a implementar estratégias de criação de valor, tudo com observância das fronteiras éticas e legais. Você assumirá responsabilidade integral pelas políticas adotadas pela empresa, mas também terá consciência de que, na hipótese de fracasso do CEO e de sua equipe, incumbirá a você providenciar a substituição. E tudo isso deverá ser feito sob a pressão das exposições, das divulgações e das regulamentações que cercam a maioria das companhias abertas.

A missão é formidável. No entanto, avanços discretos a tornam mais factível que em qualquer outra época. Estamos começando a vislumbrar a emergência de uma nova arquitetura de responsabilidade e de prestação de contas.

A empresa constitucional

Vale a pena refletir sobre a distância que já percorremos na reconstrução dos conselhos de administração. Como vimos no Capítulo 2, nos primórdios da empresa, prevalecia a anomia e a especulação. Ao longo do tempo, as leis, os regulamentos e a cultura da maioria dos países circunscreveram vigorosamente a possibilidade de abusos contra os proprietários de ações. Evidentemente, não foi assim em todos os lugares. Na falta dessas restrições, os conselheiros podem semear destruição entre os investidores, como se tornou notório na Rússia, na década de 1990, depois do sucesso do governo na privatização das empresas estatais, mas antes da adoção de medidas de proteção aos proprietários de ações. Os gestores vendiam a produção da empresa a preços baixos a outras empresas sob seu controle, ficando com o grosso do lucro para si próprios. Se os acionistas minoritários protestassem, simplesmente emitiam mais ações a preços irrisórios, que eram adquiridas por eles mesmos ou por amigos. Às vezes, eliminavam o passo intermediário, apagando sem cerimônia os nomes dos acionistas dissidentes do registro de ações nominativas, o que lhes proporcionava participação ainda maior nos resultados da empresa.

Obviamente, em quase todo o mundo, essas práticas são ilegais há muito tempo. A maioria dos mercados desenvolvidos dispõe de mecanismos de limpeza para garantir que conselheiros e diretores não se aproveitem das respectivas posições.

Ainda na década de 1980, a prática de "insider trading", ou negociações privilegiadas, não era ilegal até nos principais mercados ocidentais. Gestores inescrupulosos podiam comprar ou vender ações antes de divulgar boas ou más notícias sobre o desempenho e sobre iniciativas da empresa, conforme o caso, lucrando à custa dos acionistas. O uso em proveito próprio de informações a que se tem acesso no exercício da função de administrador não era vedado por lei na França até 1970 e, na Alemanha, até 1994.[18] Hoje, os legisladores se empenham em dificultar cada vez mais comportamentos impróprios dessa natureza. Em maio de 2005, as autoridades reguladoras do mercado de ações da Espanha desencadearam ondas de inquietação em toda a comunidade empresarial ao exigir que os conselhos de administração divulgassem qualquer transação entre a empresa e "pessoas com quem os conselheiros mantenham... laços afetivos". Os conselheiros protestaram, receando o que foi apelidado de "guia para amantes em conselhos de administração".[19]

Uma segunda reforma crucial foi a separação de poderes entre diferentes grupos de conselheiros. Há muitos anos, as empresas alemãs operam sob um sistema de gestão de duas camadas, em que um órgão deliberativo supervisiona as atividades da diretoria executiva. Nos países em que a administração das empresas não se divide nessas duas camadas, os reformadores procuraram identificar questões sobre as quais o julgamento do principal executivo tende a ser influenciado por conflitos. Aí se incluem sua própria nomeação, demissão e remuneração; a escolha de novos diretores; e a resposta ao relatório dos auditores. Essas e outras questões deixam de ser incumbência da diretoria e passam a ser atribuição de comitês compostos exclusivamente de conselheiros não executivos independentes. A designação de atribuições especiais exclusivamente a conselheiros independentes agora é parte integrante dos elementos de sustentação da infra-estrutura empresarial, como as normas de registro de empresas para negociação na Bolsa de Valores de Nova York, o Combined Code do Reino Unido, as regras SEBI da Índia e as diretrizes da Comissão Reguladora de Títulos Mobiliários da China.

Dependência em relação aos proprietários de ações

Muitos países foram ainda mais longe, impondo a segregação entre as funções de presidente do conselho de administração e de principal executivo. O presidente do conselho de administração, ou chairman, é expressamente responsável por garantir o funcionamento adequado do conselho de administração, inclusive zelando para que o órgão exerça supervisão e vigilância sobre o CEO. Sob esse arcabouço de supervisão e vigilância, o CEO tem autoridade para dirigir a empresa, mas não desfruta de condições para ser seu próprio chefe.

Essas reformas avançam no rumo da separação de poderes no âmbito da administração da empresa, representam grande progresso na reestruturação ou constitucionalização da empresa, como conseqüência dos esforços para expurgar influências negativas e impróprias que possam afastar dos interesses dos proprietários de ações a atuação do conselho de administração. Essas tendências mais rigorosas e inovadoras definem obrigações ativas do conselho de administração, que, além de ser independente da diretoria executiva, deve ser "dependente dos proprietários de ações", como dizem Bedchuck e Fried. Esses foram avanços de grande importância para o desenvolvimento da economia civil.

Talvez o mais importante deles tenha sido a difusão do consenso de que os membros do conselho de administração devem ser nomeados e afastados pelos proprietários de ações, da mesma maneira como os congressistas e parlamentares são eleitos pelos cidadãos. Talvez se imagine que já é assim na maioria das grandes empresas em todo o mundo, mas a prática é diferente – ao menos em alguns mercados. Sem dúvida, a aparência é a de que os direitos dos proprietários são difusos: dizemos que os conselheiros são "eleitos", inclusive mediante "voto" por procuração, e que as "eleições" são acompanhadas por inspetores independentes. Porém, a realidade é um pouco mais confusa.

Os administradores e os acionistas controladores usavam e ainda usam muitos esquemas para contornar a responsabilidade e a prestação de contas perante os investidores. Por exemplo, emitem ações preferenciais com as mesmas prerrogativas das ações ordinárias, mas sem direito de voto. Formam pirâmides de empresas de participação, em que uma detém 51% da seguinte, possibilitando a manutenção do controle, mesmo quando se dilui o interesse econômico. Dificultam o voto dos acionistas, exigindo presença física na assembléia geral ou assinaturas originais nas procurações (em vez de admitir fac-símiles ou votos on-line) ou suspendendo a negociação das ações durante o período de votação.

Aos poucos, esses abusos estão sendo eliminados. Apenas 20 anos atrás, "uma ação um voto" era o grito de guerra que levou à formação do Council of Institutional Investors, associação pioneira de fundos de pensão que se arregimentaram para melhorar a governança das empresas. Hoje, a antiga reivindicação converteu-se em melhor prática, adotada por muitos países, o que não significa ter a pretensão de que foi aceita por todos os países; longe disso. Porém, na maioria dos países anglófonos, as ações preferenciais e o voto duplo são cada vez mais raros. Na Europa Continental, essas práticas estão sendo abandonadas. No Brasil, que, de início, admitia que até dois terços do total de ações emitidas fossem preferenciais, o limite foi reduzido para 50%. As empresas do "Novo Mercado", segmento de listagem da Bovespa, além do Tradicional, do Nível 1 e do Nível 2, em que se incluem as empresas que adotam as práticas de governança mais avançadas, só emitem ações ordinárias, ou seja, aderem integralmente ao princípio "uma ação um voto".[20]

Os acionistas ativistas estão atacando as estruturas de participação piramidais. Em algumas jurisdições – por exemplo, Noruega, Suécia e Finlândia – para garantir a própria proteção, alguns grupos de acionistas detêm direitos específicos de nomear conselheiros. Na Itália, a legislação está sendo revista, de modo a permitir que os acionistas minoritários elejam seus próprios conselheiros, para evitar abusos dos administradores contra os interesses dos pequenos acionistas.

Estilo soviético de eleição de conselheiros nos Estados Unidos

Todas essas reformas encorajam os investidores institucionais a assumir suas atribuições como agentes fiduciários. Os níveis de votação estão subindo em todos os lugares. Na Inglaterra, conforme observamos no Capítulo 4, os fundos votavam com apenas 20% das ações em carteira. Hoje, a média subiu para

55,9%. Na verdade, como veremos no Capítulo 6, a análise de voto é negócio em expansão. A Institutional Shareholder Services, a maior empresa de prestação de serviços de orientação aos acionistas, tem 550 empregados e hoje assessora mais de 1.300 clientes em todo o mundo. Vinte anos atrás, a situação financeira da empresa era tão frágil que se questionava a própria sobrevivência.

Evidentemente, o voto em si faz pouco sentido, se não existir processo para selecionar e eleger candidatos competentes. Em geral, o próprio conselho de administração indica os candidatos. Historicamente, isso quase sempre significava que o CEO ou o acionista controlador elaborava a lista de pretendentes. Mas, hoje, comitês de seleção compostos basicamente de conselheiros independentes se converteram em melhor prática comum em muitos mercados importantes. Em alguns deles, como no Reino Unido, os códigos impõem a adoção de procedimentos adequados de escolha de candidatos, com qualificações apropriadas, a serem submetidos à votação dos acionistas nas assembléias gerais. Na verdade, até se desenvolveram negócios prósperos de recrutamento e seleção de candidatos a conselheiros.

Surpreendentemente, os retardatários, no caso, são os Estados Unidos. Lá, os mecanismos de que dispõem os proprietários de ações para montar listas de candidatos parecem superficiais ou demasiado belicosos. De um lado, os proprietários podem sugerir candidatos ao conselho de administração, mas estes têm liberdade para ignorar tais recomendações, que é a situação mais comum. Evidentemente, os acionistas podem partir para dispendiosa batalha de procurações (como fez Monks na Sears). Porém, o nível de despesas e a natureza de confronto da situação (a ponto de ser denominada por lei "eleição contestada", como se a votação devesse ser unânime) levam poucos acionistas a se envolverem em tais combates. Com efeito, a tática é mais comum no caso de tomadas de controle hostis. O que falta nos Estados Unidos é a área intermediária existente em alguns países: a possibilidade de subconjuntos ou de grupos de acionistas proporem candidatos a conselheiros, de maneira menos confrontadora e mais rotineira.

Nos Estados Unidos e no Canadá, piorando ainda mais a situação, os conselheiros podem ser eleitos pelo "plurality voting method", segundo o qual os acionistas não votam contra nenhum candidato, mas apenas a favor de determinado candidato ou indicam que querem reter o voto. A conseqüência hilária é que na típica eleição "não contestada" (uncontested), toda uma lista de conselheiros pode ser eleita com o voto afirmativo de uma única ação. Mesmo que todas as outras ações retenham o voto, os conselheiros são eleitos. Monks e Minnow descrevem a situação em termos simples: "A eleição é mera formalidade."[21] Até juízes tradicionalistas concordam com a afirmação; a maioria das eleições de conselheiros de empresas nos Estados Unidos é uma "irrelevância", disseram os juízes de Delaware Wiliam Chandler III e Leo Strine Jr., em trabalho marcante de 2003.[22] Outros críticos foram ainda mais incisivos, qualificando o sistema como "estilo soviético".

Mas a mudança está a caminho. O provável é que se adotem formas de norma majoritária, graças às pressões intensas dos novos capitalistas. Entidades como International Corporate Governance Network, Council of Institutional Investors e Canadian Coalition for Good Governance (CCGG) incluíram a eleição majoritária entre as principais reformas de suas agendas. Mesmo a austera American Bar Association, congênere da Ordem dos Advogados do Brasil, abriu a porta, ainda que apenas uma fresta, para a mudança na forma de eleição dos membros dos conselhos de administração das empresas, de modo a promover a responsabilidade e a prestação de contas dos conselheiros perante os proprietários de ações.

As empresas americanas, em quantidades crescentes, dando-se conta do alvorecer de novos padrões de responsabilidade e de prestação de contas da economia civil, já começaram a avançar nessa direção. Em 2005, a Pfizer, líder tradicional na adoção de práticas de liderança corporativa, anunciou que pediria a renúncia de conselheiros quando a maioria das ações fosse omissa quanto à sua eleição, embora tecnicamente o conselho de administração ainda possa optar por manter o conselheiro. A inovação da Pfizer, logo seguida pela Disney e por outras empresas, acena com a promessa de, finalmente, tornar mais significativo o processo eleitoral nas empresas. Pressões intensas do CCGG convenceram todos os grandes bancos do Canadá a adotar o mesmo curso em questão de meses.

Onda de mudança

Em geral, a virada para a responsabilidade e para a prestação de contas tem sido tão global e abrangente que críticas feitas em princípios da década de 1990 agora parecem ultrapassadas. Isso não significa dizer que a luta pela "empresa constitucional", ou seja, pela reestruturação do próprio conceito de sociedade por ações, em bases mais normativas, tenha chegado ao fim – longe disso. Mas já se fez enorme progresso.

No período de 10 anos entre 1994 e 2004, mais de 50 países promulgaram novos códigos de governança corporativa que reforçam o círculo de responsabilidade e de prestação de contas.[23] Centenas de anos transcorreram até que os países adotassem sistemas de responsabilidade e de prestação de contas na política. Em apenas duas décadas, empresas em todo o mundo passaram por reformas em seus níveis de responsabilidade e de prestação de contas a velocidades muito superiores. Em alguns países, a modernização atingiu dimensões de revolução. Novos arcabouços de desempenho, de competência e de responsabilidade e prestação de contas marcam evoluções do direito empresarial equivalentes a grandes avanços do direito constitucional, na esfera política.

Mas será que essas mudanças constitucionais fizeram diferença? Sem dúvida. Vejamos um exemplo. A Booz Allen Hamilton, empresa de consultoria, monitorou a admissão e a demissão de CEOs nas 2.500 maiores empresas do mundo ao longo dos últimos 10 anos. Em 1995, os conselhos afastaram menos de um em cada 90 CEOs, depois de um período de mau desempenho. Basicamente, o CEO desfrutava de emprego vitalício. Em 2004, todavia, o estudo detectou aumento de quatro vezes no número de demissões por mau desempenho. Os autores concluíram: "A tendência é inegável e as implicações são profundas. Grandes acionistas insatisfeitos e outras partes interessadas arrebataram o poder das mãos dos CEOs imperiais em todas as grandes economias mundiais... Os conselhos de administração e as diretorias precisam adaptar suas organizações e processos a um ambiente onde a liderança executiva deixou de ser o padrão de poder dominante."[24]

O estudo da Booz Allen Hamilton levanta outras observações contundentes. O mau desempenho, não a ética pessoal, a ilegalidade ou as lutas pelo poder, foi a principal causa da maioria dos afastamentos de CEOs. No futuro, o aprimoramento dos processos de avaliação do desempenho da diretoria pelos conselhos de administração provavelmente redundará em muito mais demissões de CEOs. Constatou-se que os conselheiros independentes estão esquentando os motores cada vez com mais disposição para exercer suas novas funções de vigilância dos executivos.

Conselho de administração policial?

Em suma, a longa era de conselhos de administração meramente homologatórios, descrita no início deste capítulo, está sendo substituída em ritmo cada vez mais acelerado por uma estrutura de conselho de administração responsável e prestador de contas. Muito trabalho ainda resta pela frente, sobretudo no aumento da dependência dos conselheiros em relação aos proprietários civis. Porém, o que já ocorreu representa enorme fortalecimento da responsabilidade e da prestação de contas por parte das empresas, mediante os conselhos de administração, perante seus proprietários.

No entanto, há quem argumente que a ênfase dos novos capitalistas na responsabilidade e na prestação de contas é modismo que não reconhece o objetivo empreendedor do negócio, qual seja, gerar lucro, oferecendo aos clientes melhores serviços a custos mais baixos que os concorrentes. Se nos concentrarmos demais na responsabilidade e na prestação de contas dos conselhos de administração, indagam os críticos, será que não acabaremos diluindo nossa função primordial, que é oferecer liderança empreendedora à organização?

Decerto, grandes serão os perigos se, em nome da boa governança, nós nos tornarmos excessivamente legalistas em relação a processos e procedimentos. O objetivo da ampliação da responsabilidade e da prestação de contas é aumentar o valor para os proprietários de ações. A faina burocrática, em contraste, destina-se a diminuir as contingências passivas, sem considerar se vale a pena incorrer nos custos dessa redução de riscos. Porém, o problema se situa não no princípio da reforma, mas na maneira como se conduzem as mudanças.

É muito difícil ver como, em princípio, um sistema irresponsável, que não presta contas, é capaz de gerar maior valor que outro responsável, que presta contas. Com efeito, a história mostra, seja em empresas, ou países, a falta de responsabilidade e de prestação de contas, além da liderança imperial, se correlacionam com decadência econômica, não com reversões positivas da economia em geral. A constatação se confirma em diferentes épocas e regiões geográficas. Lembre-se da França monarquista, da União Soviética comunista ou da Coréia do Norte totalitária de hoje. A falta de responsabilidade e de prestação de contas, sob o império de um CEO autocrático, não funcionaram em empresas como Maxwell Communications, WorldCom ou Sunbeam. Mesmo quando parecem dar certo, como na AIG, trata-se apenas de questão de tempo antes que a falta de responsabilidade e de prestação de contas aumentem os riscos de grandes problemas, escândalos ou ambos.

Ao que tudo indica, a falta de responsabilidade e de prestação de contas parece incentivar a corrupção nos altos níveis das organizações, não a criação de valor para todas as partes interessadas. Além disso, a recíproca agora parece ser verdadeira. Como já vimos nas páginas anteriores, sucessivos estudos mostram que, à medida que as empresas se tornam mais bem gerenciadas, mais responsáveis e prestadoras de contas e mais constitucionais, por natureza, também passam a valer mais. Como o Deutsche Bank descobriu em 2005, "empresas com melhor governança superavam em desempenho aquelas com pior governança".[25]

Daí decorrem várias questões importantes: Como saber quando uma empresa é responsável e prestadora de contas? Como saber quando está sendo bem gerenciada? Com efeito, considerando os escândalos recentes, em empresas eivadas de contabilidade fraudulenta, como saber até se o negócio é lucrativo? A resposta gira em torno do trabalho de um conjunto de agências externas pouco conhecidas, responsáveis pelo monitoramento das empresas. Como veremos na Parte Três deste livro, elas compõem o ecossistema da economia civil. Também essa transição épica precisa ser decodificada.

PONTOS BÁSICOS

- O conselho de administração é o elo crítico pelo qual a empresa se torna responsável e passa a prestar contas aos proprietários de ações.

- Não raro no passado, os conselheiros não eram independentes, não recebiam informações nem tinham competências para atuar como governantes eficazes das empresas.

- Desde meados da década de 1980, temos presenciado mudanças revolucionárias nos conselhos de administração, voltadas para o aumento de sua independência, responsabilidade e prestação de contas. Trata-se de fenômeno global com conseqüências profundas.

- As reformas dos conselhos de administração incluem a segregação nítida entre suas atribuições e as do CEO, a incumbência de funções especiais aos conselheiros externos e a garantia de acesso aos recursos necessários.

- Melhorias na participação dos proprietários de ações ou de seus representantes nas votações das assembléias gerais e na maneira como podem indicar e eleger conselheiros têm o potencial de reforçar ainda mais a responsabilidade e a prestação de contas do conselho de administração, tornando-o não só independente da diretoria executiva, mas também *dependente* dos proprietários de ações.

- A reforma do conselho de administração acena com a promessa de empresas verdadeiramente focadas nas necessidades e nas demandas de longo prazo dos novos capitalistas.

PARTE TRÊS

O Novo Ecossistema Capitalista

CAPÍTULO 6

Monitoração do Mercado
Os Manda-chuvas da Informação

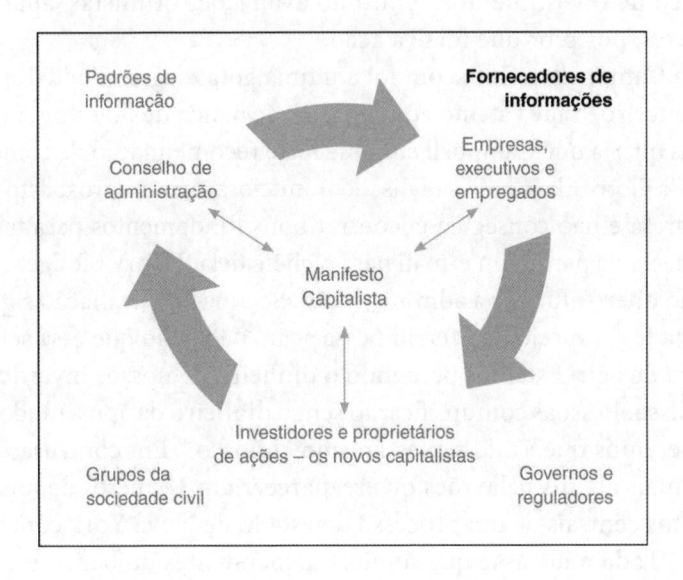

```
Padrões de                          Fornecedores de
informação                          informações

        Conselho de              Empresas,
        administração            executivos e
                                 empregados

                    Manifesto
                    Capitalista

              Investidores e proprietários
              de ações – os novos capitalistas
   Grupos da                       Governos e
   sociedade civil                 reguladores
```

As informações são a circulação sanguínea do mercado – mas quais serão as conseqüências de um colapso geral na integridade das informações? Este capítulo focaliza conflitos de interesses entre corretores, auditores, analistas de mercado e avaliadores de crédito. Em seguida, descreve como os novos capitalistas estão compelindo os manda-chuvas da informação a tornar as empresas mais transparentes e os fundos de investimentos mais vigilantes.

Kristen Campbell poderia estar ronronando de satisfação ante a perspectiva de que sua bonificação na Merrill Lynch bateria todos os recordes no mês seguinte. Porém, ao contrário, ela estava quase enfartando. Era novembro de 2000, época em que a bolha da Internet estava na iminência de explodir e as ações de empresas de alta tecnologia assumiam a cada dia características de títulos podres. Mas ela não podia dizer nada sobre essa tendência aos milhões de investidores de varejo que confiavam em suas avaliações objetivas. O pessoal da área de investimentos da Merrill estava faminto pelos milhões em honorários resultantes da venda de ações de empresas emergentes de Internet. Portanto, a mensagem do alto era clara, ainda que tácita. O trabalho dos analistas era fomentar os negócios de banco de investimentos, emitindo avaliações otimistas, aparentemente confiáveis, por pior que fosse a ação.

Para Campbell, a Goto.com foi a última gota d'água. Todd Tappins, diretor-financeiro, estava atento aos negócios de banco de investimentos da Merrill, mas queria que Campbell emitisse forte recomendação de compra para os papéis da Goto. Ela já havia analisado minuciosamente o prospecto de emissão da empresa e não conseguia encontrar bons fundamentos para tal avaliação. Furiosa, ela disparou um e-mail para o chefe dela, Henry Blodgett.

"Não quero afundar a administração. Se uma boa avaliação significa aplicar metade do varejo da Merrill nessa ação, não acho que essa seja a melhor maneira de agir. Estamos perdendo o dinheiro de nossos investidores e não gosto disso. Pessoas comuns ficarão sem o dinheiro da aposentadoria porque não queremos que Todd fique zangado conosco." Em conclusão, Campbell soltou mais alguns palavrões que reapareceriam 17 meses depois, como argumentos centrais de um processo do estado de Nova York contra a Merrill Lynch: "Toda a idéia de que somos independentes do banco é uma grande mentira."[1]

Campbell estava certa. Lugar comum em Wall Street era a convicção de que as pesquisas de investimentos, taxadas de extremamente imparciais, estavam sujeitas, na verdade, a distorções sigilosas, de modo a gerar negócios para os bancos de investimentos. As dimensões da fraude eram de tirar o fôlego. À beira do colapso do mercado, por exemplo, o Salomon não emitiu uma única recomendação de venda para nenhuma das 1.179 ações que vinha avaliando. "Estamos segurando porcos", exclamou Jack Grubman, analista do Citicorp num e-mail.[2]

Os conflitos que distorciam as pesquisas de Wall Street realmente levaram inúmeros Joãos e Marias da Silva a chafurdar suas parcas poupanças em títulos podres. Contudo, os analistas compõem apenas uma das divisões de um vasto exército de mandarins, admiravelmente pouco conhecido, que impulsiona os mercados.

Esses intermediários constituem elemento crítico do ecossistema que bloqueia ou bombeia a responsabilidade e a prestação de contas das empresas perante os novos capitalistas. Auditores opinam sobre a saúde financeira das empresas. Agências analisam o grau de adequação dos membros dos conselhos de administração. Assessores de fundos de pensão recomendam os papéis e os países em que esses investidores institucionais devem aplicar o dinheiro dos cotistas e os gestores de recursos que devem gerenciar seus investimentos. Agências de avaliação de crédito identificam os bônus mais seguros e rentáveis. Corretores e analistas, como Kristen Campbell, emitem recomendações sobre compra e venda de ações.

Sem esses intermediários, e sem a certeza da integridade deles, os mercados parariam. Cidadãos de todo o mundo aplicam com mais confiança suas poupanças nos mercados de capitais quando têm a certeza de que esses intermediários de informações atuam com honestidade.

Mesmo quando imbuídos das melhores intenções, contudo, esses agentes com muita freqüência não jogam limpo, mormente por causa de conflitos de interesses crônicos. Os economistas diriam que essas distorções solapam a eficiência da alocação de capital, inibindo o potencial de crescimento. Os teóricos da organização denominam essa situação de problema principal-agente. Já os aposentados que se tornarem vítimas do logro diriam que o sistema é uma arapuca.

Aos olhos da economia civil, os intermediários sujeitos a todos os tipos de pressões obstruem o círculo de responsabilidade e prestação de contas que deveria interligar os novos capitalistas e os diferentes empreendimentos. Tais rupturas tolhem a supervisão e vigilância a serem exercidas pelos investidores. Ademais, sem esse monitoramento, as empresas muitas vezes recebem sinais truncados sobre as partes cujos interesses devem ser maximizados.

Escândalos como o que disparou o e-mail maldito de Kristen Campbell não se limitaram a expor disfunções entre os manda-chuvas da informação. Também desencadearam uma torrente de medidas corretivas em países de todo o mundo. O objetivo é muito nítido: dragar os canais de comunicação, removendo o entulho de conflitos, para que os analistas de ações, os avaliadores de crédito, os auditores e outros intermediários alinhem seu trabalho diretamente com os interesses dos investidores. A desobstrução da responsabilidade e da prestação de contas, objetivo último dos cidadãos proprietários de ações na economia civil, já acena com a promessa de alterar a maneira como as empresas são dirigidas. Porém, poucos observadores já se deram conta da profundidade das mudanças em curso.

Acalanto tóxico

Para começar, o que deu errado? Durante décadas, a cultura econômica em torno das empresas parecia entoar um acalanto que suavemente embalava os investidores, reguladores e boa parte do mundo, fazendo-os dormir. Mesmo as mais sofisticadas instituições financeiras prestavam pouca atenção aos auditores, aos avaliadores de crédito, aos corretores e a outros intermediários. Sem dúvida, esses intermediários eram dentes importantes das engrenagens do mercado e pareciam exercer com eficácia seu papel. Em conseqüência, os fundos de investimento não conseguiam despertar entusiasmo suficiente para destrinchar o emaranhado de dinheiro, de normas, de contratos e de práticas que enleava o mundo dos intermediários.

Porém, esse sonambulismo de massa revelou-se erro perigoso. O truísmo de fato é inquestionável: informação é poder. Os intermediários entre as empresas e o resto do mundo controlam as informações e, com elas, a capacidade de manipular fortunas e até o próprio destino das maiores empresas do mundo. Eles são os mandá-chuvas da informação.

Enquanto os proprietários de ações dormiam, os manipuladores do poder se esquivavam dos holofotes. A obscuridade em que se ocultavam, por sua vez, foi responsável ao menos em parte pelo desastre da Enron, ao criar condições para que a empresa de auditoria Arthur Andersen atestasse que os livros da empresa atendiam às normas contábeis americanas, mesmo ao tempo em que a operadora de energia emitia sinais de implosão iminente. A visão bitolada permitiu que agências de avaliação de crédito atribuíssem grau de investimento aos bônus da WorldCom – e, portanto, os considerasse bastante seguros para abrigar as proverbiais contas de poupança de viúvas e órfãos – pouco antes do pedido de falência da empresa, escancarando uma das maiores fraudes da história do comércio.[3]

No cerne de todos esses escândalos escondia-se uma única toxina potente: conflito de interesses. Serviços que para todos os efeitos externos se destinavam a beneficiar os investidores eram custeados ou subsidiados por partes cujos interesses podiam não coincidir ou mesmo conflitar com os de seus destinatários. Como as empresas geralmente pagavam a conta, agentes profissionais que deviam servir aos proprietários dançavam, em vez disso, ao som da música da administração. Analise o seguinte raciocínio: a imprensa livre é pilar vital da sociedade civil. Imagine o que aconteceria caso não se pudesse contar com notícias objetivas, se reportagens imparciais fossem substituídas por propaganda, pagas pelas próprias pessoas e instituições a serem observadas pelos jornalistas. De certa maneira, algo semelhante acontece com os mercados. Os intermediários da informação, depositários da confiança da economia civil, viviam em conflito. Como resultado, os cães de guarda não ladraram.

Corretores obstruídos

De todos os intermediários, talvez os corretores sejam os que sofrem as maiores tentações para se desviar das vias diretas e estreitas. Esses agentes são remunerados com base no volume de operações em que atuam como intermediários. Portanto, como os repórteres de tablóides, sempre estão ansiosos para criar uma "história" que estimule as pessoas a comprar e a vender ações. Os investidores astutos, a exemplo de qualquer leitor inteligente, compreendem que essas são as regras do jogo, e assim avaliam as recomendações dos corretores. Muito mais insidioso é quando os corretores assumem posições em que estão sujeitos a outros conflitos de lealdade.

Veja o caso de Jack Grubman, do Citicorp, talvez o exemplo mais flagrante de abuso. Embora contratado, como Kristen Campbell, para oferecer recomendações imparciais aos investidores, ele se comportava como se seus clientes fossem efetivamente as empresas de telecomunicações que deveria monitorar. A título de ilustração, Grubman trabalhou como importante assessor de Bernie Ebbers, ex-chefão da WorldCom, na aquisição de controle da rival MCI – quando se supunha que estivesse prestando orientação objetiva sobre a transação aos proprietários de ações. Ao lhe perguntarem se ele se sentia pouco à vontade pelo fato de sua empresa estar recebendo honorários como banco de investimentos, referentes às suas atividades, enquanto assessorava os investidores, Grubman não se limitou a transpor a linha. Ele a apagou. "O que antes era conflito agora é sinergia", asseverou. "Objetivo? Termo equivalente é desinformado."[4]

Grubman era tão horrível como juiz de talentos quanto de ética. Além de atuar como assessor de Ebbers, ele também se enredou com outro CEO, Joseph Nacchio, da Qwest. Por estranha coincidência, Nacchio foi acusado de fraude com títulos mobiliários 24 horas depois do indiciamento de Ebbers pelo mesmo crime.[5] Assim, Grubman, que chamava todos nós de "desinformados", acabou atuando como assessor de dois CEOs do setor de telecomunicações, os quais, em conjunto, cometeram ou não detectaram fraudes contábeis superiores a US$13 bilhões, algo equivalente ao produto interno bruto da Nicarágua, da Botswana e da Estônia combinados.[6]

Isso não significa que os manda-chuvas da informação de fins do século XX fossem especialmente canalhas. Havia algo intrínseco no ecossistema empresarial que encorajava – ou ao menos admitia – que se tolerassem lapsos éticos, ou mesmo que se os considerassem brilhantes.

Quanto às pesquisas patrocinadas por corretoras, as instituições financeiras não raro as ofereciam como iscas para angariar honorários por serviços de banco de investimentos. Grubman, do Citicorp, e Henry Blodget, da Merrill

Lynch, talvez tenham sido exemplos extremos de conflitos de interesses. Mas o fato de terem atuado como as estrelas mais brilhantes de suas empresas demonstra quão distorcida se tornara a cultura de Wall Street.

Os primeiros rebentos da economia civil, contudo, já brotavam em meio ao entulho dos escândalos. O procurador-geral do estado de Nova York, Eliot Spitzer, aliou-se à SEC para obter sentenças judiciais contra muitas potências financeiras: Bear Stearns, Credit Suisse First Boston, Goldman Sachs, Lehman Brothers, JPMorgan, Merrill Lynch, Morgan Stanley, Citigroup, UBS Warburg e Piper Jaffray, as quais, evidentemente, além de impedir que as empresas infringissem a lei, ainda lhes impunham as mais altas penas pecuniárias de todos os tempos. Mas também tornavam compulsória uma idéia de Spitzer: a de que pesquisas sobre ações devem ser neutras e centradas nos investidores, de modo que João e Maria da Silva possam tomar decisões de fato esclarecidas sobre onde investir suas poupanças. As empresas deveriam descruzar os braços de pesquisa, de um lado, e de banco de investimentos, de outro.[7]

A dedicação a informações objetivas – missão perseguida apenas por atores secundários, antes dos acordos de Spitzer – rapidamente disseminou um novo movimento de pesquisas independentes sobre ações. A atração exercida pelo dinheiro também ajudou. O acordo global entre empresas de investimentos criou um fundo de US$450 milhões para pesquisas independentes. Uma tróica de fundos de pensão estaduais americanos – Carolina do Norte, Nova York e Califórnia – reforçou o impulso, ao adotar espontaneamente o código de conduta "Investment Protection Principles" (Princípios de Proteção dos Investimentos), destinado a eliminar conflitos dos trabalhos de análise.[8]

A primeira associação profissional de pesquisadores independentes de toda a história, a Investorside, que decolou em 2002, não oculta suas credenciais como agente importante da economia civil. Seu site descreve a razão de ser do grupo como "restaurar a confiança nos mercados de capitais dos Estados Unidos, promovendo pesquisas sobre investimentos financeiramente alinhadas com os interesses dos investidores". A idéia revelou-se tão poderosa que, em seus primeiros três anos, a nova entidade arregimentou 70 membros – inclusive instituições poderosas como Sanford C. Bernstein e Argus Research. Na Europa, uma coalizão de fundos denominada Independent Research Think Tank tomou a iniciativa, em 2005, de promover mercado paralelo e de angariar apoio da União Européia para o desenvolvimento de pesquisas independentes.[9]

A Enhanced Analytics Iniciative foi ainda mais longe. Empreendimento cooperativo entre fundos de pensão voltados para os novos capitalistas, ela direciona comissões de corretagem *não* para as instituições que os estimulam a negociar com ações, mas para aquelas que investigam a saúde de longo prazo das empresas, inclusive sob o ponto de vista de riscos ambientais, sociais e de governança. Assim municiados, os proprietários de ações poderão exercer com mais eficácia seus deveres de vigilância e supervisão. Em princípios de 2006, como já observamos, a EAI atraiu fundos de investimento e de pensão com quase um US$1 trilhão em ativos financeiros.

Entretanto, a pesquisa de ações, não obstante os escândalos e soluções que geraram manchetes sensacionalistas, era apenas uma das artérias que precisava de desobstrução urgente, no esforço para irrigar a economia responsável e prestadora de contas. As outras são menos visíveis.

Onde estão os auditores?

Os intermediários mais essenciais de todos são os contadores, cujo trabalho é fundamental para garantir a integridade do capitalismo ou, no jargão do comércio, a "presunção de regularidade" – a crença básica em que se pode acreditar no que está sendo dito sobre a posição financeira das empresas. Quando se questiona essa presunção, o sistema entra em colapso. Para obter informações contábeis sobre as maiores empresas do mundo, temos de recorrer a uma das "Quatro Grandes" sociedades em expansão, cada uma empregando cerca de 100 mil pessoas em todo o mundo: PricewaterhouseCoopers, Deloitte, KPMG e Ernst & Young. (A Arthur Andersen, que era a quinta, como é de conhecimento geral, implodiu depois do colapso da Enron.)

Quando as demonstrações financeiras começam a perder credibilidade, as conseqüências são muito onerosas. A Brooking Institution quantificou o custo para a economia americana dos escândalos resultantes de falhas de governança corporativa no período 2001-2002 em algo equivalente ao aumento no preço do petróleo importado da ordem de US$10 por barril. Esse golpe de US$35 bilhões no PIB do país decorreu em grande parte da diminuição da confiança nos mercados de capitais.[10]

Aí não se incluem os custos diretos para os cidadãos poupadores que aplicaram suas economias na Enron e na WorldCom: cerca de um quarto de trilhão de dólares em capitalização de mercado. Para contextualizar o número, US$250 bilhões poderiam financiar a totalidade dos orçamentos de defesa, habitação e meio ambiente do Reino Unido, assim como a verba do Departamento de Segurança Interna e da NASA, nos Estados Unidos, durante um ano, além de cobrir todo o déficit orçamentário da Itália – com sobra suficiente para financiar o Vaticano até 2193. Os efeitos indiretos também foram graves. Por exemplo, o comptroller (secretário de finanças) do estado de Nova York,

Alan G. Hevesi, estimou que o estado e a cidade de Nova York perderam cerca de US$1,25 bilhão em arrecadação tributária por causa dos escândalos.[11]

Nada mais compreensível, portanto, que "onde estavam os auditores?" tenha sido a lamúria e o protesto mais comum dos cidadãos investidores em relação aos escândalos da Enron, da WorldCom, da Adelphia, da Maxwell, da HIH, da Ahold, da Parmalat e nos de outras empresas. Wall Street e Main Street, ou Rua Principal, símbolo das pequenas cidades americanas, sentiram-se igualmente traídas pelo fracasso dos contadores em detectar e denunciar as fraudes. Os auditores deveriam ser os olhos e os ouvidos dos investidores. Os sócios da Arthur Andersen, envolvida nas fraudes da Enron, foram vilipendiados, por motivos justos, por negligenciar as obrigações da empresa perante o público. Porém, à medida que se desenrolava o escândalo, ficava cada vez mais evidente que falhas sistêmicas – não se tratava apenas de algumas maçãs podres – eram a essência dos problemas.

Na década de 1990, os auditores já haviam desenvolvido recursos substanciais para prestar serviços de consultoria em gestão e passaram a contratar outros projetos enormes, a preços elevados, com os mesmos clientes de seus serviços de auditoria. Nessas condições, os auditores tinham de ser muito corajosos para manter-se firmes e revelar verdades incômodas sobre a contabilidade dos clientes. Além disso, também havia problemas básicos de estrutura legal, sobretudo nos Estados Unidos. Ao contrário dos manda-chuvas da informação em outros países, os auditores americanos operavam contra o pano de fundo de uma falha de mercado singular, ainda que mal compreendida, que os deixa sobremodo propensos a deixar desamparados os proprietários de ações.

Ponto cego

Segundo a legislação americana, não existe algo do tipo "empresa dos Estados Unidos". Pode-se falar em empresas de Delaware, em empresas da Califórnia, em empresas de Nova York e em empresas de Nevada, mas não em empresas americanas. Cada um dos estados americanos, não Washington D.C., o Distrito Federal, reconhece a personalidade jurídica da sociedade por ações e o dia-a-dia de seu comportamento empresarial. Isso é importante para os investidores porque, enquanto as leis estaduais regulamentam as atividades das companhias abertas, todo um amplo conjunto de leis federais trata das funções dos auditores. Com efeito, acredite ou não, alguns estados nem mesmo exigem a divulgação das demonstrações financeiras, inclusive Delaware, sob cuja legislação se constitui grande parte das grandes companhias abertas.[12]

Em muitos outros países, as questões paralelas referentes à regulação das sociedades por ações, de um lado, e à disciplina da divulgação de informações, de outro, se entrelaçam em legislação nacional. No entanto, quando os dois temas correm em trilhos diferentes, o potencial de discrepâncias pode abrir caminho para auditorias mal orientadas, as quais, por sua vez, não raro, redundam em descarrilamentos da governança corporativa. No melhor cenário da economia civil, o relatório anual dos auditores independentes avaliaria se toda a estrutura de governança das companhias abertas – conselho de administração e diretoria – está exercendo de maneira adequada suas funções de supervisão e vigilância do capital dos proprietários de ações. Na economia incivil, em contraste, o relatório dos auditores se concentra, de maneira estreita, em tecnalidades referentes a até que ponto a empresa cumpre os detalhes das normas contábeis, que nem sempre são eficazes na proteção dos investidores. Não raro, não se vê a floresta, por se concentrar a visão nas árvores.

Por quê? Em busca da resposta, temos de retroceder quase um século. Nada menos que 30% das empresas listadas na Bolsa de Valores de Nova York não se davam o trabalho de produzir relatórios anuais para os acionistas na década que findou com o crash do mercado de ações de 1929. Evidentemente, mesmo quando o faziam, a prestação de contas não era lúcida, que dirá honesta. "Os... relatórios [são] ofuscados e obscurecidos por matéria fuliginosa", queixou-se William Z. Ripley, professor de Harvard, em artigo de 1926 na *Atlantic Monthly*. "Para os não iniciados, talvez digam demais sobre o que não seja bem assim ou muito pouco sobre o que merece mais comentários."[13]

E então veio a Sexta-Feira Negra, a Grande Depressão, a disseminação da pobreza e da fome – e o clamor nacional por reformas. As melhores mentes do país concordaram com a regulamentação uniforme, em âmbito nacional, das sociedades por ações, inclusive das demonstrações financeiras, baseando boa parte dos novos conceitos na legislação britânica. Havia, contudo, um grande obstáculo. Sob a Constituição americana, o governo federal dos Estados Unidos não tinha poderes para exigir a divulgação de demonstrações financeiras auditadas, enquanto os estados, na época dependentes das empresas, não fariam tal imposição. Porém, o governo Franklin Roosevelt em breve conceberia uma maneira criativa de solucionar o problema.

Washington efetivamente tinha autoridade inquestionável sobre o comércio interestadual, inclusive o mercado de ações. Assim, por meio do Securities Act de 1933, o Congresso alegou a necessidade de regulamentar as auditorias, para fornecer informações não aos *proprietários de ações*, mas sim aos *operadores de mercado*. Conforme observa Tim Bush, inglês, especialista em contabilidade, "até hoje a lei americana de 1933 ainda tenta fazer duas coisas totalmente diferentes, de uma maneira um tanto deselegante: regular diretamente a venda de títulos mobiliários e indiretamente a governança das empresas".[14]

Embora brilhante, a solução foi tortuosa e repleta de implicações não intencionais. Para começar, pela lei federal, os auditores eram responsáveis e deviam prestar contas às empresas, em vez de aos proprietários de ações. Assim, os CEOs e os conselhos de administração tinham poderes para contratar seus próprios avaliadores — de modo algum garantia de imparcialidade nas avaliações. A Lei Sarbanes-Oxley, de 2002, melhorou a situação, atribuindo ao comitê de auditoria do conselho de administração o poder de contratar e dispensar os auditores externos. Tal iniciativa, contudo, ainda está um passo aquém de estipular a responsabilidade e a prestação de contas dos auditores externos perante os proprietários de ações, como é o caso na maioria dos países. Não admira que as empresas de contabilidade não considerassem conflitante a venda de planejamento fiscal, de consultoria em gestão, de implementação de tecnologia da informação e de numerosos outros serviços às empresas ou mesmo diretamente aos CEOs, aos diretores financeiros e a outros altos executivos para seu enriquecimento pessoal. Eles, não os proprietários de ações, eram os clientes. Durante os cinco anos findos em 2003, 61 empresas da *Fortune 500* compraram serviços de planejamento fiscal no valor de US$3,4 bilhões das mesmas empresas de auditoria contratadas para emitir opiniões independentes sobre a integridade desses mesmos esquemas. Executivos de 17 dessas empresas combinaram com os auditores maneiras de se beneficiar pessoalmente desses abrigos tributários.[15]

Fatia justa

A assessoria tributária da Ernst & Young à Sprint destaca até que ponto os interesses dos proprietários de ações e da administração podem divergir e como os resultados podem ser danosos. Na primeira metade de 2000, a Sprint participava de negociações de conhecimento público sobre possível operação de fusão ou incorporação com a WorldCom. Farejando dinheiro certo na mesa, altos funcionários da Sprint contraíram empréstimos de milhões de dólares para exercer opções sobre ações, gerando elevadas obrigações tributárias pessoais para o CEO William Esrey e para outros altos executivos. No entanto, quando ficou claro que a operação não seria levada avante, o preço da ação entrou em queda livre, mergulhando de US$67 para US$36 em apenas dois meses. Daí resultou redução de milhões de dólares nas posições acionárias dos executivos, mas não em seus débitos fiscais.

A Ernst & Young, na qualidade de fornecedora de assessoria tributária e de auditoria externa, pôs mãos à obra. Como conclusão, recomendou simplesmente que a Sprint retirasse as opções exercidas pelos executivos, plano que os desoneraria de impostos sobre mais de US$300 milhões em lucros não realizados – mas custaria aos acionistas benefícios fiscais de US$148 milhões para a empresa. A seu favor, a Sprint não aprovou a recomendação. Mas o fato de a proposta ter partido de uma empresa de *auditoria* mostra a magnitude dos danos a que estão sujeitos os investidores quando a lei corta os vínculos entre os cidadãos investidores e os agentes a quem confiam a vigilância de seus investimentos. Conforme observou Pat McGurn, da Institutional Shareholder Services, "este é o conflito mais deslavado que se poderia enfrentar".[16] Porém, sob outra perspectiva, nada haveria de surpreendente no incidente. Naquele ano, a Sprint pagou à Ernst & Young cerca de US$65 milhões em honorários. Boa parte desses honorários foi por trabalho de consultoria. Apenas 5,4% resultaram de trabalho de auditoria.[17]

Deixando de lado o caso da Sprint, a maioria dos contadores zela pela ética e atua com honestidade. Na verdade, o mais admirável não é a regularidade ou freqüência dos escândalos, mas sim a alta proporção de empresas e de auditores honestos, quando a legislação federal dos Estados Unidos sobre auditoria, até a Lei Sarbanes-Oxley, não impunha aos auditores efetiva lealdade aos proprietários de ações.

E aqui se situa o problema crucial. A legislação federal sobre auditoria, constitucionalmente mais voltada para o preço de mercado que para a supervisão e vigilância a ser exercida pelos proprietários de ações, se baseia em importante pressuposto tácito, qual seja, o de que as empresas tentam maximizar o valor para os acionistas, o que nem sempre é verdade. Por exemplo, a administração pode destruir valor, em proveito próprio ou em benefício do acionista controlador, por meio de transações com partes relacionadas. Se, conforme ocorreu na Tyco, o CEO usa dinheiro da empresa para pagar despesas de US$2 milhões com ostentosa festa de aniversário para a mulher e o fato não chega a caracterizar fraude técnica, os auditores não necessariamente denunciarão a situação aos proprietários de ações. Tamanha prodigalidade e intemperança podem muito bem denotar que a diretoria e o conselho de administração estão pouco ligando para a supervisão e vigilância dos acionistas. Porém, sob a legislação dos Estados Unidos, os auditores não têm nada a ver com isso. Compare essas práticas com o sistema inglês, de cuja legislação a lei americana de 1933 plagiou sessões inteiras. A lei inglesa sobre sociedade por ações deixa claro que os auditores são nomeados pelos acionistas, perante os quais são responsáveis e aos quais devem prestar contas – não ao conselho de administração nem à diretoria. A diferença fundamental é que, em vez de policiar a honestidade das operações com ações nas bolsas de valores, os auditores ingleses devem avaliar anualmente até que ponto os conselheiros e os diretores salvaguardam o capital dos proprietários de ações. Essa responsabilidade ficou muito clara em decisão judicial histórica de 1990, no caso *Caparo vs Dickman*, em que o juiz lorde Oliver sentenciou que "é função dos auditores... fornecer aos acionistas informações confiáveis com o propósito de capacitá-los a analisar a condução dos negócios da empresa e a exercer sua autoridade coletiva de controlar, recompensar ou afastar as pessoas a quem confiaram a direção do empreendimento".[18] Trata-se, sem dúvida, de mandato muito amplo.

Conforme observou Tim Bush, essa decisão criou um problema. A prática original na Inglaterra, que os Estados Unidos procuraram imitar, exigia que a auditoria adequada proporcionasse visão "verdadeira e justa" da situação da empresa, evitando confusões e vieses. O preceito transformou-se em algo diferente ao atravessar o Atlântico. Sucessivas decisões judiciais nos Estados Unidos permitiram que os gestores de empresas retivessem informações prejudiciais, mas não fraudulentas, sob a denominada regra do julgamento em negócios. Os tribunais chegaram a dar luz verde para que os executivos recorressem a "exageros e versões" (puffery and spin) capazes de desorientar de imediato os investidores, desde que não chegassem a caracterizar violação das normas contábeis. Em outras palavras, os auditores, de acordo com a lei, podem permitir que as empresas ocultem dos acionistas questões relacionadas com a competência da administração, com desperdícios e com erros de julgamento.

Auditores para novos capitalistas

Embora manietados pela dicotomia união/estados, os legisladores e reguladores dos Estados Unidos partiram para melhorar as auditorias na esteira dos escândalos empresariais. Os promotores públicos efetivamente expulsaram a Arthur Andersen do mercado e o Congresso criou o órgão independente Public Company Accounting Oversight Board (Conselho de Supervisão da Contabilidade das Companhias Abertas) como parte da Lei Sarbanes-Oxley. O PCAOB emitiu numerosas normas regulatórias com o objetivo de forçar os contadores a adotar práticas honestas e imparciais. A lista de normas contábeis nos Estados Unidos hoje é quatro vezes mais longa que a do Reino Unido, em conseqüência da tentativa dos reguladores americanos de prescrever em minúcias como os mercados de capitais devem tratar de um assunto que, em essência, se enquadra nas funções de governança e de supervisão.

Além disso, o PCAOB aumentou seus recursos de policiamento. Em 2005, gabava-se de um orçamento superior a US$137 milhões e de um staff de 450 pessoas para a supervisão de 1.623 empresas responsáveis pela auditoria das companhias abertas americanas.[19] A Comissão Européia pretende criar órgão semelhante. E a profissão contábil em todo o mundo, por meio da IFAC (International Federation of Accountants – Federação Internacional de Contabilidade), constituiu em 2005 o órgão independente Public Interest Oversight Board (Conselho de Supervisão do Interesse Público) para monitorar a ética da auditoria em âmbito mundial.

Talvez ainda mais importante, o setor privado em si – animado pela ascensão dos novos capitalistas – agora está empenhado em criar um modelo de economia civil centrado nos investidores, para a vigilância das auditorias, em substituição aos antigos padrões, tão desacreditados pelos conflitos.

No passado, os investidores institucionais em todo o mundo se limitavam a homologar qualquer auditor proposto pela administração das empresas. Agora, a rotina é objetar quando as empresas de contabilidade ganham mais dinheiro com consultoria que com auditoria.[20] Quando a simples objeção não é suficiente, eles processam os contadores que não cumprem suas obrigações perante os investidores. Basta ver a indenização sem precedentes de US$65 milhões com que concordou a Arthur Andersen para liquidar ação judicial na qual era ré, sob a alegação de que deveria ter detectado as fraudes contábeis da WorldCom e alertado a esse respeito os proprietários de ações.[21] Não admira que o autor do processo contra a Arthur Andersen tenha sido Alan Hevesi, comptroller do estado de Nova York, único agente fiduciário do fundo de pensão de Nova York, com ativos acima de US$120 bilhões, e ex-co-presidente do Council of Institutional Investors, pioneiro de boa parte do ativismo em governança corporativa. Hevesi argumenta que os manda-chuvas da informação corrompem a sociedade civil e envenenam o capitalismo, ao permitirem que conflitos maculem sua responsabilidade fiduciária.

Porém, novos manda-chuvas da informação estão em desenvolvimento para atender às necessidades dos novos capitalistas. O Center For Financial Research and Analysis (Centro de Pesquisas e Análises Financeiras), de Howard Schilit, por exemplo, examina a adequação dos relatórios de auditoria de companhias abertas. Desde sua fundação, em 1994, o CFRA arregimentou mais de 4 mil investidores e reguladores que confiam em seus relatórios diários. Pense nisso por um momento: essa nova instituição capitalista floresceu exatamente por causa das inadequações dos tradicionais manda-chuvas da informação. E Schilit intuitivamente compreende a diferença. A CFRA exibe com destaque o logotipo da Investorside em seu site, com a certificação "sem conflitos com bancos de investimento".[22]

Tudo isso levou as empresas de contabilidade a ficarem mais atentas.

Basta dizer não

Lisle, Illinois, é uma pequena cidade a Oeste de Chicago, impregnada de simbolismo bucólico. Lisle se intitula "the Arboretum Village" (Vila do Arboreto) e sua Câmara de Comércio patrocina todos os anos o Dia do Sorriso. Para os preconizadores da economia civil, também foi o sítio implausível de um acontecimento histórico.

O ano era 2004 e o lugar foi a sede, em Lisle, da Molex, fabricante de produtos eletrônicos diversificados. A Deloitte & Touche, empresa de auditoria, exigiu que a empresa corrigisse suas demonstrações financeiras de 2004, para eliminar um erro que havia inflado o lucro líquido. O CEO J. Joseph King se recusou a cumprir a exigência, com o apoio do conselho de administração.

Fim da história? Teria sido, poucos anos antes. Mas não agora. Eis como a revista *BusinessWeek* resumiu o que aconteceu em seguida: "Então a Deloitte fez algo inesperado: Rescindiu o contrato com a empresa. Duas semanas depois, enviou relatório detalhado e cáustico sobre o caso à SEC, para divulgação ao público. Aquela recusa virtualmente garantia que nenhuma empresa de auditoria prestaria serviços à Molex enquanto King fosse o CEO. Em 10 dias, o conselho de administração reconheceu a derrota humilhante: Demitiu King, comprometeu-se a admitir novo conselheiro com expertise em finanças para o comitê de auditoria e concordou em receber treinamento sobre demonstrações financeiras."[23] É assim que devem atuar os manda-chuvas da informação na economia civil.

Reimaginando os cães de guarda dos proprietários de ações

A vigilância federal está produzindo efeitos salutares sobre as empresas de contabilidade dos Estados Unidos. E, como o mercado americano é muito grande, as novas salvaguardas promoveram mudanças nas empresas de contabilidade de todo o mundo – embora os contextos legais sejam totalmente diferentes.

De fato, em princípio, alternativa preferível para os interesses dos proprietários de ações talvez seja basear as melhores práticas globais não exclusivamente nos padrões de Washington, mas num variado bufê de regimes.

As normas francesas, por exemplo, exigem que as companhias abertas contratem não uma, mas duas empresas de contabilidade para realizar a auditoria externa. Essa duplicidade, ainda que mais onerosa, reforça o controle de qualidade e reduz as chances de que a auditoria se torne cativa da administração. A dupla deve executar o trabalho em conjunto e co-assinar os relatórios de auditoria, situação que gera freios e contrapesos desconhecidos nos mercados anglófonos.

A crise na Vivendi demonstrou o valor dessa alternativa. Em 2001-2002, o CEO Jean-Marie Messier tentou lançar sorrateiramente, em balanço patrimonial pro forma, uma venda de ações para inflar em 1,4 bilhão o lucro da empresa. O co-auditor Arthur Andersen estava disposto a permitir a transação. Mas o segundo co-auditor, Salustro-Reydel, denunciou a operação, com a concordância da Commission des Opérations de Bourse (então o principal regulador do mercado). Se a jurisdição da Vivendi fosse outra, a opinião da Arthur Andersen talvez tivesse prevalecido – oferecendo aos proprietários de ações retrato distorcido das finanças básicas da empresa. Será que um sistema de dupla auditoria não teria captado as fraudes contábeis da Enron, antes do colapso da empresa, que custou bilhões de dólares em poupanças dos novos proprietários capitalistas?

Proprietários civis ativos e atentos, monitores independentes e novas regulamentações contribuíram, em conjunto, para promover reformas necessárias na cultura de auditoria. No entanto, ainda restam em aberto questões fundamentais sobre o alinhamento de interesses. Será que os cidadãos investidores realmente podem confiar nas auditorias como garantia de seus interesses, quando os serviços são pagos pelas próprias empresas auditadas? Será que os proprietários de ações estão mais bem servidos, quando o número de empresas de auditoria globais se reduziu a apenas quatro? Investidores com visão prospectiva estão escavando ainda mais fundo em busca de maneiras estruturais de mitigar ou de evitar completamente quaisquer conflitos potenciais.

Pierre-Henri Leroy, chefe da Proxinvest, empresa de assessoria em investimentos com sede em Paris, argumenta que a adoção universal do padrão francês de dupla auditoria infundiria novo sangue no atual oligopólio de gigantes multinacionais de contabilidade. Peter Butler, ex-chefe dos fundos engajados Hermes e co-fundador da Governance for Owners (Governança para Proprietários) propõe solução mais radical, sob a forma de "novo estilo de auditoria" para beneficiar os investidores. Butler sugere que os proprietários de ações a longo prazo assumam parte da propriedade de uma indústria alternativa de fornecedores de serviços de auditoria.[24]

E que tal ruptura ainda mais drástica com a tradição: permitir que os acionistas elejam um comitê especial de investidores com a atribuição exclusiva de nomear a empresa de auditoria? A Morley, grupo de administração de fundos, recomendou essa alternativa em comentários no Ministério do Comércio e da Indústria do Reino Unido.[25] O ativista australiano Shann Turnbull há muito também tem a mesma opinião. As empresas suecas já adotam essa prática.

Não importa qual seja a solução que finalmente venha a ser adotada, a profissão contábil se situa no proscênio dos debates sobre a economia civil. As empresas se tornarão responsáveis e prestadoras de contas perante os cidadãos proprietários apenas se suas iniciativas forem avaliadas e divulgadas com independência.

Eleições livres e honestas

Nas selvas mais fechadas dos mercados de capitais habita outra espécie de manda-chuva da informação, ainda menos compreendida que a dos contadores: as empresas que orientam os proprietários de ações a votar nas assembléias gerais das empresas. As opiniões desses "assessores de voto por procuração" se tornaram tão influentes que são capazes de prolongar ou abreviar o reinado do CEO, de construir ou demolir fusões e incorporações e de acelerar ou retardar a adoção pela empresa de comportamentos imbuídos de responsabilidade social. Os cidadãos investidores necessitam da orientação de assessores de voto por procuração que efetivamente representem seus melhores interesses. Será que de fato podem contar com esse recurso?

Talvez você já tenha recebido documentação sobre voto por procuração pelo correio. Nesse caso, você saberá que esses pacotes geralmente contêm dúzias de páginas densas e monótonas. Agora, suponha que você seja grande investidor institucional, com ações de dezenas, centenas ou talvez milhares de empresas em seu *portfolio* e se veja obrigado a votar de duas a quarenta propostas de deliberação em cada uma dessas empresas. Em nome de seus clientes, muitos desses fundos terceirizam esse trabalho para especialistas, com tempo e expertise para analisar a independência do conselho de administração ou a adequação dos pacotes de remuneração. A principal empresa desse setor é a Institutional Shareholder Services (ISS), um dos mais importantes manda-chuvas da informação, embora muitos poupadores pessoas físicas talvez nunca tenham ouvido falar nela.

Com sede perto de Washington, D.C., a ISS orienta fundos de pensão, bancos, gestores de dinheiro e fundos de investimentos sobre como votar com suas ações em milhares de assembléias gerais de empresas. Durante anos, a ISS praticamente dominou o mercado americano. Em 2000, estimava-se que ela influenciava nada menos que 20% de todas as ações que exerciam o direito de voto em empresas americanas. E, considerando sua expansão para a Inglaterra, por meio de uma joint venture com a Deminor Rating, sediada em Bruxelas, a ISS conquistou o status de potência por trás dos resultados das votações nas assembléias gerais de empresas em todo o mundo. Durante a década de 1990 e princípios do século XXI, numerosos planos de opções sobre ações, de fusões e incorporações e de batalhas pelo voto por procuração progrediram ou fracassaram com base nas recomendações da ISS.

O poder da ISS deriva de sua posição central como instituição da economia civil: ela atua em nome de investidores e é remunerada por investidores. Esse modelo é parte de sua tradição, que se desenvolveu com firmeza desde os primeiros anos, quando seu fundador e renomado ativista dos acionistas, Robert A. G. Monks, e seus associados, Nell Minow e Howard Sherman, enfrentavam dificuldades, com pouco mais de 40 clientes e receita ainda pequena. Na verdade, eles atuaram como parteiros de um novo paradigma de intermediários na economia civil.

Em 1989, Monks recebeu um telefonema dos financistas lendários Richard Rainwater e Eddie Lampert. Os dois apresentaram uma proposta. Tinham investido muito na Honeywell, ícone do passado e protagonista das proezas americanas em engenharia, que havia perdido quase meio bilhão de dólares no ano anterior. Na opinião de Rainwater e Lampert, a administração da Honeywell estava lidando mal com a crise. Em vez de tentar resolver o problema, melhorando a empresa, os executivos estavam construindo barreiras a seu redor, propondo um arsenal cerrado de defesas antiaquisições, inclusive mandatos escalonados para o conselho de administração, de modo que cupinchas do CEO sempre estivessem em maioria.

Na época, apenas os raiders de empresas eram bastante ousados para combater essas propostas e nenhum parecia estar à espreita na Honeywell. Lampert e Rainwater, contudo, eram uma espécie diferente de investidores. Eles não queriam controlar a Honeywell, mas sim arregimentar os acionistas para pressionar a administração a mudar de rumo e, assim, impulsionar o preço da ação. Porém, não podiam agir dessa maneira se os executivos se trancassem em casulos protetores. Nesse contexto, propuseram que Monks e a ISS liderassem uma batalha contra as propostas de adoção de defesas contra tomadas de controle. Não havia conflito substantivo – o que Rainwater e Lampert estavam propondo era o que a ISS vinha pregando. Além disso, a ISS ainda podia usar o dinheiro e a visibilidade decorrentes de sua atuação. No entanto, a ISS decidiu que a melhor maneira de evitar qualquer aparência de conflito de interesses seria não cobrar honorários para a execução do projeto da Honeywell. Dessa maneira, ficaria claro que estava trabalhando para seus clientes, não para Rainwater e Lampert, embora eles efetivamente coordenassem as atividades. "A proposta de não receber remuneração foi importante para nós", recordou-se Monks uma década depois. "Até hoje, nunca recebemos pagamento por nossos serviços que não fosse dos próprios acionistas."[26]

Os tempos mudaram, e muito. Hoje, a assessoria no voto por procuração não é mais negócio autônomo, dirigido por catequistas, mas um conjunto sofisticado de empresas financeiras que competem por fatias de um mercado de mais ou menos US$400 milhões em todo o mundo.²⁷ A própria ISS, depois de mudanças na propriedade e na liderança, ainda gera parcela substancial de seus lucros por meio da análise de pedidos de procuração, de assessoria em votações, de manutenção de registros sobre empresas e de classificação do nível de governança das empresas para investidores institucionais. Mas também se orgulha da prestação de serviços às próprias companhias abertas, como objeto de investimentos, orientando seus gestores sobre as mesmas questões que analisa para os investidores. Em outras palavras, oferece à administração das empresas ferramentas sobre como apresentar propostas de deliberação que passem pelos próprios crivos da ISS – por exemplo, como elaborar um plano de remuneração de executivos de modo que o nível de diluição (aumento do número de ações concedidas a empregados, à custa dos acionistas) não leve os analistas da ISS a recomendar voto negativo.

A exemplo das empresas de classificação de risco, a ISS "erigiu uma barreira entre suas atividades de prestação de serviços a investidores institucionais, de um lado, e de prestação de consultoria a companhias abertas, de outro, a fim de preservar o mais alto nível de objetividade nas pesquisas e de integridade nas recomendações de voto", além de adotar outras medidas para atenuar a percepção de conflito.²⁸ De um lado, o fato de as empresas quererem e buscarem sua assessoria é prova da nova influência dos proprietários ativos. De outro, o fato de prestar serviços a empresas abriu as portas para dúvidas. A percepção de conflitos na ISS foi objeto de artigos de destaque em jornais como *Washington Post*, *New York Times*, *Financial Times*, *Wall Street Journal* e em outras publicações, além de alvo para críticas contundentes do guru em governança Ira Millstein.²⁹

Antídotos contra o conflito

Como o mais importante manda-chuva da informação, que presta orientação profissional a dezenas de milhões de proprietários civis – mais que qualquer outra empresa – a ISS tem sofrido pressões para ser aberta e transparente. Os reguladores podem até farejar oportunidade de intervenção para proteger os proprietários de ações. A Securities and Exchange Commission deu o primeiro passo, em 2004, ao divulgar advertência inequívoca aos fundos de investimentos e de pensão para serem cuidadosos na seleção de assessores de voto por procuração quanto a quaisquer conflitos de interesses.³⁰

Porém, a regulamentação não é a única solução aqui; a competição robusta talvez signifique a cura. Investidores insatisfeitos com um fornecedor podem selecionar outros. Sem dúvida, os primeiros movimentos de uma economia orientada para o investidor propiciaram o surgimento de vários fornecedores. Nos Estados Unidos, a ISS agora compete com a Egan-Jones Proxy Services, subsidiária da avaliadora de bônus Glass Lewis and Proxy Governance. Outros serviços operam em diferentes mercados e além fronteiras – por exemplo, PIRC, Association of British Insurers, IVIS e Manifest, no Reino Unido; Proxinvest, em Paris; Corporate Governance International, em Sydney; ISS Proxy Australia, em Melbourne; e Korea Corporate Governance Service e Center for Good Corporate Governance, em Seul. Cada uma dessas empresas oferece análises centradas nos investidores, destacando a singularidade da missão como principal ponto de venda na economia civil. "A integridade de nossas recomendações não é obscurecida pela complicação de também vender serviços a conselheiros e a gestores de empresas, referentes a essas mesmas propostas de acionistas", declarou o representante de uma dessas empresas.[31]

Essas tendências são pouco discutidas na maioria dos conselhos de administração, mas seria bom que os executivos decifrassem seu significado. Constata-se que os manda-chuvas do voto por procuração se alinham cada vez mais com os interesses dos novos proprietários capitalistas, eliminando um grande obstáculo no caminho para a responsabilidade e prestação de contas. "Não tentamos ser populares com a multidão de CEOs", explicou Greg Taxin, da Glass Lewis. "Nossa meta é proteger os investidores do risco, não importa que sejamos populares ou não com os poderosos."[32]

No entanto, por mais importante que seja a reengenharia do voto, a evolução da economia civil não irá muito longe se os próprios fundos de pensão não receberem orientação adequada para que seus administradores sejam capazes de exercer suas atribuições fiduciárias.

Porteiros-chefes

Os fundos de pensão geralmente contratam consultores para assessorá-los nas decisões difíceis – entre as quais uma das mais árduas é a escolha da empresa de investimentos mais adequada para gerenciar seu dinheiro. Esses assessores se desenvolveram a ponto de se transformarem em poderosos porteiros. Ao sabor de suas orientações, os agentes fiduciários enviam rios de dinheiro para determinado administrador e não para outro. A probabilidade de que tais recomendações sejam distorcidas por conflitos de interesses é enorme, sobretudo quando se considera que os honorários pagos pelos fundos por pura assessoria independente é comparativamente pequeno. Da mesma maneira como os citicorps e as merrill lynches da vida permitiram que honorários lucrativos de bancos de investimentos prevalecessem sobre a objetividade das pesquisas, alguns consultores também sucumbiram à tentação da duplicidade de papéis, fechando acordos pelos quais canalizavam o dinheiro dos investidores institucionais para administradores que, de alguma maneira, lhes pagavam honorários, ocultando dos agentes fiduciários que a eles recorriam em busca de orientação objetiva sobre esses esquemas fraudulentos.

Mais uma vez, os piores abusos ocorreram primeiro nos Estados Unidos, não porque a legislação americana fosse leniente ou ambígua quanto a conflitos. Com efeito, o Investment Advisers Act de 1940 é inequívoco ao estatuir que os consultores devem revelar abertamente a seus clientes quaisquer conflitos de interesses potenciais e fornecer orientação imparcial. Porém, em 2004, quando havia 1.742 assessores credenciados, a Securities and Exchange Commission dos Estados Unidos tinha muito pouca gente e quase nenhum incentivo para policiar essa área, de modo a evitar o emaranhado de conflitos de interesses que conspurcavam os principais intermediários nas décadas de 1980 e 1990. Com efeito, era tal a certeza da impunidade que, em 2005, os reguladores foram forçados a admitir uma realidade embaraçosa, conforme consta de um relatório interno daquele ano: "Muitos consultores acreditam não ter qualquer relacionamento fiduciário com seus clientes de assessoria e ignoram ou não estão conscientes de suas obrigações fiduciárias decorrentes do Advisers Act."[33]

A mesma sondagem retardatária da SEC revelou o que, quase com certeza, é apenas a ponta de um horrível iceberg. Os especialistas analisaram sob o microscópio uma amostra de 24 consultores e perscrutaram a maneira como os porteiros faziam negócios. E, assim, desencavaram sucessivos casos de relacionamentos estreitos entre os consultores e os gestores de dinheiro, a maioria deles muito bem escondidos. "Os consultores de planos de pensão raramente revelam aos clientes atuais e potenciais que recebem várias formas de remuneração dos mesmos gestores de dinheiro que podem ser objeto de suas recomendações", concluiu o estudo.[34]

Além disso, os consultores ofereciam seminários para agentes fiduciários de fundos de pensão e cobravam dos gestores de investimentos altos honorários para que participassem desses eventos, os quais os pagavam de bom grado, para se manterem nas boas graças dos consultores. Também, pela mesma razão, emitiam cheques de até US$70 mil por ano para os consultores, pela compra de software financeiro. Alguns desses assessores encaminharam os ativos de fundos de pensão para gestores de dinheiro que, secretamente, concordavam em usar os serviços de corretagem dos consultores. Outros prestavam serviços tanto aos gestores de dinheiro quanto aos investidores, ou até administravam seus próprios fundos de investimentos.

Os consultores justificavam esses negócios como maneira de subsidiar os custos dos serviços prestados aos fundos de pensão, às fundações e a outros investidores institucionais. Em conseqüência, atividades potencialmente conflitantes se prolongaram durante anos.[35] Os observadores suspeitam que ilícitos semelhantes ocorreram na Europa e em outros lugares, pois a tentação financeira de sujeitar-se a conflitos por ganhos expressivos parece ser igualmente forte, qualquer que seja o mercado.

Dia da Independência

No entanto, mesmo nesse canto sombrio do mercado, os reguladores e os fundos sensíveis às demandas dos novos capitalistas estão pressionando de maneira intermitente pela adoção das práticas da economia civil. "Minha esperança é que os agentes fiduciários façam mais perguntas e os consultores forneçam mais informações sobre seus conflitos, o que realmente melhorará o comportamento das partes", declarou Lori Richard, diretor do Office of Compliance Inspections and Examinations da SEC, que divulgou o já comentado relatório de 2005.[36] Os investidores institucionais estão realmente investigando os consultores sobre seus negócios com os gestores de dinheiro. A Mercer, uma das maiores consultorias, não mais oferece seminários sob patrocínio. E os fundos de pensão estão contratando consultores que, pela primeira vez, se declaram livres de conflitos.[37]

A Ennis Knupp, com sede em Chicago, é uma dessas empresas de consultoria. Seu fundador, Richard Ennis, ao descrever sua filosofia, não recorre a eufemismos: "Você contrata uma assessoria de investimentos esperando que sua perspectiva seja independente. Certifique-se de que de fato é assim." No site da empresa, lê-se o seguinte argumento de vendas: "Nossa única linha de negócios é prestar serviços de consultoria a clientes institucionais. Não temos ligações com empresas de corretagem, de gestão de investimentos nem de serviços bancários na área de investimentos; tampouco vendemos informações ou serviços a tais entidades. Nossa empresa e, portanto, nossa assessoria são, sem dúvida, completamente neutras e imparciais, sem vieses."[38] A reputação da empresa de manter seus interesses alinhados com os dos clientes está conquistando negócios, à proporção que se acelera o avanço em direção às instituições da economia civil. Em 2001, a Ennis Knupp era a décima terceira maior consultoria dos Estados Unidos e assessorava entidades com ativos financeiros pouco superiores a US$250 bilhões. Em 2003, a empresa já havia saltado para o sexto lugar, com clientes cujos ativos financeiros chegavam a quase US$435 bilhões.[39]

Na medida em que os fundos de investimentos e de pensão se desvencilharem de assessorias com conflitos de interesses, seus clientes tenderão a colher os frutos de poupanças mais bem administradas. No entanto, ainda há um último manda-chuva da informação a exigir maiores cuidados: os assessores de investimentos em bônus ou títulos de renda fixa.

Des-acreditados?

Os consultores de planos de pensão lidam com clientes sofisticados e de grande porte. Em face dessa realidade, como ficam os cidadãos proprietários, que são investidores comuns de varejo, na outra ponta do espectro? Os guardiões das proverbiais poupanças de viúvas e de órfãos, as agências de classificação de risco, definem a fronteira entre o que rotulam de "investment grade" (grau de investimento) e o que consideram "títulos podres". Os juros que as empresas se dispõem a pagar para contrair empréstimos dependem das avaliações que lhes são atribuídas pelo trio dominante global, composto pela Standard & Poor's, Moody's e Fitch. Quanto maior for a nota, menores serão os juros. Assim, as empresas têm incentivos poderosos para empenhar-se na obtenção de notas mais altas. Ao mesmo tempo, contudo, os reguladores há muito tempo confiam nas empresas de classificação de riscos – inclusive permitindo que formem um monopólio que desfruta de bênçãos oficiais – como fonte de orientação a investidores vulneráveis, proporcionando-lhes informações honestas sobre os níveis de risco, ao escolher os bônus em que investirão suas poupanças. Mas será que se justifica essa confiança?

As três grandes se consideram acima de qualquer suspeita, merecedoras da confiança de todos. Contudo, existe na sala um elefante óbvio. Trata-se de paquiderme bem comportado, que se encolhe discretamente num dos cantos, na tentativa bem-sucedida de ser ignorado por todos. Porém, mesmo assim, ainda é um estorvo muito grande.

A verdade é que as empresas, não os investidores, compram e pagam essas avaliações. Será que a S&P, a Moody's e a Fitch avaliam com imparcialidade uma empresa, quando seus honorários são pagos pela própria avaliada? O fato de os três principais serviços de avaliação ainda desfrutarem da confiança pública é prova de que valorizam sua reputação e de que adotam procedimentos para gerenciar conflitos. Mas também se supunha que os bancos de investimentos tinham erguido muralhas de proteção (chinese walls) para prevenir os choques de interesses. Os mecanismos concebidos para superar conflitos tão fundamentais podem revelar-se insustentáveis ao longo do tempo. Com efeito, a S&P e a Moody's foram alvos de duras críticas em 2001, por atribuírem "grau de investimento" às ações da Enron e da WorldCom, quase até o momento da implosão, embora desfrutassem de acesso privilegiado às informações financeiras internas.

Outro problema é que as agências enfrentam a tentação constante de vender às empresas clientes serviços tanto de avaliação quanto de consultoria. Por mais eficazes que sejam as muralhas de proteção, esses negócios começam a parecer suspeitos para os observadores e os usuários externos. Em 2004, por exemplo, a divisão de classificação de risco da S&P passou a rebaixar algumas empresas em seus relatórios de crédito, sob a justificativa de más práticas de governança, ao mesmo tempo em que outra unidade da empresa fazia propaganda de seus serviços de consultoria em governança. Sensível ao óbvio conflito de interesses, a S&P proibiu sua unidade de governança de fazer negócios com qualquer empresa que seus analistas de crédito houvessem segregado para novas avaliações de governança.[40] Contudo, quanto demorará para que tais práticas comecem a solapar a confiança que os proprietários civis depositam nas avaliações de bônus? Talvez anos ou décadas. Mas também pode ser muito pouco tempo. A confiança tende a esgarçar-se com rapidez quando se puxa o primeiro fio.

Numa economia caracterizada por escolhas, a competição pode ser o antídoto. Mas essa solução não é fácil no negócio de avaliação de crédito. Até agora, as três grandes têm evitado o aumento da competição, em parte com base em argumentos quanto à qualidade dos serviços, mas também têm contado com a ajuda colossal dos reguladores americanos. Em antiga licitação para garantir a integridade das avaliações, a SEC, muito tempo atrás, criou um oligopólio artificial. Os reguladores concederam à S&P, à Moody's e à Fitch o título de Nationally Recognized Statistical Rating Organization – NRSRO (Organização de Avaliação Estatística Nacionalmente Reconhecida). Esse título pomposo significa que as avaliações das NRSRO, e *apenas* elas, podem conceder o "grau de investimento" e, portanto, determinar que bônus são aceitáveis por lei para compor as carteiras de investidores mais vulneráveis. Em consequência do peso dos mercados americanos, as normas da SEC transformaram os três grandes em protagonistas incontestes em todo o mundo. Outras agências de classificação de risco não conseguiram que a SEC lhes concedesse o status de NRSRP. Porém, a economia civil está muito à frente dos reguladores. Também aqui a compulsão dos novos capitalistas para eliminar obstáculos ao avanço dos intermediários centrados nos investidores está produzindo resultados.

Confiança nas classificações

O mercado de classificação de risco está se fragmentando. Para começar, os grandes administradores de fundos, como PIMCo, Western Asset Management e Prudential, aprimoraram de tal maneira a sintonia fina de suas próprias unidades de análise que elas agora são capazes de detectar e informar mudanças no conceito creditício das empresas com mais rapidez que as três grandes. E, por definição, os interesses desses administradores de fundos estão totalmente alinhados com os de seus gestores de *portfolios*, não com os das empresas avaliadas.

Até que ponto essa competição é viável? Quando era vice-secretário de finanças da Cidade de Nova York, Jon Lukomnik, um dos co-autores deste livro, entrevistou empresas de investimentos que participavam da concorrência para gerenciar *portfolio* de alto rendimento dos fundos de pensão dos servidores públicos. Um após o outro, os gestores de bônus mostraram como as agências de classificação de risco tradicionais eram lentas na mudança de suas avaliações e como essas demoras criavam oportunidades para os gestores de *portfolios* que realizavam as próprias análises. As empresas participantes apresentaram gráficos impressos mostrando seus históricos de promoções e rebaixamentos que não coincidiam com os das agências oficiais; a evolução dos preços dos papéis e os lucros auferidos até a mudança de classificação pelas três grandes; e quantos desastres haviam previsto antes dos avaliadores credenciados. Depois de umas 10 dessas apresentações, o pessoal do fundo de pensão de Nova York começou a indagar por que alguém ainda prestava atenção às opiniões da S&P e da Moody's. A resposta, evidentemente, era que as análises de crédito independentes que haviam visto nas últimas seis horas tinham sido conduzidas por empresas de gestão de recursos e não estavam disponíveis para o grande público. Isso significava que aquelas análises premonitórias só estavam disponíveis para determinados gestores de bônus, permanecendo inacessíveis para os usuários em geral.

Até agora. Empresas de classificação independentes, como Egan-Jones e Credit-Sights, arrancaram na frente e ganharam força no mercado, prestando serviços a qualquer pessoa disposta a pagar a taxa de subscrição. Essas empresas enfatizam a imparcialidade de suas opiniões e seu alinhamento com os investidores, como fator de diferenciação em suas análises, ao mesmo tempo em que acusam as três grandes de adotar um modelo de negócios estruturalmente conflitante. A credit-Sights, por exemplo, observa: "Nosso único interesse é ajudar os investidores a ganhar dinheiro e a limitar o risco."[41] Será que o foco nos investidores contribui para a melhoria das análises? Trata-se, evidentemente, de questão ainda em aberto. Mas a Egan-Jones efetivamente rebaixou a WorldCom nada menos que 227 dias antes da Moody's ou da Standard & Poor's, e advertiu seus clientes investidores sobre a Enron, a AT&T Canada, Deutsche Telecom, Ford, Comdisco e outras situações, antes das três grandes.[42]

Transformação e evolução

A Enron desencadeou escândalos no novo ecossistema capitalista semelhantes a um incêndio florestal. O nível de destruição das poupanças de cidadãos investidores e do mercado em geral foi espantoso. Mas a fúria das chamas também expôs conflitos ignorados havia muito tempo, erradicando os piores delinqüentes e arejando o solo para o enraizamento da infra-estrutura de uma economia civil mais vigorosa e diversificada. Novos manda-chuvas da informação, mais ágeis, estão germinando em solo fértil, haurindo nutrientes para ampla variedade de oportunidades comerciais. As espécies tradicionais também estão evoluindo em suas características fundamentais, pois todas as criaturas que se defrontam com rápidas mudanças no meio ambiente também se deparam com uma escolha sem meios tons: adaptar-se ou extinguir-se. Poucas florescerão, muitas fenecerão, da mesma maneira como algumas das novas reformas regulatórias que afetam os intermediários serão bem-sucedidas, enquanto numerosas outras se revelarão equivocadas. Mas o dinamismo fecundo do sistema acena com a possibilidade de um capitalismo mais robusto: o efetivo monitoramento dos gestores para garantir o desempenho ótimo e a capacitação profícua dos capitalistas investidores para assegurar a maximização do valor.

Outro fator também contribuiu para a decolagem da economia civil. Os proprietários de ações aprenderam a concentrar o foco na qualidade e na competência dos manda-chuvas da informação aos quais confiam suas poupanças, atributos que até então consideravam inquestionáveis.

Talvez inevitavelmente, se os novos capitalistas passarem a prestar atenção em *quem* lhes fornece informações e em *como* se prestam essas informações, é certo que, em seguida, quererão saber de *que* informações realmente necessitam para exercer suas atribuições de proprietário e gerar valor.

Essa é uma questão inquietante, com profundas implicações. Se realmente for verdade que gerenciamos o que avaliamos, as novas informações da economia civil terão o potencial de reformular radicalmente a maneira como os executivos gerenciam as empresas e como os cidadãos investidores avaliam os empreendimentos que dependem de seu capital. Esses são temas que analisamos no Capítulo 7.

PONTOS BÁSICOS

- Os corretores da era pré-Enron distorciam suas recomendações sobre investimentos para atender a interesses comerciais conflitantes. Os reguladores impuseram um remédio: pesquisas independentes sobre ações. Os novos capitalistas avançaram ainda mais, impulsionando serviços inovadores destinados a alinhar as análises de operações de mercado com os interesses dos cidadãos investidores de longo prazo.

- Com muita freqüência, os investidores consideram que estão trabalhando para a administração das empresas, em vez de se verem como cães de guarda dos proprietários das empresas. A dicotomia estadual/federal nos Estados Unidos exacerbou a situação. Enquanto os reguladores impunham novas garantias, os proprietários de ações buscavam antídotos, vigiando os auditores e cultivando idéias para reformas.

- Os agentes do voto por procuração são intermediários pouco conhecidos que exercem enorme influência sobre a maneira como os interesses dos cidadãos investidores são transmitidos às empresas. As demandas dos novos capitalistas por assessoria de qualidade e sem conflitos disseminaram novo setor de serviços que esquadrinha no microscópio a governança das empresas.

- Os consultores formam um esquadrão de porteiros que ajudam a determinar onde e como se investem as poupanças dos cidadãos. No entanto, uma teia de relações comerciais ocultas contaminou as recomendações desses profissionais. Os fundos agora estão impulsionando a demanda por serviços isentos de conflitos.

- As agências de classificação de riscos são enaltecidas por ajudar os cidadãos mais vulneráveis a evitar os investimentos de alto risco. No entanto, essas mesmas entidades abrigam um conflito fundamental: são remuneradas pelas empresas que avaliam, não pelos investidores que devem proteger. As três grandes empresas de classificação de riscos – Standard & Poor's, Moody's e Fitch – se empenham em gerenciar conflitos potenciais. Mas os fundos dos novos capitalistas também estão buscando alternativas em agências menores, não sujeitas a conflitos.

- Os proprietários de ações aprenderam a concentrar o foco na qualidade e na competência dos manda-chuvas da informação, atributos que até então consideravam inquestionáveis.

CAPÍTULO 7

Normas Contábeis

Desvencilhando-se dos Quadrados do Irmão Luca

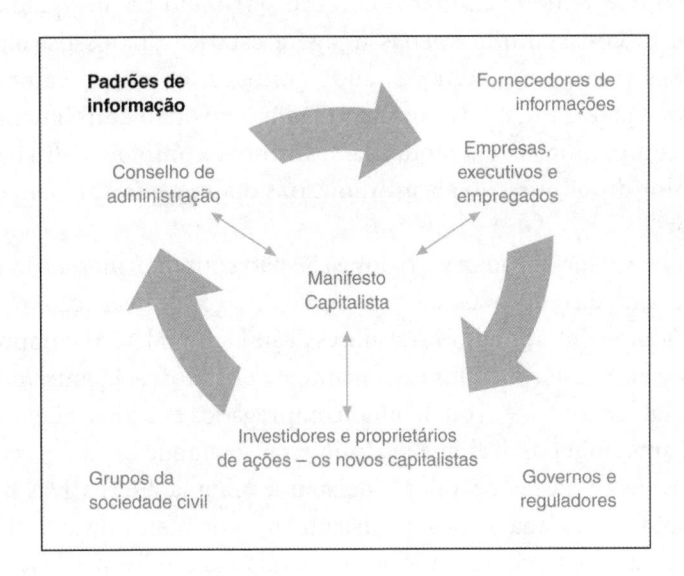

```
Padrões de                          Fornecedores de
informação                          informações

         Conselho de                Empresas,
         administração              executivos e
                                    empregados

                      Manifesto
                      Capitalista

                 Investidores e proprietários
                 de ações – os novos capitalistas
         Grupos da                  Governos e
         sociedade civil            reguladores
```

Os postes de sinalização convencionais, como as normas contábeis, tornaram-se obsoletos, dificultando para os novos capitalistas e para os executivos de empresas medir e gerenciar o valor real. Este capítulo trata do surgimento de critérios de avaliação inovadores na nova economia e mostra as práticas que estão sendo adotadas para alinhar as empresas com os interesses de longo prazo dos cidadãos investidores.

As normas contábeis não foram lavradas em pedra como as tábuas da lei do Monte Sinai. Isso é bom por duas razões: primeiro, a maioria dos seres humanos tem dificuldade em seguir os Dez Mandamentos, que dirá os milhares de diretrizes contábeis. Ainda mais importante, as normas contábeis nem de longe foram capazes de envelhecer tão bem quanto os Dez Mandamentos, embora sejam dezenas de séculos mais jovens.

No entanto, os critérios de avaliação que servem de base para a mensuração do sucesso econômico também se gabam de um pedigree de meio milênio, remontando ao Renascimento Italiano. Evidentemente, o comércio mundial mudou muito nos últimos 500 anos, mas os métodos contábeis tradicionais não acompanharam o mesmo ritmo de evolução. Como o médico que tenta examinar o coração por meio de antiquada máquina de raios X, conseguindo apenas imagem estática dos ossos, mas não informações minuciosas sobre a saúde cardíaca, os novos capitalistas que usam apenas ferramentas contábeis tradicionais não conseguem discernir se uma companhia aberta moderna desfruta de compleição financeira para gerar valor duradouro ou abriga moléstias ocultas que corroem ou destroem valor.

As conseqüências são devastadoras. Se não conseguirmos avaliar com exatidão o estado da empresa, podemos cometer erros de avaliação rotineiros sobre o desempenho dos administradores. Também podemos comprar ou vender ações com base em dados extremamente enganosos. Do mesmo modo, os gestores talvez contratem ou demitam empregados em conseqüência de sinais falsos. Também é possível que a administração aloque capital para empreendimentos destruidores de valor e deixem à mingua alternativas muito mais promissoras. Em suma, se nossos instrumentos de mensuração estiverem fora de sincronia com as circunstâncias do mundo real, todos perdem. Os investidores perdem poder de supervisão e vigilância, os executivos deixam esvair-se a produtividade e as economias nacionais não realizam seu potencial de riqueza e emprego.

Mas também temos boas notícias. Padrões de informação acurados e relevantes estão evoluindo nos bastidores. Eles são componentes fundamentais do ecossistema da economia civil, abrindo caminhos para que os investidores, os diretores, os conselheiros e outros atores ponderem melhor os reais atributos da empresa para criar ou destruir valor. A qualidade das informações é fator crítico para o bom funcionamento do círculo de responsabilidade e de prestação de contas.

O legado do irmão Luca

Quinhentos anos atrás, o frade franciscano Luca Bartolomeo Pacioli lecionava Matemática e Perspectiva. Um jovem aluno talentoso chamado Leonardo da Vinci soube dar bom uso aos ensinamentos, em sua obra-prima *A Última Ceia*. Mas o irmão Luca era muito talentoso e tornou-se mais conhecido por seu livro de 1494 *Summa de Arithmetica, Geometria, Proportioni e Proportionalita*, ou *Tudo Sobre Aritmética, Geometria e Proporção*. Impresso na prensa de Gutemberg, ele tinha 36 capítulos que resumiam um proto-sistema contábil. Pacioli alegava que sua proposta "ofereceria ao comerciante, sem demora, informações sobre seus ativos e passivos".

Pacioli dividia todas as transações mercantis em duas partes opostas e iguais. Quando o comerciante comprava mercadorias ele (1) recebia as mercadorias e (2) entregava dinheiro. Quando vendia, (1) entregava mercadorias e (2) recebia dinheiro. Essa foi a origem da contabilidade por "partidas dobradas", pela qual os créditos (aumento de passivo ou diminuição de ativo) eram iguais aos débitos (aumento de ativo ou diminuição de passivo). O sistema de Pacioli funcionou. E se manteve como base da contabilidade durante meio milênio.

Mas por que isso é importante para a economia civil do século XXI? Porque, a partir do século XIX, mormente no século XX, a segregação crescente entre gestores e proprietários impunha que estes precisassem de alguém ou de algo que lhes proporcionasse certeza sobre a saúde financeira da organização em que haviam feito seus investimentos. O crash do mercado de ações dos Estados Unidos, em 1929, e a depressão subseqüente resultaram em grande prosperidade para as empresas que ofereciam essa certeza, na medida em que os proprietários tentavam compreender o que realmente representavam seus certificados de ações. E, cada vez mais, passaram a recorrer à contabilidade e aos contadores. Considere que a American Association of Public Accountants foi fundada em 1887. Já em 1916, contava com cerca de 1.000 associados pagantes. Hoje, sua sucessora, a American Institute of Certified Public Accountants, orgulha-se de seus 334.000 membros, ou cerca de um em cada 900 americanos. E nem todos os contadores dos Estados Unidos são associados.[1]

De um modo geral, esse enorme pool de recursos de expertise contábil tradicional funcionou e funciona bem. Porém, mais uma vez, muitos dos vetores básicos da economia não haviam passado por transformações fundamentais desde a época de Pacioli. Até o último quarto do século XX, ainda éramos, em boa parte, uma economia baseada em *objetos palpáveis*, que eram comprados e vendidos. Sim, o óleo de baleia cedeu vez à eletricidade e os cavalos foram substituídos pelos automóveis. Mas ainda éramos, sobretudo, uma economia que produzia, comprava e vendia ativos tangíveis.

O vetor de US$1 trilhão

Mesmo hoje, os balanços patrimoniais ainda são eficazes para resumir ativos, como terra, fábricas e dinheiro. Mas esses recursos, combinados com o trabalho físico, não são os únicos fatores que criam valor – nem mesmo para o superfabricante de automóveis General Motors, cujas jóias da coroa não são mais suas famosas linhas de montagem, mas sua subsidiária financeira. No entanto, nosso sistema contábil não passou por nenhuma mudança básica para se adaptar ao fato de que os chamados "intangíveis", para os economistas – marcas, propaganda, patentes, marcas registradas, direitos autorais, know-how financeiro, conhecimento dos trabalhadores, técnicas de aumento da produtividade e outros –, impulsionam a economia de hoje muito mais que fábricas, equipamentos e aço. "É intuitivamente óbvio", concluiu um estudo da Deloitte, de 2004, "que o balanço patrimonial, a demonstração do resultado do exercício e a demonstração dos fluxos de caixa são conseqüências de vetores não financeiros".[2] As quantias envolvidas não são de modo algum triviais. As empresas só nos Estados Unidos gastam hoje cerca de US$1 trilhão por ano com intangíveis que consideram necessários para promover o crescimento.[3] "Os ativos intangíveis representam – se gerenciados com sucesso – direitos a benefícios futuros que não têm expressão física ou financeira. Quando esse direito é garantido por lei, como no caso das patentes ou dos direitos autorais, geralmente chamamos os recursos de 'propriedade intelectual'", explica o professor Baruch Lev, da Universidade de Nova York, especialista no assunto.[4]

Hoje, os investidores astutos tentam calcular o valor das empresas por meio de estimativas de seus fluxos de caixa futuros, gerados por ativos tangíveis e intangíveis. Essa avaliação é traiçoeira; o clássico paradigma de Pacioli realmente ignora o capital intelectual. Qualquer coisa que careça de suporte "físico ou financeiro" não passa de fantasma na contabilidade tradicional.

Para ilustrar as implicações perversas da contabilidade tradicional, consideremos uma situação hipotética. Se, no auge de sua criatividade, o fundador da Microsoft, Bill Gates, tivesse deixado a Microsoft para trabalhar na SAP, gigante de software da Alemanha, você pode apostar que as ações da Microsoft teriam despencado e as ações da SAP teriam disparado. As habilidades de Gates teriam sido um ativo, no sentido coloquial que você e eu atribuímos ao termo e sob o ponto de vista do mercado ao interpretar a definição do professor Lev. Contudo, em nenhum lugar do balanço patrimonial da Microsoft encontraríamos qualquer valor que expressasse o potencial de contribuição de Gates. Na verdade, o nome dele talvez só aparecesse ao se contabilizar sua remuneração, na demonstração do resultado (e, talvez, no lado do passivo do balanço patrimonial, onde se lançassem os pagamentos a que já tinha direito, mas que ainda não havia recebido).

Agora, amplie o exemplo para toda a economia da informação. É lógico que os criadores de valor – os banqueiros do Goldman Sachs, os projetistas da Samsung, os repórteres da Agence France-Presse, os engenheiros da Embraer, os programadores do iPod, na Apple – sejam considerados passivos, em vez de ativos produtivos que podem continuar a criar valor no futuro?

E as coisas estão igualmente distorcidas no outro lado do balanço patrimonial. Hoje, a maioria das ameaças às empresas – riscos à reputação, pressões competitivas, passivos contingentes relacionados com o meio ambiente ou com outras questões regulatórias, e até a sustentabilidade básica do modelo de negócios em si – raramente se reflete na contabilidade, até que a ameaça se torne tão concreta a ponto de os executivos constituírem provisão especial para arcar com o encargo iminente. A essa altura, quase sempre já é tarde demais para o investidor vender ou para os gestores de alguma maneira mitigarem o problema.

"Espera um minuto", você poderia dizer. "As demonstrações financeiras cumprem seu papel. Elas nunca tiveram o objetivo de refletir todas as possibilidades e conjecturas a respeito das empresas e, muito menos, todas as possíveis contingências."

Exatamente. Contudo, isso não é exatamente o que os novos capitalistas – ou os membros do conselho de administração, ou os executivos ou qualquer outro elo da cadeia de responsabilidade e prestação de contas – gostariam de saber? Precisamos de ferramentas para avaliar o passado, mas também para prever os acontecimentos prováveis do futuro e para deixar a empresa em condições de enfrentar esses desafios. Ativos intangíveis, como capacidade da gerência e reputação da marca, ou passivos contingentes, como o efeito de mudanças climáticas ou de práticas corruptas, são difíceis de avaliar – mas, se não tentarmos medi-las, estaríamos capitulando ao tradicional e permitindo que o ótimo seja inimigo do bom.

Dois especialistas identificaram distorções causadas pelas lacunas contábeis décadas atrás. No livro de 1987, *Relevance Lost*, com tradução brasileira (Contabilidade Gerencial – A restauração da Relevância da Contabilidade nas Empresas – Campus-Elsevier), Thomas Johnson e Robert Kaplan, professores de contabilidade gerencial, afirmaram sem rodeios: "Os atuais sistemas de contabilidade gerencial fornecem alvos enganosos para a atenção dos gestores e não oferecem um conjunto relevante de indicadores que reflitam de maneira adequada a tecnologia, os produtos, os processos e o ambiente competitivo em que atua a organização." E prosseguem para afirmar que "onde prevalecem sistemas de contabilidade gerencial ineficazes, os melhores resultados ocorrem quando os gestores... os contornam e desenvolvem seus próprios sistemas de informação".[5]

Assumindo o controle dos números

Nenhum gestor moderno dirige uma empresa confiando apenas nos indicadores contábeis tradicionais. Os executivos de empresas encontraram maneiras inovadoras de monitorar os verdadeiros indutores de valor, como fluxos de pedidos, pressões sobre os preços, patentes, direitos autorais ou outras propriedades intelectuais e as taxas de licença a eles atribuíveis, porcentagens das receitas decorrentes de novos produtos, riscos regulatórios, satisfação dos clientes e motivação da força de trabalho. Os executivos também avaliam a equipe gerencial de maneira formal e informal. E monitoram a competição.

O truque, em outras palavras, é descobrir paradigmas significativos, além dos números obrigatórios por lei. Eis como Thomas Johnson se expressou em seu livro de 1992, *Relevance Regained*, com tradução brasileira (Relevância Recuperada – Empowerment: Delegando poder e responsabilidade – Editora Thomson Pioneira): "O escore financeiro é como o de um jogo de tênis. Como sabem os tenistas, durante o jogo é necessário ficar de olho na bola, não no placar. Porém, os indicadores não financeiros do desempenho operacional, ao contrário dos indicadores de custo tradicionais, quase sempre *são* a bola, não apenas o placar. O controle dos processos com o objetivo de melhorar muitos dos indicadores não financeiros sem dúvida também contribuirá para o avanço da posição competitiva da empresa. Porém, a manipulação dos processos com o propósito de alcançar metas contábeis de custos não tende, em absoluto, a aprimorar a competitividade."[6]

Se os bons gestores de empresas ficam de olho na bola dos critérios de avaliação contábeis não tradicionais, também os bons investidores agem da mesma maneira. Em conseqüência, nosso sistema degenerou em farsa de cabúqui. As empresas dedicam meses de trabalho e milhões em despesas à reformulação dos resultados operacionais a fim de se enquadrar no formato contábil tradicional para divulgação ao público. Apesar de todo esse esforço, a primeira providência da maioria dos analistas ao verem pela primeira vez os relatórios financeiros em suas telas de computador é tentar a "engenharia reversa", no intuito de retornar aos relatórios operacionais que servem de base para a efetiva gestão da empresa no dia-a-dia de suas atividades. Só então os analistas se consideram em condições de realmente compreender o desempenho do negócio.

Felizmente, novas ferramentas informacionais estão sendo desenvolvidas para suplementar os métodos contábeis tradicionais, que já não são suficientes para os novos capitalistas investidores de hoje. E os executivos estão ouvindo a mensagem: aproximadamente 72% dos gestores de empresas afirmaram em pesquisa da Economist Intelligence Unit que "os investidores estão atribuindo maior ênfase ao crescimento sustentável de longo prazo".[7] O novo ecossistema de informação emergente se inclui entre os indícios vaticinadores de que a economia civil está em ascensão.

Quem é o dono das informações?

Na contabilidade tradicional, as relações entre a empresa e terceiros – proprietários, fornecedores, clientes, trabalhadores ou a sociedade em geral – eram simples e lineares. Elas eram definidas pelas transações desses terceiros com a empresa. E esta alegava exercer controle quase exclusivo sobre esses detalhes. Os proprietários de ações se encontravam realmente num gueto de informação, incapazes de descobrir com base em fontes independentes o que as empresas realmente estavam fazendo. Os governos, sem dúvida, estipulavam alguns padrões mínimos de divulgação de informações. Mas as empresas exerciam controle rígido sobre o que o mercado podia saber, retendo alguns indicadores que beneficiariam outras partes do ecossistema da economia civil. Considere, por exemplo, a batalha sobre a contabilização das opções sobre ações nos Estados Unidos. Durante anos, as empresas lutaram com sucesso para evitar o lançamento das opções sobre ações como despesas, embora elas, notoriamente, transferissem valor para a administração e não obstante a maioria dos proprietários reivindicasse o reconhecimento contábil dessa realidade como despesas.

No entanto, hoje, como vimos, os proprietários de ações estão desenvolvendo musculatura para reverter as antigas relações de poder. Consumidores, sindicatos e grupos comunitários estão constatando que podem negociar não só com seus interlocutores tradicionais, os CEOs, mas também com grandes fundos de investimentos e de pensões de propriedade dos cidadãos, mais capazes de se fazerem ouvir nas salas de reuniões dos conselhos de administração. Trata-se de um novo mundo multipolar. Cada vez mais, os investidores institucionais exigem padrões de informação que proporcionem visão mais realista das empresas, em vez de apenas se limitarem a cumprir as normas vigentes. Na economia civil, as informações são, com intensidade crescente, impulsionadas pela demanda dos novos capitalistas proprietários, não pela oferta das empresas, como no passado.

Por exemplo, veja o caso das questões ambientais. Houve época em que nem mesmo eram consideradas pertencentes ao âmbito das empresas – mas, agora, a poluição e as mudanças climáticas são temas fundamentais, ainda que com diferentes graus de ênfase, em todo o mundo. Cerca de três quartos dos investidores institucionais europeus consideram que a sustentabilidade ambiental deve ser fator crítico em suas decisões sobre investimentos, posição em que também se enquadram mais ou menos 20% dos investidores dos Estados Unidos.[8]

Vejamos um exemplo real de relatório ambiental. Será que a General Electric deveria relatar aos acionistas o andamento do processo de limpeza dos bifenilos policlorados (PCBs) com que poluíra o Rio Hudson, de Nova York, muitos anos atrás? No passado, a questão seria do interesse apenas da GE e dos reguladores. Grupos de defesa do meio ambiente teriam sido marginalizados, restando-lhes pressionar os reguladores, como membros da comunidade, ou promover boicotes pelos consumidores, que, em geral, são ineficazes. Agora, contudo, os interesses dos novos capitalistas e dos ambientalistas se sobrepõem – embora imperfeitamente – através de suas aplicações em grandes fundos de investimentos coletivos. E alguns acionistas institucionais têm apetite por informações sobre riscos ambientais. Assim, durante vários anos, os fundos apresentaram propostas formais nas assembléias gerais da GE, obrigando a administração a divulgar relatórios sobre a limpeza do PCB.[9] Essas iniciativas forçaram os conselheiros, como representantes dos acionistas, a explicar sua posição e incentivou outros acionistas a expor à GE suas ansiedades sobre a questão. A empresa, por sua vez, agora considera a divulgação de informações sobre o meio ambiente reivindicação legítima dos proprietários em geral, em vez de tema que lhe foi impingido por grupos de "interesses especiais". Em conseqüência, envolveu-se no diálogo, usando documento obrigatório fornecido à SEC, antes das assembléias gerais (proxy statement), com esclarecimentos aos acionistas sobre temas a serem abordados na reunião, para descrever seus "importantes" programas ambientais, inclusive os "acordos voluntários com o governo sobre a recuperação de praticamente todas as áreas". Esse exemplo focaliza a complexidade crescente dos relacionamentos entre as várias partes interessadas – e a necessidade e a diversidade cada vez maiores de diferentes tipos de informação.

Prevenção de seqüestros

Toda essa complexidade leva a uma questão: que informações devem ser objeto da atenção dos cidadãos investidores? Como saber o que é relevante? Será que os grupos de interesse estão seqüestrando os fundos, ao se aliarem aos defensores do meio ambiente para exigir mais divulgação de informações pelas empresas? Ou os proprietários de ações estão sendo apenas diligentes ao buscar informações não tradicionais de importância crítica para investir com sabedoria nos atuais mercados de capitais?

Um dos critérios para determinar a legitimidade de determinado assunto é encará-lo sob as lentes do manifesto capitalista apresentado no Capítulo 3:

1. Seja lucrativo – crie valor.
2. Cresça apenas onde puder criar valor.
3. Remunere as pessoas adequadamente, para que elas façam as coisas certas.
4. Não desperdice capital.
5. Concentre-se onde suas habilidades são mais fortes.
6. Renove a organização.
7. Trate com justiça os clientes, os fornecedores, os empregados e as comunidades.
8. Promova regulamentos capazes de garantir que suas operações não provoquem danos colaterais e que seus concorrentes não obtenham vantagens injustas.
9. Mantenha-se longe da política partidária.
10. Comunique-se e seja responsável.

Boa parte da divulgação de informações e dos sistemas de relatórios que estão surgindo no panorama dos investimentos se destina a avaliar e a compreender essas 10 "regras", uma vez que esses preceitos refletem as exigências que os cidadãos proprietários impõem às empresas. Evidentemente, o tempo mostrará que algumas são irrelevantes, não passam de modismos e talvez até sejam de todo descabidas. Muitas, se não a maioria, não passarão no teste do tempo. Outras, contudo, serão duradouras.

Os indicadores e sistemas geralmente se enquadram em três categorias:

- ***Critérios destinados a avaliar a capacidade e o intuito da administração de criar valor para os proprietários externos e a probabilidade de sucesso nesse empreendimento.*** Alguns desses indicadores, como Valor Econômico Agregado (Economic Value Added – EVA), são aprimoramentos de indicadores contábeis tradicionais, com o objetivo de esclarecer com mais nitidez o desempenho dos gestores na criação de valor.[10] Outros, como as avaliações da governança corporativa, são novas invenções da economia civil, baseadas em critérios destinados a julgar até que ponto a empresa é amistosa com os proprietários de ações e a avaliar novas modalidades de riscos.
- ***Indicadores destinados a julgar a sustentabilidade da empresa a longo prazo.*** Esses indicadores geralmente se concentram nos passivos con-

tingentes. Os critérios de avaliação voltados para questões ambientais são os mais avançados.

- **Indutores de valor reais, porém intangíveis, como propriedade intelectual.** Esses critérios de avaliação não financeiros geralmente são mais cruciais para o valor da empresa que os números apresentados no balanço patrimonial.

Examinemos com mais detalhes cada uma dessas categorias, para encontrar os aspectos mais fecundos dos novos ecossistemas de informações da emergente economia civil.

Mensuração da criação de valor

Os novos capitalistas proprietários precisam avaliar a eficácia com que a empresa cria ou destrói valor para eles. O aprimoramento da contabilidade tradicional fornece alguma ajuda para a solução de metade do problema: a eficácia com que a empresa cria ou destrói valor. A segunda faceta – o "para eles" – apenas recentemente passou a ser considerada crítica. Em outras palavras, até que ponto determinada empresa ou equipe gerencial é amiga dos acionistas? Como o valor é distribuído entre os acionistas minoritários, a administração, os proprietários controladores e outras partes? Em conjunto, os novos critérios oferecem aos proprietários de ações instrumentos para avaliar em que extensão a empresa segue as primeiras quatro diretrizes de nosso manifesto capitalista: (1) criar valor, (2) decidir apropriadamente onde crescer, (3) alinhar as políticas de remuneração com os desejos dos proprietários e (4) preservar o capital.[11]

Em termos simples, as empresas devem ser oficinas de criação de valor. Os insumos – como matérias-primas, propriedade intelectual, dinheiro ou qualquer outra coisa – entram no sistema, são transformados e aprimorados, para serem por fim vendidos, gerando lucro. Evidentemente, essa seqüência é uma supersimplificação. Todos os tipos de dificuldades se interpõem entre os insumos e os produtos. E, às vezes, as coisas acontecem de maneira diferente. Uma empresa de seguros, por exemplo, vende serviços antes de incorrer em custos – com efeito, mesmo antes de ter certeza de quais serão seus custos. Por simplificação, podemos aproximar o foco de algumas questões-chave: Quão bem funciona o processo de agregação de valor? Qual é a relação produto/insumo? Em outras palavras, até que ponto a empresa é eficaz na criação de valor?

Numerosos acadêmicos e profissionais aprimoraram indicadores contábeis tradicionais, de diferentes maneiras, em busca de respostas a essa pergunta.

Talvez a proposta mais conhecida seja o Valor Econômico Agregado (Economic Value Added – EVA). A Stern Stewart & Co, que desenvolveu o conceito, descreve seu produto como "indicador de desempenho financeiro que chega mais perto que qualquer outra ferramenta da captação do verdadeiro lucro econômico de qualquer empreendimento".[12]

Mesmo descontando a hipérbole do marketing, o EVA realmente busca refletir até que ponto a empresa está agregando valor, uma vez que também considera o custo de capital. Embora haja, literalmente, dezenas de ajustes a serem feitos para a efetiva implementação do EVA, a fórmula básica é muito simples: geração de caixa disponível – [capital X custo de capital].[13] Em outras palavras, o EVA assume que a empresa e, por extensão, seus proprietários, dispõem de alternativas para investir seu capital, em vez de no empreendimento. O proprietário de ações sempre pode vender sua participação na empresa e aplicar o produto da venda em outras empresas, em bônus, em obras de arte, em futuros de petróleo, em moedas de ouro ou em qualquer outra coisa. Se forem racionais sob o ponto de vista econômico, tanto os proprietários de ações quanto as empresas buscam o mais alto retorno, ajustado ao risco, sobre o capital investido. Porém, o que é economicamente racional para o proprietário nem sempre o é para o gestor. Assim, em vez de devolver o excesso de lucro aos investidores sob a forma de recompra de ações ou de distribuição de dividendos, as empresas podem reter o excedente ou partir para farras de aquisições ou para orgias de despesas de capital destruidoras de valor.

Os exemplos são abundantes. Lembre-se do velho estilo de empresa japonesa – grandes conglomerados diversificados –, que almejava aumentar a produção e a participação no mercado. Talvez essas estratégias tenham gerado grandes lucros, com base nos critérios contábeis tradicionais – o que por sua vez conferia aos gestores mais prestígio, poder e benefícios. Afinal, gerenciavam um grande domínio. No entanto, esses indicadores não revelavam se os lucros realmente decorriam de valor agregado ou se simplesmente resultavam da escala de operações, alcançada por meio do acesso a capital fornecido por outros membros do *keiretsu*, o conglomerado familiar, a custo inferior aos de mercado. Quando algum componente do *keiretsu* tinha de competir no mercado aberto, todos os outros membros do grupo sofriam as conseqüências. Critérios mais profundos teriam mostrado aos investidores que poderiam ter obtido melhores resultados se houvessem investido o dinheiro em conta de poupança. Em outras palavras, por trás de uma cortina de normas contábeis que subestimam o custo de capital, a empresa pode registrar crescimento e lucros formais mesmo quando, na verdade, está destruindo valor. Para tanto, basta a má supervisão do capital, erro que não se comete apenas no Japão.

O EVA e outros critérios correlatos procuram revelar o grau de eficácia de determinada empresa na conversão de capital em verdadeiro lucro econômico. Ao incluir o custo de capital no cálculo, assim como o valor do capital necessário para gerar lucro, esse critério gera um resultado final economicamente racional, alinhado com os interesses dos proprietários, não com o dos gestores. Afinal, o que está em risco é o capital dos proprietários.

Valor para quem?

No entanto, os padrões do tipo EVA solucionam apenas metade do problema. Sim, eles efetivamente determinam se a empresa produz verdadeiro lucro econômico. Porém, mesmo que se conclua pela eficácia do empreendimento sob esse aspecto, como saber se os gestores distribuirão o excedente de maneira eqüitativa? Os novos proprietários capitalistas querem receber sua fatia justa. Infelizmente, os escândalos das décadas de 1990 e 2000, assim como a continuidade do descontrole sobre a remuneração dos executivos, são lembretes brutais de que os interesses dos gestores e dos proprietários nem sempre estão alinhados.

As transações com partes relacionadas podem transferir lucros para entidades associadas aos gestores; na Enron, transações pessoais desviaram grandes quantias para a administração. A remuneração dos executivos pode ser uma bomba-relógio que dilui a participação dos proprietários ou simplesmente explode em grande desembolso de caixa em algum momento do futuro. Maurice Greenberg, ex-CEO da AIG, acumulou US$202 milhões – mais de um quinto de um bilhão de dólares – por meio de um esquema de remuneração secreto.[14] Os benefícios indiretos geralmente não estão vinculados ao desempenho. A festa de aniversário multimilionária para a mulher do ex-CEO é um bom exemplo.[15] O simples fato de a empresa ganhar dinheiro não significa que os lucros reverterão em benefício dos proprietários de ações. Por outro lado, planos de remuneração de executivos bem elaborados podem motivar e reter talento gerencial sênior, do mesmo modo como alguns benefícios indiretos podem contribuir para melhor desempenho do CEO e da empresa.

Nessas condições, os gestores trabalham para atender aos interesses de quem: de si próprios ou dos proprietários de ações? Qual deve ser o julgamento dos novos capitalistas?

Governança em grau de investimento

Para resolver esse problema, desenvolveu-se uma indústria internacional de avaliadores da governança corporativa desde 2001. Liderados pela GovernanceMetrics International (GMI) e da Institutional Shareholders Services (ISS), esses provedores de serviços procuram quantificar as características da governança das empresas,[16] com o objetivo de alertar os proprietários de ações para os riscos comparativos de más práticas no relacionamento com os investidores. A GMI e a ISS atuam em âmbito global, mas muitas outras organizações desse tipo operam apenas nos próprios países, como The Corporate Library, nos Estados Unidos; Russian Institute of Directors, na Rússia; ICRA, na Índia; e Thai Rating and Information Services, na Tailândia. Os critérios dessas empresas de classificação de risco vão bem além dos paradigmas tradicionais referentes à qualidade de um empreendimento. Também abrangem a responsabilidade e a prestação de contas por parte do conselho de administração, a correlação entre remuneração dos executivos e desempenho dos gestores e da empresa, os controles sobre transações com parte relacionadas e outras variáveis bem mais prospectivas que os padrões de informação tradicionais.

No Reino Unido, a BoardEx mantém registro dos interesses e das ligações dos conselheiros de todas as empresas. Nos Estados Unidos, o banco de dados da The Corporate Library contém informações semelhantes sobre os membros do conselho de administração, inclusive dados sobre interligações entre esses órgãos em diferentes empresas, além de avaliações da eficácia de seu desempenho. Considerando que os conselheiros são representantes dos proprietários, é surpreendente que essas informações cruciais, que agora propiciam aos proprietários questionar a atuação do conselho de administração, simplesmente não existissem até tão pouco tempo quanto fins da década de 1990.

Os ratings da governança e a avaliação dos conselheiros agora permitem que os fundos incluam esses fatores em decisões sobre investimentos e ativismo. Evidentemente, a governança das empresas é apenas um meio para realizar determinado objetivo, qual seja, criar valor para os proprietários. E as primeiras evidências sugerem que a contribuição é eficaz. Estudos com base em dados da GMI demonstraram de maneira consistente que as empresas americanas e européias com os melhores perfis de governança corporativa superam em desempenho aquelas com classificações mais baixas.[17] Outras pesquisas chegam ao mesmo resultado, usando dados da ISS. "As empresas mais bem governadas são relativamente mais lucrativas, mais valiosas e geram mais caixa para os proprietários de ações", concluíram os professores Lawrence D. Brown e Marcus L. Caulor, da Georgia State University.[18] Conclusões similares estão aflorando em outros mercados, como resultado de pesquisas independentes. Por exemplo, empresas japonesas com altas avaliações superaram em desempenho as com baixa classificação, em 15,12% ao ano, conforme relatórios da Universidade de Maastricht e do Instituto de Tecnologia de Auckland, usando dados da GMI.[19] O Deutsche

Bank constatou que empresas inglesas com altas avaliações em governança corporativa superavam suas congêneres mal classificadas sob os mesmos critérios. A diferença era de 32%, de acordo com dados de cinco anos divulgados em julho de 2005. "Boa governança significa ações com riscos mais baixos, o que se traduz em avaliações relativas, em termos de múltiplos, mais altas", concluiu o estudo do Deutsche Bank.[20]

À medida que se avolumam descobertas similares, a triagem da governança deve converter-se em ferramenta de uso comum pelos novos capitalistas investidores. Além dos métodos de avaliação do tipo EVA, os dados sobre governança assomam à primeira categoria no arsenal de ferramentas de informação do mercado. Vejamos agora a segunda categoria de critérios de avaliação da economia civil, aqueles destinados a medir a sustentabilidade.

Avaliação da sustentabilidade

Aos três minutos de 24 de março de 1989, o capitão Joseph Hazelwood estava relaxando em sua cabine, no navio *Exxon Valdez*. Ele se recolhera para dormir, passando o timão para o terceiro imediato, Gregory Cousins, depois de mudar para o norte o rumo do grande petroleiro, com o objetivo de evitar os pequenos icebergs que pontilham a costa do Alasca. Um minuto depois ocorreu o desastre. Pouco além da Ilha Busby, o topo do recife Bligh rasgou o casco da gigantesca embarcação. Cerca de 11 milhões de galões de petróleo espesso vazaram para o mar, enegrecendo as águas do estreito de Prince William. Nas semanas seguintes, emissoras de televisão de todo o mundo mostraram as imagens de aves marinhas untadas de óleo negro, de peixes mortos amontoados em rochedos e da linha litorânea maculada, em contraste com a prístina paisagem circundante. Em breve, a catástrofe ambiental se convertia em cataclismo financeiro: a Exxon perdeu cerca de US$15 bilhões em valor de mercado, como resultado direto do derramamento do *Valdez*.[21]

Em setembro daquele ano, numerosos investidores institucionais concluíram que já haviam visto o suficiente. Numa biblioteca particular na Midtown Manhattan, o comptroller da cidade de Nova York, Harrison J. Goldin (assessor de investimentos dos fundos de pensão da cidade de Nova York); o comptroller da Califórnia, Gray Davis (agente fiduciário do California Public Employees Retirement System, ou CalPERS, e do California State Teachers' Retirement System); e Joan Bavaria, da CERES, na época um grupo ambientalista pouco conhecido de Boston, divulgaram os "Princípios de Valdez". O que essa coalizão de ambientalistas e de investidores tinha em comum era a crença em que as questões referentes ao meio ambiente envolviam riscos financeiros reais. Para os ambientalistas, os danos ao meio ambiente já eram custos em si mesmos. Para Goldin, Davis e outros investidores que adotavam o estilo dos novos capitalistas, as questões ambientais eram diferidas para passivos contingentes, suscetíveis de explodir a qualquer momento e abrir rombos nos balanços patrimoniais muito à semelhança do buraco que o recife Bligh rasgara no casco do *Valdez*. Agora, ambos os grupos queriam que a América S.A. aderisse aos 10 princípios da conduta empresarial responsável.

O fato de realizarem a coletiva numa biblioteca parecia um presságio da reação das empresas à iniciativa: o mais absoluto silêncio. "Conforme se constatou, as grandes empresas não estavam nem um pouco interessadas em assinar os princípios", recorda-se Bavaria.[22]

O que levou a coalizão a pôr mãos à obra. Ken Sylvester, veterano da campanha anti-apartheid da África do Sul, do gabinete de Goldin, com Andy Smith, do Interfaith Center on Corporate Responsibility, redigiram propostas de deliberação, determinando que as empresas cumprissem os Princípios de Valdez. O Ceres enviou centenas de cartas a CEOs, pedindo que suas empresas endossassem os princípios. Aos poucos, algumas empresas menores disseram sim. A primeira foi a Smith & Hawken, fabricante de equipamentos e utensílios para jardinagem. Em seguida, a Aveda, do setor de cosméticos. Depois a Ben & Jerry's, de sorvetes, que trouxe com seu endosso as infalíveis habilidades da empresa em relações públicas e observou, de imediato, que denominar as diretrizes Princípios de Valdez era como chamar a National Audubon Society, organização ambientalista americana sem fins lucrativos, constituída em 1905, de "sociedade dos pássaros mortos".[23] Em conseqüência, os patrocinadores rebatizaram o documento com o nome "Princípios CERES". Pouco depois, a Sun Company – empresa petrolífera! – tornou-se a primeira da *Fortune 500* a aderir às diretrizes.

Nesse caso, o precedente mais importante foi o último princípio Ceres, segundo o qual os signatários se comprometiam a avaliar suas políticas e procedimentos ambientais anualmente, a apoiar a criação de princípios de auditoria ambiental e a divulgar relatórios anuais sobre como cumpriam os nove outros princípios. E assim nasciam as primeiras normas sobre divulgação de informações ambientais aos novos capitalistas.

Agora, avance uma década, para o Fórum Econômico Mundial, em Davos, Suíça, que reúne as empresas globais em conclave anual. O secretário-geral das Nações Unidas, Kofi Annan, desafiou a comunidade de negócios a ir além de normas ambientais isoladas e desenvolver princípios de sustentabilidade para beneficiar o comércio e a sociedade em geral. Esse discurso resultou no Pacto Global (Global Compact), rede voluntária entrelaçada por um conjunto de princípios. Em pouco tempo, a iniciativa se convertia em nau capitânia dos padrões de sustentabilidade. Em geral, a sustentabilidade corresponde aos mandamentos seis a nove do manifesto capitalista – renove a organização; trate com justiça os clientes, os fornecedores, os empregados e as comunidades; promova regulamentos capazes de garantir que operações não provoquem danos colaterais e que seus concorrentes não obtenham vantagens injustas; e mantenha-se longe da política partidária. A comunidade de investimentos socialmente responsáveis (SRI) chama esses indicadores de sucesso de "tríplice resultado" (triple bottom line), com benefícios econômicos, ambientais e sociais. Os novos capitalistas encaram a situação como riscos e oportunidades a serem monitoradas como parte do único resultado a ser almejado pelas empresas, qual seja, o de gerar valor duradouro para os cidadãos investidores.

Profusão de padrões

No início de 2006, mais de 2.300 empresas já haviam aderido voluntariamente ao Pacto Global, além de numerosos grupos de negócios, sindicatos trabalhistas, organizações da sociedade civil e até algumas cidades e bolsas de valores.[24] Os primeiros dois princípios do pacto tratam de direitos humanos, os quatro seguintes se relacionam com questões trabalhistas, três são diretrizes ambientais e o último versa sobre normas anticorrupção.

Evidentemente, o desenvolvimento dessas diretrizes não impediu a elaboração e até a eclosão de paradigmas "específicos". Apenas para dar o gosto, aqui estão meia dúzia das organizações mais influentes que hoje promulgam, promovem e certificam várias normas sobre sustentabilidade:

- Accountability é uma organização sem fins lucrativos, com sede em Londres, que criou e sustenta os padrões AA1000, para a avaliação do grau de responsabilidade e de prestação de contas das organizações perante seus stakeholders. O referencial AA1000 se ergue sobre três princípios básicos: envolvimento dos stakeholders, responsividade da organização a essa participação ativa e auto-aprendizado e inovação.[25]
- Fairtrade Labeling Organizations International (FLO) se concentra basicamente no setor agrícola de mercados emergentes. Constituída nos Países Baixos, em 1986, e agora expulsa da Alemanha, a FLO certifica que os pequenos agricultores e trabalhadores dos mercados emergentes receberam preços justos por seus produtos e que esses produtos foram cultivados em condições de trabalho humanas.[26]
- Organização Internacional do Trabalho (OIT), parte do sistema das Nações Unidas, criou várias normas internacionais sobre condições

de trabalho, muitas delas adotadas voluntariamente por grandes empresas.[27]
- International Organization for Standardization (ISO) remonta a 1946. Durante décadas, definiu padrões industriais para itens triviais, mas essenciais, como porcas, arruelas e parafusos. Hoje, é mais bem conhecida pela ISO 9000 (gestão da qualidade). Esses padrões, por sua vez, deram origem a um próspero setor de consultoria em credenciamento e certificação, que opera, literalmente, da Argentina a Zimbabwe.[28]
- Social Accountability International (SAI), com sede em Nova York, se concentra em normas trabalhistas. Sua nau capitânia, a SA8000, tem por objetivo criar condições para que varejistas e outros participantes "mantenham condições de trabalho justas e honestas em toda a cadeia de suprimentos".[29]
- Transparência Internacional, organização não-governamental com sede em Berlim, desenvolve (com a SAI) "Princípios de Negócios para Combate ao Suborno" (Business Principles for Countering Bribery).[30]

Sem dúvida, as comportas estão abertas, o que é, ao mesmo tempo, bênção e maldição. Quais dos milhares de novos padrões devem merecer a atenção dos novos capitalistas? Que critérios devem orientar a gestão das empresas? Coitado do gestor de empresas, que, já confinado aos princípios contábeis tradicionais e obrigado a prestar atenção ao EVA, agora ainda precisa considerar centenas de indicadores sociais, embora dificilmente qualquer um deles venha a gerar algo melhor que meras aproximações da capacidade da empresa de proporcionar retornos sustentáveis aos proprietários. Como a empresa conseguirá observar todas essas normas e padrões, mesmo que essa seja a sua intenção? Uma das soluções representa a terceira categoria do novo ecossistema de informações: uma estrutura integrada para a divulgação de intangíveis.

Informações sobre fantasmas, ou intangíveis

Robert Massie, chefe do Ceres, e Allen White, senior fellow do Telus Institute, imaginaram um sistema de relatórios simplificado, bastante amplo para acomodar todos os novos padrões e flexível o suficiente para ser útil e aceito em todo o mundo, pelas empresas e pelas organizações sem fins lucrativos. Para tanto, formaram parcerias com o Programa de Meio Ambiente das Nações Unidas e com a SustainAbility, consultoria em responsabilidade das empresas, com sede em Londres. Dois anos depois, a nova Global Reporting Initiative apresentou a primeira versão do documento Generally Accepted Reporting

Framework (Estrutura de Relatórios de Ampla Aceitação). O evento ocorria 10 anos depois do desastre do *Exxon Valdez*. Em 2002, a GRI tornou-se entidade totalmente independente, com sede em Amsterdã.

Hoje, a GRI trabalha com praticamente todos os principais órgãos normativos sobre questões de sustentabilidade na economia civil. A essência dos relatórios da GRI é um conjunto de diretrizes sobre sustentabilidade, cujo conteúdo básico se aplica, de um modo geral, a todas as organizações de qualquer setor. Protocolos técnicos fornecem detalhes, definições e características de indicadores específicos, como trabalho infantil. Embora a estrutura do relatório pretenda ser flexível e multissetorial, a GRI fornece "suplementos setoriais" para refletir as preocupações singulares de certos setores, como mineração ou finanças.[31]

Uma das razões da ampla aceitação da GRI tem sido a adoção de uma estrutura de governança voltada para todos os stakeholders, criando condições para que praticamente todos os participantes relevantes expressem seus pontos de vista. Em 2005, o conselho de administração da GRI incluía empresas (Deutsche Bank, Tata e Anglo American); especialistas técnicos (Association of Chartered Certified Accountants, Deloitte Touche Tohmatsu); e grupos da sociedade civil (AFL-CIO, South African Human Rights Commission). O conselho de administração, por sua vez, conta com o apoio de uma comissão de stakeholders de 60 membros, com representação global, e de uma comissão técnica, com 10 membros. Um terceiro órgão colegiado ainda mais amplo congrega quase 250 empresas e organizações diversas.

O objetivo dessa estrutura de governança robusta, ainda que um tanto pesada, é que quase qualquer questão pode ser analisada e aprovada ou vetada por especialistas, antes de ser incluída entre os indicadores relevantes, no estilo GRI. Essa preocupação com a relevância exerceu algum apelo. Quase 800 empresas globais de primeira linha adotam até certo ponto os padrões da GRI em seus relatórios. "A GRI se transforma, com rapidez, em paradigma efetivo na definição do tríplice resultado", observou Allan Fels.[32]

No entanto, para os novos capitalistas, cabe uma advertência. A GRI não é instituição voltada especificamente para os proprietários. Ela se orienta para os interesses dos stakeholders em geral, como empregados, governos e grupos de interesses, que devem desfrutar de acesso separado, mas em igualdade de condições com os que arriscam seu capital. Abordamos as questões referentes aos stakeholders no Capítulo 4 e observamos que, sob o modelo dos novos capitalistas, as questões relevantes para os stakeholders chegam ao proscênio por meio da convergência com os interesses dos proprietários. Em contraste, conforme a teoria dos stakeholders, conquista-se valor por meio de negociações envolvendo os interesses das diversas partes interessadas, não importa que esses interesses sejam ou não compatíveis com os objetivos a longo prazo dos proprietários.

Embora seja importante lembrar-se dessa distinção básica, as necessidades diárias de informação por parte dos proprietários e de outros stakeholders geralmente são coincidentes. Sir David Clementi, presidente do conselho de administração da Prudential, tentou a quadratura desse círculo, em especial, num discurso na assembléia geral de 2005 da International Corporate Governance Network: "Devemos prestar contas a numerosos outros stakeholders: nossos empregados, as comunidades em que operamos, os reguladores e, evidentemente, nossos clientes. Porém, lidar com esses stakeholders, de maneira aberta e honesta, é bom negócio. Por exemplo, nossa responsabilidade perante os empregados é, sem dúvida, muito importante; mas como poderíamos construir valor para os acionistas se não cuidássemos com enorme zelo de nossos recursos humanos? Portanto, não é difícil compreender que a preocupação com esses stakeholders é inteiramente compatível com nossa atitude segundo a qual nossa responsabilidade básica é perante nossos acionistas; e aumentar o valor da empresa para eles."[33]

No entanto, como tudo isso funciona na prática?

O experimento Coloplast

Em princípios de 2003, um pequeno exército de pesquisadores da PricewaterhouseCoopers (PwC) invadiu os escritórios da Schroders, gestora de investimentos do Reino Unido, para conduzir um experimento inusitado.[34] Eles vieram armados com dois documentos. Um era o relatório anual da Coloplast, empresa dinamarquesa de produtos médicos, reconhecida como inovadora na divulgação de informações não financeiras. O outro era versão cuidadosamente reconstruída do primeiro documento, que apresentava ampla variedade de dados financeiros, com base na contabilidade convencional, e os comentários da administração, mas omitia os fartos indicadores não financeiros acrescentados pela Coloplast em seu relatório anual. A equipe da PwC expôs as duas versões – a original, *com* indicadores não financeiros, e a modificada, *sem* indicadores não financeiros – a vários analistas de ações da Schroders e pediu que cada um apresentasse recomendações de compra ou venda, além de previsão de dois anos de receitas e lucros. Os consultores monitoraram cada analista e lhes deram duas horas para produzir suas previsões.

A missão da PwC era simples: saber como a equipe de analistas de investimentos trataria as duas versões. Será que a mais abrangente, o relatório em estilo de economia civil, levaria a recomendações mais positivas, implicando que a Coloplast conquistaria acesso mais barato a capital, ou será que a inclusão de indicadores não financeiros não induziria a recomendações mais positivas, implicando que os proprietários de ações não se convenceriam de que os intangíveis contribuiriam para a geração de valor? Os resultados foram surpreendentes.

À primeira vista, a equipe da PwC achou que o relatório com informações não financeiras era irrelevante e até prejudicial, porque a média das estimativas de receita e de lucro dos analistas da Schroders que receberam apenas as informações financeiras tradicionais era superior à dos analistas que receberam o relatório completo. No entanto, uma análise rápida revelou as razões da diferença. Os analistas que receberam o relatório modificado, sem indicadores não financeiros, produziram maior amplitude de estimativas e os extremos mais favoráveis haviam distorcido para cima os resultados. Em contraste, os analistas que receberam o relatório completo, com indicadores não financeiros, geraram amplitude de estimativas muito mais estreita, denotando maior segurança nas previsões. No entanto, ainda mais importante, nada menos que 80% dos analistas do segundo grupo recomendaram a compra das ações, ao passo que, não obstante a média mais alta de estimativas de receita e lucro, a maioria dos analistas do primeiro grupo, que receberam o relatório apenas financeiro, recomendou a venda das ações.[35] O resultado do experimento deixou os membros da força-tarefa da PwC coçando a cabeça e perguntando por quê.

Eles concluíram que os analistas que trabalharam com o relatório completo demonstraram maior confiança não só em sua capacidade de compreender os vetores de valor da Coloplast, mas também na capacidade da administração da empresa de ficar de olho na bola, em vez de no placar, para usar a analogia de *Relevance Regained*, de Johnson. Sentindo-se seguros com os critérios minuciosos da Coloplast para acompanhar a propriedade intelectual, como novos produtos e patentes, eles consideraram as ações da empresa menos arriscadas que a média do mercado. Em contraste, os analistas que receberam apenas os relatórios financeiros convencionais consideraram a empresa mais arriscada e recomendaram a venda.

As descobertas da PwC mostram que critérios não financeiros confiáveis criam condições para que os proprietários de ações compreendam melhor a empresa e avaliem se seu desempenho é compatível com os interesses a longo prazo dos novos capitalistas. "Na falta de informações comprobatórias", afirmaram os pesquisadores, "o investidor é obrigado a tentar tranqüilizar-se sobre a qualidade e sustentabilidade do desempenho da empresa com base na exposição opinativa dos administradores, como complemento das próprias demonstrações financeiras auditadas... Sem evidências mais substanciais do bom desempenho da empresa no âmbito geral, a descrença e o cepticismo logo passam a predominar".[36]

O estilo ampliado de divulgação de informações da economia civil realmente abrange os princípios alfa e ômega de nosso manifesto capitalista de 10 pontos: (1) Crie valor e (10) Comunique-se e seja responsável. Na falta de reais vetores de valor, a empresa tem pouco a comunicar; na falta de comunicação, mesmo as empresas bem gerenciadas e agregadoras de valor não conseguem convencer o mercado a fornecer-lhes capital a custo mais baixo. A divulgação de informações ampliada é o processo de feedback que cria o círculo virtuoso dos 10 mandamentos da economia civil.

Além dos números isolados

Dois anos depois do experimento Coloplast, mais um estudo realizado no outro lado do Atlântico conferiu reforço estatístico às inferências da PwC.

Brian Rivel nasceu para ser pesquisador de mercado. O pai dele fundou a Rivel Research Group, empresa americana que ajuda empresas da *Fortune 500* a compreender como os investidores institucionais tomam decisões de compra ou venda. Portanto, quando a Rivel fez uma pesquisa entre 306 gestores de *portfolio* e analistas de investimentos em 2005, ele sabia o que esperar: a expectativa de aumento do lucro por ação (LPA) seria o fator mais importante na decisão dos investidores sobre a compra de ações de determinada empresa. Afinal, era assim havia gerações.

Porém, dessa vez, a Rivel descobriu que, com efeito, o crescimento do LPA não mais encabeçava a lista. Em vez disso, a credibilidade da administração e a eficácia da estratégia de negócios influenciavam, respectivamente, 83% e 77% de todas as decisões de compra. O crescimento do LPA, embora ainda fosse importante, situava-se na quarta posição, com 68%. Tanto fatores tangíveis quanto intangíveis compunham a lista: geração de caixa confiável aparecia em terceiro lugar, com 72%; vigor do balanço patrimonial, 61%; tendências econômicas e setoriais, 48%; produtos ou serviços inovadores, 44%; governança corporativa, 42%; cultura organizacional, 33%; dividendos atraentes, 13%.[37]

Qual é o ponto? Conforme sugere o experimento Coloplast, somente números já não são suficientes. Os fundos de investimentos e de pensão dos cidadãos investidores buscam cada vez mais indicadores não convencionais, em parte por que esses novos critérios conferem credibilidade aos critérios tradicionais.

FIGURA 7.1

Contabilidade de Nova Geração

Atividade de Criação de Valor	Fluxo de caixa histórico			Indicador do fluxo de caixa prospectivo		
	1998	1999	2000	2001	2002	2003
Inovação						
• Despesa com P&D	150	161	170	⊘	⊘	→
• Custo de alianças para pesquisa	70	72	96	→	→	→
• Receitas com a venda de patentes	(5)	(9)	(12)	↑	⊘	→
• Receitas com novos produtos lançados nos últimos quatro anos	(830)	(854)	(1.035)	⊘	⊘	⊘
• Experiência em gestão do conhecimento	25	28	35	→	⊘	⊘
Valor da marca						
• Propaganda	30	31	30	→	→	→
• Promoção	25	22	20	→	→	→
• Marketing	30	31	31	→	→	→
Valor para o cliente						
• Receitas (análise de segmentos)	(1.277)	(1.294)	(1.501)	⊘	⊘	⊘
• Revisões de novos clientes	(98)	(102)	(120)	→	↓	→
Valor do capital humano						
• Remuneração e benefícios	430	410	401	→	→	→
• Salário médio ($000)	80	85	92	→	→	→
• Despesas com treinamento e desenvolvimento	45	49	62	↑	↑	↑
• Despesas com medicina e segurança do trabalho	5	5	6	↓	↓	↓
Eficiência da cadeia de suprimentos						
• Custo das vendas	715	720	840	→	→	⊘
• Custos de distribuição	40	39	50	⊘	⊘	⊘
• Despesas com terceirização	5	45	60	↑	→	→
• Custos dos sistemas	25	30	40	⊘	⊘	→
Valor social e ambiental						
• Normas e encargos ambientais	5	10	12	↑	↑	↑
• Despesas filantrópicas e sociais	2	2	3	↘	↓	↓
• Pagamentos líquidos ao governo	351	361	365	→	→	→

↑ Aumento significativo   ⊘ Aumento moderado   → Situação constante
↓ Redução significativa   ↘ Redução moderada

Indicadores de risco	Indicadores não financeiros	Tendência histórica 1998	1999	2000	Objetivo
• Obsolescência tecnológica	• Portfolio de patentes (nº)	110	112	140	Aumento anual de 10%
• Retenção de pessoal	• Porcentagem da receita com novos produtos	65%	66%	69%	80%
• Prazo médio de desenvolvimento de novos produtos	• Geração de novas idéias	1.240	1.253	1.372	2.000 em 2002
• Tendências da moda • Sazonalidade	• Consciência da marca (1992-100)	127	128	131	150 em 2003
• Competitividade do preço	• Fatia do mercado	20%	20,5%	22%	25% em 2003
• Tendências da moda • Disponibilidade do produto	• Crescimento do mercado • Satisfação de clientes (1998-100)	4% 103	5% 104	4% 103	ND (não disponível) 110 em 2003
• Renda consumível/ índice de poupança	• Retenção de clientes	87%	87%	87%	90% em 2002
• Remuneração competitiva	• Número de empregados • Turnover de pessoal-chave	5.375 11%	4.823 10%	4.358 10%	Menos de 8%
• Equilíbrio trabalho vida	• Satisfação dos empregados (1998-100)	104	103	101	115 em 2003
• Desenvolvimento pessoal	• Faltas por doença (pessoas-dia)	2.956	3.003	2.905	2.000 em 2002
	• Pedidos de emprego não solicitados	320	300	295	400 em 2003
	• Índice de Rookie (< 2 anos)	32%	26%	27%	20%
	• Horas médias com treinamento	65	70	69	90 horas em 2003
• Incerteza política • Inflação do custo unitário	• Tempo médio com o processamento de pedidos	6	6,5	5,5	4 horas em 2003
	• Entregas pontuais	90%	93%	93%	98%
• Qualidade do produto	• Reclamações	537	557	590	300 em 2003
• Atendimento de pedidos • Eficiência do processamento	• Defeitos em produtos	265	233	207	50 em 2002
• Direitos humanos na Ásia	• Emissões de gases do efeito estufa (tons)	15	18	17	12 em 2002
• Medicina e segurança do trabalho	• Uso de material de embalagem (tons)	5	6	7	Menos que 5
• Bem-estar dos animais	• Número de ações judiciais contra a empresa por iniciativa de terceiros	2.350	3.100	3.025	Menos que 2.000 em 2001

Fonte: Adaptado de publicação da PricewaterhouseCoopers LLP, intitulada *ValueReporting Forecast 2001 – Trends in Corporate Reporting*, 56-57. Usado com permissão.

A pesquisa da Rivel e o experimento Coloplast suscitam uma pergunta: no mundo ideal, que informações os novos capitalistas proprietários querem receber das empresas? Como seria um relatório empresarial ideal? A Global Reporting Iniciative poderia responder a essa pergunta sob o ponto de vista da sustentabilidade. Mas e quanto a um relatório holista que inclua critérios tradicionais, critérios de sustentabilidade e critérios prospectivos de criação de valor?

Contabilidade na economia civil

Numerosos participantes do mercado sugeriram formatos e padrões para a nova geração da contabilidade. David Phillips, sócio da PwC em Londres e renomado especialista em relatórios narrativos eficazes, é autor de um dos trabalhos mais sensatos sobre o tema. De acordo com os padrões da PwC (ver Figura 7.1), ele iniciaria o relatório de "análise de valor" de uma empresa também sob o formato de partidas dobradas. Só que agora as colunas não seriam ativos e passivos nem receitas e despesas, mas sim "atividades de criação de valor" e "indicadores de risco". As idéias de Phillips sobre atividades de criação de valor abrangem inovação, valor da marca (despesas recentes com propaganda, promoção, marketing), valor para os clientes (por exemplo, receitas derivadas de novos clientes), valor do capital humano (que Phillips considera atividade de criação de valor, não apenas despesa), cadeia de suprimentos e valor ambiental e social.[38]

Em cada categoria, a PwC propõe indicadores e medidas, tanto históricos quanto prospectivos. No lado da criação de valor, Phillips recomenda que a empresa divulgue o fluxo de caixa dos últimos três anos e a projeção da probabilidade de aumento, redução ou estabilidade desses indicadores nos próximos três anos. No lado dos indicadores de risco, ele sugere medidas de tendência histórica, assim como a meta de redução de riscos, se houver. A Figura 7.1 mostra um resumo da proposta da PwC para os relatórios de nova geração.

Contabilidade de nova geração

A proposta da PwC não é, de modo algum, o único projeto de padrões de informação para a arquitetura ainda em desenvolvimento da nova economia civil. O estudo da Deloitte, "In the Dark", marca outra iniciativa para melhorar a contabilidade.[39] No entanto, convém observar que as grandes empresas de contabilidade globais estão empenhadas em exercícios de criatividade em busca de maneiras de superar os velhos quadrados do sistema de partidas dobradas do irmão Luca.

Os novos capitalistas exigem modelos vigorosos que complementem a contabilidade tradicional, com o objetivo de beneficiar-se do que poderíamos chamar "efeito Coloplast". Indicadores relevantes criam condições para que os investidores identifiquem as empresas realmente gerenciadas para o benefício duradouro dos cidadãos investidores por trás dos grandes fundos de investimento e de pensão e as orientadas para produzir lucros de curto prazo, mal distribuídos. Com a melhoria dos novos padrões, as empresas que alcançarem o topo levantarão capital a custos mais baixos. Os cidadãos proprietários serão capazes de controlar melhor o risco e de auferir retornos mais elevados ao longo do tempo. E também a sociedade se beneficiará, na medida em que as empresas passarem a tratar seus empregados, o meio ambiente e os fatores sociais como recursos valiosos a serem cultivados. O rompimento do gueto dos padrões de informações liberará poderosos ganhos para todas as partes envolvidas.

PONTOS BÁSICOS

- A contabilidade tradicional é má julgadora dos ativos intangíveis e de seu potencial de geração de valor. Essa é uma grave deficiência, considerando que os recursos do conhecimento ultrapassaram os ativos de tijolo e cimento como vetores do crescimento econômico.

- Os modernos paradigmas de informação são igualmente necessários tanto para os novos capitalistas que tentam avaliar as empresas quanto para os executivos de negócios em busca de melhores meios para gerir seus empreendimentos.

- Todo um novo conjunto de critérios de avaliação e de padrões de relatórios da economia civil está em desenvolvimento. Nem todos serão duradouros. Os mais vigorosos são aqueles tendentes a:

  - Avaliar a capacidade e o intuito da empresa e da administração de criar valor para os proprietários externos e a probabilidade de sucesso na consecução desse objetivo (por exemplo, EVA e as várias avaliações de governança).

  - Julgar a sustentabilidade da empresa no longo prazo (por exemplo, Pacto Global e GRI).

- Focar os indutores de valor reais, porém intangíveis, da empresa, como propriedade intelectual (por exemplo, modelo de análise de valor da PwC).

- Os resultados do experimento Coloplast e das pesquisas da Rivel sugerem que os novos capitalistas valorizem a melhoria da divulgação de indicadores não financeiros. Os proprietários da economia civil tendem a recompensar empresas que demonstrem capacidade de fazer bom uso dos ativos intangíveis. Os benefícios podem incluir lealdade, valorização das ações e redução do custo de capital.

CAPÍTULO 8

ONGs e Capital

A Sociedade Civil Conflui com a Economia Civil

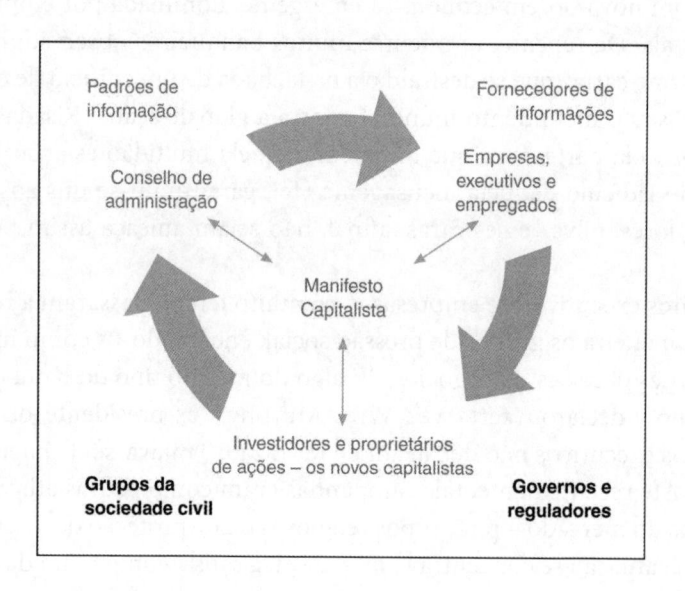

```
Padrões de                          Fornecedores de
informação                          informações

                                    Empresas,
Conselho de                         executivos e
administração                       empregados

              Manifesto
              Capitalista

          Investidores e proprietários
          de ações – os novos capitalistas
Grupos da                           Governos e
sociedade civil                     reguladores
```

Os novos capitalistas também são consumidores, empregados e cidadãos. Este capítulo mostra como as organizações civis locais foram pioneiras em novas maneiras de usar os mercados de capitais e os poderes da propriedade para influenciar o comportamento das empresas e a contribuição dos governos e dos reguladores para criar a economia civil.

Era um dia de abril em Washington, D.C. e uma multidão de manifestantes ostentando faixas e cartazes fluía como um rio entre as altas margens de concreto da Pennsylvania Avenue, em cujos bunkers sobranceiros se abrigava um exército de banqueiros, lobistas e advogados. As tropas espreitavam ansiosas entre persianas semicerradas. Menos de cinco meses antes, muitos dos mesmos manifestantes ululantes detonaram tumultos em Seattle durante o encontro de cúpula da Organização Mundial do Comércio. Agora, advertira a polícia, era a vez da capital federal. Representantes do Banco Mundial e do Fundo Monetário Internacional estavam reunidos em numerosos eventos programados para aquela primavera. Os conclaves eram atração irresistível para dezenas de milhares de manifestantes dispostos a condenar o que consideravam nova ordem econômica emergente, dominada por empresas multinacionais. De repente, um dentre muitos banqueiros observadores divisou um enorme cartaz que se desfraldava na fachada de um edifício de escritórios: "Engaje-se no movimento mundial contra a globalização!" Risadas irromperam por toda parte. Será que ninguém daquela multidão esfarrapada se deu conta do ridículo daquela mensagem? Hei, garantiram-se uns aos outros os espectadores, talvez esses caras, afinal, não sejam ameaça assim tão assustadora.

Muitos executivos de empresas já há muito tempo passaram a rechaçar da mesma maneira os grupos de pressão social, encarando-os como intromissão exótica nas decisões de negócios. "É algo do mesmo tipo do bambolê – mero modismo", declarou certa vez W.R. Murphy,[1] ex-presidente da Campbell Soup. Os executivos não deixavam de ter razão. Tratava-se de julgamento racional. Até recentemente, tais campanhas eram como pedras atiradas *de fora* da tenda do mercado – por grupos religiosos ou de proteção de direitos humanos, cuja atuação se concentrava numa única causa, como o fim do apartheid, na África do Sul, ou a proibição da venda de cigarros para menores. Os conselhos de administração podiam esperar esses ataques incômodos, confiantes em que a questão ou seus defensores acabariam perdendo a força. Se as críticas mordiscassem as beiradas da reputação ou das vendas de uma empresa, os conselheiros sempre podiam acenar com gestos perfunctórios de relações públicas para repeli-las.

Porém, a época em que se menosprezavam as manifestações e as críticas está chegando ao fim. Seattle e Washington, juntos, se transformariam em marcos de grande visibilidade na estrada para a economia civil – eventos que introduziram os dissidentes anticapitalistas marginais à massa das platéias globais. Cidadãos de todo o mundo se sentiram agredidos pela anomia de muitas das manifestações, mas os protestos os lembraram de suas próprias ansiedades profundas em relação às mudanças avassaladoras no comércio internacional, com a conseqüente redistribuição de empregos, o fechamento de empresas familiares, a homogeneização de culturas e o deslocamento do poderio econômico para plagas distantes. A conseqüência dos protestos de rua televisados foi converter essa agitação popular em poderoso indutor de novo pólo de poder no mercado: as organizações da economia civil, concentradas não mais em questões relativamente marginais, mas nos próprios fundamentos das empresas.

Hoje, os grupos de lobby que se empenham em mudar o comportamento das empresas são componentes centrais do novo ecossistema capitalista. Eles se tornam cada vez mais habilidosos em esgueirar-se para dentro da tenda do mercado, atrelando suas grandes causas à influência muito real e poderosa do dinheiro dos novos capitalistas. O argumento deles, reiterado com diferentes graus de consistência, gira em torno da tese de que a responsabilidade social é boa para o resultado financeiro das empresas, assim como para o bem comum da sociedade em geral. A ambição deles é nada menos que redefinir a noção fundamental de valor para os acionistas, de modo a nela incorporar elementos de responsabilidade social como atributos permanentes e intrínsecos de cada uma das empresas, como organizações de negócios isoladas. E, instigadas por cidadãos insatisfeitos, de numerosas maneiras não interligadas, mas paralelas, essas organizações estão construindo com obstinação uma infra-estrutura de mercado com esse propósito específico.

O que há de novo?

Tudo isso talvez provoque alguns bocejos. Afinal, as empresas ao longo dos últimos 400 anos tiveram tempo suficiente para se acostumarem com o clamor público por responsabilidade social.

Essa realidade é inquestionável. Quando os banqueiros aprestaram a Vereenigde Oost-Indische Compagnie, a Companhia Holandesa das Índias Ocidentais, para a primeira oferta pública inicial de ações de todos os tempos, em 1602, tiveram de enfrentar manifestantes pacifistas. A questão era aguda. A estratégia da empresa na Ásia dependia em grande parte da exploração sem restrições de conflitos armados, de bloqueios, de pirataria, de assassinatos, de aprisionamentos, de saques, de terror, de escravidão, suborno e de outras táticas de negócios compatíveis com os padrões da época. Quando os diretores da VOC recorreram aos cidadãos comuns à procura de capital, em troca de títulos de propriedade negociáveis, ou seja, ações, os pacifistas religiosos holandeses de súbito descobriram um meio de manifestar suas objeções. Alguns mais convictos, reunidos à luz de lampiões nas casas de Amsterdã, pactuaram boicotar a compra de ações até que a empresa rejeitasse o uso de violência. Outros convenceram os vizinhos de vender todas as suas ações da VOC. Outros, mais obstinados, correram o risco de serem presos ao bater de porta em porta, às margens dos canais, angariando adesões para um abaixo-assinado, a ser registrado em cartório, formalizando o protesto.[2]

Contudo, os dissidentes não mudaram o comportamento da empresa em absolutamente nada. Seus executivos tarimbados arregimentaram capital suficiente entre comerciantes ricos e conseguiram apoio necessário do governo para abafar os protestos. Porém, os burgos holandeses, na tentativa de incutir nas batalhas do comércio os valores que aprenderam nos bancos da igreja foram os pioneiros da economia civil. Destacaram-se como os primeiros a compreender que o apetite de uma companhia aberta por capital proporciona enorme potencial de alavancagem aos grupos da sociedade civil – bastando que reúnam títulos de propriedade suficientes para se tornarem relevantes perante os executivos. Durante centenas de anos, os cidadãos comuns não foram capazes dessa proeza. Essa lição foi reiterada com intensidade dramática em 7 de fevereiro de 1970.

Nesse dia, Ralph Nader, de pé diante de um atril, enfrentou enorme bateria de câmeras e repórteres, no National Press Building, em Washington. Aos trinta e seis anos, ele já alcançara fama como líder de vigorosa campanha dos consumidores para melhorar a segurança dos automóveis produzidos nos Estados Unidos. Agora, enquanto esperava que a audiência fizesse silêncio, preparava-se para abrir uma segunda frente histórica em sua cruzada para restringir o poder irresponsável das empresas multinacionais. Nader compraria a briga para impor às empresas responsabilidade social perante os proprietários de ações, pegando o bastão onde os manifestantes contrários à VOC o haviam deixado em 1602. A iniciativa surpreenderia tanto os executivos quanto os próprios investidores.

"Os acionistas são prejudicados como consumidores e cidadãos pelas atividades de organizações de que são proprietários ao menos em parte", proclamou aos jornalistas que apinhavam o recinto. Em seguida, anunciou seu Projeto de Responsabilidade Empresarial – e identificou seu primeiro alvo: a General Motors, ícone das empresas americanas. A "Campanha GM amansará o tigre das empresas", previu, convencendo os fundos de pensão e outros grandes investidores a apoiar com o voto de suas ações propostas de acionistas dissidentes, apresentadas nas assembléias gerais dos acionistas. E se os fundos "não respondessem à altura", Nader prometeu que seu crescente exército de ativistas de âmbito nacional convenceria as próprias bases populares a defenderem seus interesses. "Os cotistas dessas instituições serão procurados", advertiu. "A campanha alcançará as universidades, seus alunos e professores, os bancos e seus depositantes e fiduciários, as igrejas e suas congregações, as empresas de seguros e seus segurados, os sindicatos e os fundos de pensão das empresas, assim como outros investidores."[3]

A idéia que animava a Campanha GM era simples: por trás do véu dos grandes investidores institucionais anônimos estavam multidões de cidadãos investidores. Por meio deles seria possível influenciar os fundos de pensão e de investimentos. E estes, por sua vez, teriam peso suficiente para sacudir os conselhos de administração. O objetivo de Nader, evidentemente, não era maximizar o valor para os acionistas. Mas ele tinha consciência do poder que estava a seu alcance se associasse sua missão social aos novos capitalistas, cujo propósito era extrair valor das empresas de que eram proprietários.

A Campanha GM revelou-se poderoso detonador. A administração da empresa recorreu à SEC para bloquear duas das primeiras propostas de investidores dissidentes na América do Norte. Porém, por apenas dois votos a um, com dois membros ausentes, os comissários da SEC decidiram que a General Motors teria de submeter as propostas ao voto dos acionistas. Desse minúsculo trato de terra, fertilizado por decisão tão apertada, brotariam décadas de subseqüente ativismo dos acionistas.

O gatilho da Campanha GM deflagraria efeitos muito mais amplos. Não muito tempo depois, conforme Nader previra com acerto, grupos da sociedade civil, acostumados a manipular as alavancas das políticas públicas, divisaram novas fontes de poder na exploração do capital do povo, em vez de apenas as próprias comunidades, em prol de suas causas. Tudo isso também era válido no outro lado do Atlântico. Em 1977, um grupo do Reino Unido, denominado End Loans to South Africa, protocolou uma proposta de acionistas dissidentes no Midland Bank. Assim, as campanhas se converteram em formas primitivas de organizações da economia civil.

Por que primitivas? Porque, em comparação com os grupos que hoje atuam no mercado, muitas dessas novas iniciativas das décadas de 1970 e 1980 eram estropiadas por uma ou duas debilidades. Primeiro, atingiam públicos muito rarefeitos ao se confinarem a um único tema. Segundo, poucas dessas campanhas monotemáticas eram capazes de mobilizar capital suficiente para galgar os primeiros degraus da escalada de acesso ao mundo dos CEOs.

No entanto, a prole política de Nader extraiu algumas lições básicas dessa experiência – ensinamentos que a ajudaria a descobrir meios e modos de atrair de maneira irresistível a atenção dos CEOs, muito tempo depois de o próprio Nader deixar de ser força coercitiva.

Campo de batalha errado

Considere o impulso mais vigoroso da época: a campanha para forçar as empresas a não atuar na África do Sul do apartheid. As empresas americanas achavam que o campo de batalha sobre a questão das sanções se situava em torno da Casa Branca e do Congresso. E até 1986 o lobby contra as sanções podia contar com a boa vontade de ambos os poderes. O presidente Ronald Reagan opôs-se à aplicação de penalidades contra a África do Sul desde o começo de seu primeiro mandato, em 1981, e bloqueou todas as iniciativas nesse sentido no Senado e na Câmara dos Representantes.

Porém, as empresas calcularam mal. Dessa vez, ao contrário de qualquer outro confronto político anterior, a luta seguiu nova trajetória, avançando para as ruas e, de lá, para o mundo dos investimentos, abrindo caminho para as salas dos conselhos de administração das empresas. A sociedade civil se recusara a aceitar a resposta negativa de Reagan. Os manifestantes cooptaram o capital – e lideraram movimentos de base, impondo a adoção de nova política externa, que passou ao largo de uma Casa Branca insulada. Organizações como o TransAfrica, de Randall Robinson, e outras imbuídas de mentalidade semelhante treinaram seus agentes infiltrados em fundos de pensão de servidores públicos e em fundações de universidades para produzir "sanções populares". Arregimentando manifestações para a conscientização do povo, mobilizando demandas crescentes e fazendo lobby nas legislaturas estaduais, esses grupos compeliram os grandes investidores a se desfazer de suas participações em empresas que faziam negócios com a África do Sul do apartheid – com base no argumento de que esses empreendimentos punham em risco o valor para os acionistas.

Os executivos a princípio acharam que poderiam desvencilhar-se das pressões. Porém, em 1993, quando o recém-empossado presidente Nelson Mandela finalmente pediu a suspensão das sanções, a campanha já havia convencido quarenta das cinquenta universidades com maiores fundações, assim como fundos de pensão de mais de uma centena de jurisdições estaduais e locais dos Estados Unidos a adotar as políticas de desinvestimento.[4] De repente, centenas de bilhões de dólares não mais estavam disponíveis para empresas com operações na África do Sul. Além disso, os ativistas forneceram cobertura política para congressistas que finalmente derrubaram o veto de Reagan e aprovaram o histórico Comprehensive Anti-Apartheid Act, de 1986.

Por fim, os CEOs se deram conta dos novos fatos nas frentes de combate e bateram em inusitada retirada. As ameaças aos preços das ações, a publicidade negativa e os custos da defesa contra os desafios crescentes não mais justificavam o esforço para manter posições insustentáveis. Entre 1985 e 1987, o ápice da campanha pelas sanções, cerca de 150 empresas americanas puxaram o fio da tomada de suas operações na África do Sul. É verdade que as conseqüências dessa retirada foram apenas marginais para as empresas e para a economia sul-africana. Porém, a campanha anti-apartheid foi positiva, pois muitos dos defensores dos brancos em Pretória interpretaram o êxodo crescente como confirmação desmoralizadora de seu isolamento internacional cada vez mais amplo.[5] Para os ativistas, o impacto psicológico foi fator crítico para a decisão do presidente Frederick Klerk de, finalmente, negociar a transição histórica do domínio da minoria para a democracia da maioria.

Para o ativismo dos acionistas, contudo, a campanha da África do Sul foi um beco sem saída. A iniciativa monotemática não tinha para onde ir, depois que milhões de novos eleitores escolheram Nelson Mandela para presidente da África do Sul e acabaram com o apartheid. A coalizão se desfez e os grupos que ainda se dedicavam à causa perderam apoio e financiamento. As organizações da sociedade civil responsáveis pelas campanhas por sanções haviam descoberto o poder do capital para mudar o comportamento das empresas, mesmo contra a mais ferrenha resistência. Porém, também tinham deparado com dura realidade. Sem o combustível de temas mais abrangentes e de públicos mais amplos, as campanhas tendem a extinguir-se depois da solução do problema, sendo necessário começar tudo de novo para cada nova causa.

No caixote de Deus

O caminho mais promissor para uma nova cultura de propriedade difusa das empresas viria a ser desbravado em território pouco plausível da sociedade civil: a comunidade religiosa.

O edifício situado na Riverside Drive, 475, em Nova York, é monstruosidade arquitetônica com muitos andares, que se torna ainda mais chocante por sua localização a mais de cinco quilômetros ao norte dos arranha-céus de Manhattan, em acentuado contraste com as torres góticas da Riverside Church. Sua forma retangular e os vários grupos religiosos que circulam por seus corredores apinhados, como coelheiras superpovoadas, evocaram seu apelido inevitável: Caixote de Deus.

Motivados pelas investidas ativistas da Campanha GM, os líderes de seis seitas evangélicas se reuniram no Caixote de Deus, em 1971, para discutir maneiras de explorar a nova ferramenta então em voga: as propostas de acionistas dissidentes. Para tanto, reuniram recursos numa organização que em breve viria a ser o Interfaith Center on Corporate Responsibility, ou ICCR. Concebido para coordenar campanhas de acionistas promovidas por fundações religiosas e por fundos de investimentos, o ICCR tornou-se a mais poderosa fonte isolada de ativismo dos acionistas nos Estados Unidos, durante mais de duas décadas.

O diretor do programa, Tim Smith, coordenava as atividades de apoio, de pesquisa e de publicidade referentes às propostas de acionistas dissidentes. Em 1972, o ICCR protocolou propostas em cinco empresas perplexas, forçando-as a limitar vendas de armamentos, a fechar fábricas na África do Sul e a adotar práticas de mineração responsáveis. Mas Smith estava apenas começando. Em 2000, o ICCR representava nada menos que 275 fundos cristãos e judeus, com investimentos totais superiores a US$110 bilhões. E, só naquele ano, promoveu 145 propostas de deliberação, em 112 empresas, sobre ampla variedade de temas, inclusive governança, dívidas do Terceiro Mundo, discriminação no local de trabalho e proteção do meio ambiente.[6]

Poesia e procurações

Críticos nos conselhos de administração – e, na verdade, até em alguns bancos de igreja – não tinham como deixar de fazer a pergunta inevitável: o que será que a poesia sublime da fé tem a ver com a prosa monocórdia das procurações para voto? A resposta a essa pergunta é fundamental, pois nos ajuda a compreender por que qualquer sociedade da economia civil entraria nos mercados de capitais para a defesa de seus interesses.

Os grupos religiosos abraçaram o ativismo dos acionistas ao descobrirem que o acesso à propriedade ampliava-lhes a voz, que seus valores legitimavam-lhes a mensagem e que o fracasso das políticas públicas na promoção das mudanças almejadas conferia-lhes motivação. "Como investidora", concluiu influente análise de 1972, "a igreja tem a oportunidade e a responsabilidade de definir e de perseguir o bem comum, missão a que não pode renunciar, sob pena de contradizer seus próprios fundamentos".[7]

Entidades religiosas em todo o mundo percorreram a mesma estrada para descobrir sua identidade como novos capitalistas. Em 1972, Charles Jacob, chefe de investimentos da Igreja Metodista, no Reino Unido, liderou iniciativa para constituir fundos ativistas baseados na fé, mas focados em promover o comportamento ético por parte das empresas, em vez de sacudir as retardatárias.[8] A Friends Provident, com suas tradições quacres, sempre defendeu investimentos com responsabilidade social. Seus fundos ativistas são testemunhos dessa herança, assim como os esforços contínuos da F&C Fund Management, sua matriz, para imbuir as empresas de mais responsabilidade social.

Em Toronto, constituiu-se em janeiro de 1975 a Taskforce on the Churches and Corporate Responsibility. Crispin White lançou o Britain's Ecumenical Committee for Corporate Responsibility em 1988. Grupos semelhantes afloraram na França, nos Países Baixos, na África do Sul, na Austrália, na Nova Zelândia e em outros lugares – e não apenas na esfera judaico-cristã. Em abril de 2005, delegados do budismo, hinduísmo, islamismo, jainismo, siquismo e zoroastrismo se reuniram em Londres com representantes do cristianismo e do judaísmo, para constituir um amplo grupo ecumênico da economia civil, o International Interfaith Investment Group. Conhecido como 3iG, sua missão de construir uma rede coordenada global para difundir a influência religiosa nos mercados de capitais é o ápice natural do lançamento despretensioso do ICCR no Riverside Drive, 34 anos antes.

Evidentemente, nem o 3iG nem quaisquer outras alianças nacionais ou transnacionais são clones exatos do ICCR, uma vez que as leis e as práticas diferem de lugar para lugar, impondo táticas divergentes. Porém, todas essas entidades têm um objetivo comum: atrelar valores éticos ao capital dos fiéis. Se a experiência passada servir em alguma coisa como guia, a chave para o sucesso do 3iG será a capacidade do grupo de promover o exercício da propriedade. Apenas assim essa nova organização será capaz de desenvolver uma coalizão de novos capitalistas bastante ampla para influenciar as agendas das empresas. A construção dessa malha tem evoluído quase sem chegar às manchetes dos jornais e bem além do escopo normal dos dispositivos de reconhecimento das empresas.

Alguns observadores do mercado talvez disparem alarmes: o que acontecerá se os objetivos da fé prevalecerem sobre a legítima preocupação com o valor para os acionistas? Será que os investidores religiosos conseguirão exercer pressão suficiente sobre as ações de uma empresa para impedi-la de vender contraceptivos, por exemplo? Parece improvável, pois o que confere poder às coalizões de fundos de investimentos de cunho religioso é exatamente a diversidade e a amplitude de seus membros. Esses atributos, ao mesmo tempo, tornam menos plausível que qualquer campanha seja capaz de arregimentar base de investidores bastante numerosa em torno de propósitos controversos. Ademais, os investidores religiosos até podem formar o núcleo da coalizão, mas carecem da musculatura de investidores menos induzidos por valores, como fundos de pensão, fundos de investimentos e outros investidores institucionais. Os grupos de fé geralmente atuam em associação com investidores pragmáticos, mais interessados nos resultados financeiros, razão por que as questões devem basear-se em razões de negócios, para fomentar a rebelião dos parceiros.

Dez regras para o envolvimento sustentável

Na verdade, contudo, os investidores religiosos exerceram a mais profunda influência na formação de uma espécie de protótipo de organização da sociedade civil que usa os mercados de capitais para influenciar o comportamento das empresas. Os elementos constitutivos dessa experiência viriam a ser usados mais tarde por sindicatos trabalhistas, ativistas ambientais, lobbies antipobreza e outras organizações não-governamentais, que optaram por exercer suas missões por meio do capital. As lições daí extraídas se resumem a dez princípios básicos, que poderíamos descrever como o código genético dos grupos de novos capitalistas em atuação na economia civil.

1. *Converta missões de valores em missões de negócios.* A linguagem dos mercados era, é e sempre será o dinheiro. Portanto, as organizações da economia civil traduzem sua missão em termos numéricos para conquistar amigos nas salas de reuniões dos conselhos de administração ou entre os administradores de fundos de pensão e de investimentos. Todas precisam desenvolver argumentos de negócios convincentes que justifiquem as propostas de mudança. O objetivo é chamar a atenção das empresas para os riscos das transformações climáticas? Exponha os perigos sob o ponto de vista do bem-estar financeiro a longo prazo da empresa e de seus acionistas. Sem enfatizar os efeitos reais sobre o lucro líquido, os investidores baseados em valores não atrairão massa crítica de novos capitalistas para afetar os padrões das empresas.
2. *Afirme os direitos de propriedade.* Talvez a maior realização dos primeiros ativistas religiosos tenha sido a afirmação clara de que as ações, como títulos de propriedade, conferem direitos básicos e inequívocos para que seus detentores atuem como proprietários – questionar, obter informações, envolver-se e – quando necessário – dissentir.
3. *Irrompa do gueto.* O calcanhar-de-aquiles dos proponentes das primeiras organizações da economia civil foi a dependência em relação a pequenos grupos de constituintes, que não despontaram com vigor ou simplesmente saíram de cena. Já a abordagem inclusiva do ICCR, em contraste, propiciava o que denominamos "engajamento sustentável". As organizações da economia civil se erguem sobre coalizões de novos capitalistas tão amplas quanto possível, sem diluição dos objetivos fundamentais.
4. *Quanto maior for o capital, mais alta será a voz.* A matemática dos mercados de capitais é muito simples. Quanto maior for a quanti-

dade de ações de que se é representante numa empresa, maior será a probabilidade de se fazer ouvir pelos conselhos de administração. Os grupos da economia civil buscam reunir em seus silos tantos fundos com tanto dinheiro quanto possível para reforçar sua presença financeira. Outro efeito daí decorrente é deslocar o foco do ativismo para questões capazes de arregimentar as mais amplas coalizões, o que lhes outorga capacidade para exercer o mais forte impacto sobre os resultados financeiros.

5. *Construa coalizões de investidores.* Para muitos grupos religiosos ambientalistas ou com outros propósitos comunitários, a tarefa de juntar forças com insensíveis instituições gestoras de recursos pode soar como algo absolutamente insólito. No entanto, essa capacidade é o indicador de tendências mais exato do potencial de impacto das organizações da economia civil. A tarefa mais importante é maximizar o poder do capital por trás da missão, o que exige o trabalho ingente de abrir túneis para outros silos em que se oculta o dinheiro de verdade, mesmo quando essas entidades não pareçam ser aliadas típicas.

6. *Converta-se em empresa de serviços públicos.* Quando as fusões e incorporações de empresas dão certo, quase sempre é porque as partes descobriram maneiras de consolidar funções comuns com eficiência. A ICCR fez exatamente o mesmo, centralizando as pesquisas ativistas para que cada um de seus numerosos fundos religiosos não tivesse de realizar por conta própria, não raro em duplicidade, todo o trabalho pesado. As organizações bem-sucedidas da economia civil atuam como uma espécie de "provedora de serviços de engajamento", fornecendo análises temáticas, opções de defesa de interesses, ajuda em expansão e publicidade, além de recrutamento de adeptos.

7. *Temas de campanhas multitarefas.* A ansiedade civil em relação às empresas envolve muitas questões, como comportamento ético nos conselhos de administração, tratamento dispensado aos empregados e conservação do meio ambiente. Os primeiros grupos da economia civil se concentravam num assunto de cada vez. Além disso, o público se preocupa com muitas empresas, não apenas com a General Motors. A ICCR desenvolveu a capacidade de atuar como câmara de compensação de campanhas dissidentes sobre dezenas de temas em centenas de empresas. A estratégia garantiu a continuidade ininterrupta de suas atividades e possibilitou a aplicação dos ensinamentos aprendidos durante uma campanha em muitas outras.

8. *Observe os porteiros.* Os intermediários, conforme descobriu o ICCR ao longo de suas experiências, são em boa parte atores invisíveis,

embora de grande importância, nos mercados de capitais. Os assessores de investimentos orientam a seleção de administradores de fundos, por exemplo. Os administradores de fundos e os gestores de recursos, por sua vez, decidem que ações comprar e vender. Os agentes de procurações influenciam os resultados das votações nas assembléias gerais das empresas. As organizações da economia civil impulsionam sua missão ao acompanharem de perto a atuação desses intermediários – alimentando-os com fatos, análises e opiniões em apoio de suas posições e chamando-os a prestar contas quando parecem ter perdido o rumo.

9. *Acredite que as empresas podem jogar do seu lado.* Os primeiros grupos da economia civil nos Estados Unidos, consumados em táticas de agit-prop muito comuns na esfera política, não hesitavam em partir para o confronto como primeiro, em vez de último, recurso em campanhas de acionistas dissidentes. A ICCR não tinha medo de ser agressiva, mas sua abordagem inicial era explorar o diálogo e as negociações com as empresas-alvo. Essa estratégia reforçou a credibilidade da ICCR perante as empresas e constituintes, ampliando as chances de sucesso. Dezenas de empresas concordaram com várias de suas sugestões, desde a não discriminação na Irlanda do Norte até a divulgação de relatórios ambientais nos Estados Unidos.

10. *Seja global.* As idéias transpõem as fronteiras com a mesma rapidez do capital, tornando praticamente obsoletas as campanhas de acionistas que se limitam ao país de origem da empresa. O ICCR empenhou-se ativamente em disseminar grupos semelhantes em outros mercados e, finalmente, em apoiar as campanhas multinacionais e ecumênicas do 3iG, iniciativa pioneira da Alliance of Religions and Conservation (ARC), com sede no Reino Unido. A cooperação internacional entre grupos maduros da economia civil pode ampliar o pool de capital que sustenta as campanhas e promover a fertilização cruzada das melhores práticas de envolvimento.

Esses primeiros princípios se mostraram bastante poderosos para impulsionar a multiplicação discreta de entidades da economia civil em todo o mundo. Porém, além disso, também se precisou das lições de iniciativas paralelas – sindicatos trabalhistas, organizações não-governamentais, universidades e imprensa – para nortear o desenvolvimento das organizações dos novos capitalistas até o estágio em que se encontram hoje, com capacidade suficiente para reformular empreendimentos.

Conluio com o abominável

"Você está dizendo que, para ser líder trabalhista eficaz, eu preciso ser capitalista? Isso é inaceitável!" A líder sindical francesa estava em Nova York, em fevereiro de 1999, como chefe de uma delegação que visitava fundos de pensão dos Estados Unidos. A atribuição dela era compreender a governança corporativa e descobrir por que planos de previdência privada controlados pelos empregados se envolviam cada vez mais com as empresas, no intuito de proteger as poupanças dos empregados para a aposentadoria. Os americanos presentes no recinto se entreolharam perplexos. A mobilização das ferramentas do capitalismo era exatamente o que estavam aprendendo, com o objetivo de defender os recursos dos empregados. E tinham acabado de expor essa estratégia em detalhes a seus colegas visitantes. Mas a explosão de indignação foi apenas um lembrete abrupto de como haviam evoluído em comparação com os velhos hábitos de não se envolver com o mundo dos caçadores de lucros. O modelo que vinham desbravando prometia deslocar na direção deles o equilíbrio de poder nas empresas. Porém, isso significava atravessar o Rubicão. Muitos sindicalistas em todo o globo, não apenas na França, ainda não estavam preparados para aceitar a legitimidade e o potencial dos mercados.

Bill Patterson acreditava que o avanço do sindicalismo efetivamente requeria a disciplina em vez da execração do capital. Como Tim Smith na comunidade religiosa, ele havia tido uma epifania. Durante o período em que trabalhou nas décadas de 1970 e 1980 no Amalgamated Clothing and Textile Workers Union, Patterson assistira ao sucesso da ICCR e começou a compreender como uma organização da sociedade civil poderia ampliar em grandes proporções seu poderio, explorando as forças dos fundos de pensão. Em 1992, finalmente, teve a sua chance. O presidente do Teamsters, sindicato dos motoristas de caminhões e de outras categorias trabalhistas, Ron Carey, contratou Patterson para dirigir o Office of Corporate Affairs, ou Escritório de Assuntos Empresariais, a fim de testar as águas do ativismo dos acionistas. Afinal, os trabalhadores tinham enorme interesse no bem-estar das empresas. O nível de empregos corria riscos, assim como as poupanças dos trabalhadores para a aposentadoria. Só o Teamsters tinha mais de US$40 bilhões em ativos, distribuídos entre 175 fundos de pensão. Os sindicatos haviam transferido a gestão de seu dinheiro quase que exclusivamente para administradores de fundos profissionais. Patterson, com a ajuda da juíza federal Kimba Wood, mudaria tudo isso para sempre.

Da mesma maneira como a decisão da SEC, em 1970, sobre a General Motors, abrira as portas para a apresentação de propostas de acionistas dissidentes, também a sentença paradigmática de Kimba Wood, em 19 de abril de 1993, sobre o Wal-Mart, desobstruiria o caminho para que os sindicatos trabalhistas – primeiro nos Estados Unidos, depois em outros lugares – se tornassem organizações da sociedade civil.

O tema em questão era uma proposta de deliberação, aparentemente inócua, de natureza não obrigatória. Uma coalizão de fundos de igrejas e de sindicatos queria que o Wal-Mart prestasse informações aos investidores sobre o progresso da empresa na eliminação de qualquer tipo de discriminação contra os trabalhadores, com base em gênero, raça e outros fatores. Os executivos do Wal-Mart se empenharam para evitar que a proposta fosse submetida à votação e, em 1992, já haviam garantido o apoio da SEC. Porém, os proponentes interpretaram a decisão como perigoso precedente e a questionaram numa vara distrital da justiça federal.

A juíza Wood ponderou os argumentos até o último minuto, obrigando, por fim, o Wal-Mart a suspender já nas impressoras a convocação para a assembléia geral ordinária dos acionistas de 1993, assim como a divulgação do proxy statement, documento obrigatório fornecido ao SEC, com esclarecimentos aos acionistas sobre temas a serem abordados na reunião.[9] Por fim, exarou sentença decisiva a favor dos investidores. Até então, os proprietários de ações enfrentavam obstáculos intransponíveis em quase todas as tentativas de apresentar propostas de deliberação referentes a assuntos trabalhistas. Os reguladores consideravam essas questões "rotina de negócios", que, com base na legislação americana sobre títulos e valores mobiliários, eram da competência exclusiva da administração. No entanto, Wood concluiu que "igualdade e diversidade no local de trabalho envolvem sérias considerações políticas", que ultrapassam o âmbito mundano da "rotina de negócios".[10] A decisão abriu ampla avenida para o envolvimento dos acionistas. Os sindicatos trabalhistas, por seu turno, logo descobriram maneiras de explorar todo o potencial desse novo itinerário.

Primeiro, desencadearam maré montante de propostas de deliberações. Em 1997, com a transferência de Patterson para a AFL-CIO, os sindicatos associados protocolaram quase oitenta propostas de acionistas dissidentes sobre ampla variedade de questões, abrangendo desde igualdade de oportunidades no emprego até defesas contra tentativas de tomada de controle. Em seguida, a federação divulgou suas primeiras diretrizes sobre voto nas assembléias gerais de empresas, distribuindo dez mil exemplares entre agentes fiduciários e administradores de fundos. Além disso, lançou no mercado ferramentas atraentes, inclusive um site inteligente, denominado Paywatch.org, que, entre outros recursos, permite a qualquer usuário calcular o número de anos que seriam necessários para que qualquer salário perfizesse a remuneração anual de determinado CEO. A *alma mater* de Patterson, o Teamsters, entrou na briga, com a iniciativa "America's Least Valuable Directors" (Os conselheiros menos valiosos dos Estados Unidos), lista de nove membros contumazes de conselhos de administração. Mais importante, a AFL-CIO lançou seu Key Votes Survey (Pesquisa sobre Votações Críticas), que propiciaria o treinamento de agentes fiduciários de fundos de pensão e exerceria pressões sistemáticas sobre os gestores de dinheiro para que votassem com as ações de membros dos sindicatos, em conformidade com os interesses dos empregados sindicalizados, conforme as diretrizes da equipe de Patterson.

De repente, o trabalho organizado assumiu o controle do ICCR, tornando-se a maior fonte isolada de ativismo dos acionistas nos Estados Unidos. E os sindicatos trabalhistas do Canadá, da Inglaterra, da Austrália e da Europa Continental em breve seguiriam o mesmo rumo – de início por meio de iniciativas nacionais; depois, com base em empreendimento global, denominado Committee on Workers' Capital. Outrora, o trabalho organizado promovia o bem-estar dos associados exclusivamente por meio do poder dos músculos no chão das fábricas. Agora, descobriu que a exploração do capital poderia ajudar no combate à discriminação no local de trabalho e na promoção do desenvolvimento de empresas mais saudáveis, capazes de gerar empregos e, ao mesmo tempo, contribuir para o exercício de sua principal obrigação fiduciária de aumentar o valor das poupanças aplicadas em fundos de pensão.

Mecânica e tropeços

O que o trabalho organizado agregou – ou deixou de agregar – ao cânone das organizações da economia civil? Um insight extremamente exato foi o foco nos agentes fiduciários de fundos de pensão como elo crítico, até então desconectado, do círculo de responsabilidade e prestação de contas. Nenhum outro grupo até então havia compreendido a necessidade de nova infra-estrutura de treinamento, de habilidades, de informações e de atividades para converter órgãos meramente homologatórios em agentes ativos no exercício das funções de supervisão e de vigilância. Desde então, muitas outras organizações da economia civil se deram conta dessa realidade.

O trabalho organizado também se revelou capaz de se adaptar não só à linguagem da gestão de fundos de pensão e de investimentos, mas também à mecânica minuciosa de Wall Street. Veja como a coalizão de sindicatos combateu a oferta pública inicial da PetroChina, por meio de sofisticada campanha comunitária de esclarecimento a investidores menos privilegiados, que ombreou sob todos os aspectos com a disciplina rigorosa e o aparato ostensivo dos sucessivos road shows da Goldman Sachs. Nenhuma organização da economia civil já tentara algo semelhante.

Finalmente, os líderes trabalhistas lançaram um experimento inovador para arregimentar a opinião da base de trabalhadores em favor de sua agenda capitalista. Foi uma idéia revolucionária. A Paywatch.org tentaria basear o ativismo dos acionistas no apoio dos constituintes. O objetivo fazia sentido porque o entusiasmo dos participantes poderia exercer maior pressão sobre os fundos de pensão e sobre os gestores de recursos para levantar questões perante o conselho de administração das empresas, captando e transmitindo com exatidão o impulso da economia civil. Para realizar todo o seu potencial, a economia civil precisa ser sustentada pela atuação do círculo de responsabilidade e de prestação de contas que liga os novos capitalistas proprietários aos fundos de pensão e de investimentos e às empresas. E haveria melhor maneira de testar esse poder que a questão sempre ebuliente da remuneração dos CEOs?

Porém, a Paywatch.org mostrou que ainda padecia da mesma deficiência crônica que debilitou a campanha dos acionistas contra o apartheid, qual seja, basear-se num único tema, que poderia extinguir-se ou inflamar-se, dependendo das manchetes e dos eventos. O empreendimento não tinha meios para converter-se naturalmente em máquina geradora de apoio popular duradouro e amplo, de natureza multitemática, ao ativismo dos acionistas, como empreendimento contínuo. Além disso, a Paywatch.org apresentava dois outros pontos fracos. Identificava-se exclusivamente com os interesses dos sindicatos trabalhistas, embora a disparada da remuneração dos executivos fosse tendência problemática para públicos muito mais amplos. E não contava com recursos suficientes, o que fazia com que parecesse mais esquema de relações públicas que veículo de mobilização.

Os sindicatos também erraram o passo ao não se darem conta da importância vital de converter missão de valores em missão de dinheiro. Quando se erra na equação, as conseqüências podem ser fatais. O ativismo dos investidores institucionais ligados ao trabalho organizado manteve-se vulnerável a acusações de aliado oculto dos sindicatos nos conflitos trabalhistas, em vez de defensor legítimo dos interesses dos fundos de previdência privada. Exemplo: o caso Safeway, cadeia americana de supermercados, contra a qual investidores institucionais ligados ao trabalho organizado, em maio de 2004, lideraram iniciativa dos acionistas para demitir o CEO Steven Burd. A empresa tornara-se notória pela má governança e era alvo justo para o ativismo dos investidores. Mas o momento da iniciativa tornou suspeita a motivação dos sindicatos: tudo começou semanas depois de uma greve amarga na Califórnia. Liderando a investida estava o CalPERS, cujo presidente, Sean Harrigan, também era alto dirigente do sindicato que liderara a paralisação. Harrigan se afastara do caso, mas isso não foi suficiente. O tropeço fornecera aos adversários e até aos aliados o que parecia prova irrefutável: evidência de que investidores institucionais ligados ao trabalho organizado estavam recorrendo ao ativismo dos investidores como arma em conflito trabalhista em vez de empenhar-se na solução do conflito por meio de negociações. O próprio Harrigan perdeu o cargo no CalPERS sete meses depois, em parte por causa da controvérsia em torno da Safeway. [11]

Lição: as organizações da sociedade civil podem perseguir seus objetivos por meio do capital. Porém, se não conseguirem converter seus objetivos, de maneira confiável, em moeda do mercado, elas sem dúvida perderão a legitimidade. Os resultados financeiros continuarão sendo resultados financeiros. Ainda que os cidadãos investidores tenham múltiplas dimensões, como proprietários, consumidores, fornecedores, trabalhadores sindicalizados e praticantes de alguma religião, ao lidar com seus investimentos eles raciocinam primeiro como proprietários.

A economia civil (e os cidadãos investidores que constituem sua base) vincula o capitalismo a valores. Mas não substitui o capitalismo por teocracia ou filosofia política. Ganhar dinheiro no longo prazo continua sendo a condição *sine qua non*. Essa é a razão por que os fundos de pensão e outros investidores são proprietários de empresas. Solapem-se esses alicerces e os fundos de pensão terão de vender suas ações, minando a própria base da legitimidade das organizações da sociedade civil.

O Big Bang

A comunidade social que seria a próxima a seguir o trabalho organizado rumo ao ativismo dos acionistas levou a sério esse ensinamento – e ofereceu talvez os melhores exemplos, até agora, das pressões exercidas pelos novos capitalistas. Em 1999, as alas das religiões e dos sindicatos da sociedade civil já haviam imergido em profundidade no mercado de capitais. Porém, essas coalizões ainda representavam correntes de opinião relativamente estreitas. Os acontecimentos nas ruas de Seattle e de Washington, D.C., fizeram vibrar corda muito mais sensível da ansiedade pública sobre o rumo dos negócios.

Até que aconteceu algo engraçado na esteira desses protestos. Golpeada pela ansiedade popular a respeito da globalização e pela sucessão de escândalos envolvendo empresas, encabeçados pela Enron, a reputação dos negócios nos mercados desenvolvidos despencou. Em pesquisas sobre os maiores e menores depositários da confiança pública, os CEOs ficaram quase no fundo, apenas um pouco acima dos vendedores de carros usados.[12] Ao mesmo tempo, a fé pública nos grupos de cidadãos ativistas disparou. A empresa de relações públicas Edelman pesquisou 1.500 líderes de opinião. Seu "Barômetro" os classificou como "as instituições que mais eram objeto de confiança nos Estados Unidos, na Europa, na América Latina e em boa parte da Ásia". Nos Estados Unidos, a avaliação da confiança em instituições não-governamentais (ONGs) subiu de 36%, em 2001, para 55%, em 2005.[13]

Embora algumas manifestações de rua se assemelhem mais a comportamento criminoso que a desobediência civil, a convocação para um "movimento mundial contra a globalização" cativou a atenção da opinião pública dominante como poucos outros eventos. Além disso, esses protestos escancararam oportunidades para que grupos de pressão pela responsabilidade social e ambiental das empresas, outrora taxados de importunos, se reposicionassem como defensores de enorme maioria silenciosa, que compreendiam os mercados de capitais e que cumpriam as leis. Muitas dessas organizações de defesa de interesses se empenharam em aproveitar a chance de ampliar as novas iniciativas nos mercados de capitais em busca de vantagens. De maneira muito independente, sem conhecer muito das atividades alheias, tais grupos desencadearam uma onda global de iniciativas semelhantes.

De acordo com determinada contagem, em 2003 havia no mundo 282.851 ONGs.[14] Apenas pequena fração voltou-se para questões de propriedade. Porém, entre elas, encontravam-se importantes catalisadores da arquitetura da economia civil. Algumas se concentravam em induzir os cidadãos poupadores a inclinar as instituições financeiras a favor de investimentos socialmente responsáveis. Outras convergiram o foco para os conselhos de administração das empresas e para os investidores institucionais. Rastrear os rumos que seguiram é um atalho para decifrar as maneiras como se desenvolve a revolução dos negócios.

Exemplo: USS

Veja o caso do Universities Superannuation Scheme (USS), fundo de pensão de acadêmicos e administradores em instituições de educação superior no Reino Unido e um dos maiores planos de aposentadoria da Inglaterra. Gerenciando mais de £20 bilhões, esse investidor institucional emergiu no novo milênio como um dos poucos fundos de pensão globais comprometidos com a reinvenção da propriedade. O USS tem transposto as fronteiras tradicionais com idéias inovadoras como a Enhanced Analytics Initiative, pela qual os participantes destinam porcentagem das comissões de corretagem a instituições que comprovadamente levam em conta os riscos sociais, ambientais e de governança ao analisarem as empresas.

Porém, em incidente que se tornou famoso, o USS rechaçou o ativismo dos acionistas há muito pouco tempo, em 1999. Por que será que esse gigantesco fundo de pensão da noite para o dia procurou transformar-se em baluarte e em evangelista da supervisão responsável? Retornemos a setembro de 1997, numa pequena sala da Friends Meeting House, em Londres. Lá, meia dúzia de acadêmicos e de alunos participantes do grupo de campanha People & Planet, com sede em Oxford, juntou forças para dar a partida em ambiciosa iniciativa do USS.

O novo grupo que se desmembrou da People & Planet, a Ethics for USS (E-USS), abraçou um único objetivo: arregimentar apoio suficiente entre o corpo docente para obrigar o fundo de pensão a adotar "uma política de investimentos éticos, imbuída do senso de responsabilidade e de prestação de contas perante seus membros".[15] De início, a E-USS enfrentou dificuldades, ao recomendar que o USS começasse a se desfazer de ações de empresas consideradas antiéticas. Porém, na época, todos os fundos de pensão do Reino Unido seguiam as diretrizes da sentença judicial no caso Megarry, de 1984, que parecia impedir discriminação negativa.[16] O USS não hesitou em rejeitar a recomendação da E-USS, como proposta irresponsável e ilegal. Evidentemente, a situação se configurava como beco sem saída.

Então, a E-USS tomou uma decisão fecunda, que a resgatou da obscuridade. Retornando às pranchetas, abandonou sua recomendação de triagem e elaborou uma agenda vigorosa, no estilo dos novos capitalistas, como parte de sofisticado relatório técnico intitulado "Meeting the Responsibilities of Ownership: Our Proposal to USS".[17] Agora, a recomendação não era desinvestir, mas sim ser acionista ativista – objetivo destinado a conquistar legitimidade no mercado. Durante dois anos, a E-USS atuou nos bastidores, angariando apoio de base entre acadêmicos, vice-chanceleres, advogados do fundo de pensão sindical e ministros. O governo se revelou aliado indireto, ao determinar que, a partir de julho de 2000, todos os fundos de pensão informassem se levavam em conta questões sociais em suas políticas de investimento. Finalmente, em dezembro de 1999, o conselho do USS concordou com a recomendação. Talvez a E-USS não tenha arregimentado mais que poucos membros mais articulados. Porém, fosse como fosse, havia angariado apoio suficiente, e, na época, representou importante precedente legal, financeiro e de relações públicas. O USS anunciou que, daí em diante, se empenharia para exercer a liderança em iniciativas de investimentos responsáveis e de envolvimento dos acionistas, passando a divulgar relatórios regulares sobre seu desempenho.

E assim nasceu um dos primeiros investidores institucionais da economia civil na Inglaterra, integrando cidadãos proprietários e fundos de pensão, por meio do círculo de responsabilidade e prestação de contas, com o propósito de produzir uma força de acionistas ativistas que impusesse maior responsabilidade e prestação de contas às empresas e aos intermediários do mercado.

Batalha em torno do resultado final

Com outras quatro ONGs, a People & Planet está testando abordagem semelhante em outros planos de pensão – ou seja, arregimentando apoio dos membros para produzir transformações na gestão dos fundos. Denominada FairPensions, a iniciativa representa esforço agressivo para incutir senso de responsabilidade e de prestação de contas nos esquemas de aposentadoria.[18]

A People & Planet não está de modo algum sozinha. Outros grupos da sociedade civil entraram no mercado para promover mudanças semelhantes nas instituições financeiras.[19] Com efeito, quanto mais se observa mais se vêem novas iniciativas da sociedade civil com o objetivo de mobilizar a base de proprietários civis. Esses empreendimentos têm potencial para seguir o sucesso da E-USS em atrelar o big money aos interesses dos membros, canalizando as pressões dos novos capitalistas para os conselhos de administração das empresas, ao longo de ampla frente de combate, para alterar suas práticas.

Porém, não cometa o erro de presumir que todos esses projetos favorecem formas tradicionais de responsabilidade social das empresas, sob orientação "esquerdista". A responsabilidade e a prestação de contas nos mercados de capitais abrem a porta para muitas correntes de opinião sobre os fatores que geram valor. Veja o caso do Free Enterprise Action Fund (FEA), fundado em março de 2005 e apoiado por ampla variedade de ONGs conservadoras. Ostensivamente ideológico, seu objetivo é superar o desempenho do mercado, investindo em empresas "ameaçadas pelo ativismo social" e pressionando-as a resistir aos fundos e lobbies "antiempresariais". As empresas que preservam o "sistema americano de livre empresa", acredita o FEA, produzirão retornos superiores à média. O prospecto do FEA afirma que o fundo recorre a todas as ferramentas disponíveis do ativismo dos acionistas para convencer os conselhos de administração a resistir ao "apaziguamento".

A entrada em cena do FEA salienta o ponto de que as divisões evidentes na política afloram nos mercados de capitais, em geral sob diferentes formas, quando eles são responsáveis e prestadores de contas. A ascensão das estruturas da economia civil apenas garante a manifestação desses conflitos, que antes eram abafados em benefício dos gestores e dos proprietários controladores. Elas não impõem as abordagens nem as organizações da economia civil que atuarão em determinada empresa ou que prevalecerão em certa época. Uma ONG, como a AccountAbility, por exemplo, se dedica a promover a "responsabilidade e a prestação de contas pelo desenvolvimento sustentável". Outras talvez vejam a responsabilidade e a prestação de contas como rotas para objetivos muito diferentes. Como na política, os resultados dependem das forças que reúnem os argumentos mais convincentes pela geração de valor e promovem as iniciativas mais poderosas por parte dos constituintes.

As organizações da economia civil compreendem que terão de produzir todo um novo arsenal de armas de campanha, aptas a alcançar com mais profundidade os grupos de constituintes servidos pelas instituições financeiras, e de manter monitoramento eficaz ao longo do tempo – em vez de atuar por prazo determinado em sucessivas missões isoladas. Vários grupos já fizeram avanços significativos. Por exemplo, a "How Responsible is Your Pension?" avaliou os 250 maiores fundos de pensão da Inglaterra, em iniciativa destinada a estimular a atuação das bases.[20] Manuais – como *The Campaigner's Guide to Financial Markets* ou *Guide to Shareholder Activism*, este último do Friends of the Earth – são cartilhas para orientar os ativistas na arte de mobilização das bases. [21]

O caminho pela frente exigirá ferramentas adaptadas do mundo da política, no qual os ativistas avançam mediante o aperfeiçoamento de meios para motivar os constituintes. Comunicação social, campanhas políticas, comícios e showmícios, além de Internet popular, são habilidades novas nos mercados de capitais. Porém, da mesma maneira como os CEOs hoje precisam de destreza política, também as organizações dos novos capitalistas devem cultivar cada vez mais essas novas habilidades.

Mirando o conselho de administração

A instigação das bases não foi a única estratégia adotada pelos grupos de defesa do meio ambiente e de promoção da responsabilidade social das empresas. Outras organizações escolheram estratégias que levavam diretamente ao envolvimento com os conselhos de administração das empresas e das instituições financeiras.

Vinte e cinco pessoas se reuniram no Pocantico Conference Center, Nova York, em dois dias frios de janeiro de 2003, para planejar uma dessas iniciativas. Investidores e especialistas de todos os Estados Unidos, elas foram convidadas pelo CERES, coalizão ambiental, com o objetivo de conceber novas maneiras de promover o avanço de um "projeto de governança sustentável". O chefe do CERES, Robert Massie, há muito vinha advertindo quanto aos perigos iminentes das mudanças climáticas. Agora, ele estava convencido de que a solução consistia na associação de dois grandes movimentos – proteção do meio ambiente e proteção dos investidores.

Massie colaborou para a realização do Institutional Investor Summit on Climate Risk (Conferência de Cúpula de Investidores Institucionais sobre Mudança Climática) nas Nações Unidas. Durante o evento, um grupo restrito de líderes de fundos formou a Investor Network on Climate Risk (Rede de Investidores contra o Risco Climático), para estimular a colaboração dos fundos com o ativismo dos acionistas em causas ambientais.[23] O CERES exerce funções de secretariado da rede, que atua em paralelo com outros grupos de investidores na Inglaterra, Austrália e Nova Zelândia.[24]

Downing Street foi a plataforma de lançamento de outro exemplo clássico de envolvimento da sociedade civil no mercado de capitais, na abordagem de assuntos até então considerados "sociais", mas que haviam sido redefinidos como legítimos riscos extrafinanceiros. Em 4 de dezembro de 2000, uma coalizão de instituições filantrópicas dos Estados Unidos e do Reino Unido se reuniu no gabinete do primeiro-ministro Tony Blair para anunciar o Carbon Disclosure Project. Em dois anos, esse novo "secretariado" começou a divulgar pesquisas e estudos entre 500 das mais importantes empresas do mundo sobre as respectivas emissões de gases do efeito estufa. Em 2005, o grupo havia recebido o endosso de 143 fundos, que agregavam recursos da ordem de US$20 trilhões.[25] Os patrocinadores esperam que esses dados contribuam para a definição de padrões de divulgação pelas empresas e para o monitoramento do desempenho por grandes acionistas.

Outros grupos de novos capitalistas se especializaram na produção de relatórios, de manuais e de códigos para agentes fiduciários de fundos de pensão, para conselhos de administração de empresas ou para acionistas ativistas, reforçando os argumentos de negócios em favor da adoção de comportamentos socialmente responsáveis pelas empresas. O UK Social Investment Forum (UKSIF)), por exemplo, lançou um projeto intitulado Just Pensions, que publicou pela primeira vez diretrizes para os agentes fiduciários sobre a supervisão a ser exercida pelos proprietários.[26]

Brain trust

Dois outros grupos de atores sociais se agregaram ao ecossistema que cerca o círculo de responsabilidade e prestação de contas da economia civil: a academia e a mídia.

Ao constituírem o Institutional Investor Project, da Universidade de Columbia, em 1988, Ira Millstein e Louis Lowenstein dificilmente teriam previsto que a semente lançada naquele momento germinaria uma rede de *brain trusts* (grupos de especialistas que atuam informalmente como planejadores e assessores políticos) globais para o desenvolvimento de um novo estilo de negócios. Millstein, advogado do escritório Weil, Gotshal & Manges, e Lowenstein, professor de Direito na Universidade de Colúmbia, sentiram a necessidade de constituir um fórum para explorar um novo fenômeno estranho: grandes fundos que se tornavam cada vez mais poderosos no mercado. Quais seriam as implicações dessa tendência para os conselhos de administração, para os CEos e para a sociedade em geral? Será que a supervisão e a vigilância a serem exercidas por esses grandes investidores institucionais atuariam como antídoto contra os predadores de empresas da década de 1980 ou os conflitos e o torpor sufocariam seu potencial?

Em maio daquele ano, os dois presidiram o seminário de inauguração do Institutional Investor Project: "The American Corporation and the Institutional Investor: Are There Lessons from Abroad?" (A Empresa Americana e o Investidor Institucional: Há Algo a Aprender no Exterior?). Esse foi o primeiro seminário a comparar práticas de governança corporativa de diferentes mercados. Durante o evento, Jonathan Charkham, na época assessor do Banco da Inglaterra, fez uma convocação profética. "É evidente a oportunidade para que os investidores institucionais se apoderem das roupas dos *greenmailers* e dos *raiders*, as escovem e as deixem de lado. *Eles* têm a chance de avaliar o potencial de benefício e de sacudir os conselhos de administração, no intuito de trazer novos gestores capazes de converter em realidade essas expectativas de ganhos."[27]

Desejosos de apresentar retrato mais nítido dos perfis dos fundos no mercado de capitais, Millstein e Lowenstein encomendaram estudos quantitativos a Carolyn Brancato, diretora do IIP. E também financiaram duas outras pesquisas que lançariam as bases para a compreensão dos novos canais do capitalismo. Como os investidores institucionais efetivamente decidem sobre a composição dos *portfolios*? Como os conselhos de administração efetivamente reagem às reivindicações dos grandes proprietários de ações? Michael Useem, da Universidade da Pensilvânia, publicou *Investor Capitalism*, livro pioneiro baseado nas questões do Projeto.[28]

Os acadêmicos e advogados de Colúmbia estavam bem à frente de seu tempo. Mas em breve se assistiria a um desfile global de *think tanks* voltados para a análise do capitalismo dos investidores.[29] Em 1988, nenhuma entidade acadêmica se dedicava ao fenômeno dos novos capitalistas em qualquer parte do mundo. Em 2005, dezenas desses centros de altos estudos haviam brotado em quase todos os cantos do globo, fornecendo apoio intelectual e estatístico para as mudanças do mercado e gestando o que, na essência, é uma nova disciplina dedicada ao estudo da economia civil. A Global Corporate Governance Academic Network (Rede Acadêmica de Governança Corporativa Global), patrocinada pelo Banco Mundial, empreendeu a primeira tentativa de interligar essas diferentes iniciativas numa única plataforma de pesquisa. Contudo, por enquanto, não existe lista universal nem mesmo para identificar os grupos que nascem a cada mês, que dirá para coordená-los.

"Siga o dinheiro" foi o conselho de "Deep Throat" ao repórter Bob Woodward, em meio às investigações de Watergate. A academia agiu exatamente da mesma maneira. Organicamente, sem direção central, mas em resposta às tendências financeiras mundiais, as universidades construíram uma infraestrutura de aprendizado, enquanto o capital fluía das fontes tradicionais, como famílias, casas bancárias e estados, para os domínios de investidores institucionais. Centros universitários e entidades de pesquisas independentes agora escrevem a crônica da riqueza dos novos capitalistas e treinam gestores de empresas e agentes fiduciários de fundos de pensão e de investimentos. Identificam lacunas nos regimes legais, apontando o caminho para reformas nacionais e internacionais. Fornecem dicas para jornalistas que se esforçam para compreender os escândalos e as tendências. Assessoram conselhos de administração, executivos, proprietários de ações, legisladores e reguladores nas manobras rotineiras dos mercados. E, ao fazerem tudo isso, atuam como sistema circulatório vital de idéias e informações nos âmbitos nacional e internacional. Com o tempo, essas organizações decerto se integrarão de maneira mais formal. Porém, já são inequivocamente os vetores ocultos de mudanças fundamentais no papel de protagonistas e coadjuvantes nos mercados de capitais.

Liberdade do blog

Imprensa destemida e inquisitiva é fator indispensável para a descoberta de empulhações e malversações na esfera das políticas públicas. Mas como será que exércitos de jornalistas especializados em negócios não detectaram a cleptocracia mal disfarçada e contumaz que campeava em luminares do setor privado, como Adelphia, Parmalat e HIH?

A imprensa atenta é componente crítico do ecossistema de uma economia responsável e prestadora de contas. Farejando e apontando, esses novos cães de caça podem servir como olhos e ouvidos dos novos capitalistas, na hipótese de fracasso de outras salvaguardas. Se a imprensa for vendada e silenciada, as chances de malfeitorias sem dúvida dispararão. "Os conselhos de administração são como partículas subatômicas", diz Nell Minow, especialista em governança. "Comportam-se de maneira diferente quando são observadas."[30] Os mesmos princípios se aplicam à sociedade civil. Lembre-se de que a primeira emenda à Constituição dos Estados Unidos consagra a liberdade de imprensa. Os jornais não sujeitos a qualquer tipo de censura são responsáveis "por todos os triunfos da humanidade contra o erro e a opressão", explicou, mais tarde, o presidente James Madison.[31]

Quando se trata do mundo empresarial, contudo, a maioria dos jornais e noticiários não raro apenas ladra alto e às vezes cai no sono, até tropeçar na crise. Os jornalistas negam essa situação. "Apesar de todos os defeitos, a mídia continua a exercer a função cão de guarda", afirmou Lawrence Ingrassia, editor de negócios do *New York Times*, durante uma palestra em abril de 2005. "Nossa função consiste em não só relatar as notícias, mas também cobrar responsabilidade e prestação de contas por parte dos governos e das empresas. Ninguém realmente pretende que seja de outra maneira. Nosso trabalho é fazer brilhar a luz intensa da verdade sobre as instituições e sobre seus dirigentes."[32]

Com efeito, talvez tenha sido necessário o cataclismo da Enron para convencer o *New York Times* e outros veículos de comunicação dos Estados Unidos de que o rastreamento da governança das empresas valia o esforço. Observe um barômetro extraído das pesquisas da LexisNexis. Nos dois anos anteriores ao furo do *Wall Street Journal* sobre o escândalo da Enron, em novembro de 2001, o *New York Times* usou o termo *governança corporativa* apenas 102 vezes, ou a média de somente uma vez por semana. Nos dois anos seguintes, contudo, o termo apareceu em 476 ocasiões – mais de uma vez por dia. Isso não foi apenas uma bolha.

Do mesmo modo, só depois dos respingos do escândalo de Robert Maxwell, o *Financial Times* se comprometeu em oferecer cobertura jornalística dos conselhos de administração. Nos dois anos anteriores ao misterioso afogamento de Maxwell, em 5 de novembro de 1991, o *FT* citou o termo *governança corporativa* 379 vezes. Nos dois anos seguintes, o número disparou para 724.

Qual seria a razão da timidez histórica nas coberturas jornalísticas? Os críticos citam a forte concentração da propriedade dos veículos de comunicação de massa. Nos Estados Unidos, por exemplo, apenas 20 empresas hoje controlam 70% dos jornais diários em circulação,[33] cuja receita de propaganda fica ao sabor das decisões dos mesmos CEOs cuja atuação deve ser coberta pela imprensa. Será que a mídia conseguirá resistir às pressões para não praticar jornalismo investigativo das empresas? Se a resposta for negativa, aqui termina a história do papel da imprensa no ecossistema da economia civil – à exceção da Internet.

Conselhos de administração sob e-investigação

James McRitchie é servidor público do estado da Califórnia, com faro para ativismo dos acionistas. Em 1995, à noite, depois do trabalho, ele bolou algo totalmente novo: um site gratuito, CorpGov.Net, dedicado exclusivamente a notícias e análises sobre governança corporativa. McRitchie observava principalmente o CalPERS. "Eu me dei conta de que o comportamento das empresas no futuro dependia da maneira como os fundos de pensão e os fundos de investimento votavam nas assembléias gerais das empresas", escreveu dez anos depois.[34] O site revelou-se importante câmara de compensação de informações, a que recorriam com regularidade investidores e outras partes em busca de idéias sobre o novo campo.

Stephen Davis, um de nossos autores, começou a publicar um informativo semanal, *Global Proxy Watch*, em janeiro de 1997, primeiro por fax e depois por e-mail. O periódico ajudou a entrelaçar o novo setor de governança corporativa e o ativismo dos acionistas. Em 2005, a Davis Global Advisors expedia o informativo por e-mail, às sextas-feiras, de Boston, para assinantes em trinta e nove países. O objetivo do *GPW* era promover a fertilização cruzada de idéias além das fronteiras nacionais – destacando acontecimentos relacionados com os novos capitalistas em determinado mercado tendentes a influenciar os líderes de outros mercados.

David Webb é ex-banqueiro de investimentos e prodígio em computação. Em 1998, trabalhando em um quarto vago de seu apartamento alugado em Happy Valley, Hong Kong, ele criou um blog, o Webb-site.com, que em breve sacudiria a área. Nas matérias que postava com regularidade em seu site sem fins lucrativos, Webb abriu as contas de empresas, denunciou fraudes financeiras, expôs transações entre partes relacionadas e divulgou análises duras das principais empresas familiares do território, diferentes de qualquer coisa que os investidores pudessem encontrar na grande imprensa. Nada disso teria sido importante se, em breve, o Webb-site.com não tivesse atraído mais de 10.000 assinantes para seu boletim expedido por e-mail, ou uma em cada 690 pessoas de Hong Kong. Essa tiragem seria equivalente a quase meio milhão de leitores nos Estados Unidos. Locais ou estrangeiros, os investidores com dinheiro em Hong Kong passaram a confiar no site como fonte de informações imparciais sobre as empresas da região. "Webb, quase sozinho, mudou os termos do debate sobre governança corporativa em Hong Kong", concluiu a revista *BusinessWeek*.[35]

Em fevereiro de 2000, o jornalista Stephen Mayne lançou blog de guerrilha semelhante, mas com fins lucrativos, chamado Crikey, para cobrir o lado negativo da governança corporativa na Austrália.[36] Com a ajuda de um pequeno grupo de freelancers, Mayne divulgava informações on-line e por e-mail diário, de sua casa, nos subúrbios de Melbourne, combinando boletins informativos com ativismo de acionistas. Mais uma vez, milhares de investidores no país e no exterior se tornaram assinantes da publicação, tolerando algumas mancadas de Mayne, mais do que compensadas por suas idéias ousadas, por seus furos jornalísticos e pela defesa independente de acionistas minoritários. Mayne vendeu o negócio em 2005, mas continuou como editor especializado em governança corporativa.

Blogs e publicações independentes como essas são os antídotos contra a morosidade e a negligência da mídia convencional no exercício da função de vigilância. Os canais da Internet criam condições para que jornalistas neófitos, com capacidade de prospecção até então ignorada, reúnam indícios e distribuam relatórios em qualquer parte do mundo, a custo baixo ou zero. As barreiras de entrada nesse mercado de informações pela Internet são muito baixas e, em conseqüência, a qualidade é desuniforme. Mas esses veículos possibilitam, como nunca antes, que os novos capitalistas individuais e institucionais sondem os cantos mais remotos do mercado de capitais. Em conseqüência, os veículos da economia civil são poderosas forças de democratização. Na melhor das hipóteses, fornecem informações às pessoas comuns para que elas sejam capazes de discernir disfunção e supervisão entre os fundos; compadrio e negligência, de um lado, e alto desempenho e geração de valor, de outro, entre as empresas; e conflitos de interesse *versus* integridade e diligência, entre os muitos intermediários do mercado.

Licença para operar

No entanto, o ecossistema dos grupos da economia civil padece de uma deficiência problemática, potencialmente letal. Poucas dessas organizações oferecem algo próximo dos níveis de governança transparente, responsável e prestadora de contas que elas próprias exigem das grandes empresas.

Os críticos dos empreendimentos privados argumentam que as organizações de negócios deveriam conquistar quase que uma "licença para operar", demonstrando cidadania responsável. Porém, da mesma maneira, também as ONGs, na economia civil, teriam de fazer jus a alvará equivalente, para se investirem de legitimidade como participantes do mercado. Por quê? Porque, se esses grupos demonstrarem autarquia e opacidade em suas próprias casas, as poderosas forças do establishment arregimentadas contra as tendências inovadoras poderão argumentar, e decerto o farão de maneira convincente, que os pretensos xerifes ocultam conflitos e hipocrisia, escondem motivações clandestinas ou não passam de enxeridos autonomeados, sem credenciais para exercer influência. Essas acusações podem ser fatais para as ambições das ONGs no mercado dos novos capitalistas.

Mesmo as organizações dedicadas com obstinação a promover o ativismo dos proprietários de ações se mantêm em estranho silêncio quando se trata da própria governança. Apenas um pequeno punhado divulga abertamente informações que os membros podem usar para promover mudanças internas. Por exemplo, muitos dos mesmos grupos da sociedade civil que defendem a hipótese de contestação de eleições para o conselho de administração das empresas quase nunca se manifestam sobre como seus próprios membros poderiam questionar a chapa da organização para o conselho de administração. Elas raramente postam seu estatuto social ou suas normas de governança em sites da Internet. Seus stakeholders ou constituintes ainda inexperientes geralmente têm dificuldade em descobrir como se elegem os órgãos da administração, quais são suas atribuições e como eles garantem a integridade das contas e gerenciam conflitos de interesses potenciais, se e como se avalia o desempenho dos líderes, de que maneira se realiza a sucessão, como se elaboram as políticas e normas organizacionais e até, não raro, quais são as políticas e normas vigentes.

Pior ainda, alguns grupos da sociedade civil promovem a violência ou usam os músculos para a realização de objetivos corruptos, colocando-se decisivamente além das fronteiras da economia civil. Manifestantes anarquistas nos protestos em Seattle contra a Organização Mundial do Comércio, por exemplo, fomentaram a desordem. Grupos *Sokaiya*, no Japão, se apresentam como protetores dos acionistas minoritários, mas usam táticas de chantagem para arrancar subornos. Alguns ativistas contra a vivissecção ultrapassaram os limites, na campanha contra a Huntingdon Life Sciences, atacando fisicamente os executivos e as instalações e ameaçando com bombas alguns investidores institucionais. Esses procedimentos são ilegais e infringem a constituição implícita da economia civil, que se baseia na premissa de que os atores, do topo à base, são responsáveis e prestadores de contas.

Constituição do ativismo

Encontra-se em andamento a elaboração de uma arquitetura de responsabilidade e prestação de contas para grupos civis dentro e fora do mercado. Para começar, o Conselho Econômico e Social das Nações Unidas estabeleceu um protocolo, revisado pela última vez em 1996, para determinar se uma ONG deve ser considerada interlocutora. Trata-se de critérios básicos, mas eles podem contribuir para a avaliação da legitimidade dos grupos.[37] Segundo as Nações Unidas, uma ONG, para receber o selo de aprovação, deve aceitar a estrutura de um "Estado democrático participativo" e ser entidade sem fins lucrativos, não-violenta e não-criminosa.

Alguns governos, preocupados com possíveis abusos decorrentes do poder cada vez maior das ONGs, entraram em cena, promulgando novas diretrizes e regras.[38]

O impulso mais intenso, contudo, se observa entre as próprias organizações da sociedade civil. A SustainAbility deflagrou a mais recente rodada de debates, com seu instigante relatório de 2003, *The 21st Century ONG*. "Embora sejam importantes preconizadores da responsabilidade e da prestação de contas por parte das empresas, poucas ONGs adotaram as mesmas regras de suas contrapartes do mundo dos negócios", adverte o estudo. "O aprimoramento da transparência e o aprofundamento do senso de responsabilidade e prestação de contas serão requisitos para o sucesso das ONGs que estão chegando ao proscênio e condição necessária para a preservação da credibilidade."[39] A consultoria, com sede em Londres, recomendou que esses grupos tomassem iniciativas como adotar o padrão de garantia AA1000 ou aderir ao Global Reporting Initiative. A AccountAbility, com efeito, promoveu esforços para a adaptação dos padrões de relatórios GRI às características específicas das organizações da sociedade civil.[40]

A que tudo isso está levando? Quanto mais responsáveis e prestadores de contas se tornarem os grupos da sociedade civil, mais potentes serão as forças dos novos capitalistas que eles poderão representar no ecossistema da economia civil. Entidades religiosas, sindicatos trabalhistas e preconizadores da responsabilidade social estão desenvolvendo paradigmas cada vez mais sofisticados sobre como mobilizar o potencial latente da propriedade capitalista. Quando se acrescenta a isso o empuxo turbinado da própria transparência, responsabilidade e prestação de contas, é provável que conquistem acesso muito mais amplo ao capital, às empresas e aos governos.

Evidentemente, nem todos os grupos da sociedade civil estão preparados para a transição. Muitos ainda estão às voltas com debates internos, relutantes em adaptar sua missão à agenda dos novos capitalistas ou em adotar a transparência como credo. Nesse caso, sua própria motivação para o ativismo dos proprietários de ações permanecerá sob suspeição. Os executivos de empresas, desde os idos da Companhia Holandesa das Índias Ocidentais, têm experiência em enfrentar esse tipo de desafios. A diferença, agora, é a nova espécie de lobby popular que funde de maneira convincente os interesses sociais e financeiros dos cidadãos investidores para promover o consenso necessário ao exercício eficaz do poder da propriedade. Para integrar essas pressões, os interlocutores que se distribuem ao longo de todo o espectro necessitam de novos paradigmas de ativismo. Nós os oferecemos no último capítulo.

PONTOS BÁSICOS

- Os grupos da sociedade civil se tornam poderosos no ecossistema dos novos capitalistas quando alinham o valor para os proprietários de ações com o conceito de responsabilidade social das empresas.

- Os investidores vêm exercendo pressões em prol do conceito de responsabilidade social das empresas desde 1602, com a Companhia Holandesa das Índias Ocidentais. Porém, a Campanha General Motors, na década de 1970, abriu nova frente de batalha ao atrelar os valores dos arautos da justiça social ao poderio financeiro dos proprietários de ações representados pelos investidores institucionais.

- Grupos religiosos desenvolveram o primeiro protótipo operacional de uma organização da economia civil, perseguindo missões sociais por meio do capital. Dez princípios básicos respaldavam seus esforços.

- Os fundos de pensão dos sindicatos trabalhistas foram pioneiros no treinamento de agentes fiduciários e na mobilização de cidadãos investidores pela Internet.

- Manifestações de rua contra a globalização induziram mais grupos da sociedade civil, como lobbies ambientais, a traduzir seus objetivos para o contexto dos negócios. E formaram alianças com os fundos dos novos capitalistas.

- Os grupos da sociedade civil podem ser de qualquer credo político ou social. Eles conquistam poder no mercado apenas quando são capazes de alcançar consenso com os fundos de pensão e de investimentos dos novos capitalistas, mas correm o risco de perder legitimidade se parecerem abusar dos interesses da propriedade em favor de outros objetivos.

- Os acadêmicos começaram a estudar o impacto dos cidadãos investidores, fazendo descobertas que influenciarão o avanço da economia civil.

- Ainda que a grande imprensa esteja atuando como cão de guarda sonolento no mercado de capitais, os conselhos de administração se encontram sob vigilância sem precedentes, graças aos blogs e às publicações pela Internet.

- As ONGs em geral não recebem "licença para operar" no mundo dos investimentos porque muitas delas não atendem aos padrões de transparência, responsabilidade e prestação de contas que elas próprias exigem das empresas.

PARTE QUATRO

A Agenda do Novo Capitalismo

CAPÍTULO 9

Memorandos de Ação

A Agenda do Novo Capitalismo

Eis duas histórias sobre a vida moderna nas empresas.
 Em 3 de janeiro de 2004, a rede de televisão NBC começou a transmitir *O Aprendiz*, reality show comandado por Donald Trump, empreendedor imobiliário e ícone dos negócios na década de 1980. Os concorrentes exibem sua acuidade em negócios e ao fim de cada programa Trump demite peremptoriamente um deles. Os participantes conhecem o caminho para a vitória, ou seja, não ser despedido: vencer os colegas, apresentando melhor desempenho ou levando-os à destruição. O programa deveria ser uma metáfora do mundo dos negócios: um lugar com muitos fracassados e poucos vitoriosos, um ambiente em que os participantes geralmente avançam simulando cooperação, como disfarce para hipocrisia, deslealdade e traição. *O Aprendiz* retrata os negócios como uma espécie de "pelotão de fuzilamento circular", conforme escreveu Jeff Sonnelfeld, da Universidade de Yale.[1] De acordo com o site da NBC, *O Aprendiz* logo se tornou "fenômeno cultural" entre os telespectadores, na faixa etária de 18 a 49 anos. "You're fired!" (Você está demitido!) se transformou em frase de efeito tão poderosa que Trump até tentou convertê-la em marca registrada.[2]

Dezoito meses depois, o primeiro-ministro da Inglaterra, Tony Blair, recebeu uma carta dos CEOs de empresas responsáveis pela exploração de mais de 10% dos combustíveis fósseis do mundo: pessoas realmente poderosas. O documento foi escrito porque Blair em breve presidiria uma conferência dos líderes dos oito maiores países industrializados do mundo sobre como tratar da questão da mudança climática. Porém, a mensagem dos líderes empresariais não era a que temiam os manifestantes ambientalistas. Na verdade, pediam que os governos promovessem um regime mais rigoroso de controle das emissões, sem o que, argumentavam, suas empresas poderiam tornar-se insustentáveis sob o ponto de vista ambiental. Vale a pena repetir: executivos das maiores empresas do mundo estavam trabalhando juntos para fazer lobby por um regime de regulamentação ambiental com mais responsabilidade social.

A história de Trump oferece uma caricatura das empresas com que todos nós estamos familiarizados. A segunda história simboliza uma tendência inédita e, para algumas pessoas, espantosa. Na essência, a iniciativa proposta a Downing Street é a economia civil em ação. Os CEOs que assinaram a carta, e seus conselhos de administração, já haviam sido exortados a comportar-se dessa maneira por muitos de seus investidores da sociedade civil. Você se lembra da oitava regra do manifesto capitalista? Promova regulamentos capazes de garantir que suas operações não provoquem danos colaterais e que seus concorrentes não obtenham vantagens injustas. Aderir à iniciativa não exigiu dos CEOs mais altruísmo que se empenhar em gerar lucro para suas empresas. Promover a uniformidade do campo de jogo para todas as empresas de energia foi ação racional, com vistas à sustentabilidade de suas operações e à criação de valor para os proprietários, os novos capitalistas.

Isso não significa dizer que Trump seja *persona non grata* na economia civil. Os mercados abertos toleram as atividades de um chefe como o caricaturado em O Aprendiz, da mesma maneira como acolhem as iniciativas dos que escreveram a Tony Blair. Porém, a mentalidade dos CEOs missivistas é a que melhor representa as idéias dos novos capitalistas.

Neste livro, tentamos definir as diferentes forças que moldam a economia civil. A primeira são os novos capitalistas, as centenas de milhões de proprietários das grandes companhias abertas. Como os capitalistas tradicionais, também os novos capitalistas exigem que as empresas sejam lucrativas. Porém, por serem tantos, e tão diversificados, eles também impõem diferentes demandas às empresas.

Em torno desses novos proprietários, desenvolve-se um novo ecossistema de negócios. Os proprietários de ações estão exercitando os músculos como nunca antes. Reformas constitutivas estão transformando os conselhos de administração. Novas instituições estão sendo criadas para monitorar o desempenho das empresas, de maneira compatível com os novos critérios que refletem as preocupações mais amplas dos novos capitalistas. Além disso, grupos de cidadãos estão descobrindo os mercados de capitais como recurso poderoso para influenciar o desempenho das empresas.

Os leitores deste livro não são meros observadores das mudanças. Também são agentes das mudanças. Neste capítulo conclusivo, nós tratamos do que a economia civil significa para todos nós – para quem trabalha e para quem gerencia nossas empresas gigantes; para quem investe o próprio dinheiro e o de terceiros; para quem monitora o desempenho das empresas ou orienta na elaboração de políticas e normas internas; e para todos nós como cidadãos, trabalhadores, poupadores e consumidores. Quais devem ser nossos passos específicos para melhorar nosso próprio padrão de jogo, garantir nossos interesses e assegurar o sucesso nesse mundo emergente?

Memorando aos conselheiros e executivos de empresas

Nossas sugestões sobre como garantir a vantagem competitiva abrangem dois campos: (a) *práticas gerenciais* e (b) *responsabilidade e prestação de contas pela administração*. Afinal, quase todas as nossas grandes empresas pertencem a milhões de pessoas, na qualidade de proprietários de ações. Chegou a hora de reformular o pensamento gerencial para nele incutir essa realidade fundamental.

Práticas gerenciais

Nossa primeira recomendação é ser convincente e persuasivo. Afinal, uma das primeiras tarefas dos gestores é motivar. No passado, muitos acadêmicos da gestão se questionavam por que dedicamos tanto tempo de nossa vida às empresas que nos oferecem emprego. Será que despendemos tanta energia e criatividade humanas apenas para aumentar o lucro trimestral? Essa parece uma explicação oca. Será que comparecemos ao trabalho todos os dias apenas para garantir o pão nosso de cada dia? Essa hipótese parece chocar-se com as atitudes altruístas e com o trabalho em equipe que, conforme os pesquisadores constataram repetidas vezes, sustentam as operações de muitas empresas boas. E, embora os psicólogos organizacionais sejam capazes de explicar, com segurança, por que extraímos satisfação do trabalho em equipe, eles pouco se manifestam sobre os objetivos para os quais se volta o trabalho em equipe.

A economia civil preenche exatamente essa lacuna. Propõe novos fatores motivacionais mais abrangentes para as atividades das empresas, combinando o incentivo do lucro com o interesse por objetivos sociais mais amplos. Com efeito, a motivação pelo lucro, em si, se transforma em objetivo social. Como no passado, o propósito primordial das empresas é aumentar o valor do capital nelas investido. Porém, hoje, o capital das empresas é o capital do povo. Portanto, o gestor eficaz numa economia civil almeja a criação de riqueza para todos – ou, ao menos, se empenha em não destruir riqueza. Pense na pessoa que se sentou a seu lado no trem ou que passou por você na calçada. Pense no professor em West Virginia, ou no trabalhador de uma empresa automobilística em Durban, ou no mineiro aposentado no País de Gales. Pense na enfermeira na Suécia, no vendedor de seguros em Nagoya. Esses são os beneficiários finais do lucro das empresas.

Não é difícil definir o que os novos capitalistas exigem das empresas. O resumo consta do manifesto capitalista apresentado no Capítulo 3. As 10 "regras" mostram como gerar os maiores benefícios para numerosos proprietários de ações amplamente diversificados. Mas quais são as implicações do manifesto capitalista para a maneira como os executivos cuidam das tarefas rotineiras da gestão de empresas? Será que precisamos de novas práticas ou de novas atitudes para atender a essas novas demandas?

Sim e não. A primeira regra do manifesto é conhecida da maioria dos gestores: *Seja lucrativo e crie valor.* O problema é ser tão notória a ponto de tornar-se irrelevante para muitos gestores da economia convencional, que a ignoram e desperdiçam recursos em empreendimentos com poucas perspectivas de criação de valor. Talvez você reconheça o fenômeno: a dedicação e o entusiasmo em relação a determinada empresa resultam em otimismo excessivo sobre seu potencial. Então, por meio da mágica das planilhas eletrônicas, esse otimismo se converte em quadros e gráficos financeiros complexos, nos quais premissas não comprovadas geram planos construídos sobre areia.

Em outras palavras, muitos executivos de empresas acreditam estarem atendendo aos desejos dos proprietários de ações ao promover esquemas que parecem bons no papel, mas que efetivamente não geram valor real. Em muitos casos de escândalos empresariais, os executivos afirmam que se sentiam sob pressão para "produzir os números". Contudo, esses números eram inventados por eles mesmos; ou seja, criavam projeções quantitativas para convencer Wall Street de que, dessa ou daquela maneira, a organização havia adquirido o toque de Midas.

Em geral, os números críticos apresentados pelas empresas náufragas não se limitavam à lucratividade, mas também ao crescimento. A Enron e a WorldCom eram e poderiam continuar sendo empresas de serviços públicos lucrativas, mas com baixas taxas de crescimento. O que as destruiu foi a busca dos executivos por crescimento quimérico.

Essa é a razão por que a segunda regra do manifesto capitalista é tão importante. *Cresça apenas onde puder criar valor.* Talvez a recomendação pareça óbvia. Porém, a maioria dos gestores sistematicamente busca o crescimento, embora apenas poucos consigam realizar esse objetivo. Tire da gaveta seu mais recente plano de negócios, por exemplo. Nosso palpite é que um de seus objetivos é manter ou ampliar participação no mercado. No entanto, nem todas as empresas podem ampliar sua fatia de mercado. Mesmo assim, conforme revelou pesquisa da Bain & Company, cerca de 90% das empresas pretendem crescer duas vezes mais rápido que a economia.[3]

É claro que o crescimento é importante e, é lógico, o proprietário universal quer estimular o empreendedorismo. Porém, as empresas que crescem sem gerar lucro ao menos igual ao custo de capital estão, na verdade, destruindo valor. E, quanto mais crescem, mais destroem valor.

A Figura 9.1 descreve quatro escolhas com que se defrontam os gestores: promover o crescimento da empresa, não promover o crescimento da empresa, gerar retorno acima do custo de capital, gerar retorno abaixo do custo de capital. Evidentemente, qualquer empresa gostaria de estar no quadrante superior direito, onde gera retorno acima do custo de capital e promove o crescimento. Porém, e se não for possível lucrar mais que o custo de capital? O que fazer quando não se consegue superar o custo de capital: crescer ou encolher? Na economia civil, a resposta é, como não poderia deixar de ser, encolher. O crescimento sem possibilidade de gerar lucro econômico real é como a situação do mercador apócrifo que perde dinheiro em todas as vendas, mas tenta compensar as perdas aumentando o volume das transações. Entretanto, o que mais vemos são empresas que buscam "crescimento" em vez de lucratividade.

Crescimento e retorno: a escolha dos gestores

Quando os planos dão errado, os executivos geralmente culpam os investidores por incitá-los a gerar maiores retornos. Entretanto, ao se referirem a investidores, estão falando, na verdade, dos operadores de Wall Street, para os quais geralmente faz sentido encorajar o crescimento. Quando as empresas estão crescendo, a "volatilidade" do valor de suas ações tende a ser alta – o que significa oportunidades de compra e venda, gerando comissões de corretagem e lucro nas operações de mercado. Tudo isso é muito bom para o corretor que tenta convencer o cliente a comprar ou vender. Não admira que todos os escândalos empresariais tenham irrompido em empresas que estavam crescendo com rapidez e faziam de conta que seus lucros as incluíam no quadrante superior direito, quando de fato, estavam no quadrante superior esquerdo.

FIGURA 9.1

Crescimento e retorno

	Lucrar abaixo do custo de capital	Lucrar acima do custo de capital
Crescer	Máxima destruição de valor	Máxima criação de valor
Não crescer	Sobrevivência na tempestade	Perda de oportunidades

Os novos capitalistas impõem uma estratégia diferente. Primeiro, seja cuidadoso ao falar sobre "o que os acionistas querem". Lembre-se de que, em última instância, seus acionistas não são os operadores de hot-money; são o povo em geral. Os operadores não passam de operadores. Eles têm apenas interesses tangenciais no sucesso duradouro de sua empresa. Na verdade, estão interessados, acima de tudo, em eventos que criem oportunidades de compra e venda. Os operadores decerto são importantes para a descoberta de preços, mas não passam de fina camada de verniz sobre a base de proprietários. Os verdadeiros donos não são os operadores, mas sim os cidadãos investidores que têm interesse na capacidade básica de geração de lucro de sua empresa ao longo do tempo, razão por que exigem adequada disciplina financeira.

Não que a economia civil seja inóspita ao risco. A disciplina apenas exige que os gestores evitem pagar pelo crescimento *indiscriminado*. Com efeito, quando efetivamente existem oportunidades para o crescimento lucrativo, os novos capitalistas fazem questão de que elas sejam exploradas ao máximo. Estão dispostos a aceitar riscos significativos associados a um projeto, desde que sejam proporcionais ao retorno esperado. Por quê? Porque os cidadãos investidores são altamente diversificados. O fracasso de um projeto – na verdade, até de uma empresa – pouco afetará seu *portfolio*. A economia civil suporta a assunção de riscos, mas não a construção de impérios.

Os proprietários civis não hesitam em fornecer capital a boas oportunidades de negócios. Ao mesmo tempo, também querem ter a certeza de que as empresas observam a quarta regra: *Não desperdice capital*. As empresas que retiraram o excesso de capital de seus negócios, em geral mediante o uso de novo software de gestão, geraram benefícios extraordinários. Os gestores também devem concentrar-se na minimização do capital como um dos fatores para a maximização do lucro econômico.

A economia civil também exige novas estratégias de remuneração dos executivos. Como os proprietários de ações querem retornos reais e crescimento lucrativo, também esperam que os empregados sejam remunerados com base nesses critérios. Porém, a maneira como determinamos as remunerações, em especial a do CEO, deixa muito a desejar.

Os empregados devem ser recompensados pelo desempenho. Aí se incluem incentivos relacionados com os retornos obtidos pelos proprietários de ações da empresa. Porém, como a maioria dos empregados exerce pouca influência sobre o preço das ações, a excessiva vinculação das recompensas a esse parâmetro dificilmente será produtiva. Lembre-se, o preço da ação é, em última instância, o placar financeiro, não o jogo em si. Portanto, incentive os trabalhadores, hierarquia acima, até e inclusive o CEO, a jogar bem, em vez de ficar de olho no placar e jogar mal.

Além disso, quase todos nós trabalhamos por muitos motivos; inclusive, mas não somente, para maximizar nossos ganhos. A literatura sobre gestão afirma que preferimos ambientes de trabalho positivos, onde não faltem desafios, amizade, trabalho em equipe, profissionalismo, status e o sentimento de ter contribuído para algo valoroso. Em outras palavras, as recompensas financeiras em si não são fatores de motivação onipotentes. Portanto, quando a terceira regra do manifesto capitalista recomenda: *Remunere as pessoas adequadamente para que façam as coisas certas*, não se trata apenas de como determinar a remuneração, mas também de todas as maneiras como você gerencia e recompensa seu pessoal; tem a ver com a cultura do local de trabalho.

A quinta regra impõe às empresas: *Concentre-se onde suas habilidades são mais fortes*. Já observamos que análises inteligentes em planilha eletrônica podem justificar praticamente qualquer decisão em negócios: "Se você torturar os números o suficiente, conseguirá que eles confessem praticamente qualquer coisa", motejou o jornalista Gregg Easterbrook. Além disso, quanto mais distante for o horizonte temporal de suas projeções, maior será a incerteza dos resultados. No entanto, os novos capitalistas buscam sustentabilidade ao longo do tempo. Como verificar se os planos de negócios fazem sentido ou se a empresa realmente está explorando suas forças?

Nesse caso, a lógica competitiva pode vir em seu socorro. As empresas que atendem melhor às necessidades dos clientes, a custos mais baixos que os dos concorrentes, tendem a ser lucrativas. Evidentemente, há milhões de clientes e milhões de maneiras de satisfazer às suas demandas. Portanto, muitas são as alternativas para ser bem-sucedido nos negócios. No entanto, dificilmente se alcança o sucesso quando não se é o melhor. Portanto, deve-se encarar com ceticismo qualquer plano de negócios que pretenda demonstrar a lucratividade do empreendimento sem oferecer razões plausíveis para que suas ofertas sejam as melhores. Em outras palavras, atente para as premissas por trás dos números, assim como para os números em si.

Sob o estilo de gestão da economia civil, portanto, o processo de planejamento deve partir da definição dos pontos fortes da empresa para depois buscar oportunidades de mercado com eles compatíveis, em vez de adotar o rumo oposto. Seguindo essa abordagem, você, como gestor, raramente terá de encontrar setores de atividade totalmente diferentes, onde se supõe que a grama seja mais verde, pois será capaz de se concentrar em como desenvolver e aprimorar as habilidades da organização para atender melhor às necessidades dos clientes.

Essa necessidade de aprimoramento significa que você deve sempre procurar *renovar a organização* e impulsionar seu desempenho (regra 6). E aqui não há nenhuma novidade. É difícil imaginar alguma empresa que ainda estaria no mercado se continuasse usando os mesmos sistemas com os mesmos produtos e os mesmos níveis de eficiência de 10 anos atrás. O inédito, contudo, é que hoje a regeneração organizacional deve compatibilizar-se com as forças externas engendradas pela economia civil que demandam responsabilidade e prestação de contas.

Simon Zadek, chefão da AccountAbility, descreve algumas dessas forças. O "aquário global" impede que os gestores façam em qualquer lugar do mundo o que não querem que seja conhecido em todo o mundo. Fornecedores e clientes estão despertando para os perigos de operar com empresas que não sabem se seus comportamentos podem ser considerados irresponsáveis. Fabricantes de produtos com marca chegaram a essa constatação depois que escândalos à montante na cadeia de suprimentos, ou seja, entre suas fontes de abastecimento, mancharam sua reputação. Além disso, não são apenas suas próprias ações que afetam sua licença para operar, mas sim as atitudes de *todo o setor*. Por exemplo, Zadek observa que "a própria sobrevivência da Diageo como a maior e a mais lucrativa empresa de bebidas do mundo depende de sua capacidade de estimular todo o setor a ser responsável, uma vez que o comportamento do setor moldará o futuro regulatório".[4]

Levando essas observações à sua conclusão lógica, é preciso estar consciente da necessidade de praticar o autopoliciamento ou, como estatui a oitava regra, *promover regulamentos capazes de garantir que suas operações não provoquem danos colaterais e que seus concorrentes não obtenham vantagens injustas*. Em face da propriedade universal, a regulamentação pode ser a maneira legítima de criar condições para que todas as partes envolvidas em qualquer setor expulsem do sistema quem tentar vencer mediante o desenvolvimento de uma situação conhecida como "race to the bottom" (corrida para o fundo). A eliminação desse "imediatismo" possibilita que setores inteiros prosperem no longo prazo, em vez de permitir que um único participante colha lucros desmedidos no curto prazo, ainda que insustentáveis a longo prazo, ao custo de infligir danos ao setor que perdurarão durante gerações. Mas nunca se deve abusar da regulamentação. Se as empresas *não se mantiverem longe da política partidária* (regra 9), elas subverterão a autoridade dos cidadãos proprietários.

Em última instância, os gestores precisam refletir sobre o desempenho social de suas empresas, não só porque sua licença para operar de alguma maneira poderia sofrer restrições se eles não reagirem às pressões sociais. Na economia civil, a questão é muito mais ampla que o mero cumprimento das leis e regulamentos. Os novos capitalistas querem empresas que *tratem com justiça os clientes, os fornecedores, os empregados e as comunidades*, conforme determina a sétima regra do manifesto, pois esses clientes, fornecedores, empregados e comunidades também são proprietários da empresa.

Mas o que significa tratar as pessoas com justiça? Até pode ser boa idéia, mas será que é preceito prático no mundo real? O manifesto capitalista pode parecer bom no papel, mas sem dúvida só será eficaz se todos cumprirem suas normas. É preciso coragem para tratar bem os clientes, para rejeitar o crescimento destrutivo, para não se ajoelhar diante dos operadores de Wall Street, a não ser que todos façam a genuflexão. Obviamente, as evidências deste livro sugerem que, se a sobrevivência de uma empresa depender da inobservância crônica das normas vigentes, ela acabará punida pelo mercado: seu desempenho financeiro se deteriorará e o preço de suas ações despencará. "Ah, sim", alguém retrucaria, "mas o processo pode ser longo. Se, enquanto isso, eu for o único a respeitar o manifesto capitalista, todo o mundo lucrará à minha custa".

Bem argumentado. Você está enfrentando o clássico dilema do prisioneiro, que é mais ou menos o seguinte: imagine que você tenha sido preso num país instável e que esteja atrás das grades. O interrogador chega à sua cela.

"Tenho uma proposta para você", diz ele. "Se você assinar este depoimento, afirmando que Joe, que está na cela ao lado, cometeu o assassinato, ele será mantido preso por 10 anos e deixaremos você ir embora, sob uma única condição."

Você pesa os prós e contras e pergunta: "Qual é a única condição?"

"Bem", responde o interrogador, "você só será libertado se o Joe não assinar um depoimento, dizendo que você é o assassino. Do contrário, ambos ficarão na cadeia durante oito anos".

"Tudo bem", você responde, pensativo. "E se nenhum de nós dois assinar?"

O investigador faz uma pausa e suspira. "Bem, como não teríamos nenhum depoimento, terei de libertar os dois, depois de uns dois meses. Mas, olha, se você assinar o depoimento, existe mesmo a chance real de eu poder libertá-lo amanhã – tudo dependerá do que Joe fizer."

"Mas eu nem conheço Joe", você reage exasperado. "Ele poderia ser fulano ou beltrano, que para mim não faz diferença."

"Exatamente", responde o interrogador.

Esse é o dilema do prisioneiro. Na vida real, as pessoas de negócios não raro enfrentam essa situação: por exemplo, quando decidem ludibriar um cliente, pressionar um empregado ou lançar lixo tóxico num canal. Evidentemente, a melhor solução sob um ponto de vista egoísta seria poder comportar-se mal, enquanto todo o mundo cumpre as regras. Mas se todos infringirem as normas, haverá problemas. O que se deve fazer nessas circunstâncias?

Especialistas em "teoria dos jogos" muito se empenharam em descobrir a solução "certa" para o dilema do prisioneiro. Você talvez imagine que existe uma resposta inteligente – por exemplo, atuar como parte do conjunto, em igualdade de condições com os demais participantes, e depois mudar de tática. Porém, a melhor estratégia é simples: olho por olho, ou dançar conforme a música, isto é, começar o jogo presumindo que todos os demais jogadores seguirão as regras. Se todos se comportarem bem, aja da mesma maneira. Dê respostas negativas apenas a respostas negativas. Assim que as outras partes passarem a agir em harmonia, com observância da responsabilidade coletiva, mude também seu comportamento. As pesquisas demonstram que, jogando dessa maneira, como no dilema do prisioneiro, você e todos os demais obterão os melhores resultados.

Agora, reflita sobre o mundo da economia civil. Como tratar os bilhões de proprietários, clientes, fornecedores, trabalhadores e cidadãos? Evidentemente, você pode beneficiar-se à custa dos outros, se for o único a desrespeitar as regras, enquanto os outros cumprem os regulamentos. Mas é simplesmente irrealista acreditar que é possível manter para sempre essa estratégia e continuar impune. O melhor para todos é que todos sigam as regras. Mas como impor essa disciplina? Parta da premissa de que todos são bem-intencionados e dance conforme a música. Se observarmos as normas, otimizamos os resultados para todos.

Em outras palavras, a ciência da teoria dos jogos chegou à mesma conclusão dos antigos filósofos e mestres.[5] Apenas usavam outro nome: Regra de Ouro: "Não faças aos outros o que não queres que façam contigo." Todos os interesses devem ser levados em consideração. E isso é possível na economia civil porque, ao contrário da situação predominante em épocas anteriores, todos nós representamos todos os interesses: cidadãos, proprietários, consumidores, empregados. Ao chegar a essa conclusão, não estamos tentando fazer julgamentos morais. Estamos simplesmente afirmando, sob uma perspectiva objetiva e pragmática, que os novos capitalistas estarão em melhores condições se todas as empresas conduzirem seus negócios de acordo com a Regra de Ouro.

Os teóricos dos jogos, contudo, adotam um pressuposto simplificador. Presumem que todos nós sabemos se os outros atores agiram ou não em conformidade com nossos melhores interesses. Em negócios, contudo, não é assim tão fácil. Realmente não sabemos, a não ser quando já for tarde demais, se o fornecedor se empenhou ao máximo para garantir que seus produtos e serviços cumprem todas as especificações, se o administrador de fundos realmente cumpriu seus deveres de proprietário. Ainda pior, as outras partes podem imaginar que ele ou ela se comportou com honestidade, quando *você* não agiu da mesma maneira. Nesse caso, no jogo do olho por olho, você acabará punido por delito de que não têm consciência.

Eis por que a última regra do manifesto capitalista é tão importante. *Comunique-se e seja responsável*. A não ser que todos compreendam as regras do jogo, não conseguiremos escapar do dilema do prisioneiro. Você como gestor precisa esclarecer a seus empregados, clientes, fornecedores e proprietários a maneira como está interpretando as regras. O que é segurança do emprego para seu pessoal, e por quê? Que serviços você oferece, conforme que padrões? Como você pretende gerar valor para os acionistas? Essa clareza torna-se cada vez mais importante à medida que os serviços que prestamos se revestem de complexidade cada vez maior, situação em que é oneroso, se não impossível, saber até que ponto o trabalho foi bem-feito e precisamos confiar em que os fornecedores se comportarão conosco como gostariam que agíssemos com eles.

Esse problema não é novo. O grego Hipócrates, pai da Medicina, sabia que os pacientes jamais seriam capazes de compreender ou de avaliar em profundidade as habilidades especializadas que ele ensinava a seus alunos e também tinha consciência de que, se os alunos aplicassem mal seus conhecimentos, poderiam infligir enormes danos. E, assim, fez com que seus alunos aderissem ao famoso juramento homônimo, comprometendo-se a não abusar de seus conhecimentos.

Os gestores de hoje, na emergente economia civil, também têm habilidades e poderes no relacionamento com dinheiro, produtos e pessoas. Também eles precisam refletir sobre a adoção de algum código que paute sua conduta, com base na necessidade de maximizar o valor para o proprietário de ações de suas empresas, de não causar danos à sociedade e de tratar todas as partes interessadas com justiça.

Responsabilidade e prestação de contas pela administração

As boas práticas gerenciais tendem a ser sustentáveis apenas se forem complementadas por boas estruturas, capazes de garantir que os gestores respondam e prestem contas aos proprietários. Eis algumas maneiras práticas de garantir a implementação dessas estruturas. Nem todas serão adequadas à sua empresa – o que dependerá de seu tamanho e circunstâncias. Seja como for, espera-se que essas idéias sejam orientações úteis.

Torne significativas as eleições para o conselho de administração. Mesmo as companhias abertas devem adotar regras que garantam aos proprietários de ações eleger e destituir conselheiros pelo critério da maioria, assim como influenciar a indicação de candidatos ao cargo. Essa é uma exigência fundamental. Os conselhos de administração devem responder e prestar contas aos proprietários de ações e por eles serem *vistos* como responsáveis e prestadores de contas.

Submeta à votação questões críticas para os proprietários de ações. Em alguns países, os conselhos de administração têm competência exclusiva para tomar decisões vitais que afetam o valor para os acionistas – como erguer defesas contra tentativas de aquisição de controle – sem consultar os proprietários de ações. Essa arrogação de autoridade não é mais cabível na economia civil. As grandes decisões, com o potencial de afetar drasticamente os direitos dos investidores, devem ser submetidas à votação nas assembléias gerais, conferindo legitimidade ao resultado e sinalizando a extensão da confiança dos proprietários de ações na diretoria e no conselho de administração. Se você não tiver certeza quanto ao que é e não é "vital", lembre-se de que os proprietários têm direito ao valor residual da empresa; se o assunto em questão afetar fundamentalmente o valor residual ou a natureza do negócio em andamento, erre em favor da participação dos proprietários de ações, por meio das urnas.

Uma das questões para as quais as empresas devem buscar a aprovação dos proprietários de ações é a remuneração do CEO, que, com freqüência excessiva, têm escapado à supervisão dos donos. Para garantir que o comitê de remuneração do conselho de administração realmente atenda aos interesses dos proprietários universais, sua reputação poderia ser submetida a um voto de confiança anual, como moção por escrito com efeitos não vinculantes, expressando aprovação ou desaprovação de suas decisões. Empresas inglesas, holandesas, suecas e australianas já exploram esse recurso, como escrutínio saudável que contribui para a legitimação da remuneração do CEO e a mantém em linha com o desempenho.

Segregue os cargos de presidente do conselho e de executivo principal. Todos os membros da administração de uma empresa pública devem ser responsáveis e prestar contas. Porém, quando as funções de líder do conselho de administração e de chefe da diretoria se fundem numa só pessoa, o CEO, em poucas palavras, pode transformar-se em seu próprio supervisor. Não se trata de criar centros de poder rivais na organização. As atribuições são muito diferentes. O presidente do conselho deve exercer com independência funções não executivas, garantindo que os conselheiros cumpram seus deveres perante todos os proprietários de ações, ajudando, avaliando e, se necessário, substituindo o CEO.

Profissionalize a diretoria de governança corporativa. Muitas empresas criaram o cargo de diretor de governança corporativa, em geral acumulando-o com o de secretário da empresa. Porém, o título é apenas o primeiro passo. Chegou a hora de profissionalizar o exercício da função, adotando-se padrões reconhecidos de ética e de formação e outorgando-se a seu titular a necessária autoridade. Hoje, a maioria desses executivos atua como diretores de observância, responsáveis por garantir que a empresa cumpra todos os regulamentos, ou como diretores de relações com os investidores, promovendo a empresa no mercado. Ambas as funções são nobres. Porém, a governança também envolve outras tarefas. Os executivos de governança precisam ter sensibilidade inata em relação aos interesses dos novos capitalistas, para que orientem os conselheiros em ações estratégicas. Também devem relacionar-se com os proprietários de ações por meio de diálogos regulares, workshops e reuniões pessoais. Apenas assim se tornarão imunes ao contágio do "pensamento grupal", que não raro contamina muitas organizações, inclusive os escritórios centrais, e compreenderão melhor os pontos de vista dos proprietários. Finalmente, pense em subordinar o diretor de governança diretamente ao conselho de administração, em especial ao chairman independente, e não à diretoria.

Modernize os relatórios. O comitê de auditoria do conselho de administração deve empenhar-se em garantir que a auditoria externa inclua a avaliação dos ativos extrafinanceiros da empresa, com base em padrões da economia civil, como os da Global Reporting Initiative, ou em métodos de análise de valor, desenvolvidos por uma empresa de contabilidade. Todas as empresas devem fornecer relatórios aos proprietários de ações, com todas as informações indispensáveis para o exercício de suas funções de proprietários. Como a contabilidade gerencial sozinha não presta esses esclarecimentos, certifique-se de que o relatório anual contenha todas as informações úteis para os novos capitalistas proprietários no exercício de suas atribuições. Lembre-se, o experimento Coloplast e a pesquisa da Rivel sugerem que você será recompensado pelo fornecimento dessas informações.

Estimule o esforço de relacionamento com os stakeholders. Nenhuma empresa vive em isolamento. Os stakeholders – empregados, clientes, fornecedores, reguladores e outras partes interessadas – sem dúvida afetam a cultura e a lucratividade da empresa. Os conselheiros precisam de canal regular para monitorar se a empresa está fomentando relacionamentos produtivos com os principais stakeholders, de modo a garantir que esses constituintes sejam recursos que efetivamente contribuem para o valor duradouro do empreendimento, em vez de atuarem como passivos contingentes, prestes a explodir em algum momento do futuro.

Memorando aos investidores institucionais

Os investidores institucionais são os motores da economia civil. Porém, como vimos no Capítulo 4, ainda há obstáculos a superar para que essas máquinas produzam energia com o máximo de eficiência. O setor de investimentos em boa parte se estruturou em torno da compra e venda de títulos mobiliários e da formação de *portfolios*, mas não está preparado para o exercício prudente e diligente da propriedade de empresas.

Entretanto, ao longo dos últimos 20 anos, os investidores aumentaram em muito seu poder no mercado. Hoje, os fundos de pensão e seus administradores estão empenhados em dar os próximos passos para o melhor cumprimento do dever fiduciário de exercer com sucesso a supervisão e a vigilância das empresas. Embora o setor de gestão de fundos tenha obsessão em gerar "alfa" (ou seja, superar o mercado), a verdade é que "beta" (isto é, o retorno do mercado) ainda determina em boa parte a capacidade dos fundos de liquidar seus compromissos de pensão.

Comecemos nossa análise dos investidores institucionais observando as práticas gerenciais.

Práticas gerenciais

Os investidores institucionais, como agentes dos novos capitalistas, podem fazer quatro coisas para melhor exercer suas funções.

Cooperar uns com os outros como co-proprietários de empresas. Ao comprar e vender ações, os administradores de fundos podem competir entre si com ferocidade. Porém, todos devem compartilhar a causa comum de melhorar o desempenho das empresas. As instituições mais eficazes serão aquelas que descobrirem mecanismos para trabalhar em conjunto, talvez por meio de redes informais. O Hermes, por exemplo, conta com pessoal em tempo integral para desenvolver relações com outros administradores de fundos, de modo a dividir perspectivas sobre temas e empresas problemáticas. Para tanto, podem recorrer a entidades setoriais, como a International Corporate Governance Network e a Global Institutional Governance Network ou aos bons ofícios de serviços comerciais. [6] As oportunidades para que os fundos de pensão e as instituições gestoras se associem a essas iniciativas são cada vez mais freqüentes, não só para pressionar as empresas por melhor desempenho, mas também para promover de maneira mais ampla os direitos dos acionistas. [7]

Profissionalize o exercício da propriedade como algo diferente das operações de mercado. Para alguns fundos, essa proposta talvez pareça paradoxal – sem dúvida o objetivo deve ser a integração do exercício da propriedade e das operações de mercado. Porém, na verdade, as habilidades e as disciplinas dos operadores de mercado são muito diferentes das dos proprietários. Por analogia, quem aposta em corrida de cavalos pode conhecer muito o esporte, mas nem sempre será a pessoa mais qualificada para treinar os animais. O exercício da propriedade provavelmente exigirá outros profissionais, dotados de novas habilidades, a serem integrados ao grupo, como partes essenciais da gestão de investimentos, que atuarão antes e depois da compra.

Desenvolva programas para o envolvimento e até para o ativismo dos acionistas. Os investidores, em geral, recorriam ao ativismo como último recurso. Os fundos quase sempre prefeririam desfazer-se das ações de empresas problemáticas, em vez de mantê-las em carteira e pressionar a administração. Hoje, muitos gestores estão construindo *portfolios* "high-conviction", com participações muito grandes em poucas empresas, o que dificulta o descarte de participações problemáticas e força os gestores a agir como proprietários. Quando gerenciados com habilidade, esses *portfolios* podem gerar retornos superiores.

Estimule pesquisas de risco a longo prazo. Seja vigoroso no desenvolvimento de meios inovadores para identificar riscos financeiros capazes de comprometer o desempenho das empresas do *portfolio*. O projeto-piloto Enhanced Analytics Initiative é um exemplo. Os membros destinam parte das comissões de corretagem apenas aos analistas que levam em conta riscos conhecidos, mas de difícil mensuração, como os referentes a governança, gestão de pessoal e contingências ambientais. Os novos capitalistas têm interesse direto em pesquisas que considerem esses riscos.

Combine táticas com estruturas e incentivos

As quatro novas estratégias que acabamos de mencionar podem melhorar o desempenho do *portfolio*. Porém, da mesma maneira como as empresas, as instituições financeiras serão capazes de sustentar os ganhos apenas se combinarem as táticas com as estruturas e os incentivos certos. Assim, talvez também seja conveniente considerar as seguintes dicas.

Pratique suas recomendações. Os fundos de pensão e de investimentos terão legitimidade para exigir das empresas padrões de governança apenas se eles próprios praticarem suas recomendações. Ao prestar serviços aos cidadãos investidores, os administradores de fundos devem ser transparentes sobre suas operações, sobre a remuneração do pessoal, sobre a supervisão do capital dos poupadores e sobre a administração de conflitos de interesses. Bom modelo preliminar é o Statement on Institutional Shareholder Responsibilities da International Corporate Governance Network.[8] Do mesmo modo, os fundos de pensão e de investimentos dos proprietários civis, assim como seus patrocinadores e administradores, devem ser responsáveis e prestar contas a seus cotistas ou clientes investidores. Além disso, devem ter um órgão de governança ativo e qualificado, cujos representantes sejam capazes de defender com legitimidade os interesses dos cotistas – com base, por exemplo, na eleição de agentes fiduciários confiáveis, no caso de planos de pensão.

Alinhe as ações dos administradores de fundos com os interesses dos investidores. A erradicação dos conflitos de interesses é apenas metade do trabalho. Os fundos também devem ter a certeza de que seus agentes estejam agindo positivamente para se alinharem com os interesses dos novos capitalistas. Para tanto, é necessário reformar os incentivos dos gestores de dinheiro, que hoje recompensam o desempenho a curto prazo e as análises financeiras estreitas. Por exemplo, a International Finance Corporation, braço investidor do Banco Mundial, vinculou a remuneração dos gestores de *portfolio* à maneira como ponderam as perspectivas de longo prazo e os riscos extrafinanceiros. Os fundos mútuos e os gestores de dinheiro poderiam adotar padrões de remuneração semelhantes em todo o setor. No mínimo, os fundos devem amarrar as bonificações, como parcela variável da remuneração, ao desempenho a longo prazo.

Quando tudo estiver concluído, será que sua instituição colherá os benefícios dessas iniciativas? As evidências sugerem que sim. Empresas bem gerenciadas valem mais, conforme demonstram os estudos. Quando se promove ativamente a melhoria da gestão das empresas, é provável que se obtenham melhores resultados que os adeptos da velha escola, cuja prática era ignorar ou contornar os riscos das empresas do *portfolio*.

Além disso, os gestores de dinheiro constatarão que, como todas as tendências da economia civil, as demandas para que assumam as responsabilidades decorrentes da propriedade tendem a se tornar mais intensas. Ela é reforçada pela imprensa, pelos aposentados e poupadores, pela regulamentação e até pelas próprias campanhas que reivindicam proprietários mais responsáveis. Como condição para alcançar maiores sucessos, os administradores de fundos precisam demonstrar não só que estão apresentando bom desempenho relativo e absoluto, mas também que estão fazendo a sua parte para garantir a supervisão adequada da economia.

Memorando aos investidores e beneficiários pessoas físicas

Na velha economia, as empresas eram o ponto focal. Porém, no centro do universo da economia civil, os cidadãos desfrutam de lugar privilegiado, na qualidade de novos capitalistas, com participação em planos de pensão, em contas de poupança e em reservas de empresas de seguros. Com o amadurecimento da economia civil, eles – inclusive você – passam a dispor de meios para tomar importantes decisões sobre a gestão de recursos de terceiros pelos investidores institucionais. Se você não fizer nada com essas ferramentas, os agentes financeiros tenderão a agir como o proverbial usuário de carro alugado. Se, ao contrário, você aprender a usar essas ferramentas, será capaz de exercer influência sobre seu próprio futuro financeiro e o da sociedade em geral.

Não estamos falando em abrir pilhas de gordos envelopes com informações sobre as empresas do *portfolio*, em vasculhar maçantes relatórios anuais e em votar em todas as assembléias gerais. Reconhecemos que poucos investidores pessoas físicas têm tempo, experiência ou disposição para agir com tanta diligência. Na verdade, raros são os que escolhem suas próprias ações, preferindo, ao contrário, investir por meio de veículos coletivos, como fundos de investimento. Portanto, o caminho para garantir o interesse dos investidores se resume a uma única decisão importante: que agentes você escolherá para gerenciar suas poupanças?

Escolha do agente

No passado, essa escolha era fácil, e para alguns ainda é. Alguma autoridade distante – os executivos responsáveis pelo plano de pensão de sua empresa, o

Estado, ou a seguradora – fazia a seleção para você. Porém, essa época confortável está chegando ao fim, à medida que os patrocinadores transferem os riscos para os empregados e poupadores – substituindo os planos de aposentadoria de benefício definido por outros de contribuição definida, por exemplo.

Quando alguma autoridade central ainda exerce controle preponderante sobre importantes decisões de investimento, sem a participação de ninguém que represente o beneficiário derradeiro, o sistema não passa no teste mais elementar de responsabilidade e prestação de contas. Essa falha tende a corroer o poder de geração de valor da propriedade. Para proteger seus recursos, faça lobby em favor da representação significativa dos investidores e exija informações dos fundos de pensão e de investimentos. Ou, se puder, encontre outro agente para gerenciar seu dinheiro.

Analisemos o trabalho de selecionar agentes, termo pelo qual nos referimos a planejadores financeiros, assessores de investimentos, gestores de dinheiro, fundos de investimentos, empresas de seguros e congêneres. Talvez você se sinta propenso a erguer as mãos em desespero. Quem, senão um especialista, realmente seria capaz de identificar o concorrente que mais se alinha com meus interesses?

Mas espere. Existem precedentes para esse tipo de mudança nas tomadas de decisões pelos consumidores. Lembra-se de quando havia apenas uma empresa telefônica em cada mercado? Os usuários praticamente não tinham escolhas em serviços, preços ou qualidade. Parecia um fato natural imutável. Sem nos darmos conta de que as coisas poderiam ser diferentes, nós nos acomodamos em relação aos parâmetros de telecomunicações que nos eram impostos pelo monopólio. Quando surgiu a concorrência, muita gente se sentiu totalmente despreparada para fazer escolhas. Até a própria idéia de ajustar os serviços de telefonia às preferências individuais parecia estranha. Mas, em breve, aprendemos a fazer perguntas, a comparar atributos, a verificar preços. Além disso, ao escolher serviços de telefonia que atendessem às nossas necessidades específicas, descobrimos que poderíamos conseguir muito mais valor por nosso dinheiro do que jamais obtínhamos nos velhos tempos.

A poupança que determinará a qualidade de nossa vida na velhice, o plano de saúde que nos proporcionará tranqüilidade e capacidade para garantir o sustento da família são muito mais importantes que o custo de chamadas telefônicas. No entanto, hoje, muita gente transfere para terceiros o poder de decidir sobre suas poupanças. Esses agentes estão sujeitos a injunções – e efetivamente sofrerão pressões – para agirem de maneira contrária a nossos interesses. Quando isso acontece, arcamos com altos custos e até com danos irreparáveis. Mas hoje quase sempre temos escolhas. Podemos identificar que fundos e agentes estão estruturados para nos prestar melhores serviços.

Os principais critérios

Eis, então, nossa mais importante recomendação às pessoas físicas na economia civil: *Selecione fundos de pensão e de investimentos com base na disposição deles para realmente se comprometerem com a lealdade aos cotistas.* Comece com as taxas de administração que cobram; tanto seu valor absoluto quanto sua composição. As instituições administradoras de fundos têm o direito de gerar lucro, mas as taxas de administração devem ser razoáveis e transparentes; afinal, é o seu capital que está em risco. Em seguida, consulte os serviços, cada vez mais numerosos, gratuitos ou remunerados, que classificam os fundos de pensão e de investimentos, com base nas próprias práticas de governança e em seus recursos de supervisão, assim como em seus antecedentes de desempenho. Ou faça a si mesmo algumas perguntas fundamentais ao comparar desempenhos financeiros. Os gestores de *portfolio* são remunerados segundo critérios que valorizam o desempenho a longo prazo e consideram indutores de valor extrafinanceiros? Os membros do conselho de administração são independentes? Há potencial para conflitos de interesses? Como o fundo vota com suas ações? De que recursos o fundo dispõe para atuar como proprietário engajado das empresas do *portfolio*? Elimine qualquer agente que não possa ou se recuse a responder a essas perguntas. Então, escolha entre aqueles com melhor perfil como geradores de valor e proprietários no estilo dos novos capitalistas.

Memorando para analistas, assessores e auditores

Não há nenhuma novidade em afirmar que informação é poder. E o fato de informações úteis para os investidores terem sido mal direcionadas e mal utilizadas é notícia velha. Neste livro, tentamos demonstrar a natureza sistêmica dos abusos na divulgação de informações e apresentar idéias para evitar os mesmos erros no futuro.

Use as informações com sabedoria, imbuído de senso de responsabilidade e de prestação de contas

Nosso esboço começa com dois mandamentos para analistas, assessores e auditores. Primeiro, não confunda agente com principal, mandatário com mandante, gestores com capitalistas. Segundo, compreenda os indutores da criação de valor econômico no século XXI. Nenhum desses dois objetivos é fácil, mas ambos são factíveis. Para começar, a observância dessas regras gerará vantagens comerciais para os pioneiros; de maneira mais ampla, garantirá o uso das informações para impulsionar o crescimento econômico sustentável.

A legitimidade decorre da responsabilidade e da prestação de contas. Essa é a base sobre a qual se ergue a economia civil. Perante quem e a quem devem todos os atores, em última instância, ser responsáveis e prestar contas? Aos cidadãos investidores.

No mundo real, isso nem sempre é fácil. Como nós sabemos, a responsabilidade e a prestação de contas tipicamente fluem ao longo de uma sucessão de agentes. Vamos presumir que a pessoa que pôs o capital em risco seja um cidadão poupador, neste caso, um trabalhador chamado João. Ele é o principal e o mandante. João é membro de um plano de pensão de contribuição definida, com agentes fiduciários. Eles são o Agente Nº 1 de João. Os fiduciários do plano, que têm boas intenções, mas não fornecem meios para que João eleja alguém como seu representante, recorrem a assessores externos (Agente Nº 2). Esses assessores, embora geralmente responsáveis, são contratados pelo plano. Como estão afastados dele alguns passos, é possível que de pronto ignorem o fato de, em última instância, serem responsáveis perante João, a quem devem prestar contas. Os assessores recomendam investir o capital de João, junto com o de milhares de outros cidadãos, em determinado fundo de pensão ou de investimentos (Agente Nº 3), que os mesmos assessores recomendaram reiteradamente a numerosos investidores institucionais semelhantes. Assim, o plano de João é apenas um entre muitos outros para o gestor de *portfolio* do fundo de pensão ou de investimentos (Agente Nº 4). O gestor de *portfolio* pode, por sua vez, recorrer a um analista (Agente Nº 5), que lhe sugere determinado investimento. Esse analista, evidentemente, é remunerado pelo fundo mútuo ou por um serviço terceirizado e, quase com certeza, não tem idéia de que sua recomendação afetará o cheque mensal de João.

Essa cadeia de responsabilidade e prestação de contas pode ser eficaz, e efetivamente é eficaz, desde que cada elo seja leal, responsável e prestador de contas perante o elo imediatamente seguinte. Qualquer ruptura – a subordinação do analista a um banco de investimentos, que é influenciado pela empresa avaliada pelo analista; o assessor do plano de pensão, que é pago para indicar determinado investidor institucional; o fiduciário que atua como agente da empresa, não dos aposentados – pode debilitar toda a cadeia. É por isso que chamarizes infames na área de relações públicas, como Jack Grubman e Henry Blodgett, despertaram tanto desprezo. Não foram leais com os elos adiante deles na cadeia: os gestores de *portfolio* a quem prestavam assessoria. E, decerto, tampouco foram leais com os principais ou mandantes de última instância, os joãos e marias cujas pensões estavam em risco. Em vez disso, dançaram ao som de quem lhes acenava com o cheque mais polpudo.

Mandamentos para analistas, assessores e auditores

Como evitar o destino de Grubman e Blodgett? Pense na responsabilidade e na prestação de contas como algo que flui do principal para os agentes.

Nunca confunda o agente com o principal. Se você constatar um elo fraco na cadeia de responsabilidade e prestação de contas, aponte-o, evite-o e tente passar para o link seguinte.

Livre-se de conflitos. Não venda produtos, serviços ou mesmo "acesso" que, na melhor das hipóteses, permitam que seus concorrentes o acusem de conflito de interesses ou, no pior dos casos, levem a polícia a bater em sua porta. Mesmo que você esteja convencido de que todas as situações questionáveis envolvem conflitos apenas potenciais ou teóricos, não deixe de revelá-los e atenuá-los, com o propósito de extingui-los com o tempo.

Na ausência de conflitos, explore a situação como ponto de vendas. A CreditSights é agência de classificação de títulos de dívida. A Ennis Knupp assessora planos de pensão. A Glass Lewis orienta no voto por procuração. Todas essas empresas estão conquistando fatias de mercado de rivais maiores e mais tradicionais, enfatizando sua lealdade irrestrita aos clientes, sem qualquer tipo de restrições. Ser responsável e prestar contas são bons negócios.

Desenvolvimento de novos padrões de avaliação do desempenho

Vocês são os experts em informações; vocês avaliam o que funciona e não funciona nesse livre mercado em evolução. Como vimos no Capítulo 7, tanto os indutores da economia quanto os critérios de identificação dos beneficiários desse impulso estão em desenvolvimento. Os velhos indicadores ainda são válidos e necessários, mas de modo algum são suficientes. Daí decorre enorme oportunidade para agentes de informação criativos e ágeis. Há todo um mundo de negócios a ser conquistado por quem melhor informar os novos capitalistas investidores. Os novos manda-chuvas da informação podem ser novatos ainda pequenos, em busca de um nicho, ou grandes entidades tradicionais, à procura de oportunidades de evolução na economia civil.

Vá além do tradicional. O experimento Coloplast e a pesquisa da Rivel (Capítulo 7) demonstram o poder imanente no fornecimento de contexto aos números. Desenvolva critérios para ajudar seus clientes a explorar esse poder.

Acerte aproximadamente em vez de errar exatamente. Passivos contingentes e fluxos de receita incertos no futuro são intrinsecamente difíceis de avaliar. Sua própria ocorrência é duvidosa; se acontecerem, a intensidade de seu impacto é incerta e o horizonte temporal em que podem acontecer é desconhecido. Essa é uma trifeta de incerteza a desafiar os cérebros mais brilhantes do mundo. Os engenheiros financeiros de Wall Street lidam rotineiramente com ativos e passivos de difícil avaliação. Em vez de tentar atribuir-lhes números exatos, esses especialistas aceitam um espectro de probabilidades e tentam explicar a validade de várias metodologias de cálculo.[9] Em contraste, a contabilidade das empresas busca quantificações exatas. Ainda pior, não raro o número exato preferido é zero, uma vez que os avaliadores consideram eventos da baixa probabilidade, mas de alto impacto – como o derramamento de petróleo pelo *ExxonValdez* ou o recall do medicamento Vioxx pela Merck –, tão remotos que não devem ser levados em conta – até explodirem em grandes ameaças para a lucratividade e até para a sobrevivência da empresa. Lembre-se: apenas a dificuldade de avaliação não significa que algo não deva ser divulgado.

Seja claro quanto aos objetivos; comunique a mensagem. Você deve ser claro quanto à mensagem que está transmitindo. Por exemplo, será que a informação se destina a ajudar operadores de mercado nas decisões de compra e venda ou a gerar o melhor resultado econômico para a empresa e para os acionistas? E os usuários precisam saber que a informação reflete a verdade, toda a verdade e nada mais que a verdade. Evidentemente, essas questões às vezes são complexas e multidimensionais. Não raro ocorrem altos retornos em situações improváveis e nenhum retorno em outras. No entanto, mesmo nesses casos, você pode descobrir meios de apresentar as informações de maneira compreensível, como, por exemplo, mediante o uso de indicadores qualitativos ou de recursos visuais. Com efeito, alguns engenheiros financeiros recorrem a tecnologias de mapeamento em 3-D para expor com mais clareza resultados probabilísticos multidimensionais.

Memorando aos grupos da economia civil

A economia civil está apagando a linha que outrora segregava investidores de ativistas comunitários. Você pode ser pensionista, proprietário de ações, empregado sindicalizado, contribuinte e membro de um clube de caça, tudo ao mesmo tempo. Não importa o chapéu que esteja usando, você tem interesse agora em mobilizar capital para realizar seus objetivos financeiros e sociais. Se você participar de algum grupo de interesse social, essa nova situação abre a porta para outras iniciativas.

Ampliando o poder

Conforme descrito no Capítulo 8, as organizações de vanguarda da sociedade civil desenvolveram como pioneiras um protótipo de trabalho de "engajamento sustentável". Os 10 princípios que identificamos neste capítulo ajudarão as organizações da economia civil a operar com eficácia e credibilidade na outrora terra de ninguém dos mercados de capitais. Se quiserem ampliar ainda mais sua influência, essas entidades precisam avançar para o próximo estágio de desenvolvimento. Aqui estão algumas possibilidades de roteiro para essa jornada.

Construa uma rede de apoio popular. Os grupos da economia civil, embora pretendam falar em nome de grande quantidade de cidadãos da nova classe de investidores, quase sempre ficam muito aquém de seu potencial para influenciar as decisões no nível político. A causa dessa limitação é a própria estreiteza do foco dessas entidades. Em geral, das duas uma: ou representam um grupo distinto – por exemplo, executivos de fundos de pensão – ou se concentram em determinado tema – por exemplo, mudança climática. No entanto, a moeda de troca de mais ampla circulação no mundo político, como sabem todos os lobistas, é a capacidade de influenciar votos nas eleições ou de angariar contribuições para campanhas. A comunidade dos proprietários de ações tem enorme potencial para arregimentar votos ou até para gerar contribuições maciças, uma vez que os fundos de pensão e de investimentos representam os interesses de dezenas de milhões de cidadãos poupadores.

Até agora, contudo, nenhum desses grupos da sociedade civil, em nenhum país, se apresentou com mandato, capacidade e ambição para atuar como tribuno popular da classe de investidores. As possibilidades são imensas. Considere o Council of Institutional Investors, que reúne diretamente profissionais de alto nível, oriundos de 140 fundos de pensão. Também pense no AARP, grupo de interesse de americanos idosos, que se gaba de contar com uma base de 36 milhões de membros. A AARP dispõe de linhas de comunicação ininterruptas com suas bases, o que lhe confere poder de tração nos cabos-de-guerra políticos. Os grupos da economia civil têm capacidade para recrutar multidões semelhantes e alistar poder de influência equivalente para impulsionar legislação e regulação favoráveis aos proprietários de ações. Mas só poderão realizar esse potencial se desenvolverem uma AARP para a classe de investidores.

Médico, cura-te a ti mesmo (Lucas, 4:23). As organizações da sociedade civil são notórias pela inadequação da própria governança. Para conquistar a proverbial "licença" para operar na economia civil, elas devem enfrentar de frente, sem subterfúgios, esse desafio. Os grupos não serão levados a sério ao exigir responsabilidade e prestação de contas, transparência e raciocínio criativo por parte do conselho de administração se eles próprios não cultivarem esses mesmos atributos. Todos os grupos da economia civil, para começar, devem auto-avaliar-se para testar as próprias práticas de governança. Será que o site da organização fornece informações completas sobre seus conselheiros e as respectivas atribuições, seu pessoal de apoio, suas fontes de financiamento, a disciplina de suas eleições, seus controles financeiros e seus canais internos para a manifestação de dissidências? Será que os membros dispõem de meios para participar, de maneira significativa, da formulação de políticas nos níveis mais altos do processo? Se as respostas forem negativas, promova as mudanças adequadas. Se no contexto das organizações da economia civil ainda não existem padrões de governança, reúna os pares para desenvolver as melhores práticas.

Pressione conselhos dos fundos de investimentos. Os reguladores dos Estados Unidos abriram nova avenida para os grupos da economia civil e para outros investidores inconformados com as práticas dos fundos de pensão e de investimentos. Hoje, esses investidores institucionais devem ser 75% independentes das matrizes. Além disso, se as normas sobreviverem aos desafios, também o presidente do conselho não deve ter vínculos de subordinação com a controladora. Como esses investidores institucionais reúnem vasto capital, os conselhos detêm enorme poder, mas poucos já se deram conta dessa realidade. O próximo passo dos grupos da economia civil deve consistir em observar e pressionar esses órgãos colegiados, tanto quanto o fariam em relação aos conselhos de administração das empresas cujas ações compõem seus *portfolios*. Os conselheiros dos fundos de investimento devem trabalhar para eliminar os conflitos de interesses, para cortar custos que não gerem valor para os clientes e para garantir que os administradores e gestores aloquem recursos suficientes ao exercício da supervisão e vigilância das empresas de que se tornam proprietários, ao investir em ações. Se os conselheiros dos investidores institucionais não executarem essa tarefa, os grupos da economia civil agora dispõem de poderes para lhes cobrar prestação de contas.

Forneça recursos aos agentes fiduciários. Os boards of trustees dos fundos de pensão sofrem de falta de habilidades e de pesquisas. Mas essa é uma lacuna a ser preenchida pelos grupos da economia civil. Cursos de treinamento, relatórios e caixas de ferramentas como as oferecidas pela pioneira Just Pensions podem exercer importante impacto. Do mesmo modo devem agir os *think tanks* que oferecem diretrizes e orientações aos agentes fiduciários.

Memorando aos políticos e formuladores de políticas públicas

Como os livres mercados podem contribuir para os objetivos sociais? Esse é um velho desafio para os formuladores de políticas, mas a economia civil desbrava um caminho para soluções totalmente inovadoras. As leis e os regulamentos não mais servem apenas como instrumentos para disciplinar a atuação das empresas. Agora, podem ser canais que oferecem aos novos capitalistas os meios necessários para garantir que as empresas em que investiram suas poupanças atuem em prol dos interesses dos cidadãos. Para tanto, evidentemente, os cidadãos investidores devem estar dispostos a exercer seus novos poderes. Portanto, a ascensão da economia civil depende de duas ocorrências de extrema importância, a serem fomentadas pelos formuladores de políticas.

Apoio à economia civil

Primeiro, a propriedade das empresas se difundiu de tal maneira que agora os conselhos de administração devem levar em conta os novos capitalistas ao definirem seus objetivos.[10] Mostramos no Capítulo 1 que essa situação já se configurou em boa parte do mundo desenvolvido. Embora ainda não esteja bastante impregnada nos mercados emergentes e em transição, a propriedade civil nesses outros contextos tende a chegar ao mesmo estágio, à medida que neles se promovem o crescimento e a distribuição de renda.

Segundo, os cidadãos investidores devem ser capazes de converter suas poupanças em influência econômica. Esse é o ponto em que os políticos e os formuladores de políticas deparam com enormes oportunidades, ajudando os cidadãos investidores a descobrir maneiras eficientes de canalizar suas poupanças para instrumentos financeiros que ofereçam influência econômica como indutores de retornos e instituindo direitos que capacitem os novos cidadãos poupadores a trazer para o proscênio seus diversos interesses.

Reflita sobre o desenvolvimento de uma economia civil em moldes que espelhem o sucesso espantoso que caracterizou a construção de sociedades civis em todo o mundo. Os políticos e os formuladores de políticas da atualidade serão capazes de elaborar uma nova Constituição para reestruturar o capitalismo, da mesma maneira como seus antepassados escreveram as constituições que embasaram os Estados modernos. Essa missão pode representar uma mina de ouro política para os partidos que captarem seu potencial.

Podem-se construir economias civis que incorporem inovações catalisadoras, consumindo-se para tanto recursos mínimos. Os resultados mais eficazes decorrerão de intervenções sutis e de ajustes cirúrgicos nas leis e nos regulamentos, de modo a criar condições para que as forças do mercado realizem a construção pesada. Na verdade, os governos devem encarar seu papel menos como o de "atores" e mais como o de "reguladores e árbitros" da economia civil. As políticas públicas devem promover as instituições da propriedade civil, como os fundos de pensão, e garantir que elas se configurem para atuar plenamente em nome dos novos capitalistas poupadores. Ao mesmo tempo, os governos precisam outorgar poderes aos cidadãos investidores, proporcionando-lhes acesso às informações indispensáveis à garantia da responsabilidade e da prestação de contas por parte de suas organizações.

O objetivo não é assumir o poder econômico em nome do povo nem microrregular o comportamento das empresas. O objetivo das políticas públicas na economia civil deve consistir em restabelecer a autoridade da propriedade, devolvendo o poder aos cidadãos poupadores como donos das empresas. Esses proprietários investidos de novos poderes podem ser o antídoto contra a alienação do povo em relação à globalização, como força distante e irresponsável, que controla os países e manipula as comunidades. Os novos capitalistas engajados podem respaldar a legitimidade pública das empresas privadas e compelir as grandes companhias abertas a tratar a sustentabilidade ambiental e a responsabilidade social que permeiam suas operações como fatores de risco para os próprios resultados financeiros. Além disso, os cidadãos investidores investidos de poderes tenderão a fomentar uma cultura de competitividade e de desempenho, produzindo mais riquezas e emprego.

A estética da equação – pequenas despesas públicas gerando grandes resultados – é a capacidade de se transformar em plataforma eficaz, a ser explorada por líderes políticos sob pressão, para promover o crescimento, o emprego e a justiça social, em situações de escassez de recursos públicos. Também pode ser guia de orientação para organizações internacionais, como Banco Mundial, Nações Unidas e OCDE.

Estímulos ao crescimento da economia civil

As seguintes sugestões para uma agenda de políticas públicas podem acelerar a disseminação da economia civil.

Garanta a democracia econômica. Muitos governos estimulam os cidadãos poupadores a investir em companhias abertas, mas, em seguida, promovem práticas que negam aos proprietários de ações o exercício do voto e de influência. Por exemplo, as empresas podem emitir ações sem direito a voto ou adotar estruturas piramidais. Ambas as práticas concentram poder nas mãos de minorias. Segundo argumentam os preconizadores, essas medidas garantem que efetivamente alguém exerça a supervisão e a vigilância das empresas na qualidade de proprietário. Porém, grande é o perigo de que essas estruturas simplesmente destituam de direitos os cidadãos investidores. Em geral, os governos devem estimular a democracia econômica, com base no princípio "uma ação, um voto".

Incentive os veículos de investimentos coletivos, como fundos de pensão, a promover a difusão da propriedade. Os grandes pools de capital criam condições para a ampla pulverização da propriedade das empresas, ao mesmo tempo em que conferem o dom da fala à massa de investidores. Além disso, garantem a liquidez que lubrifica os mercados de capitais, fornecem capital para o crescimento das empresas e criam condições para maior assunção de riscos. Ademais, asseguram o acesso dos trabalhadores a mecanismos de previdência privada que complementam os sistemas tradicionais de seguridade social pública. Portanto, os formuladores de políticas devem promover a segurança e o crescimento dessas instituições.

Essa questão é de importância premente. Em todos os países do mundo, onde já existem fundos de pensão patrocinados por empresas, os esquemas vigentes se encontram em acelerado estado de fluxo, ou seja, em mutação contínua. Historicamente, a maioria das empresas oferecia aos empregados planos de pensão de benefício definido. A adesão era simples e geralmente ocorria de maneira automática, quando da admissão dos empregados. As empresas consideravam barata a administração desses esquemas de previdência privada. Os atuários os montavam de modo que quem morresse jovem subsidiasse quem sobrevivesse por mais tempo, reduzindo o custo total. A empresa patrocinadora subscrevia os planos. Esses esquemas eram eficazes quando grandes empregadores ofereciam estabilidade no emprego. Porém, em economias caracterizadas cada vez mais pela mobilidade da força de trabalho, pelas mudanças aceleradas e pelo trabalho autônomo, muita gente pode escorregar entre as malhas das redes de segurança dos planos de pensão.

Além disso, na tentativa de reduzir custos, as empresas liquidaram muitos esquemas de benefícios definidos, substituindo-os por planos de poupança de longo prazo, baseados nas contribuições individuais. Em geral, esses planos são personalizados, altamente regulamentados e relativamente caros. Na Inglaterra, por exemplo, um "stakeholder pension", plano de pensão administrado pelo setor privado, mas regulamentado pelo governo, destinado a pessoas de baixa renda para suplementar a seguridade social pública, custa em torno de 1,5% *ao ano*, principalmente por causa dos custos regulatórios. Essa taxa anual equivale a cerca de 40% de todo o dinheiro poupado pelo pensionista. Sem dúvida, precisamos descobrir maneiras mais eficientes de canalizar o dinheiro dos cidadãos para esquemas de poupança de longo prazo.

Fomente a responsabilidade. O dinheiro reunido em fundos coletivos pode induzir as empresas para o crescimento econômico e para a responsabilidade social. Duas estratégias de políticas públicas serão capazes de liberar esses benefícios. Primeiro, reformular as normas sobre gestão de recursos de terceiros para que os investidores institucionais sejam responsáveis e prestem contas aos empregados e pensionistas que participam do plano. Muitas jurisdições já adotaram essa providência. Segundo, exigir que os investidores institucionais se manifestem quanto ao cumprimento dos deveres de proprietário.

Revolucione as auditorias e os fundos de pensão. Os novos capitalistas poderiam supor, com alguma razão, que, mesmo na hipótese de os agentes que gerenciam seu dinheiro cochilarem enquanto seus investimentos se esvaem em valor, os auditores e atuários estarão atentos para soprar o apito, denunciando as más práticas fiduciárias. Se pensarem assim, estarão errados. Em geral, os auditores e os atuários não têm obrigação nem motivação para avaliar os riscos das práticas de supervisão e vigilância adotadas pelos fundos de pensão e de investimentos.[11] Esses investidores institucionais realmente são obrigados a se submeter a auditorias independentes, da mesma maneira como as companhias abertas. Mas essas auditorias independentes apenas verificam a observância das convenções contábeis e atuariais, ao compilar os números. As auditorias dos fundos de pensão e de investimentos não avaliam questões igualmente vitais, que afetam diretamente a integridade da supervisão e vigilância a serem exercidas pelos fundos de investimento e de pensão. Não julgam – nem mencionam – se os administradores exercem controle adequado sobre potenciais conflitos de interesse, como, por exemplo, entre a empresa patrocinadora e os cotistas. Tampouco avaliam se os agentes estão reunindo e analisando todas as ferramentas disponíveis, com economia e eficácia, para proteger e ampliar as poupanças dos cotistas. E não comentam a capacidade do board of trustees e da administração executiva de prestar bons serviços aos cotistas. Além disso, os auditores são responsáveis perante os administradores e a eles prestam contas, não aos atuais e ex-empregados que confiam no fundo de pensão. As empresas de auditoria são contratadas diretamente pelo board of trustees ou pelos patrocinadores do plano.

Pode-se impulsionar a economia civil mediante a reformulação das obrigações estatutárias dos auditores dos fundos de pensão e de investimentos. Primeiro, os auditores devem ser responsáveis e prestar contas não só aos patrocinadores, mas também aos cotistas. Segundo, a auditoria externa deve de fato testar a integridade da supervisão e vigilância, além de verificar a observância das normas contábeis. Uma medida simples seria obrigar os fundos de pensão e de investimentos a fornecer informações detalhadas sobre se e como seus administradores e gestores atuam como proprietários.

Modernize a governança dos agentes fiduciários dos fundos. A supervisão exercida pelos fundos é objetivo crítico de qualquer política pública na economia civil. Podem-se induzir os fundos de pensão e de investimentos a agir como proprietários garantindo que certa porcentagem dos agentes fiduciários sejam eleitos pelos próprios empregados e poupadores. Outra hipótese é adotar arquiteturas que aumentem os poderes dos boards of trustees. As políticas públicas também podem determinar que esses órgãos colegiados observem altos padrões de divulgação de informações, de modo que os cotistas possam verificar de pronto se seus gestores de dinheiro estão exercendo as atribuições da propriedade. Os registros de votações, por exemplo, seriam uma dessas informações. Os fundos também poderiam revelar a assiduidade dos agentes fiduciários, assim como seus antecedentes profissionais e possíveis conflitos de interesses. As políticas sobre gestão de conflitos poderiam ser objetivas e de conhecimento público. Os cotistas devem ser capazes de descrever como suas poupanças coletivas estão pressionando as empresas a melhorar suas práticas financeiras, sociais, ambientais e éticas. Além disso, também é importante que as normas internas estimulem a adoção de novos níveis de treinamento para agentes fiduciários, de gestão de conflitos, de divulgação de informações e de ética.

Recrute entidades financeiras do setor público para impulsionar a contabilidade. Hoje, constatamos anomalias na maneira como os órgãos públicos lidam com as alavancas financeiras à sua disposição. Por exemplo, as Nações Unidas preconizam a responsabilidade social das empresas – mas só agora se dispuseram a informar se seu próprio sistema de pensão usa sua influência para promover esse objetivo. Por outro lado, certos governos têm sido inovadores em recorrer a ferramentas financeiras para impulsionar as políticas públicas da economia civil – apontando o caminho para outros mercados. Por exemplo, o governo do Reino Unido determinou que o Banco da Inglaterra fundasse a ProNet, para estimular o recrutamento pelos conselhos de administração de membros não executivos de alta qualidade. O Banco Nacional de Desenvolvimento Econômico e Social do Brasil, instituição financeira controlada pelo Estado, hoje impõe padrões mínimos de governança corporativa como condição de seus investimentos e financiamentos. Da mesma maneira age a International Finance Corporation, do Grupo Banco Mundial. O Canadá Pension Plan leva em conta questões de longo prazo ao investir em empresas. E alguns países estão elaborando normas para encorajar os fundos de pensão do setor público a considerar aspectos de governança em seus investimentos, inclusive com a avaliação dos níveis de governança nas empresas receptoras. A Bovespa, principal bolsa de valores do Brasil, criou segmentos especiais de listagem – Novo Mercado, Nível 1 e Nível 2 – para as empresas que observam em diferentes graus padrões mais elevados de responsabilidade, prestação de contas e transparência. As bolsas de valores de Bangcoc e de Milão adotam práticas semelhantes. Por meio desses tipos de alavancas de capital, estimulam-se melhores níveis de desempenho pelas empresas, sem intervenções diretas.

Induza os fundos a considerar riscos extrafinanceiros de longo prazo. Várias iniciativas podem contribuir para mudar a mentalidade de curto prazo dos investimentos incivis. O Reino Unido, por exemplo, ajudou a patrocinar a Carbon Trust, que financia pesquisas voltadas para os investidores sobre emissões de gases do efeito estufa e mudança climática. Mais importante, em 2000, Londres adotou uma norma simples sobre divulgação de informações que deve ser considerada arquétipo de políticas públicas pelos novos capitalistas. Sob esse dispositivo, todos os fundos de investimentos do setor privado têm de declarar anualmente se considera questões de responsabilidade social em suas estratégias de investimentos. Os fundos que declarassem não ter nenhum interesse pelo tema estariam cumprindo a legislação. No entanto, quase todos ficaram com medo de perder participação no mercado, caso demonstrassem pouco caso pela questão. Portanto, a quase nenhum custo para o tesouro, a norma desencadeou uma onda de zelo por parte dos investidores institucionais em relação aos fatores da economia civil que afetam as empresas.

E é possível ir ainda mais longe. Na maioria dos mercados de capitais, a legislação exige que as companhias abertas contratem auditoria externa de suas demonstrações financeiras. Na economia civil, as empresas que recorrem ao mercado de capitais para levantar capital próprio podem ser instadas a comprovar que cumprem padrões aceitáveis de governança ou a explicarem por que não observam tais paradigmas. Os governos podem estimular a prática de classificações ou de avaliações de governança e de responsabilidade social como parte da auditoria externa anual; ou recorrer a incentivos, em vez de a diretrizes; e, por meio de políticas públicas, conceder estímulos fiscais, reduzir exigências burocráticas ou dispensar outros tratamentos privilegiados às empresas que adotarem tais classificações ou avaliações. Como alternativa, os formuladores de políticas ainda dispõem do recurso de seguir o caminho da divulgação de informações, obrigando as empresas a declarar periodicamente se encomendaram essas classificações ou avaliações e, se não o fizeram, por que tomaram essa decisão. Nossa preferência é pela divulgação de informações, em conformidade com nossa orientação de menos intervenção e regulamentação pelo governo.

Reformulação dos padrões de elaboração de relatórios. Podem-se incentivar os participantes do mercado a acelerar a reforma das normas contábeis e dos padrões de relatórios para incluir indutores de valor hoje subavaliados, como capital humano e outros intangíveis, além de ativos e passivos sociais, ambientais, de governança e éticos. As políticas públicas devem fomentar a experimentação, mas evitar a proliferação de padrões conflitantes. O processo de desenvolvimento de normas e padrões deve ser transparente, com o envolvimento dos participantes de mercado com interesses nos resultados.

Fortaleça as auditorias da empresa. Em alguns mercados, as normas não incumbem os auditores externos independentes de atestar a integridade da supervisão e da vigilância exercidas pelo conselho de administração. Podem até ignorar os "exageros" (puffery) desde que a empresa obedeça a letra das regras contábeis. Pior ainda, os mercados são obscuros quanto a se os auditores trabalham para a diretoria, para o conselho de administração ou para os proprietários de ações. No intuito de impulsionar a economia civil, precisamos acabar com essa confusão. A auditoria externa independente deve ser conduzida para os acionistas e deve emitir julgamento sobre se as demonstrações financeiras não só cumprem as normas contábeis, mas também representam imagem "verdadeira e honesta" da empresa, assim como sobre se o conselho de administração está seguindo as práticas destinadas a alinhar o desempenho gerencial com os interesses dos proprietários de ações.

Reformule a ajuda externa. Os países com tradições vigorosas de governança corporativa podem reinventar os programas de ajuda externa ao desenvolvimento, com o objetivo de fomentar a criação de instituições nacionais da economia civil nos mercados beneficiários. Um dos modelos é o Center for International Private Enterprise (Centro para o Empreendimento Privado Internacional) dos Estados Unidos, que ajuda a construir organizações da economia civil, como institutos de treinamento de membros do conselho de administração de organizações da economia civil em mercados emergentes. Outro modelo é o Global Corporate Governance Forum. Apoiado pela OCDE, sediado no Banco Mundial e financiado por países doadores, a entidade estimula aprimoramentos na governança corporativa em mercados locais.

Estimule as melhores práticas. Os formuladores de políticas podem estabelecer padrões mínimos para os vários participantes do mercado, como agências de classificação de crédito. Mas também dispõem da alternativa de divulgar os critérios mínimos indispensáveis para obter apoio governamental, com o objetivo de abrir o campo para mais concorrentes. Além disso, ainda é possível reavaliar periodicamente esses padrões, para que eles não se transformem em armas para os insiders entrincheirados em vez de impulsores dos mercados de capitais.

Memorando para economistas e pesquisadores

Vimos como os novos capitalistas estão promovendo mudanças profundas nas grandes empresas – vetores-chave da prosperidade econômica – mormente no relacionamento com os proprietários e na maneira como atuam com responsabilidade e prestam contas de seu desempenho. Daí decorre todo um novo campo de estudos para economistas e pesquisadores.

No Capítulo 2, observamos que, até certo ponto, a economia tem sido vítima do próprio sucesso. Com o tempo, os economistas descobriram o uso de modelos matemáticos elegantes para descrever boa parte do comportamento dos mercados. Com o propósito de garantir essa exatidão matemática, contudo, adotaram muitas premissas simplificadoras, que, não raro, segregam a economia em relação ao mundo real – e a muitas das questões interessantes que deveriam ter abordado.[12]

Nos cursos de economia introdutória, já se depara com esses pressupostos. Por exemplo, o da competição perfeita, segundo o qual nenhuma empresa desfruta de vantagem competitiva, ou a da constância da liquidez e do cotejo na formação de preços. Ou, ainda mais crucial, o da "maximização do lucro" como objetivo último das empresas. Porém, poucos economistas questionam se todas essas premissas são verdadeiras. Ainda mais raros são os que se perguntam se os constituintes ganham com o processo ou como e para quem as empresas geram lucro. No entanto, quando se trabalha em empresas, sabe-se que a resposta para essas perguntas apresentam enormes variações entre diferentes negócios. Igualmente, também se sabe que a maneira como as empresas encaram essas indagações é um dos fatores determinantes de seu crescimento e prosperidade.

Portanto, a economia civil é uma convocação aos economistas para a ação. A economia precisa de outro ponto de partida, concentrando-se nos fenômenos do mundo real e contribuindo para sua compreensão, mesmo que isso signifique o abandono de certos constructos teóricos sofisticados. Para a maioria das pessoas, parece evidente em si mesmo que a constituição de uma empresa, ou sua propriedade, ou a maneira como avalia o sucesso, ou a forma como é monitorada, ou suas reações às demandas da sociedade civil afetarão seu desempenho. Se adotarem a premissa de que as empresas são "caixas-pretas" para maximizar o lucro, os economistas estarão eliminando de um só golpe algumas das questões mais interessantes sobre o comportamento das empresas.

Felizmente, alguns economistas e historiadores adotam outra abordagem, menos matemática. David Landes, professor emérito de Harvard, tem estudado as características de uma sociedade com maior probabilidade de contribuir para seu crescimento e prosperidade. Ele concluiu que esses atributos seriam "saber operar, gerenciar e construir instrumentos de produção... [e]... transmitir esses conhecimentos e tecnologias aos jovens... selecionar as pessoas para o trabalho pela competência e pelo mérito relativo... oferecer oportunidades às pessoas e às empresas... criar condições para que as pessoas colham os frutos do trabalho...". E prossegue: "Essa sociedade ideal também seria honesta... Nela, as pessoas acreditam que a honestidade é virtude (que também é recompensada) e se empenham para viver e agir com honestidade."[13]

Hoje, o desafio é ajudar os novos capitalistas a melhor compreender como a genialidade das empresas gigantes, de que todos somos co-proprietários, pode contribuir para a realização dos objetivos sociais. Que estruturas e culturas ajudarão a promover a produção, a transferência de conhecimentos, a criação de oportunidades e a disseminação da honestidade? Eis uma agenda de pesquisas para uma nova geração de estudiosos: os economistas civis. As respostas serão de importância crítica para a prosperidade e para o bem-estar social.

- A teoria econômica diz que as empresas devem maximizar o lucro para seus proprietários. Contudo, observamos que, embora muitas empresas se comportem bem, a maioria não realiza esse ideal. Que fatores impedem as empresas de atender na íntegra aos interesses dos proprietários: que mandamentos do manifesto capitalista elas consideram de mais difícil implementação e por quê?
- A teoria econômica está bastante consciente do problema principal-agente. Em resumo: quando se delega uma atribuição a um agente, ele ou ela talvez não execute a tarefa almejada, o que exige a criação de incentivos apropriados para a execução adequada do trabalho. Assim sendo, como melhor desenvolver o círculo de responsabilidade e prestação de contas que analisamos na Parte Um deste livro para garantir que as empresas sejam conduzidas em conformidade com os interesses dos cidadãos proprietários? Será que essas características variarão entre empresas, segmentos de mercado e segmentos de atividade ou de país para país?

- A teoria econômica compreende que as informações são importantes. Como será que as informações divulgadas por empresas, auditores e outros afetam o comportamento? Como reformular os produtos para gerar os resultados mais benéficos, em vez de simplesmente ajudar nas decisões sobre negociações com ações?

Para tratar dessas questões, os economistas civis precisarão desenvolver expertise interdisciplinar, abrangendo Psicologia, Ciência Política, Comportamento Organizacional e Direito, além de finanças e estatística. Assim agindo, retornarão às raízes de sua disciplina. Lembre-se de que Adam Smith era professor de Ciência Moral. Ele apenas sabia muito bem que o sucesso das empresas depende primordialmente da observância das normas e da honestidade entre as partes, como fundamentos da atividade comercial. "A sociedade", dizia ele, "torna-se inviável quando seus membros estão prontos para infligir danos uns aos outros".[14] Essa foi a razão por que, um século e meio atrás, Alfred Marshall observou que o êxito dos negócios depende do "espírito de honestidade e de integridade nas questões comerciais", assim como de leis, de instituições, de costumes e práticas, de fluxos de informações e de todo o resto.[15]

Hoje, tendemos a ver as sociedades por ações como instrumentos do capital. Esse também é o ponto de partida da maioria dos economistas. Curiosamente, muitos dos primeiros observadores não encaravam as sociedades por ações exatamente dessa maneira. Para eles, as sociedades por ações eram uma forma "democrática" de organização de negócios, pois davam expressão ao talento gerencial, mesmo quando os gestores não detinham a propriedade do capital. Talvez agora seja o momento de começar a pensar nas sociedades por ações, não como instrumentos do capital de poucos detentores, com o objetivo de explorar o trabalho e os recursos do mundo, mas como veículos por meio do quais os cidadãos, na qualidade de *proprietários*, construirão um reservatório de valor para garantir sua renda no futuro, e, ao mesmo tempo, na qualidade de *trabalhadores*, receberão plena compensação por seus esforços, com base na competência e no mérito relativo. Essa será uma nova perspectiva radical a ser injetada pelos economistas civis no pensamento econômico.

A nova cultura de negócios

Neste capítulo, propusemos providências objetivas que as empresas, os gestores, os intermediários, os proprietários e outras partes podem adotar para promover a economia civil emergente.

Em contrate, as iniciativas da velha economia tradicional não raro lembram as histórias de Isaac Bashevis Singer sobre a lendária aldeia russa de Chelm e seu excêntrico conselho de "Sábios". Num dos episódios, gigantesco buraco abriu-se na estrada empoeirada de acesso à cidade, provocando graves danos físicos aos cidadãos, ao entrarem e saírem da cidade. Os aldeões consideraram o problema bastante grave a ponto de justificar a convocação dos Sábios para que apresentassem uma solução. Depois de alguns dias de discussões a portas fechadas, o conselho pronunciou seu veredicto. Em vez de fechar o buraco, a recomendação foi construir um hospital a seu lado.

A abordagem dos Sábios foi tão ruim para Chelm quanto o hábito de evitar soluções diretas é prejudicial para a economia global. No entanto, como vimos, ainda restam muitos exemplos de políticas tergiversantes que derivam de tradições superadas dos mercados incivis. Pense na pilha de leis e regulamentos sobre divulgação de informações pelos fundos de pensão nos Estados Unidos, quando a solução mais simples e eficaz seria impor a representação dos empregados nos boards of trustees; ou na luta das empresas para impedir o acesso de investidores ao voto por procuração, quando o melhor caminho seria promover diálogo fecundo com os proprietários de ações; ou no dinheiro gasto pelos fundos de pensão para combater a inclusão de membros independentes em seus conselhos de administração, quando seria preferível investir recursos na capacidade de supervisão e vigilância do desempenho das empresas. Ao sabor de pressões não relacionadas com as demandas dos novos capitalistas, esses atores ainda atuam como se as empresas do mundo ainda pertencessem aos velhos magnatas do passado.

Mudanças drásticas no capital transformaram os cidadãos investidores em proprietários da economia global. Essa evolução está produzindo efeitos dramáticos. Empresas de vanguarda estão sendo pioneiras na adoção de métodos no estilo dos novos capitalistas para gerar valor sustentável com base no senso de responsabilidade e de prestação de contas. Os fundos civis estão convertendo seus blocos de ações em efetivas definições de prioridades para os cidadãos proprietários. Grupos comunitários estão explorando o capital para alcançar objetivos sociais. Os monitores cada fez mais se tornam independentes e passam a concentrar o foco nos interesses dos investidores. Critérios recentes de avaliação do desempenho, com base em riscos e em oportunidades a longo prazo, estão suplementando com rapidez as normas contábeis tradicionais. Cada vez mais, os governos estão reconhecendo as recompensas políticas e econômicas de políticas públicas voltadas para a economia civil.

À medida que a propriedade do capital se torna mais ampla e difusa, essas forças se conjugam para fortalecer as demandas por uma nova cultura em negócios. Fomentada de maneira adequada, essa cultura será capaz de converter o mundo do comércio em economia civil. As pessoas físicas, as organizações de negócios, os fundos de pensão e de investimentos, os grupos cívicos, os monitores e os políticos que interpretarem corretamente os sinais das tendências em curso e atuarem com base nesses indícios não só trabalharão pelo bem comum, como também ampliarão as próprias chances de chegar ao topo.

Epílogo

Este livro mapeou o crescimento da economia civil.

Hoje, nossas grandes empresas são de propriedade não de poucos ricos, mas de muitos cidadãos investidores. Elas estão enfrentando pressões para se transformarem em instituições responsáveis e prestadoras de contas, não perante a si mesmas, mas perante cidadãos proprietários. Os investidores estão começando a se comportar como proprietários responsáveis. Novos monitores estão policiando a nova economia. A velha política de trabalhadores *versus* capitalistas está sendo substituída pelo mundo dos cidadãos investidores. Aos poucos, novo consenso está emergindo, pelo qual os gestores de empresas se concentram na geração de valor para os proprietários de ações e os novos capitalistas são reconhecidos como esses proprietários de empresas.

Demos dezenas de exemplos de como os cidadãos investidores, de maneira direta ou indireta, estão reformulando as agendas das empresas. Alguns leitores talvez considerem utópica a idéia de economia civil: que ela sugere reconciliação automática entre diferentes interesses sociais e econômicos; que ela de alguma maneira resolve tensões reais entre empreendedorismo, de um lado, e responsabilidade e prestação de contas, de outro; que ela pode livrar-se das tentações que surgem quando os gestores recebem delegação de poderes.

Essa conclusão seria errada. Lembre-se de que no Capítulo 1 mostramos como a economia civil reflete a sociedade civil. A sociedade civil não é utopia; ela não sustenta que o direito individual e universal de voto e o princípio da liberdade de expressão de alguma maneira resolvem automaticamente todo o debate social. Ela simplesmente afirma que, em seu contexto, dispomos de mecanismos para levantar, para nos envolver e, por fim, para descobrir maneiras de abordar esses problemas. Na economia civil, a ampla dispersão da propriedade significa que os objetivos econômicos e sociais das empresas afetam os mesmos constituintes. Portanto, é alta a probabilidade de conseguirmos maximizar os benefícios para todas as partes se induzirmos as empresas a agir em consonância com os interesses de seus proprietários, executando o manifesto capitalista.

Se prosseguirmos nesse rumo, as recompensas serão grandes. Para começar, seremos capazes de recuperar a perda de US$3 trilhões em poupanças que identificamos nas primeiras páginas deste livro. Também poderemos criar milhões de empregos. E ainda conseguiremos combater a produção insustentável, induzindo as empresas a trabalhar pela integração entre lucro financeiro e objetivos sociais.

Concentramos o foco em seis protagonistas que encenarão o drama da economia civil:

- Conselhos de administração e diretorias de empresas, que precisam imbuir-se do senso de responsabilidade e de prestação de contas perante seus constituintes.
- Fundos de investimentos, que precisam ser responsáveis.
- Monitores, que precisam ser independentes.
- Normas, padrões e indicadores, que precisam ser relevantes.
- Grupos da sociedade civil, que precisam ser abertos para conquistar acesso ao mercado.
- Legisladores e reguladores, que precisam outorgar poderes aos novos capitalistas.

Talvez você seja um desses atores. Se for, desempenhará papel vital na determinação do futuro da economia civil.

Contudo, embora todos esses atores sejam importantes, não serão eles que escreverão o script da economia civil. Em última instância, esses atores são agentes de um principal; e esse principal é o cidadão investidor. Nós, o povo, não somos apenas o público. Nós, os cidadãos proprietários, podemos dirigir esse drama e decidir sobre o desfecho. Do contrário, os atores simplesmente improvisarão suas falas.

Porém, os proprietários só serão ouvidos se derem voz a seus interesses. Considerando o tamanho das recompensas, vale a pena refletir sobre como podemos influenciar a economia civil: mediante a triagem dos fundos que gerenciam nossas poupanças e pensões; mediante relacionamentos com os conselhos de administração das empresas; mediante participações nos grupos da sociedade civil, como igrejas e sindicatos trabalhistas e, por fim, mediante a escolha de candidatos nas eleições para cargos públicos.

Talvez uma última história ilustre nosso ponto.

Em 30 de junho de 2005, numa sala de conferências em sua sede, as Nações Unidas reuniram representantes dos maiores capitalistas do mundo, cujos investimentos combinados apequenavam os de Bill Gates ou os do sultão de Brunei.

As Nações Unidas precisam de ajuda. No mundo em desenvolvimento, milhões de pessoas passam fome, bilhões de indivíduos precisam de trabalho mais produtivo. Nesse dia, as Nações Unidas não estavam buscando a caridade dos investidores. Seu propósito era compreender como convencer os grandes fundos de investimentos a incentivar as empresas a investir no mundo em desenvolvimento, onde o capital é escasso e, por conseguinte, os retornos deveriam ser mais elevados. E, quando se investir capital, as Nações Unidas queriam garantir que esses investimentos seriam usados com responsabilidade social.

De início, até se fez algum progresso nas conversações. Porém, depois de algum tempo, os representantes dos capitalistas observaram que eles próprios estavam limitados quanto ao que poderiam fazer. "Vocês precisam entender", disseram, "que somos apenas representantes. Não passamos de agentes fiduciários dos verdadeiros proprietários desse capital. A não ser que recebamos instruções em contrário, não podemos mudar de pronto nosso comportamento".

Quem, então, eram os verdadeiros proprietários do capital que se reuniam naquela sala? Eram mais de 15 milhões de pessoas em todo o mundo. Seus representantes eram administradores e gestores de instituições de pensão e poupança de todo o globo. Eles em breve assinariam o United Nations Principles for Responsible Investment (Princípios das Nações Unidas para Investimentos Responsáveis), em nome de trabalhadores e aposentados dos Estados Unidos, Noruega, França, Holanda, Austrália, Inglaterra, Tailândia, Brasil, África do Sul, Canadá, Suécia, Alemanha e Nova Zelândia. É provável que alguns desses trabalhadores e aposentados se incluam entre os leitores deste livro. Hoje, somos os capitalistas e é em nosso nome que os investidores institucionais se comportam dessa ou daquela maneira.

O dinheiro que circula nos mercados de capitais do mundo é o nosso dinheiro. As empresas que, em última instância, estão sob o controle desse dinheiro são as nossas empresas. O comportamento dessas empresas e o desenvolvimento da economia civil dependem de nossas decisões, como os novos capitalistas. Nosso dinheiro, nossas empresas, nossa escolha.

Notas

Prefácio

1. Bob Corcoran, vice-presidente da GE, em conversas com Stephen Davis, dezembro de 2005.

Capítulo 1

1. Estatísticas sobre capitalização de mercado e propriedade de fevereiro de 2006, http://finance.Yahoo.com.
2. *Pensions & Investments*, 26 de janeiro de 2004.
3. James P. Hawley e Andrew T. Williams, *The Rise of Fiduciary Capitalism* (Filadélfia: University of Pennsylvania Press, 2000); Chris Mallin, "Shareholders and the Modern Corporation" (trabalho apresentado no seminário Corporate Governance in Practice, Londres, 19 de abril de 1999); The Conference Board, *Institutional Investment Report: Turnover, Investment Strategies, and Ownership Patterns* (The Conference Board: Nova York, novembro de 2000); Fabrizio Barca e Marco Becht, eds., *The Control of Corporate Europe* (Oxford: Oxford University Press, 2001).
4. John C. Bogle, *The Battle for the Soul of Capitalism* (New Haven: Yale University Press, 2005), 74.
5. The Conference Board, *Institutional Investment Report 2005: U.S. and International Trends* (The Conference Board: Nova York, 2005).

6. Office of National Statistics (Reino Unido), propriedade de açõe sem 2004, www.statistics.gov.uk/.

7. Ver Nell Minow e Robert A. G. Monks, *Watching the Watchers: Corporate Governance for the 21 st Century* (Oxford: Blackwell Publishers, 1996).

8. Peter F. Drucker, *The Unseen Revolution: How Pension Fund Socialism came to America* (Nova York: Harper & Row, 1976).

9. Second Report of the Pensions Commission *(Londres: HMSO, 2005), 51.*

10. *Federal Reserve Bulletin* (janeiro de 2000) e Investor's Business Daily (13 de setembro de 2000).

11. O hiato da riqueza é amplo, mas talvez não tão amplo quanto sugerem algumas estatísticas. Muita gente mede a riqueza com base no que chamam "riqueza comercializável", ou seja, os investimentos ou dinheiro que alguém efetivamente pode gastar a qualquer momento. Em geral o número não inclui direitos adquiridos em fundos de pensão. Quando também se consideram as poupanças para a aposentadoria, a distribuição da riqueza parece melhor. Como muitos de nós participamos de empresas por meio dos fundos de pensão, os números sobre a riqueza, isoladamente, mascaram o grau de propriedade difusa das empresas.

12. Marco Becht e Colin Mayer, "Introduction", em *The Control of Corporate Europe* (orgs.) Fabrizio Barca e Marcdo Becht (Nova York: Oxford University Press Inc., 2001), 32.

13. The Conference Board, "U.S. Institutional Investors Boost Control of US Equity Market Assets", press release, 10 de outubro de 2005.

14. Dados da OCDE, citados em RBC Financial Group, "Current Analysis", setembro de 2003.

15. Pierre Delsaux (chefe de governança corporativa, International Market Directorate, Comissão Européia), discurso na International Corporate Governance Network, Frankfurt, 7 de fevereiro de 2005.

16. Bolsa de Valores de Tóquio, "2004 Share Ownership Survey", www.tse.or.jp/english/data/research/english2004.pdf.

17. *Pensions & Investments,* 20 de setembro de 2004.

18. *The Conference Board, institutional Investment Report 2005.* 55.

19. Michael C. Jensen, "Eclipse of the Public Corporation", *Harvard Business Review,* setembro-outubro de 1989, 61-74.

20. McKinsey & Company, "Global Investor Opinion Survey on Corporate Governance" (Londres: 2002).

21. É rica a literatura sobre as relações entre governança corporativa e desempenho. As conclusões não são de modo algum uniformes, mas o peso das evidências aponta para a coincidência entre boa governança e bom desempenho dos preços das ações. Entre os melhores trabalhos destacam-se os seguintes: (1) Art Durnev e E. Han Kim, "To Steal or not to Steal: Firm Attributes, Legal Environment e Valuation" (tra-

balho apresentado na 14th Annual Conference on Financial Economics and Accounting (FEA), San Diego, CA., 22 de setembro de 2003, http://ssrn.com/abstract=391132. Durnev e Kim mostram "correlação positiva entre a avaliação da empresa e a governança corporativa" – sobretudo onde a legislação e a regulação internas são fracas. Se a empresa apresenta aumento de 10% nos níveis de governança corporativa, é de esperar salto superior a 13% no valor de mercado. Se melhorar nos mesmos níveis a transparência, o valor de mercado pode subir mais de 16%. (2) Bernard S. Black, Hasung Jang e Woochan Kim, "Does Corporate Governance Predict Firms' Market Values? Evidence From Korea", *Journal of Law, Economics and Organization* 22, n. 2 (Fall 2006), http://ssrn.com/abstract=311275. Os autores constataram que as empresas que promovem amplas reformas da governança, passando do pior para o melhor, devem beneficiar-se com pulo de 96% no valor de mercado. Até melhorias modestas nas práticas e na transparência do conselho de administração geram avanço de 13% no valor de mercado. O trabalho oferece "evidências compatíveis com uma relação causal entre um índice geral de governança e maior preço das ações em mercados emergentes". (3) McKinsey & Company (*Global Proxy Watch* 6, n. 30 [26 de julho de 2002] descobriu em 2002 que as empresas que exibem melhor governança também apresentam índices mais altos de valor de mercado sobre valor contábil, demonstrando que os investidores cumprem a promessa, ao afirmarem que pagarão preços mais altos pelas melhores práticas. A pesquisa prevê que o valor da empresa que avança do pior para o melhor pode ser de até 12%. (4) Paul A. Gompers, Joy L. Ishii e Andrew Metrick, "Corporate Governance and Equity Prices", *Quarterly Journal of Economics* 118, n. 1 (Fevereiro de 2003): 107-155, disponível em http://ssrn.com/abstract=278920. Essa análise demonstra que as empresas com fortes atributos de governança apresentaram "valor de mercado mais alto, lucros mais elevados, crescimento das vendas mais acelerado, despesas de capital mais baixas e fizeram menos aquisições". (5) "Beyond the Numbers: UK Corporate Governance Revisited" (Londres: julho de 2005) do Deutsche Bank descobriu que, na Inglaterra, "boa governança significa ações com riscos mais baixos, o que deve traduzir-se avaliações mais altas em termos de múltiplos do lucro". A atualização do mesmo trabalho, de março de 2006, desta vez analisando 204 empresas da região do Pacífico Asiático, concluiu que o impulso resultante da reforma da governança corporativa nas empresas exerce forte influência sobre o desempenho do preço das ações.

22. O autor Pitt-Watson foi CEO da Hermes Focus Asset Management até 2006.

23. Joseph Healy, "Corporate Governance and Shareholder Value", estudo do ANZ Investment Bank (Auckland, 24 de março de 2000); e Joseph Healy, "The Shreholder Value Performance of Corporate New Zeland", estudo do ANZ Investment Bank (Aukland, 24 de fevereiro de 2000).

24. Os números se baseiam em estimativa conservadora de que o valor dos mercados de ações em todo o mundo era de US$30 trilhões em 2004. Embora a maioria das

pesquisas sobre governança corporativa se relacione com o valor das ações, estudos recentes sugerem que a boa governança corporativa também pode reduzir o custo do endividamento. (Ver, por exemplo, Hollis Ashbaugh-Skaife e Ryan LaFond, "Firm's Corporate Governance and the Cost of Debt: An Analysis of U.S. Firms' GMI Ratings", abril de 2006, http://www.gsm.ucdavis.edu/faculty/conference/hollis.pdf. Não consideramos o efeito da redução do custo da dívida nessa análise, mas seu impacto positivo poderia corresponder a várias vezes os benefícios de redução do custo do capital próprio.

25. Jacques Bughin e Thomas E. Copeland, "The Virtuous Cycle of Shareholder Value Creation", *The McKinsey Quarterly*, n. 2 (1997), 156.

26. *New York Times*, 11 de setembro de 2005.

27. Simi Kedia e Thomas Philippon, "The Economics of Fraudulent Accounting", working paper 11573, National Bureau of Economic Research, Cambridge, MA, agosto de 2005.

28. James P. Hawley e Andrew T. Williams, *The Rise of Fiduciary Capitalism: How Institutional Investors Can Make America Mor Democratic* (Filadélfia: University of Pennsylvania Press, 2000).

29. Só na Europa, há a Association of British Insurers, Deminor, European Corporate Governance Service, Pensions and Investment Research Consultants, Manifest e RREV, além de outras. Nos Estados Unidos, ainda o maior mercado de capitais do mundo, existem Corporate Library, GovernanceMetrics International (GMI), Institutional Shareholder Services, Egan Jones, Proxy Governance e Glass Lewis. A Austrália tem Corporate Governance International e Proxy Australia; Coréia do Sul, Center for Good Corporate Governance e Korea Corporate Governance Service; e Brasil, LCV.

Capítulo 2

1. "Recollections of Vadim Orlov", National Security Archive, http://www2.gwu.edu/~nsarchiv/NSAEBB/NSAEBB75/asw-II-16.pdf.

2. Karl Marx e Friedrich Engels, *The Communist Manifesto* (Londres: Penguin Books, 1967), 235.

3. John F. Kennedy, Discurso de Posse, 20 de janeiro de 1961.

4. J.F.C. Harrison, *Common People: A History from the Norman Conquest to the Present* (Nova York: Flamingo, 1984), 211.

5. Por exemplo, ver a discussão em Roger Backhouse, *Penguin History of Economics* (Londres, Penguin, 2002), 29-50.

6. Adam Smith, *The Wealth of Nations*, bk. I (1776; rept. New York: Alfred A. Knopf, Inc., 1991), 1:3.

7. C.A. Oakley, *The Second City* (Glasgow: Blacke & Co., 1947), 16.

8. James R. MacDonald e James Kier Hardie, *From Serfdom to Socialism*, citado em Gordon Brown e Tony Wright, *Values, Visions and Voices* (Edinburgh: Mainstream Publishing, 1995). Há tão pouco tempo quanto na década de 1990, o Partido Trabalhista do Reino Unido ainda estava comprometido com "a propriedade comum dos meios de produção, distribuição e troca".

9. Franklin D. Roosevelt, Discurso de Posse, 4 de março de 1933.

10. Citado em Samuel Eliot Morison e Henry Steele Commager, *The Growth of the American Republic* (Nova York, Oxford University Press, 1962), 227.

11. Ver, por exemplo, Backhouse, *Penguin History of Economics*, 306: "Depois da Segunda Guerra Mundial, a economia como disciplina se tornou muito mais técnica e suas subdivisões passaram a recorrer sistematicamente a métodos matemáticos. Essa não foi uma evolução sem maiores efeitos... uma vez que as teorias se refinaram a ponto de serem abordadas por meio das ferramentas matemáticas disponíveis. Os significados de termos básicos como "competição", "mercados" e "desemprego" já não eram os mesmos. Desenvolveram-se muitas teorias com ligações apenas tênues, quando havia, com o mundo real".

12. Paul Frentrop, *A History of Corporate Governance* (Bruxelas: Deminor, 2003), 86.

13. Ibid.; Larry Neal, "Venture Shares of the Dutch East India Company", trabalho não publicado (New Haven: Yale School of Management, março de 2003).

14. Arianna Huffington, *Pigs at the Trough: How Corporate Greed and Political Corruption are Undermining America* (Nova York: Crown Publishers, 2003).

15. Günter Ogger, *Nieten in Nadelstreifen: Deutschlands Manager Im Zwielicht* (Munique: Droemer Knaur-Verlag, 1992).

16. Joel Bakan, *The Corporation: The Pathological Pursuit of Profit and Power* (Nova York: Free Press, 2004).

17. Adam Smith, *The Wealth Of Nations*, bk. V (1776: rept. Edinburgh: Brown and Nelson, 1827), 1:311.

Capítulo 3

1. Milton Friedman, citado no *New York Times*, 13 de setembro de 1970.

2. Platão, *The Republic*, transcrito de Peter Singer, *How Are We to Live? Ethics in an Age of Self Interest* (Oxford: Oxford University Press, 1997), 5.

3. Paul Frentrop, *A History of Corporate Governance* (Bruxelas: Deminor, 2003), 42-143.

4. *Louis K. Liggett Co. et al.v. Lee, Comptroller et al.*, 288 US 519 (1933), 548, 567, transcrito de Joel Bakan, *The Corporation: The Pathological Pursuit of Profit and Power* (Nova York: Free Press, 2004), 19.

5. Johnston Birchall, *Co-op: the People's Business* (Manchester, England: Manchester University Press, 1994), 134.

6. Ao nos referirmos a ética empresarial, não estamos procurando formular julgamentos normativos. Simplesmente observamos que as empresas não podem existir sem uma compreensão comum do que sejam comportamentos apropriados. Por exemplo, ver Gerry Johnson e Kevan Scholes, *Exploring Corporate Strategy: Texts and Cases*, 3rd ed (Upper Saddle River, NJ: Prentice Hall, 1993).

7. Thomas Peters e Robert Waterman, *In Search of Excellence* (Nova York: Harper and Row, 1982), 238.

8. Citado em Bakan, *The Corporation*, 34.

9. Adolph Berle e Gardiner Means, *The Modern Corporation and Private Property* (Somerset, NJ: Transaction Publishers, 1991), 312ff.

10. Esta lista se baseia nos Princípios Hermes, de co-escrita pelo autor Pitt Watson e adotada pelo maior fundo de pensão da Inglaterra como seus objetivos para as empresas em que investe. Tony Watson e David Pitt-Watson, *The Hermes Principles: What Shareholders Expect of Public Companies – and What Companies Should Expect of Their Investors*. (Londres: Hermes Pensions Management Ltd., 2004).

11. Embora observemos que a maioria dos investimentos, ponderados com base no capital, decorre de fundos de pensão, os mesmos argumentos se aplicam a poupanças para educação, para férias ou mesmo apenas para "ficar mais rico".

12. Ver também o capítulo 6 para uma análise do EVA, critério para medir o sucesso das empresas na criação de valor.

Capítulo 4

1. Transcrito de Thomas Friedman, "There is Hope", *New York Times*, 27 de outubro de 2002.

2. Só nos Estados Unidos, os trabalhadores e os aposentados pouparam US$12,9 trilhões com o objetivo específico de prover recursos para a aposentadoria. Embora a maioria dos especialistas acredite que as pessoas físicas, em geral, mantêm proporção excessiva de seus recursos em títulos de dívida de baixo risco, o ativo de "risco" preferido, como vimos no capítulo 1, é, sem dúvida, ação.

3. *Global Proxy Watch* 8, n. 42 (19 de novembro de 2004).

4. Luh Luh Lan e Loizos Heracleous, "Shareholder Votes for Sale", *Harvard Business Review*, junho de 2005, 20-24.

5. *Pensions & Investments*, 15 de setembro de 2003, 10.

6. A capitalização de mercado das empresas do S&P era de US$11,4 trilhões, em 5 de agosto de 2005.

7. Em contraste, de longe a maior parcela do retorno dos beneficiários é o do mercado em geral, não a diferença de retorno entre o fundo de investimento número 1, amplamente diversificado, e o fundo de investimento número 2, amplamente diversificado. Com efeito, vários estudos mostram que mais de 100% do retorno

para determinado investidor decorre, em média, do mercado geral. Como isso é possível? Bem, em média, os fundos de investimento destroem valor, em vez de criar valor. A explicação são as taxas de remuneração e a lei das médias. Os milhares e milhares de fundos de investimento do mundo basicamente definem o mercado. Portanto, em conjunto, eles proporcionam aos investidores mais ou menos a média do mercado. Extraindo-se daí as taxas de remuneração, compreende-se de pronto a fonte do subdesempenho. Com efeito, gestores de fundos realmente talentosos, como Peter Lynch, da Fidelity, ou Bill Miller, da Legg Mason, que, consistentemente, superam o mercado, são tão raros a ponto de os dois serem exaltados como superastros. Esse enaltecimento, em si, é prova perversa de como o setor geralmente apresenta desempenho insatisfatório.

8. Transcrito de "Tom Jones to Keep Citigroup Fund Unit on Song", *Financial Times*, 16 de junho de 2003.

9. A maioria dos fundos de investimento não quer ser muito diferente de seus pares. Ser diferente sem dúvida é um risco. Acerte o passo e você melhorará os retornos drasticamente, o que atrairá novos investidores, aumentando a remuneração dos administradores. Mas erre o passo e o fundo de investimento será inundado por pedidos de resgate. O espectro assimétrico risco / recompensa estimula os fundos de investimentos a manter-se como parte do conjunto e recorrer a todos aqueles recursos do mercado – em vez de diferenças de desempenho – para obter retornos. Com efeito, o setor até denomina a diferença em relação aos grandes índices do mercado de "erro de acompanhamento", como se fosse algo indesejável, em vez de evidência de que o administrador do fundo de investimentos está assumindo atitude ativa na escolha de ações, para o que é remunerado. O resultado final é que muitos administradores de fundos de investimentos mantêm portfólios sobrepostos, não exatamente com o mesmo nome, mas com proporções semelhantes dos mesmos nomes.

10. Transcrito de "Saint Jack On the Attack", *Fortune*, 20 de janeiro de 2003, 112.

11. "How to fix the Mutual Funds Mess", *BusinessWeek*, 22 de setembro de 2003, 106. Outro empreendimento, a FundExpenses.com, também acompanha os honorários dos fundos de investimentos.

12. Ver Andrew Clearfield, "'With Friends Like These, Who Needs Enemies?' The Structure of the Investment Industry and Its Reluctance to Exercise Governance Oversight", *Corporate Governance: An International Review* 13, n. 2 (março de 2005), 114: e UNEP Finance Initiative and World Business Council for Sustainable Development, "Generation Lost: Young Financial Analysts and Environmental, Social and Corporate Governance Issues", 2005, http://www.unepfi.org/fileadmin/documents/ymt_summary_2005.pdf.

13. *Global Proxy Watch* 7, n. 41 (14 de novembro de 2003). Ver também *Mutual Funds, Proxy Voting and Fiduciary Responsibility* (Washington, DC: Social Investment Forum, abril de 2005).

14. Jim Hawley, Andrew Williams e John Cioffi, "Why Do Institutional Investor Governance Activism Fail? Towards a New Model of Corporate Governance Monitoring" (manuscrito não publicado, The Center for the Study of Fiduciary Capitalism, Saint Mary's College of California, abril de 2003).

15. Op cit., "How to Fix the Mutual Funds Mess".

16. S.1992, patrocinado pelo senador Edward Kennedy, aprovou o Health, Education, Labor and Pensions Committee, em março de 2002.

17. Esses planos de contribuição definida (CD) estão substituindo com rapidez os de benefício definido (BD) em muitos mercados. Os planos CD transferem o risco para os cotistas; os benefícios dependem em grande parte das decisões de investimento dos participantes. Nos planos BD os pagamentos aos participantes são fixados de antemão. Só em 2000, a quantidade de planos BD nos Estados Unidos reduziu-se em 4,1%, de acordo com o Departamento de trabalho.

18. Os aposentados do Mirror Group acabaram recuperando boa parte do dinheiro perdido. Os contribuintes do Reino Unido pagaram £ 100 milhões; um grupo de auditores, de bancos de investimento e de outras instituições fecharam um acordo judicial no valor de £ 276 milhões.

19. *Pension Plans: Additional Transparency and Other Actions Needed In Connection with Proxy Voting, GAO-04-749* (Washington, DC: US Government Accountability Office, 2004).

20. Investor Responsibility Research Center. Das 1077 propostas acompanhadas pelo IRRC, 794 foram classificadas como resoluções sobre "governança" e as demais como "sociais".

21. Ver www.dwp.gov.uk/asd/. Vereniging van Bedrijfstakpensionfondesen (VB), associação holandesa de fundos de pensão, abrangendo todo o setor, divulgou análise semelhante sobre a governança dos fundos, em junho de 2004; ver www.vvb.nl.

22. Allen Sykews, *Capitalism for* Tomorrow (Oxford: Capstone, 2000), 4.

23. Transcrito de "Compulsory trustee knowledge is a bridge too far, says Myners", *Pensions Week*, 16 de maio de 2005.

24. O seguinte decorre de entrevista com Peter Clapman, de Stephen Davis.

25. Investor Responsibility Research Center.

26. Stephen Davis, *Shareholder Rights Abroad: A Handbook for the Global Investor* (Washington, DC: IRRC, 1989; e Lauren Talner, *The Origins of Shareholder* Activism (Washington, DC: IRRC, 1983).

27. "Governor's Plan Could Erode CalPERS CLout", *Sacramento Bee* (California), 28 de fevereiro de 2005.

28. Ironicamente, Ronald Reagan, de início, conquistou fama política como governador da Califórnia, posição a que chegou ao derrotar Jesse Unruh.

29. Rachel Ongé Lerman, Stephen Davis e Corinna Arnold, *Global Voting: Shareholder Decisions 1991-1992,* (Washington, DC: IRRC, 1993).

30. Stephen Davis e Karel Lannoo, "Shareholder Voting in Europe", *Center for European Policy Studies Review* 3 (Verão ded 1997), 22.

31. International Corporate Governance Network, "Cross Border Proxy Voting: Case Studies from the 2002 Proxy Voting Season", http://www.icgn.org/organisation/documents/cbv_crossborder_voting_may2003.pdf.

32. *The Times* (Londres), 14 de junho de 1993.

33. Por exemplo, ver *Pensions & Investments,* 21 de julho de 1997.

34. Tim C. Opler e Jonathan S. Sokobin, "Does Coordinated Institutional Activism Work? Na Analysis of the Activities of the Council of Institutional Investors", Working Papers Series 95-5, Dice Center for Research in Financial Economics, outubro de 1995. Disponível em SSRN: http://ssrn.com/abstract=46880 ou DOI: 10.2139/ssrn.46880.

35. Alguns dos mais influentes são NAPF, Association of British Insurers, U.S. Council for Institutional Investors, Australian Council of Superannuation Investors, Canadian Coalition for Good Governance, Irish Association of Investment Managers e Associação Francesa de la Gestion Financière.

36. *Financial Times,* 19 de abril de 2005.

37. Ver Mathew Gaved, *Institutional Investors and Corporate Governance* (Londres: Foundation for Business Responsibilities, 1998); Anthony Williams, *Who Will Guard the Watchers*; e Sykes, *Capitalism for Tomorrow.*

38. Esse tipo de código "cumpra ou explique" rapidamente se transforma em norma de reguladores fora dos Estados Unidos, que procura resolver problemas sem criar outros, ainda que não intencionalmente. A abordagem "cumpra ou explique" ganhou força, de início, depois das recomendações da Comissão Cadbury, referentes às empresas inglesas, em 1992.

39. Princípio 11.4 em Paul Myners, *Institutional Investment in the United Kingdom: A Review* (Londres: HM Treasurym 6 de março de 2001), www.hm-treasury.gov.uk/media/2f9/02/31.pdf.

40. Os patrocinadores são entidades de investidores profissionais: Pensions Investment Association of Canada; AFG, da França; e VB, dos Países Baixos. Ver também Eurosif, que reúne administradores de fundos focados em investimentos socialmente responsáveis.

41. Ver números comprobatórios mais recentes em www.enhanced-analytics.com.

42. Ver, por exemplo, Carbon Disclosure Project, Investor Network on Climate Risk e Institutional Investors Group on Climate Change.

43. Ver http://www.pharmafutures.org/.

44. Merrill Lynch descobriu solução semelhante, combinando sua unidade de gestão de ativos com BlackRock, ao mesmo tempo em que mantinha participação minoritária na entidade resultante da fusão. Curiosamente, a Merrill Lynch explorara

transação semelhante à do Citicorp com Legg Mason um ano antes, por muitas das mesmas razões.

45. Boa parte da controvérsia sobre os fundos de hedge foi publicada pela primeira vez em Stephen Davis e Jon Lukomnik, "Who are These Guys? Welcome to the Hedge Fund Era", *Compliance Week*, 5 de abril de 2005, www.complianceweek.com.

46. O autor Lukomnik foi eleito para o conselho de administração da Sears Canada em 9 de maio de 2006.

47. Formulário 10Q, da Sears Holdings Corporation, protocolado na SEC, referente ao período encerrado em 29 de outubro de 2005.

48. Uma das propostas de política pública seria obrigar os conselhos de administração a obter a aprovação dos acionistas antes de efetuar grandes demissões de pessoal. Tal medida levaria os conselheiros a elaborar argumento convincente para justificar a redução de pessoal, como algo favorável aos interesses de longo prazo dos acionistas. Do contrário, essas iniciativas de downsizing poderiam converter-se em reação reflexa para impulsionar o preço das ações no curto prazo, com o risco de esvaziar a empresa. Os críticos, contudo, receiam que essa exigência poderia envolver os investidores na microgestão. Ver Stephen Davis, "Corporate Downsizing: Let Shareholders Vote", *Pensions & Invetments*, 29 de abril de 1996, 14.

Capítulo 5

1. Louis Cabot, "From the Boardroom", *Harvard Business Review,* Autumn 1976, 41.

2. Na Enron, por exemplo, o chefe do comitê de auditoria era o altamente conceituado ex-reitor da Stanford Business School.

3. Peter F. Drucker, *Management: Tasks, Responsibilities, Practices* (Nova York: Harper Business, 1993), 628-629.

4. Cabot, "From the Boardroom".

5. Byran Burrough e John Helvar, *Barbarians at the Gate* (Nova York: Arrow Books, 1990), 96-97.

6. *Re Brazilian Rubber Plantations and Estates Ltd (1911) Ch 425 at 437*.

7. Citado em *Global Proxy Watch* 6, n. 9 (1 de março de 2002).

8. "McCall To Quit Stock Exchange After Pay Furor", *New York Times,* 26 de setembro de 2003).

9. MVC Associates International, www.mvcinternational.com. Dez fundos citaram a pesquisa em carta de 30 de novembro de 2005 à Securities and Exchange Commission dos Estados Unidos, solicitando regras mais rigorosas sobre divulgação de informações.

10. Michael C. Jensen, Kevin J. Murphy e Eric G. Wruck, "Remuneration: Where We've Been, How We Got Here, What Are the Problems, and How to Fix Them", Finance Working Paper 44, ECGI, Bruxelas, 12 de julho de 2004, 31.

11. Joanna Potts e Christian Humphries, eds., *Phillips Guide to the State of the World* (Londres: Phillips, 2004), 124. (A verba de ajuda dos Estados Unidos em 2001 era de US$11.429).

12. Jensen, Murphy e Wruck, *Remuneration*, 45.

13. "The Corporate Library Publishes CEO Employment Contracts Online: Announces Best and Worst in Contract Provisions and Responsiveness from Mom's First Class Airfare to the "Ministry of Disinfoirmation", PR Newswire, The Corporate Library, 24 de fevereiro de 2000. Ver também Geoffrey Colvin, "Where's the Beff: It's the COntract", *Fortune,* 3 de abril de 2000, 70.

14. Transcrito de "Warm Words", *Financial Times*, 30 de setembro de 2002.

15. Jon Lukomnik, "Shareholder Activism: Two Alpha-Generating Strategies in One", em Marvin L. Damsma, Jon Lukomnik e Aarten L. Nederlof e Thomas K. Philips, *Alpha, The Positive Slide of Risk* (Washington Depot, CT:. Investors Press, 1996).

16. Lucian Bebchuk e Jesse M. Fried, *Pay Without Performance: The Unfulfilled Promise of Executive Compensation* (Cambridge: Harvard University Press, 2004), 206.

17. Delaware General Corporation Law, transcrito de Minow and Monks, *Watching the Watchers,* 2005, 60 e 68.

18. Gavin Grant, "Beyond the Numbers: Corporate Governance In Europe", Deutche Bank, Londres, 2005, 60 e 68.

19. Leslie Crawford, "Spain Sets First With 'Lovers Guide' to Boardrooms, *Financial Times,* 10 de maio de 2005.

20. Barry Metzger, *Global Corporate Governance Guide 2004: Best Practice in the Boardroom* (Londres: Globe White Page, 2004).

21. Robert Monks e Nell Minow, *Corporate Governance* (Cambridge, MA: Blackwell Business, 1995), 206.

22. William B. Chandler III e Leo E. Strine Jr., "The New Federalismo f the American Corporate Governance System", NYU Center for Law and Business Research Paper n. 03-01; University Of Pennsylvania Institute for Law & Economic Research Paper 03-03, disponível em SSRN:http://papers.ssrn.com/sol3/papers.cfm?abstract_id=367720 ou DOI:10.2139/ssrn.367720. Cessado em 13 de março de 2003.

23. Metzger, *Global Corporate Governance Guide 2004,* 29.

24. Chuck Lucier, Rob Schuyt e Edward Tse, "CEO Succession 2004: The World's Most Prominent Temp Workers", *Strategy + Business* Special Report, summer 2005.

25. Grant, "Beyond the Numbers: Corporate Governance in Europe".

Capítulo 6

1. Transcrito de *Class Action Reporter*, 2 de maio de 2002.
2. *US Securities and Exchange Commission v. Citigroup Global Markets Inc.*, U.S. District Court, Southern District of New Yorm, 28 de abril de 2003. Ver a queixa em www.sec.gov/litigation/complaints/comp18111.htm.
3. Este capítulo trata dos intermediários das informações, mas observamos que outros intermediários também atuam na definição dos relacionamentos entre proprietários e empresas. Os consultores em remuneração e os recrutadores de executivos, por exemplo, têm sido acusados de serem complacentes e face do crescimento explosivo da remuneração dos executivos.
4. Amy Feldman e Joan Caplin, "Is Jack Grubman the Worst Analyst Ever?" CNN-Money.com, 25 de abril de 2002, money.cnn.com/2002/04/25/pf/investing/grubman/.
5. "Ex-Qwest Officials Charged", *Washington Post*, 15 de março de 2005.
6. Números referentes ao PIB de 2002.
7. Global Research Analyst Settlement Distribution Funds, www.globalresearchanalystsettlement.com.
8. Pode-ser l texto com os princípios no site da National Association of State Retirement Administrators, www.nasra.org/resources/investorprotectionprinciples.pdf.
9. O grupo foi fundado por Independent Minds, ÍRIS e Delta Lloyd Securites. O chairman é George Möller, CEO da Robeco.
10. Carol Graham, Robert Litan e Sandip Sukhtankar, "The Bigger They are the harder they fail: Na Estimate of the Costs of the Crisis in Corporate Governance", Policy Brief 102, The Brookings Institution, Washington, DC, 30 de agosto de 2002. O número de US$35 milhões é o caso básico. Os autores estimaram variação de US$21 bilhões a US$50 bilhões. Carol Graham, conversa com Jon Lumomnik, abril de 2005.
11. Alan G. Hevesi, "Impacto f the Corporate Scandals on New York State", Office of the State Comptroller, Albany, NY, agosto de 2003.
12. Os autores são gratos a Tim Bush por sua análise do sistema contábil dos Estados Unidos. Muitas das observações desta seção foram extraídas ou foram influenciadas por seu trabalho "Divided by Common Language: Where Economics Meets the Law: US versus non-US reporting Systems", Institute of Chartered Accountants in England and Wales, Londres, 2005.
13. Transcrito de Ibid.
14. Ibid.
15. "Many Big Firms Buy Tax Shelters from Auditors", *Wall Street Journal*, 25 de fevereiro de 2005.
16. Pat McGurn, "Tax ebt Piled Up for Sprint Execs", *USA Today*, 7 de fevereiro de 2003.

17. Ibid.

18. *Caparo Industries plc v. Dickman and Others (1990) I ALLER568(1990) 2 WLR 358* www.icaew.co.uk.

19. PCAOB orçamento de 2005, www.pcaobus.org.

20. ISS 2005 Proxy Season Preview and Policy Update, 13 de dezembro de 2004, www.issproxy.com.

21. "Arthur Andersen, Final WolrdCom Defendant, Settles", press release, Office of New York State Comptroller Alan Hevesi, Albany, 26 de abril de 2005.

22. Ver www.cfraonline.com.

23. "The Boss on the Sidelines; How Auditors, Directors and Lawyers are Asserting their Power", *BusinessWeek*, 25 de abril de 2005, 86.

24. *Global Proxy Watch,* 28 de outubro de 2005. Ver também www.hermes.co.uk/pdf/corporate_governance/commentary/Hermes_APB_consultants_paper160304.pdf.

25. Morley Fund Management, "Audit Reform: A Focus on Purpose and Transparency", Londres, dezembro de 2004.

26. Transcrito de Hilary Rosenberg, *A Traitor to His Class* (Nova York: John Wiley, 1999), 193-194.

27. John Connolly, CEO of Institutional Shareholder Services, entrevista com Stephen Davis, 20 de amio de 2005.

28. Carta da ISS à U.S. Securities and Exchange Commission, 15 de setembro de 2004. http://www.sec.gov/divisions/investment/noaction/iss091504.htm.

29. Por exemplo, ver Gretchen Morgenson, "And They Call This Advice", *New York Times,* 21 de agosto de 2005.

30. Cartas da SEC a Kent S. Hughes, diretor Gerente, Egan-Jones, 27 de maio de 2004, e a Mari Ann Pisarri, esq., Pickark and Djinis LLP, Counsel for ISS, 15 de setembro de 2004. Ver http://www.serc.gov/divisions/investment/noaction/egan052704.htm e http://www.sec.gov/divisions/investment/noaction/iss091504.htm.

31. Egan-Jones Rating Company, www.egan-jones.com.

32. Transcrito de "Corporate Watchdogs Fight Scandal – Each Other", Associated Press, 10 de maio de 2005.

33. U.S. Scurities and Exchange Commission Office of Compliance Inspections and Examinations, "Staff Report Concerning Examinations of Select Pension Consultants", 16 de maio de 2005.

34. Ibid.

35. Ibid.

36. "SEC Looking at Pension Consultants", *New York Times,* 17 de maio de 2005.

37. Ibid.

38. Ver www.ennisknupp.com

39. Nelson/Thomson Financial 2003 Pension Fund Consultant Survey, www.nelsoninformation.com/industry_insight/pfc2003.pdf.

40. Em 2005, Standard & Poors anunciou que estava fechando sua unidade de serviços de governança, cobrindo empress da América do norte.

41. http://www.creditsights.com/about/.

42. Ver Egan-Jones, www.egan-jones.com.

Capítulo 7

1. Dados do American Institute of Certified Public Accountants, www.aicpa.org.

2. "In the Dark: What Boards and Executives Don't Know about the Health of Their Businesses", relatório de pesquisa (New York: Deloitte, Touche Tohmatsu, 2004).

3. "Why the Economy Is a Lot Stronger Than You Think", *BusinessWeek*, 13 de fevereiro de 2006, 62.

4. Transcrito de "Measuring the Value of Intellectual Capital", *Ivey Business Journal*, 1º de março de 2001, 16.

5. H. Thomas Johnson e Robert s. Kaplan, *Relevance Lost: The Rise and Fall of Management Accounting* (Boston: Harvard Business Schooll Press, 1987), 5.

6. H. Thomas Johnson, *Relevance Regained: From Top-down Control to Bottom-up Empowerment* (New York: The Free Press, 1992), 116.

7. Citado em Deloitte Touche Tohmatsu, "In the Dark", 29.

8. AQ Research-EAI Roundtable Report, 2005, www.aqresearch.com/downloads/EAI_revised_2.pdf.

9. GE 2005 proxy statement. http://www.ge.com/ar2004/proxy/statement.jspo

10. EVA® é marca registrada de Stern Stewart & Co.

11. Os padrões e os critérios desta seção se referem à criação de valor pela administração como um todo. Os diferentes indutores da criação de valor são abordados nas análises seguintes sobre "sustentabilidade" e "aumento da divulgação".

12. Ver www.sternstewart.com/evaabout/whatis.php.

13. Ibid. Alguns profissionais preferem usar lucro líquido operacional depois dos impostos.

14. "AIG Provides Details of Executive Compensation", *New York Times*, 28 de junho de 2005.

15. "Jurors See Tyco CEO's $2M Party", CNNMoney.com, 29 de outubro de 2003.

16. Os autores Davis e Lukomnik foram co-fundadores da GMI, mas não exercem funções nem têm atribuições na empresa. Eles efetivamente têm pequena participação societária na empresa, agora controlada por uma joint venture do State Street Bank e do ABP, fundo de pensão de servidores públicos da Holanda.

17. GovernanceMetricsInternational, ver http://www.gmiratings.com/(nxl0x455izt2kvqs22b0svbq)/Performance.aspx.

18. Lawrence D. Brown e Marcus L. Caylor, "Corporate Governance and Firm Performance", 7 de dezembro de 2004, disponível em SSRN: http://ssrn.com/abstract=586423 ou DOI: 10.2139?ssrn.586423.

19. GovernanceMetrics International, www.gmiratings.com.

20. Gavin Grant, "Beyond the Numbers: UK Corporate Governance Revisited", (Nova York: Deutsche Bank, julho de 2005).

21. Calculado pelo First Boston Corporation. Ver "Oil Spill Gave Big Push to Valdez Principles", *Anchorage Daily News*, 5 de novembro de 1989.

22. "Comments by Joan Bavária on the Occasion of CERES' Fifteenth Anniversary Conference", 14 de abril de 2004, citado na newsletter trimestral da Trillium, http://207.21.200.202/pages/news/news_detail.asp?articleID=348&status=CurrentIssue&page=HotNews.

23. Ibid.

24. Ver www.unglobalcompact.org.

25. Ver www.accountability.org.uk

26. Ver www.fairtrade.net.

27. Ver www.ilo.org.

28. Ver www.iso.org.

29. Ver www.sa-intl.org.

30. Ver www.transparency.org.

31. Ver http://globalreporting.org.

32. Allan Fels, *The Australian Financial Review* outubro de 203, http://ww.anzsog.edu.au/news/article2_oct2003.htm.

33. Sir David Clementi, discurso no ICGN, Londres, 8 de julho de 2005.

34. Alison Thomas, "A Tale of Twoi lReports", *EBF* 16, Winter2003/2004, www.ebr360.org/download;ebf_issue16.pdf.

35. Ibid.

36. Ibid.

37. Brian Rivel, "Perspectives on the Buy-Side: How Are Decisions Made?", Rivel Research Group, trabalho apresentado na Grant & Eisenhofer Conference, Nova York, 9 de junho de 2005.

38. David Phillips, "Rethinking Governance, Reporting and Assurance for the Benefit of Wealth Creation and Social Development in the 21st Century", minuta de comentário, 2005.

39. Deloitte Touche Tomatsu, "In the Dark".

Capítulo 8

1. Transcrito de David Bollier, *Citizen Action and Other Big Ideas: A History of Ralph Nader and the Modern Consumer Movement* (Washington, DC: Center for the Study of Responsive Law, 1991), disponível em www.nader.org/history/;

2. Frentrop, *History of Corporate Governance.*

3. Transcrito de Talner, *Origins of Shareholder Activism.*

4. *Investor Responsibility in the Global Era* (Washington, DC: IRRC, 1998), 25.

5. Jan Hofmeyr, Stephen Davis e Merle Lipton, *The Impact of Sanctions on South Africa: Whites' Political Attitudes* (Washington, DC: IRRC, março de 1990).

6. Interfaith Center on Corporate Responsibility, *The Proxy Resolutions Book 2000* (Nova York: ICCR, janeiro de 2000).

7. Talner, *Origins of Shareholder Activism*, 29.

8. Craig Mackenzie, "Ethical Investment and the Challenge of Corporate Reform" (tese de PhD, University of Bath, 1997). Capítulo 3 disponível em http:// staff.bath.acuk/hssal;crm/phd/2hist0.doc.

9. Carolyn Mathiasen, *The SEC and Social Policy Shareholder Resolutions in the 1990s* (Washington, DC: IRRC, novembro de 1994).

10. Ibid.

11. Brad M. Barber, "Monitoring the Monitor: Evaluating the CalPERS' Shareholder Activism", trabalho não publicado, Graduate School of Management at University of California Davis, março de 2006, 19. Ver também "Gadfly Activism at CAlPERS Leads to POssible Ouster of President", Wall Street Journal, 1º de dezembro de 2004, A-1.

12. CNN Money Morning, 14 de agosto de 2002.

13. Edelman Public Relations, *Edelman Annual Trust Barometer, 2005*, www.edelman.com/image/insights/content/Edelman_Trust_Barometer-2005_final.pdf.

14. Marlies Glasius, Mary Kaldor e Helmut Anheier, eds., *Global Civil Society 2005-6* (Londres: Sage Publications, 2005); ver http://www.lse.ac.uk/Depts/global/yearbook.htm.

15. Alister Scott, um dos fundadores da caampanha; entrevista com Stephen Davis, 26 de abril de 2005. A E-USS campanha é também assunto de um estudo de casos em Stee Waygood, "NGO and Equity Investment: A Critical Assessment of the Practices of UK NGOs in Using The Capital Market as Campaign Device", tese de PhD não publicada, Universidade de Surrey, fevereiro de 2004. Os autores agradecem pela permissão para usar esse material.

16. O julgamento de Sir Robert Megarry foi sobre o caso conhecido como *Cowan v. Scargill*. Ver http://oxcheps.new.ox.ac.uk/casebook/Resources/CoWANA_1%20DOC.pdf.

17. Ver www.fairpensions.org.uk para os antecedentes da campanha.

18. Ibid.

19. Por exemplo, a coalizão Make TIAA-CREF Ethical tem como alvo a empresa de fundos dos educadores de Nova York. O Council for Responsible Public Investment pressiona todos os fundos de pensão dos servidores públicos da Califórnia a adotar práticas de portfólio socialmente responsáveis. A AsrIA, fundada em 2001, fundada em 2001, exorta as ONGs a promover investimentos socialmente responsáveis na Ásia. Ainda outros estão tentando galvanizar a base de investidores a pressionar os fundos de

investimentos para que se tornem proprietários mais engajados. A coalizão Ceres, com sede em Boston, é um desses casos. Outros grupos, como a As You Sow Foundation, com sede em San Francisco, estão contatando filantropos na tentativa de recrutar esses canais de capital a também pressionar as empresas. A Responsible Endowments Coalition arregimenta estudantes para pressionar os fundos de universidades.

20. Ver "EIRIS Study of the Top 250 UK Occupational Pension Funds", www.eiris.org/Pages/Pensions/Person.htm.

21. Nicholas Hildyard e Mark Mansley, *Campaigners Guide to Financial Markets: Effective Lobbying of Companies and Financial Institutions* (Sturminster Newton, Inglaterra: The Córner House, 2001); e "Confronting Companies Using Shareholder Power: A Handbook on Socially-Oriented Shareholder Activism", www.foe.org/international/shareholder.

22. Robert Kinloch Massie, "The Rise of Sustainable Governance", *Global Agenda* (World Economic Fórum), janeiro de 2003, disponível em www.globalagendamagazine.com/2003/robertkinlochmassie.asp.

23. Ver www.incr.com.

24. Cada um é denominado Institutional Investors Group on Climate Change; ver www.iigcc.org.

25. Ver www.cdproject.net.

26. Contou com o apoio dos grupos de combate à pobreza War on Want e Traidcraft. Além disso, em agosto de 2003, a Rose Foundation for Communities and the Environmental divulgou "Environmental Fiduciary: The Case for Incorporating Environmental Factors into Investment Management Policies". (ver www.rosefdn.org/images//EFreeport.pdf). Em iniciativa semelhante, o Ceres, com a Innovest, publicou "Value at Risk: Climate Change and the Future of Governance", em abril de 2002 (www.innovestgroup.com/pdfs/climate.pdf). O Institute of Management Accountants, da Inglaterra, com o Forum for the Future, publicou *Environmental Cost Accounting: Na Introduction and Practical Guide* (Londres: CIMA Publishing, 2002). Até o World Bank aderiu, quando sua subsidiária, a International Finance Corporation, com a SustainAbility e o Ethos Institute, divulgaram "Developing Value: The Business Case for Sustainability in Emerging Markets", www.ifc.org/ifcext/sustainability.nsf/AttachmentsBy Title/Developing_Value_full_report?$FILE/Developing+Value_fuoll+text.pdf.

27. Jonathan Charkham, "Corporate Governance and the Institutional Investor", trabalho apresentado nno Columbia University Center for Law and Economic Studies (Nova York: 23 de maio de 1988).

28. Michael Useem, *Investor Capitalism: How Money Managers are Changing the Face of Corporate America* (Nova York: Basic Books, 1996).

29. O European Corporate Governance Institute, fundado em Bruxelas por Marco Becht, encomendou trabalhos e construiu um arquivo on-line de estudos e códigos,

de importância vital – e uma sala de bate-papo pela Internet para acadêmicos e migração para a nova disciplina que estuda o impacto do poder dos acionistas. Chris Mallin criou centros de pesquisas sobre governança corportiva nas universidades de Nottingham e Birmingham. A enorme CAÍSSE des Dépôts et Consignations fundou o Observatoire sur la Responsabilité Sociétale des Enterprises (ORSE), enquanto Theodor Baums liderava pesquisas correlatas na Universidade de Frankfurt. James Hawley e Andrew Williams abriram o Center for the Study of Fiduciary Capitalism, em St. Mary's College, na Califórnia. Yale fundou seu Center for Corporate Governance, com Ira Millstein como reitor associado. A partir de 1995, programas semelhantes começaram a brotar em locais diversos como Cambridge University, Center for European Policy Studies, Dartmouth College, Harvard University, Henley Management College, INSEAD, New York University, Stanford University, Stockholm Business School e Yonsei Unversity; nas universidades de Alberta, Amsterdam, Anahuac (Cidade do México), Athens, Canberra, Copenhague, Cranfield, Hagen, Hong Kong, Mauritius, Melbourne, Oxford, Tóquio, Toronto; e ainda na Universidade da Ásia e do Pacífico, em Manila. A Aademy of Corporate Governance, de Y.R.K. Reddy tentou reunir centros de estudos na Índia. O Asian Institute of Corporate Governance, liderado por Hasung Jang foi aberto na Escola de Negócios da Universidade da Coréia. M.K. Chouhan presidiu o Centro Asiático para Governança Corporativa, em Mumbai. Os Conference Boards dos Estados Unidos, Canadá e Europa contribuíram com relatórios e seminários E assim por diante.

30. CNNfm, 9 de junho de 2003.

31. James Madison, "Report on the Virginia Resolutions", 1798, www.jmu.edu/madison/center/home.htm.

32. "Corporate Scandals, Corporate Responsibility and the Media: Who Should We Believe?", seminário patrocinado pela revista *Business Ethics,* cidade de Nova York, 21 de abril de 2005.

33. *The State of the News Media 2005: Na Annual Reporto n American Journalism,* Project for Excelence in Journalism, 15 de março de 2005; disponível em www.stateofthenewsmedia.org/2005/.

34. James McRitchie, "Making Corporate Governance Decisions that Work for Whom?", trabalho apresentado e seminário do World Council for Corporate Governance, Londres, 12 e 13 de maio de 2005, http://corpgov.net/forums/commentary/ICG2005.html.

35. "A Crusader in Hong Kong", *BusinessWeek* (reportaem de capa da edição internacional), 19 de maio de 2003, 46.

36. Ver www.crikey.com.au.

37. Waygood, "NGO and Equity Investment".

38. O Congresso dos Estados Unidos, por exemplo, está elaborando legislação que obrigaria as ONGs, como instituições filantrópicas, a adotar padrões de relatórios e de

governança da Lei Sarbanes-Oxley. A Comissão Européia está elaborando padrões de divulgação de informações para grupos cívicos com ramificações de lobby em Bruxelas. O Departamento de Finanças das Filipinas tem pressionado organizações comunitárias a praticar o autopoliciamento, por meio de um "Council for NGO Certification" (www.pcnc.com.pg).

39. Sustainability, *The 21st Century NGO*. (Londres, Sustainability, 2003).

40. Outros grupos cívicos também estão enfrentando o desafio de peito aberto. One World Trust, em seu relatório de 2003, "Power Without Accountability?" (http://www.oneworldtrust.org/documents/GAP20031.pdf), classificou as maiores ONGs globais sob o aspecto de governança e recomendou um menu de melhores práticas. A Credibility Alliance elaborou padrões de governança e de divulgação de informações para milhares de organizações da sociedade civil na Índia. A Charities Aid Foundation liderou iniciativas para o desenvolvimento de um código de governança para ONGs do Sudeste Asiático. O London School of Economics Centre for Civil Society lançou projteos para o estudo da governança entre ONGs. E entidades sem fins lucrativos de vanguarda – notadamente AccountAbility, Ceres e WWF – se empenharam em adotar elas próprias as melhores práticas de governança hoje conhecidas.

Capítulo 9

1. Jeffrey Sonnelfeld, "The Last Emperor", *Wall Street Journal*, 2 de março de 2004.

2. Ver www.thesmokinggun.com/archive/0318041trump1.

3. Citado em Andrew Campbell e Robert Park, *The Growth Gamble: When Leaders Shold Bet Big on New Business and How They Can Avoid Expensive Failures* (Londres: Nicholas Brealey, 2005), 19.

4. Simon Zadek, "Being Global Means Being Responsible", AccountAbility, Londres, outubro de 2004, www.accountability.org.UK.

5. Peter Singer, *How Are We to Live? Ethics in an Age of Self Interest* (Oxford: Oxford University Press, 1997), 273.

6. Por exemplo, ISS, Glass Lewis, Egan-Jones, Proxy Governance, European Corporate Governance Service, Corporate Governance International e Korea Corporate Governance Service oferecem assessoria de voto em assembléias gerais a centenas de proprietários de ações em todo o mundo. A Equity Ownership Services (EOS), do Hermes, foi ainda mais longe na prestação de "serviços de supervisão e vigilância" completos, inclusive intervenções coletivas em empresas, a alguns dos maiores fundos de pensão da Europa. Com efeito, a EOS criou um concorrente oriundo de suas próprias fileiras, GOvernance for Owners (Go), fundada por um ex-chefe da Hermes Focus Funds. A Local Authority Pension Fund Fórum (LAPFF) e a Pensions Investment

Research Consultants ((PIRC) oferece serviços semelhantes a seus cotistas e clientes. Da mesma maneira atuam as administradoras de fundos ISIS e Insight.

7. Sem dúvida, a cooperação enfrenta obstáculos, como a protocolização e a publicação de documentos. A experiência sugere, contudo, que esses entraves são mais temidos por antecipação que na realidade.

8. Ver www.icgn.org/documents/InstShareholderResponsibilities.pdf.

9. Ver, por exemplo, E. Wenstein e A. Abdulali, "Hedge Fund Transparency: Quantifying Valuation Bias for Illiquid Assets", *Risk,* Jujnho de 2002, S25-S28.

10. Não argumentamos a favor ou contra as políticas de redistribuição de riqueza; o que vai além do escopo deste livro. Conforme analisamos no Capítulo 1, contudo, sustentamos que o desenvolvimento veículos de poupança, pensão e seguro já criou condições que estão propiciando a ascensão de uma economia civil em boa parte do mundo desenvolvido.

11. Idéias sobre as práticas de auditoria dos fundos de pensão foram desenvolvidas em parte por meio da troca de e-mails entre Stephen Davis e Frank Curtiss, da Railpen Investments, que preside o comiê de auditoria e contabilidade da International Corporate Governance Network, em julho de 2005.

12. A falta de realismo nos pressupostos dos economistas é ilustrada pela famosa piada sobre o engenheiro, o físico e o economista que se refugiaram numa ilha deserta, depois de um naufrágio, com muitas de comida, mas nenhum abridor. "Bem", diz o engenheiro, "se encontrarmos uma pedra adequada poderemos lascar um machado tosco e abrir as latas". "Tenho outra idéia", disse o físico. "Vamos acender uma fogueira, Pôr as latas entre as chamas e esperar que a pressão interna arrebente as tampas". "Tudo isso parece muito complicado para mim", disse o economista. "Por que simplesmente não assumimos que temos um abridor de latas?"

13. David Landes, *The Wealth and Poverty of Nations: Why Some Are so Rich and Some So Poor* (Londres: Abacus, 217-18.

14. Adam Smith, *The Theory of Moral Sentiments,* parte 2, seção 2, capítulo 3, www.adamsmith.ort.

15. Alfred Marshall, *Principles of* Economiocs (Nova York: Macmillan, 1946), 303.

Bibliografia Selecionada

Ashbaugh-Skaife, Hollis e Ryan LaFond. "Firms' Corporate Governance and the Cost of Debt: An Analysis of U.S. Firms' GMI Ratings", janeiro de 2006. http://www.gsm.ucdavis.edu/faculty/Conferences/Hollis.pdf.

Association of British Insurers. *Investing in Social Responsibility: Risks and Opportunities*. London: Association of British Insurers, 2001.

Backhouse, Roger E. *The Penguin History of Economics*. Londres: Penguin, 2002.

Bain, Neville e David Band. *Winning Ways: Through Corporate Governance*. Londres: Macmillan Press Ltd., 1996.

Bakan, Joel. *The Corporation: The Pathological Pursuit of Profit and Power*. Nova York: Free Press, 2004.

Barca, Fabrizio e Marco Becht (orgs.) *The Control of Corporate Europe*. Nova York: Oxford University Press Inc., 2001.

Baums, T. e E. Wymeersch (orgs.) *Shareholder Voting Rights and Practices in Europe and The United States*. Londres: Kluwer Law International Ltd., 1999.

Bébéar, Claude e Philippe Manière. *Ils Vont Tuer le Capitalisme*. (Vão matar o capitalismo). Paris: Plon, 2003.

Bebchuk, Lucian e Jessé Fried. *Pay Without Performance: The Unfulfilled Promise of Executive Compensation*. Cambridge: Harvard University Press, 2004.

Becker, Charles M.; Trevor, Bell; Haider, Ali Khan e Patricia S. Pollard. *The Impact of Sanctions on South Africa: The Economy*. Washington, D.C.: Investor Responsibility Research Center, 1990.

Benston, George; Michael Bromwich; Robert Litan e Alfred Wagenhofer. *Following the Money: The Enron Failure and the State of Corporate Disclosure*. Washington, DC: AEI-Brokings Joint Center for Regulatory Studies, 2003.

Berle, Adolf A. e Gardiner C. Means. *The Modern Corporation and Private Property*. Somerset, NJ: Transaction Publishers, 2004.

Birchall, Johnston. *Co-op: The People's Business*. Manchester, Inglaterra: Manchester University Press, 1994.

Black, Bernard S., Hasung Jang e Woochan Kim. "Does Corporate Governance Predict Firms' Market Values? Evidence from Korea". *Journal of Law, Economics and Organization* 22, n. 2 (Fall 2006). http://ssrn.com/abstract=311275.

Blair, Margaret M., ed. *The Deal Decade: What Takeovers and Leveraged Buyouts Mean for Corporate Governance*. Washington, D.C.: The Brookings Institution, 1993.

_____. *Ownership and Control: Rethinking Corporate Governance for the Twenty-First Century*. Washington, D.C.: The Brookings Institution, 1995.

Blair, Margaret e Steven M. H. Wallman. *Unseen Wealth: Report of the Brookings Task Force on Intangibles*. Washington, D.C.: Brookings Institution Press, 2001.

Bogle, John C. *The Battle for the Soul of Capitalism*. New Haven: Yale University Press, 2005.

Bollier, David. *Citizen Action and Other Big Ideas: A History of Ralph Nader and the Modern Consumer Movement*. Washington, D.C.: Center for the Study of Responsive Law, 1991. www.nader.org/history/.

Bompoint, Patrick, e Bernard Marois. *Le Pouvoir Actionnarial: Relations Sociétés-Investisseurs Face à la Mondialisation des Marches* (Poder dos Acionistas: Relações Empresa-Investidor no Contexto da Globalização dos Mercados). Paris: Editions JVDS, 1998.

Brancato, Carolyn Kay. *Institutional Investors and Corporate Governane: Best Practices for Increasing Corporate Value*. Chicago: Irwin Professional Publishing, 1997.

Brown, Gordon e Tony Wright (orgs.) *Values, Visions and Voices: An Anthology of Socialism*. Edinburgh: Mainstream Publishing, 1995.

Bughin, Jacques e Thomas E. Copeland: "The Virtuous Cycle of Shareholder Value Creation", *The McKinsey Quarterly* n. 2, 1997.

Burrough, Bryan e John Helyar. *Barbarians at the Gate*. Nova York: Arrow Books, 1990.

Bush, Tim. *Divided by Common Language: Where Economics Meets the Law: US Versus Non-US Reporting Systems*. Londres: Institute of Chartered Secretaries and Administrators, 2005.

Cabot, Louis, "From the Boardroom", *Harvard Business Review*, Autumn 1976.

Cadbury, Sir Adrian, *Corporate Governance and Chairmanship*, Oxford: Oxford University Press, 2002.

Campbell, Andrew, e Robert Park. *The Growth Gamble: When Leaders Should Bet Big on New Businesses and How They Can Avoid Expensive Failures*. Londres: Nicholas Brealey International, 2005.

Carlsson, Rolf. *Ownership and Value Creation: Strategic Corporate Governance in the New Economy*. Chichester, Inglaterra: John Wiley & Sons, 2001.

Carter, Colin B. e J. W. Lorsch. *Back to the Drawing Board: Designing Corporate Boards for a Complex World*. Boston: Havard Business School Press, 2003.

Center for Working Capital. *The Challenge and Promise of Cross-Border Capital Stewardship*. Washington, D.C.: Center for Working Capital, 2002.

Chancellor Edward. *Devil Take the Hindmost: A History of Financial Speculation*. Londres: MCMillan, 1999.

Chander, William B., III, e Leo E. Strine Jr. "The New Federalism of the American Corporate Governance System". NYU Center For Law and Business Research Paper 03-03, 13 de março de 2003, disponível em http://papers.ssrn.com/sol3/papers.cfm?abstract_id=367720 ou DOI:10.2139/ssrn.367720.

Charkham, Jonathan. *Keeping Better Company: Corporate Governance Ten Years On*. Oxford: Oxford University Press, 2005.

_____. *Keeping Good Company: A Study of Corporate Governance in Five Countries*. Oxford: Claredon Press, 1994.

Charkham, Jonathan e Ann Simpson. *Fair Shares: The Future of Shareholder Power and Responsibility*. Nova York: Oxford University Press, 1999.

Clearfield, Andrew. "'With Friends Like These, Who Needs Enemies?' The Structure of the Investment Industry and Its Reluctance to Exercise Governance Oversight". *Corporate Governance* 13, n. 2 (março de 2005), 114.

_____. "Young Financial Analysts' Views on Environmental, Social and Corporate Governance Issues", Unep Finance Initiative and World Business Council for Sustainable Development, 2005, http://www.unepfi.org/fileadmin/documents/ymt_summary_2005.pdf.

CLSA. *Saints & Sinners: Corporate Governance in Emerging Markets*. Hong Kong: CLSA, 2001.

Cogan, Douglas G. *Corporate Governance and Climate Change: Making the Connection*. Boston: Ceres, 2003.

Collins, Jim. *Good to Great: Why Some Companies Make the Grade and Others Don't*. Nova York: Random House, 2001.

The Conference Board. *The 2005 Institutional Investment Report: US and International Trends*. Nova York: The Conference Board, 2005.

Cornelius, Peter K. e Bruce Kogut (orgs.) *Corporate Governane and Capital Flows in a Global Economy*. Oxford: Oxford University Press, 2003.

Crawford, Leslie. "Spain Sets First With 'Lover's Guide to Boardrooms'". *Financial Times*, 10 de maio de 2005, 10.

Crystal, Graef S. *In Search of Excess: The Overcompensation of American Executives*. Nova York: W.W. Norton and COmpany, inc., 1991.

Damsma, Marvin L., Jon Lukomnik, Maarten L. Nederloff e Thomas K. Philips. *Alpha: The Positive Side of Risk: Daring to Be Different*. Nova York: Investors Press, 1996.

Davies, Adrian. *A Strategic Approach to Corporate Governance*. Aldershot, Inglaterra: Gower Publishing, 1999.

Davis, Stephen. "Corporate Downsizing: Let Shareholders vote". *Pension & Investments*, 29 de abril de 1996, 14.

_____. *Shareholder Rights Abroad*. Washington, DC; Investor Responsibility Research Center, 1989.

Davis,Stephen, Corinna Arnold e Rachel Ongé Lerman. *Global Voting*. Washington, DC: Invesor Responsibility Research Center, 1993.

Davis, Stephen, e Karel Lanoo. "Shareholder Voting in Europe". *Center For European Policy Studies* 3 (Summer 1997): 22.

Davis, Stephen e Jon Lukomnik. "Who Are These Guys? Welcome to the Hedge Fund Era". *Compliance Week*, 5 de abril de 2005.

Deloitte Touche Tohmatsu. *In the Dark: What Boards and Executives Don't Know About the Health of their Businesses*. Nova York: Deloitte Touche Tohmatsu, 2004.

Demb, Ada e F. Friedrich Neubauer. *The Corporate Board: Coinfronting the Paradoxes*. Nova York: Oxford University Press, Inc., 1992

DeSoto, Hernando. *Why Capitalism Triumphs in the West and Fails Everywhere Else*. Nova York: Basic Books, 2000.

Drucker, Peter F. *The Unseen Revolution: How Pension Fund Socialism Came to America*. Nova York: Harper & Row, 1976.

_____. *Management: Tasks, Responsibilites, Practices*. Nova York: Harper Business, 1993.

Eccles, Robert G., Robert H. Herz, E. Mary Keegan e David M. H. Philips. *The Value Reporting Revolution: Moving Beyond the Earning Game*. Nova York: John Wiley 7 Sons. 2001.

Eichenwald, Kurt. *Conspiracy of Fools*. Nova York: Broadway Books, 2005.

Elkington, John. *Cannibals with Forks: The Triple Bottom Line of 21st Century Business*. Oxford: Capstone Publishing, 1997.

Feldman, Amy e Joan Caplin. "Is Jack Grubman the Worst Analyst Ever?" CNN-Money.com, 25 de abril de 2003. http://cnn.com/2002/04/25/pf/investing/grubman/

Fels, Allan. *The Australian Financial Review*. Outubro de 2003. http://anzsog.edu.au/news/article2_oct2003.htm.

Francis, Ivor. *Future Direction: The Power of the Competitive Board*. Melbourne: FT Pitman Publishing, 1997.

Franks, Julian, Colin Mayer e Luis Correia da Silva. *Asset Management and Investor Protection: Na International Analysis*. Nova York: Oxford University Press, 2003.

Frentrop, Paul. *A History of Corporate Governance 1602-2002*. Bruxelas: Deminor, 2003.

Freshfields Bruckhaus Deringer. *The Legal Limits on the Integration of Environmental Social and Governance Issues into Institutional Investment*. Nova York: United National Environment Programme, 2005.

Gandossy, Robert e Jeffrey Sonnenfeld (orgs.) *Leadership and Governance from the Inside Out*. New Jersey: John Wiley & Sons, Inc., 2004.

Garrat, Bob. *Thin on Top: Why Corporate Governance Matters and How to Measure and Improve Board Performance*. Londres: Nicholas Brealey Publishing, 2003.

Gaved, Mattew. *Institutional Investor and Corporate Governance*. Londres: Foundation for Business Responsibilities, 1998.

Giddens, Anthony. *The Third Way: The Renewal of Social Democracy*. Cambridge: Polity Press, 1998.

Glasius, Marlies, Mary Kaldor e Helmut Anheier, eds. *Global Civil Society 2005/6*. Londres: Sage Publications, 2005.

Gompers, Paul A., Joy L. Ishii e Andrew Metrick. "Corporate Governance and Equity Prices". *Quarterly Journal of Economics* 118, n. 1 (fevereiro de 2003): 107-155.

Goodman, Susannah Blake, Jonas Kron e Tim Little. *The Entironmental Fiduciary: The Case for Incorporating Environmental Factors into Investment Management Policies*. Oakland, CA: Rose Foundation for Communities & the Environment, 2002.

Gourevitch, Peter A., and James Shinn. *Policial Power & Corporate Control: The New Global Politics of Corporate Governance*. Princeton: Princeton University Press, 2005.

Gourevitch, Peter A., and James Shinn, eds. *How Shareholder Reforms Can Pay Foreign Policy Dividends*. New York: Council on Foreign Relations, Inc, 2002.

Government Accountability Office. *Pension Plans: Additional Transparency and Other Actions Needed in Connection with Proxy Voting*. Washington, DC: US Government Accountability Office, 2004.

Graham, Carol, Robert Litan e Sandip Sukhtankar. "The Bigger They Are, the Harder They Fall: An Estimate of the Costs of the Crisis in Corporate Governance". Policy Brief 102. Washington, DC: The Brookings Institution, 30 de agosto de 2002.

Grant, Gavin. *Beyond the Numbers: Corporate Governance in Europe*. Londres: Deutche Bank, 2005.

Greider, William. *One World, Ready or Not: The Manic Logic of Global Capitalism*. Nova York: Simon and Schuster, 1997.

_____. *The Soul of Capitalism: Opening Paths to a Moral Economy*. Nova York: Simon and Schuster, 2003.

Gugler, Klaus. *Corporate Governance and Economic Performance*. Oxford: Oxford University Press, 2001.

Hallqvist, Bengt. *Private Institute for Corporate Governance: The Brazilian Experience*. Pompéia, Brasil: Bless Gráfica e Editora, 2002.

Hammer, Michael e James Champy. *Reengineering the Corporation: A Manifesto for Business Revolution*. Nova York: HarperBusiness, 1993.

Harrington, John C. *The Challenge to Power: Money, Investing and Democracy*. White River Junction, Vermont: Chelsea Green Publishing Company, 2005.

Harrison, J. F. C. *Common People: A History from the Norman Conquest to the Present*. Nova York: Flamingo, 1984.

Hawley, James P. e Andrew T. Williams. *The Rise of Fiduciary Capitalism: How Institutional Investors Cam Make Corporate America More Democratic*. Filadélfia: University of Pennsylvania Press, 2000.

Healy, Joseph. "Corporate Governance and Shareholder Value". ANZ Investment Bank study. Auckland, 24 de março de 2000.

_____. *Corporate Governance and Wealth Creation in New Zealand*. Palmerston North, Nova Zelândia: Dunnmore Press, 2003.

_____. "The Shareholder Value Performance of Corporate New Zealand". ANZ Investment Bank Study. Auckland, 24 de fevereiro de 2000.

Hofmeyr, Jan; Stephen Davis e Merle Lipton. *The Impact of Sanctions on South Africa: Whites' Political Attitudes*. Washington, DC: Investor Responsibility Research Center, 1990.

Hopt, K. J., Kanda, M. J. Roe, E. Wymeersch e S. Prigge (orgs.) *Comparative Corporate Governance: The State of the Art and Emerging Research*. Oxford: Clarendon Press, 1998.

Huffington, Arianna. *Pigs at the Trough: How Corporate Greed and Political Corruption Are Undermining America:* Nova York: Crown Publishers, 2003.

Hummels, G. J. A. e David Wood. *Knowing the Price, but Also the Value*. Boston: Nyenrode Business Universiteit and Boston College, 2005.

Hutton, Will. *The Stakeholding Society: Writings on Politics and Economics*. Cambridge: Polity Press, 1999.

_____. *The State We're In*. Londres: Jonathan Cape, 1995.

_____. *The World We're In*. Londres: Abacus, 2003.

Innovest Srategic Value Advisors. *Value at Risk: Climate Change and the Future of Governance*. Boston: Ceres, 2002.

Institute of Directors. *King Reporto n Corporate Governance for South África – 2002*. Joanesburgo: Institute of Directors, 2002.

Institutional Shareholder's Committee. *The Responsibilites of Institutional Shareholders in the UK*. Londres: Institutional Shareholders' Committee, 2003.

International Finance Corporation. *Towards Sustainable and Responsible Investment in Emerging Markets*. Washington, DC: International Fiannce Corp., 2003.

Isaksson, Mats e Rolf Skog (orgs.) *The Future of Corporate Governance*. Estocolmo: The Corporate Governance Fórum, 2004.

Jacobs, Michael T. *Short-Term America: The Causes and Cures of Our Business Myopia*. Boston: Harvard Business School Press, 1991.

Jenson, Michael, Eric G. Wruck e Kevin Murphy. *Remuneration: Where We've Been, How We Got Here, What Are the Problems and How to Fix Them*. Finance Sorking Paper 44, Bruxelas: European Corporate Governance Institute, 12 de julho de 2004.

Johnson, Gerry e Kevan Scholes. *Exploring Corporate Strategy: Texts and Cases*, 3rd Ed. Upper Saddle River, New Jersey: Prentice Hall, 1993.

Johnson, H. Thomas. *Relevance Regained: From Top-Down Control to Bottom-Up Empowerment*. Nova York: Free Press, 1992.

Johnson, H. Thomas e Robert S. Kaplan. *Relevance Lost: The Rise and Fall of Management Accounting*. Boston: Harvard Business School.

Kay, John. *The Truth abot Markets. Their Genius, Their Limits, Their Follies*. Londres, Allen Lane, 2003.

Kedia, Simi e Thomas Philippon. *The Economics of Fraudulent Accounting*. Washington, D.C.: National Bureau of Economic Research, 2005.

Kennedy, Allan A. *The End of Shareholder Value: Corporations at The Crossroads*. Cambridge: Perseus Publishing, 2000.

Keong, Low Chee (org.) *Corporate Governance: Na Ásia-Pacific Critique*. Hong Kong: Sweet & Maxwell Ásia, 2002.

Lan, Luh Luh e Loizos Heracleous. "Shareholder Votes for Sale". *Harvard Business Review*, junho de 2005, 20-24.

Landes, David. *The Wealth and Poverty of Nations: Why some Are so Rich and Some so Poor*. Londres: Abacus, 1998.

Learmount, Simon. *Corporate Governance: What Can Be Learned from Japan: Oxford*: Oxford University Press, 2002.

Ledgerwood, Grant (org.) *Greening the Boardroom: Corporate Governance and Business Sustentability*. Sheffield, Inglaterra; Greenleaf Publishing, 1997.

Lev, Baruch. *Intangibles: Management, Measurement and Reporting*. Washington, DC: Brookings Institution Press, 2001.

"Measuring the Value of Intellectual Capital", *Ivey Business Journal*, março-abril de 2001, 16.

Levitt, Arthur e Paula Dwyer. *Take on the Street: What Wall Street and Corporate America don't Want you to Know – What You Can Do to Fight Back*. Nova York: Pantheon Books, 2002.

Lewin, C. G. *Pensions and Insurance Before 1800: A Social History*. East Lothian, Escócia: Tuckwell Press Ltd., 2003.

L'H-élias, Sophie. *Le Retour de l"Actionnaire: Pratques du Corporate Governance em France, aux États-Units et em Graude-Bretagne* (O retorno do acionista: Práticas de governança corporativas na França, nos Estados Unidos e na Inglaterra). Paris: Gualino Éditeur, 1997.

Liddle, Roger e Maria João Rodrigues (orgs.) *Economic Reform in Europe: Priorities for the Next Five Years*. Londres: Policy Network, 2004.

Low, Chee Keong (org.) *Corporate Governance: An Asian-Pacific Critique*. Hong Kong: Sweet & Maxwell Ásia, 2002.

Lucier, Chuck, Rob Schyt e Edward Tse. "CEO Succession 2004: The World's Most Prominent Temp Workers". *Strategy + Business Special Report*, Summer 2004.

Lydenberg, Steven. *Corporations and the Public Interest: Guiding the Invisible Hand*. San Francisco: Berrett-Koehler Publishers, 2005.

Maatman, René. *Dutch Pension Funds: Fiduciary Duties and Investing*. Deventer, Países Baixos: Kluwer Legal Publishers, 2004.

MacAvoy, Paul W., e Ira M, Millstein. *The Recurrent Crisis in Corporate Governance*. Nova York: Palgrave Macmillan, 2003.

Mace, Myles L. *Directors: Myth and Reality*. Boston: Harvard Business School Press, 1986.

Mackenzie, Craig. *The Shareholder Action Handbook: Using Shares to Make Companies More Accountable*. Newcatle upon Tlyne, Inglaterra: New Consumer Ltd., 1933.

MacKerron, Conrad. *Unlocking the Power of the Proxy: How Active Foundation Proxy Voting Can Protect Endowments and Boos Philanthropic Misions*. Nova York: Rockefeller Philanthropy Advisors, 2004.

Mallin, Christine A. *Voting: The Role of Institutional Investors in Corporate Governance*. Londres: Institute of Chartered Accountants In England and Wales, 1995.

_____, *Corporate Governance*. Nova York: Oxford University Press, Inc., 2004.

Manheim, Jarol B. *Biz-War and the Out-of-Power Elite: The Progressive-Left Attack on the Corporation*. Mahwah, NJ: Lawrence Erlbaum Associates, 2004.

Manière, Philippe. *Max à la Corbeille: Quand Lês Actionnaires Font la Révolution*, (Marx in the Bin [ou On the Stock Exchane Floor]: When Shareholders Start a Revolution). Paris: Stock, 1999.

Marshall, Alfred. *Principles of Ecoonmics*, 8th ed. Londres: McMillan, 1946.

Marx, Karl e Friedrich Enges (trans Moore 1888), *The Communist Manifesto*. Londres: Penguin, 1967.

Mathiasen, Carolyn. *The SEC and Social Policy Shareholder Resolutions in the 1990s*. Washington, DC: IRRC, novembro de 1994.

McAlister, Debbie Thorne; O.C. Ferrell e Linda Ferrell. *Business and Societhy: A Strategic Approach to Corporate Citizenship*. Boston, Houghton Miffin, 2003.

McCahery, Joseph A., Piet Moerland, Thei Raaijmakers e Luc Renneboog (orgs.) *Corporate Governance Regimes: Convergence and Diversity*. Oxford: Oxford University Press, 2002.

McKinsey & Company. *Global Investor Opinion Survey on Corporate Governance*. Nova York: McKinsey & Co., 2002.

"Measuring the Value of Intellectual Capital", *Ivey Business Journal*, março-abril de 2001, 16.

Melvin, Colin e Hans Hirt. *Corporate Governance and Performane: A Brief Review and Assessment of the Evidence for a Link Between Corporate Governance and Performance*. Londres: Hermes Pensions Management Ltd, 2004.

Metzer, Barry (org.) *Global Corporate Governance Guide 2004: Best Practice in the Boardroom*, Londres: Globe White Page, 2004.

Micklethwait, John e Adrian Wooldridge. *The Company: A Short History of a Revolutionary Idea*. Nova York: Modern Library, 2003.

Monks, Robert A. G. *The Emperor's Nightingale: Restoring the Integrity of the Corporation*. Oxford: Capstone Publishing Limited, 1998.

Monks, Robert A. G. e Nell Minow. *Corporate Governance*. 3rd Malden, MA: Blackwell Publishing Ltd., 2004.

_____. *Watching the Watchers: Corporate Governance for the 21st Century*. Cambridge, MA: Blackwell Publishers, 1996.

Morison, Samuel Eliot e Henry Steele Commager. *The Growth of the American Republic*, New York City: Oxford University Press, 1962.

Oakley, C.A. *The Second City*. Glasgow: Blackie & Co., 1947.

O'Brien, Justin. *Wall Street on Trial*. Chichester, England: John Wiley & Sons, Ltd., 2003.

One World Trust. *Power Without Accountability?* Londres: One World Trust, 2003.

Opler, Tim C. e Jonathan Sokobin. "Does Coordinated Institutional Activism Work? Na Analysis of the Activities of the Council of Institutional Investors". Working Papers Series 95-5. Columbus, OH: Dice Center For Research In Financial Economics, outubro de 1995.

Organização para Cooperação e Desenvolvimento Econômico. *OECD Principles of Corporate Governance 2004*. Paris: Organisation for Economic Co-operation and Development, 2004.

Peters, Thomas J. e Robert H. Waterman. *In Search of Excellence: Lessons from America's Best-Run Companies*. Nova York: Harper and Row, 1982.

Petschow, Ulrich, James Rosenau e Ernst Ulrich von Weizsäcker (orgs.) *Governance and Sustainability: New Challenges for States, Companies and Civil Society*. Sheffield, Inglaterra: Greenleaf Publishing, 2005.

Pitt-watson, David e Watson, Tony. *The Hermes Principles: What Shareholders Expect of Public Companies – and What Companies Should Expect of Their Investors*. Londres: Hermes Pensions Management Ltd., 2004.

Plender, John. *A Stake in the Future: The Stakeholding Solution*. Londres: Nicholas Brealey Publishing, 1997.

Raaijmakers, G.T.M.J. *European Regulation of Company and Securities Law*. Nijmegen, Países Baixos: Ars Aequi Libri, 2005.

Rajan, Raghuram e Luigi Zingales. *Saving Capitalism from the Capitalists: Unleashing the Power of Financial Markets to Create Wealch and Spread Opportunity*. Nova York: Crown Business, 2003.

Richard, Bertrand e Dominique Miellet. *La Dynamique du Gouvernement D'Entreprise* (Dinâmica da Governança Corporativa). Paris: Éditions d'Organisation, 2003.

Roberts, John. *The Modern Firm: Organizational Design for Performance and Growth*. Oxford: Oxford University Press, 2004.

Roe, Mark J. *Political Determinants of Corporate Governance: Political Context, Corporate Impact*. Nova York: Oxford University Press Inc., 2003.

Rosenberg, Hilary. *A Traitor to His Class: Robert A. G. Monks and the Battle to Change Corporate America*. Nova York: John Wiley & Sons, 1999.

Schwartz, Jeff. *The Purpose of Profit*. Londres: Tomorrow's Company, 2005.

Sidebotham, Roy. *Introduction to the Theory and Context of Accounting*, 2nd ed. Oxford: Pergamon Press, 1970.

Silver, Don. *Cookin' the Book$: Say Pasta La Vista to Corporate Accounting Tricks and Fraud*. Los Angeles: Adams-Hall Publishing, 2003.

Singer, Peter. *How Are We to Live? Ethics in na Age of Self-Interest*. Oxford: Oxford University Press, 1997.

Smith, Adam. *Na Inquiry into the Nature and Causes of the Wealth of Nations*. Edinburgh: Nelson & Sons, 1827.

_____. *The Wealth of Nations*. Nova York: Alfred A. Knopf, Inc., 1991.

Sonnenfeld, Jeffrey. *The Hero's Farewell: What Happens When CEO's Retire*. Nova York: Oxford University Press, Inc., 1988.

Stapledon, G.P. *Institutional Shareholders and Corporate Governance*. Oxford: Claredon Press, 1996.

Stewart James B. *Disney War*. Nova York: Simon and Schuster, 2005.

Strenger, Christian. *Corporate Governance Kapitalmarkt*. (Compilação de discursos e artigos). Frankfurt: Christian Strenger, 2004.

Sustainability. *The 21st Century NGO*. Londres: Sustainability, 2003.

Sustainability, International Finance Corp. e Ethos Institute. *Developing Value: The Business Case for Sustainability in Emerging Markets*. Londres: Sustainability, 2002.

Swensen, David F. *Unconventional Success: A Fundamental Approach to Personal Investment*. Nova York: Free Press, 2005.

Sykes, Allen. *Capitalism for Tomorrow: Reuniting Ownership and Control*. Oxford: Capstone Publishing Ltd., 2000.

Talner, Lauren. *The Origins of Shareholdr Activism*. Washington, DC: Investor Responsibility Research Center, 1983.

Thomas, Alison. "A Tale of Two Reports". *European Business Fórum* 16 (Winter 2003/2004). www.ebr360.org/downloads/ebf_issue16.pdf.

Tong, Lu, ed. *Corporate Governance Reform: International Experience and China's Practice*. Beijing: Institute of World Economic and Politics, 2004.

United Nations Global Compact. *Who Cares Wins*. Nova York: United Nations, 2004.

Useem, Michael. *Investor Capitalism: How Money Managers Are Changing the Face of Corporate America*. Nova York: Basic Books, 1996.

Voorhes, Meg; Carolyn Mathieson e Jennifer Sesta. *Investor Responsibility n the Global Era*. Washington, DC: Investor Responsibility Research Center 1998.

Walmsley, Keith (org.) *Corporate Governance Handbook*. Londres: LexisNexis Butterworths, 2005.

Ward, Ralph D. *21st Century Corporate Board*. Nova York: John Wiley & Sons, Inc., 1997.

Waring, Kerrie e Chris Pierce (orgs.) *The Handbook of International Corporate Governance*. Londres: Institute of Directors and Kogan Page, 2005.

Whitley, Richard e Peer Hull Kristensen. *Governance at Work: The Social Regulation of Economic Relations*. Oxford: Oxford University Press, 1997.

Williams, Anthony. *Who Will Guard The Guardians? Corporate Governance in the Millenium*. Chalford, Inglaterra: Management Books 2000, 1999.

Williamson, Oliver. *Markets and Hierarchies: Analysis and Antitrust Implications: A Study in the Economics of Internal Organization*. Nova York: Free Press, 1975.

World Bank. *World Development Indicators 2005*. Washington, DC: World Bank, 2005.

World Bank. *Reports on Standards and Compliance*. Washington, DC: World Bank Group.

World Economic Forum. *Mainstreaming Responsible Investment*. Geneva: World Economic Fórum, 2005.

Young, Patrick *The New Capital Market Revolution*. Nova York: Texere, 2003.

Zadek, Simon. *The Civil Corporation: The New Economy of Corporate Citizenship*. Londres: Earthscan Publications, 2001.

Índice

AARP, 231
Academia e ciclo de responsabilidade e prestação de contas, 198-200
AccountAbility, 166, 196, 216
Ações
    Contabilização de opções, 157
    Expansão, 8-10
    Movimento de pesquisas independentes, 130
Ações preferenciais, 116
Adelphia, 10, 132, 200
Administração
    Aceitável para a economia convencional, 18
    Amigável aos acionistas, 160
    Desdenhosa em relação à supervisão dos acionistas, 135
    Economia civil, 18
    Indiferente aos amplos interesses dos acionistas, 27
    Responsabilidade e prestação de contas, 219-222
    Tornando-a servidora, 48
Advisers Act, 144

AFL-CIO, 168
    Key Votes Survey, 191
    Pontuação dos fundos de investimento, 94
África do Sul
    Pressão para o boicote de empresas e apartheid, 182-183
    Representação de cotistas em trustee boards, 75
Agence France-Presse, 155
Agências de classificação de risco, 20, 127, 150
Agentes fiduciários (trustees)
    Grupos da economia civil, 232
    Marcos na revolução dos proprietários, 88-89
    Representação dos empregados, 85
    Responsabilidade, 85
Ahold, 10, 132
AIG, 162
Ajuda externa, reengenharia, 239-240
Alemanha
    Capitalismo dos stakeholders, 48
    Conselhos de administração, 112

Desafios aos acionistas, 79-80
FLO (FAirtrade Labeling Organizations International), 166
Investidores institucionais, 4, 7-8
Negociações privilegiadas, 115
Sistema de gestão de duas camadas, 115
Allstate, 67, 110
Amalgamated Clothing and Textile Workers Union, 189
Ambachsheer, Keith, 85
Amerada Hess, 96
América do Norte
   Classe de investidores, 6
   Mudança climática como questão de portfólio, 89
   Trabalhadores que se aproximam da idade de aposentadoria, 8
America's Least Valuable Directors, 190
American Association of Public Accountants, 153
American Bar Association, 117
American Express, 105
American Institute of Certified Public Accountants, 153
Anchovia Bank, 105
Anistia Internacional, 97
Análise dos passivos contingentes, 159-160
Análises ambientais, sociais e de governança (ESG – environmental, social and Governance), 95
Analistas financeiros, ver analistas
Analistas, 126-131
   Memorandos de ação, 227-230
Anderson, Bill, 104
Anel de Giges, 40-41, 62
Anglo American, 168
Annan, Kofi, 165
Annunziata, Robert, 109
Apple, 155

Apprentice, The (O Aprendiz), 209
Aquisições, fracasso das, 55
Argus Research, 130
Arthur Andersen, 128, 131, 132, 139
   Acordo em ação judicial de investidores, 137
   Empurrada para fora do mercado, 136
Assessores de voto por procuração, 140-143, 150
Assessores financeiros, 127
   Comunicação de mensagens claras, 230
   Fundos de pensão, 143-146
   Memorandos de ação, 227-230
   Padrões de avaliação do desempenho, 229-230
Association of British Insurers, 142
Association of Chartered Certified Accountants, 168
AT&T Canada, 149
Atitudes da Guerra Fria, 25-27
Ativismo
   Importância para a governança, 163-164
   Impulsão de economias nacionais, 12
Ativos intangíveis, 154, 168-174, 176
Atlantic Monthly, 133
Auckland Institute of Technology, 163
Auditores . *Ver* também contadores.
   Admissão e demissão, 134
   Além da tradicional, 229
   Alinhamento do trabalho com os interesses dos investidores, 127
   Atuação como consultores dos clientes, 132
   Auditorias para os novos capitalistas, 136-137
   Comunicação de mensagens claras, 230

Espectro de probabilidades, 229-230
Mandamentos, 228-229
Memorandos de ação, 227-230
Novos padrões de avaliação do desempenho, 229-230
Regulamentação das auditorias pelos governos, 133-134
Responsabilidade e prestação de contas perante as empresas, 134
Sem conflitos, 229
Auditorias. *Ver* contadores; contabilidade
Auditorias externas, 221
Austrália
Classe de investidores, 6
Desafios para os acionistas, 80
Governança corporativa, 202-203
Investidores institucionais, 4
Mudança climática como questão de portfólio, 89
Representação dos membros (cotistas) nos boards of trustees, 75
UniSuper, 83
Aveda, 165
AXA, 7

Bain & Company, 213
Bakan, Joel, 33
Banco da Inglaterra, 199
ProNed, 237
Banco Nacional de Desenvolvimento Econômico e Social (BNDES), 237
Barbarians at the Gate (Burrough e Helyar), 104
Barclays Bank, 3
Baruch College, Center for Financial Integrity, 94
Bass plc, 56
Bavaria, Joan, 164
Bear Stearns, 130

Bebchuk, Lucian, 112, 115
Becht, Marco, 7
Bélgica e investidores institucionais não residentes, 8
Ben & Jerry's 165
Blair, Tony, 198, 209
Blodgett, Henry, 126, 129, 229
Blogs, 95
Bloomberg, 92
BoardEx, 163
Bogle, Jack, 72
Bolsa de Valores de Bangkok, 238
Bolsa de Valores de Londres, 92
Bolsa de valores de Milão, 238
Bolsa de Valores de Nova York, 107, 115, 133
Bônus (títulos de dívida)
Investment grade (grau de investimento), 146
Boothby, Lord, 106
Booz Allen Hamilton, 119
Bovespa, 238
BP, 22
Brancato, Carolyn, 199
Brandeis, Louis, 42
Brasil
Ações preferenciais, 116
Bovespa, 238
Domínio das empresas, 7
Obrigação dos investidores institucionais de votar e revelar o voto, 86
Brazilian Rubber Plantation, 105
British Telecom, plano de pensão, 4
Broookings Institution, 131
Brown, Gordon, 87
Brown, Lawrence D., 163
BT Pension Scheme, 84, 96, 97
Burd Stephen, 192
Burma Campaign UK, 96, 97
Burma, 96

Burrough, Bryan, 104
Bush, Tim, 134, 136
Business Principles for Countering Bribery, 167
BusinessWeek, 74, 138, 202
Butler, Peter, 139

Cabot, Louis, 103
California State Teachers' Retirement System, 164
CalPERS (California Public Employees' Retirement System), 6, 9, 18, 83, 95, 164, 192
Campaigner's Guide to Financial Markets, The, 197
Campanha GM / Campaign GM (General Motors), 180-181, 206
Campbell Kristen, 126-127
Campbell Soup, 178
Canadá
  Capital institucional global, 10
  Códigos de governança dos investidores, 88
  Desafios para os acionistas, 79-80
Canadá Pension Plan, 238
Caparo v. Dickman, 135
Capital International, 92
Capitalismo
  Críticas ao, 24-32
  Necessidade de proprietários, 10-12
Capitalismo dos stakeholders, 48, 93
Carbon Disclosure Project, 198
Carbon Trust, 85, 238
Carey, Ron, 189
Carta Avon, 81
Caylor, Marcus L, 163
CCGG (Canadian Coalition for Good Governance), 117
Celebridades como conselheiros, 106
Center for Financial Research and Analysis (CFRA), 137
Center for International Private Enterprise, 239
CEOs
  Cuidando dos interesses dos proprietários de ações, 106-107
  Demissões por mau desempenho, 119
  Influência, 104
  Opções sobre ações, 106-107
  Remuneração, 57, 107-108, 220
  Reputação, 193
  Separação das funções de presidente do conselho e executivo principal, 220-221
  Supervisão do, 115
CERES, 164-165, 168, 197-198
Charkham, Jonathan, 199
Cidadãos investidores. *Ver também* proprietários universais
  Conversão de lucro em influência econômica, 233
  Desigualdade entre investidores e não investidores, 6
  Diversificação, 214
  Outorga de poderes aos, 233
  Propriedade de ações pelos, 51-53
  Responsabilidade perante e prestação de contas aos, 15, 227-228
  Supervisão pelos, 62
  Transferência das funções de propriedade para outros, 10
CII (Council of Institutional Investors), 81, 83, 116, 117, 137, 231
Cioffi, John, 74
Circuit City, 110
Círculo de responsabilidade e prestação de contas, 13-19, 22
  Agentes fiduciários de fundos de pensão, 191
  Conselhos de administração, 19

Conserto, 79-84
Debilidade, 228
Empresas, 16-18
Investidores institucionais, 18-19
Mídia, 198-200
Novos códigos de governança corporativa, 119
Obstrução pelos intermediários, 127
Pesquisas, 198-200
Serviços de informações, pressões, 19-22
Citigroup, 71, 130
Clapman, Peter, 79
Classe de investidores na Ásia, 6
Classe de investidores, 6
Clementi, David, 169
Cohen, David, 67
Coldwell Banker, 110
Combined Code, 115
Comdisco, 149
Comissão Européia, 136
Comissão Reguladora de Títulos Mobiliários da China, 115
Commission des Opérations de Bourse, 139
Committee on Workers' Capital, 83, 191
Commonwealth Super, 18
Companhia Holandesa das Índias Ocidentais. *Ver* VOC
Companies Act (lei inglesa sobre sociedades por ações), 135
Comprehensive Anti-Apartheid Act, 182
Comunismo
  Controle sobre o capital, 29
  Crítica ao capitalismo, 29-30
  Cultura de corrupção com base em necessidades, 31
  Economia incivil, 36
  Exercício da propriedade, 29
  Incorporação da moralidade pelas empresas, 31
  Indiferença pela vida humana, 30
  Planejadores centrais, 30
  Prática na Rússia, 30
Conselho Econômico e Social (Nações Unidas), 204
Conselhos de administração, 101-121
  Acionistas (proprietários de ações) minoritários, 103
  Agências de classificação de riscos, 146-149
  Assegurando a liderança empreendedora adequada, 113
  Bonificação para executivos e, 56
  Candidatos, 116-117
  Celebridades nos, 106
  Círculo de responsabilidade e prestação de contas, 19
  Confiança nas classificações, 148
  Conflitos e dificuldades do cargo, 113
  Conselheiros nomeados pelos proprietários, 116-117
  Contabilidade e expertise em mercados financeiros, 112-113
  Curto circuito na supervisão eficaz, 104-15
  De nível único, 115
  Dependência em relação aos acionistas, 112, 115-116, 121
  Diferenças entre as funções do conselho e do CEO, 121
  Diferentes modelos nacionais, 112
  Dividindo as funções de presidente do conselho e de executivo principal, 115, 220-221
  Eleições, 220
  Empresa constitucional, 114-118
  Envolvimento com, 197-198
  Expectativas de eficácia, 113
  Funções dos conselheiros independentes, 115
  Fundos de investimentos, 74

Incompetência, 105-106
Independência em relação à administração, 111-113
Indicação pelos proprietários, 115-116
Influência do CEO sobre, 104-105
Informações, 103-104, 112
Melhoria da responsabilidade e da prestação de contas, 110
Memorandos de ação ao, 211-212
Método do voto múltiplo, 117
Negociações privilegiadas (insider trading), 114
Policiais, 119-121
Prestação de contas, 119
Propensão para contrariar os interesses dos acionistas, 114
Razões para, 112-113
Remuneração do CEO, 106-109
Responsabilidade civil, 112-113
Responsabilidade e prestação de contas, 19, 103
Responsável perante os proprietários, 103
Separação de poderes, 115
Venda de serviços de consultoria e de classificação de risco, 147
Conselhos. *Ver* conselhos de administração
Consenso de Washington, 32
Consolidated Gold Fields, 78
Consultores
    Fornecimento de informações sobre conflitos, 145
    Fundos de pensão, 143-146
    Independência, 145
    Propaganda com base na inexistência de conflitos de interesses, 145
    Relacionamentos com gestores de dinheiro, 144
    Subsídios aos custos dos serviços prestados, 144
    Transações que canalizam dinheiro para os administradores de fundos, 143
Consultores em certificação, 167
Consultores em credenciamento, 167
Consultores em remuneração, 107
Contabilidade, 20, 54-55, 151-176
    Avaliações (classificações) da governança corporativa, 159
    Balanços patrimoniais, 154
    Convencional, 154-155
    Critérios extrafinanceiros, 171
    Critérios não tradicionais, 156-157
    Economia civil, 174
    EVA (Valor Econômico Agregado), 159
    Justificação das decisões de negócios com, 215
    Legado do irmão Luca, 153
    Manipulação de nova geração, 172-173
    Opções sobre ações, 156
    Premissas por trás dos números, 216
    Problemas com os critérios tradicionais, 54-55
    Relatórios sobre intangíveis, 167-174
Contadores, 131-139
    Falhas na detecção de fraudes, 132
    Falhas perante os investidores, 137
    Reino Unido, 135-136
Coréia
    Corporate Governance Service eand Center for Good Corporate Governance, 142
    Domínio das empresas, 7
CorpGovb.net, site, 95, 201-202
Corporate Governance International, 143
Corporate Library, The, 109, 111, 163

Corretoras e pesquisas de mercado. *Ver* analistas.
Cousins, Gregory, 164
CreditSights, 148, 229
CreditSuisse First Boston, 130
Crickey, blog, 202-203
Crise dos mísseis de Cuba, 25-26
Critérios contábeis não tradicionais, 156-157
Crowley, William, 92
Crowne Plaza, 56
Cultura acionária, 10
Culturas empresariais, 46-47

Da Vinci, Leonardo, 153
Davis Global Advisors, 202
Davis, Gray, 164-165
Davis, Stephen, 202
De Klerk, Frederick, 183
Dean Witter, 110
Del Rosário, Albert, 9
Deloitte & Touche, 138
Deloitte, 131, 174
Deloitte Touche Tohmatsu, 168
Deminor Rating, 140
Demografia e propriedade de ações, 8
Departamento do Trabalho dos estados Unidos, 110
Departamento do Trabalho, 76, 80
Department of Work and Pensions, 78
Desempenho operacional, indicadores não financeiros, de, 156
Desempenho relativo, 71-72
Deutsche Bank, 12, 68, 120, 163-164, 168
Deutsche Börse, 92
Deutsche Telecom, 149
Dia do Sorriso, 137
Diageo, 216
Dilema do prisioneiro, 217-218
Dinamarca, fundos de pensão, ATP, 4

Dinheiro, 30
Direitos de dupla votação, 116
Diretores de relações com investidores, 221
Disney e eleições de conselheiros, 117
Diversificação, 49-51
Drucker, Peter, 5, 102
Dynamo, 18

EAI (Enhanced Analytics Initiative), 87-88, 131, 195, 223
Easterbrook, Gregg, 215
Ebbers, Bernie, 105, 129
Economia
    Importância das informações, 242
    Maximização do lucro para os proprietários, 241
    Modelos que descrevem o comportamento do mercado, 240
    Modelos teóricos, 31-32
    Premissas sobre o mercado, 240-241
    Problema principal-agente, 242
Economia civil, 15, 245-246
    Apoio de políticas públicas, 234
    Contabilidade, 174
    Demandas de informações, 157
    Empresas que maximizam o valor, 55
    Empresas, 17
    Espectro de ações para empresas, 51
    Governos como reguladores e árbitros, 233
    Ideal do mercado global implícito em, 17
    Implicações para os economistas, 241
    Instituições de monitoramento, 20
    Organizações dos novos capitalistas, 186-188
    Políticos e formuladores de políticas, apoio, 233-234

Prioridades de políticas públicas para, 234-240
Quadro de referências, 15
Reflexo da sociedade civil, 15
Reflexo de sociedades bem-sucedidas, 233
Relatório anual dos auditores, 133
Responsabilidade e prestação de contas, 22, 62
Transformação do mercado em, 17
Transformação e evolução, 149
Vinculação do capital a valores, 193
Economia global, 243-244
Economic Policy Institute, 13
Economist Intelligence Unit, 157
Economistas e pesquisadores
    Atitudes da Guerra Fria, 27-28
    Expertise interdisciplinar, 242
    Memorandos de ação, 240-242
    Sociedades por ações como instrumentos do capital, 242
Ecossistema dos novos capitalistas, 19-22
Ecumenical Committee for Corporate Responsibility, 185
Edelman, 193
Egan-Jones Proxy Services, 143, 148-149
Eleições para conselhos de administração nos EUA no estilo soviético, 117-118
Embraer, 155
Empregados
    Investimentos em ações da empresa, 75-76
    Más condições de trabalho, 43
    Proteção dos ativos, 189
    Recompensas, 214-215
    Remuneração, 57
    Tratamento justo, 59-60, 217-219
Empregos, 5, 13
Empresa constitucional, 114-118
    Dependência em relação aos acionistas, 115-116
    Eleição de conselheiros nos Estados Unidos no estilo soviético, 117-118
Empresas, 32-36. *Ver também* negócios; sociedades por ações
    Abusos contra acionistas, 114
    Ampla propriedade de, 233
    Anomia e especulação, 114
    Apartheid (África do Sul), 181-183
    Atitudes da Guerra Fria, 27-28
    Auditorias externas das demonstrações financeiras, 238-239
    Avaliação com base em fluxos de caixa futuros, 154
    Comportamento ético, 59
    Concentração onde as habilidades são mais fortes, 58-59
    Constrangida por forças externas, 43-47
    Escolhas de crescimento e retorno, 213-219
    Estatutos limitados a atividades específicas, 41
    Estímulo ao esforço de relacionamento com os stakeholders, 222
    Maximização do valor a longo prazo, 51
    Modernização dos relatórios, 221
    Motivação para atividades, 110
    Obrigações sociais ilimitadas, 60
    Paradigmas (benchmarks) significativos, 156-157
    Profissionalização da diretoria de governança corporativa, 221
    Propriedade legal exercida pelos investidores, 102

Quantificação das características da governança, 163-164
Responsabilidade e prestação de contas internas, 13-14
Responsabilidade e prestação de contas, 26, 61-62
Responsabilidade limitada, 41, 61
Empresas americanas, 132
Empresas da Califórnia, 132
Empresas de contabilidade e supervisão federal, 138
Empresas de Delaware, 132
Empresas de gestão de recursos de terceiros, 69-71 (*ver também* empresas de investimentos, gestores de dinheiro).
   Captação de recursos, não gestão de recursos, 69-71
   Conflito com a matriz, 68-69
   Erros na avaliação do sucesso, 71-72
   Especulação no curto prazo, 72-74
   Honorários, 69
   Impedimentos econômicos e estruturais nas, 68
   Memorandos de ação, 225
   O segredo e o mau exercício da supervisão, 73-74
Empresas de investimentos. *Ver também* empresas de gestão de recursos, gestores de dinheiro
   Confiança nas classificações, 148
   Voto com ações e clientes, 94
Empresas de Nevada, 132
Empresas multinacionais, 32
Empresas seguradoras, 226
End Loans to South África, 181
Ennis, Richard, 145
Enron, 128, 149, 212
   Classificação como investment-grade (grau de investimento), 147

Custos para os cidadãos poupadores, 131-132
Envolvimento sustentável, 186, 231
Eramet, 82
ERISA (Employee Retirement Income Security act), 77
Ernst & Young, 131, 134-135
Erros na avaliação do sucesso, 71-72
ESL, 92
Espanha e negociações privilegiadas, 115
Especuladores a curto prazo, 72-74
Esquemas de remuneração, 107
Esrey, William, 134
Estados, 132-133
Estados Unidos
   Center for International Private Enterprise, 239-240
   Conselheiros e voto múltiplo, 117
   Conselheiros indicados pelos proprietários, 117
   Conselho de administração, 112-113
   Debate político sobre poder das empresas, 29-30
   Eleição de conselheiros nos Estados Unidos no estilo soviético, 116-118
   Eliminação de trustes ou monopólios, 43-44
   Escândalos com fundos e investimentos, 66
   Fiscalização federal sobre empresas de contabilidade, 138
   IRAs, 66
   Minifúndios e pequenas empresas, 29
   Normas contábeis nos EUA (GAAP), 136
   Propriedade e controle do capital por pessoas físicas, 26
   Sarbanes-Oxley, lei, 111
   Suspeita quanto ao poder do estado, 29

Estates Ltd. 105
Estreito de Le Maire, 32
Estruturas piramidais, 116
Estudo "In the Dark", 174
Europa
    Investidores institucionais e questões ambientais, 158
    Pesquisa independente de ações, 130-131
    Propriedade de ações, 7
Euroshareholders, organização, 83
E-USS (Ethics for USS), 195
EVA (Economic VAlue Added), 159, 161
Everything about Arithmetic, Geometry and Proportions, 153
Executivos
    Círculo de responsabilidade e prestação de contas, 16-18
    Memorandos de ação, 211-222
    Remuneração vinculada ao tamanho da empresa, 55-56
    Varas de falência que concedem pacotes de remuneração a, 58
Expedição de Le Maire (1615), 33-34
Experimento Coloplast, 169-171, 175, 221
Exxon Valdez, 164, 165, 230

F&C Fund Management, 184
FairPensions, projeto, 95, 196
Falhas na avaliação do sucesso, 71-72
FEA (Free Enterprise Action Fund), 196
Federal reserve Bank of Boston, 103
Fels, Allan, 165
Ferramentas de defesa dos investidores, 95-96
Ferramentas de mercado, 93-96
Fidelity, 3, 6, 74, 92
Financial times, 142, 201
Fiorina, Carly, 68, 71
Fitch, 95, 146, 147, 150
FLO (Fairtrade Labeling Organizations International), 166
Ford, 149
Fornecedores de ativismo, 93
Fornecedores, tratamento com justiça, 59-60, 217-219
Fórum Econômico Mundial (Davos, Suíça), 165
França
    Códigos de governança dos investidores, 88
    Eramet, 82
    Investidores institucionais, 4, 7-8, 86
    Negociações privilegiadas, 115
    Regulamentação das empresas de contabilidade, 138-139
Fried, Jessé, 112, 116
Friedman, Milton, 40-42, 49, 51, 54
Friends Provident, 184
Fund Democracy, 95
Fundo Monetário Internacional, 178
Fundos
    Ações nos EUA e, 4
    Cobrança de honorários, 227
    Padrões de informação e visão mais realista das empresas, 157
    Perfis dos fundos nos mercados de capitais, 199
    Prevenção de seqüestros, 158-160
    Responsabilidade e prestação de contas, 85
    Valor capaz de gerar rendas no futuro, 54
    Valor para pagar rendas futuras, 54
Fundos ativistas, 89-98
Fundos de hedge, 19, 90-92
Fundos de investimento
    Assessoria sobre como votar com ações, 140-141
    Código voluntário, 87

Conselhos de administração, 74
Desempenho a curto prazo, 19
Investimentos em, 3
Lobby de grupos da nova economia, 232
Mau exercício da supervisão, 73-74
Questões trabalhistas, 94
Rotatividade anual, 73
Seleção de, 226
Fundos de pensão
Assessores, 143-146
Assessoria sobre como votar com as ações, 140
Ativos (recursos), 4
Cães de guarda da responsabilidade e prestação de contas, 91
Círculo de responsabilidade e prestação de contas, 191
Código voluntário, 87
Cofre de porquinho, 76-77
Como proprietários universais, 13
Consultores, 143-146
Envolvimento como proprietários civis, 99
Exigência de voto, 81
Falhas, 99
Fundos fiduciários, 78, 145
Gestores de empresas, 75
Impedimentos à responsabilidade e prestação de contas, 111
Indutores (vetores) de mudança, 84-88
Influência sobre conselhos de administração, 191-192
Inspeção externa, 237
Integridade da supervisão, 237
Modernização da governança dos agentes fiduciários, 237
Não representação dos membros, 75
Obrigação fiduciária, 6-7
Planos de contribuição definida, 6
Políticos e formuladores de políticas, 235
Porteiros-chefes, 143-146
Preservação dos direitos dos acionistas, 81
Questões sociais nos investimentos, 195
Relatório de desempenho, 77-78
Reino Unido, 79
Representação dos interesses dos membros, 75-76
Responsabilidade e prestação de contas, 77, 237-238
Responsabilidade social, 238
Revolução das auditorias, 236
Riscos extrafinanceiros de longo prazo, 238-239
USS (Universities Superannuation Scheme), 194-195
Voto por procuração, 81-82
Fundos de pensão da cidade de Nova York, 83, 164
Fundos dos novos capitalistas, 63

Galbraith, John Kenneth, 109
GAO (Government Accountability Office), 76-77
GAP, 110
Gartmore Investment Management, 87
Gates, Bill, 154
GE (General Electric)
Limpeza de PCBs, 158
Pressões intensas de consumidores e investidores sobre, 22
Proprietários da, 3-4
Gekko, Gordon, 40
General Motors, 154, 180-181
Georgia State University, 163
Gestão de fundos
Alinhamento com os interesses dos investidores, 224-225

Classificação / avaliação, 95
Como supervisores do dinheiro dos sindicatos, 189
Controle de riscos, 72
Debilidades, 99
Estruturas de honorários que fomentam a propriedade, 80-81
Inação como proprietários engajados, 71
Mar de mudanças em, 89-93
Nova categoria de investimentos, 89-90
Prestação de contas sobre voto nas assembléias, 95
Reinvenção dos incentivos, 90-93
Segregação das transações financeiras, 89
Gestores
    Atuação com base nos interesses próprios, 34-35
    Busca sistemática do crescimento, 213
    Desempenho social das empresas, 217
    Escolhas crescimento ou retorno, 213-219
Gestores de dinheiro
    Assessoria sobre como votar com ações, 140
    Assunção das responsabilidades da propriedade, 224-225
    Influência sobre os conselhos de administração, 191-192
    Relacionamentos com consultores, 144
Glass, Lewis, agencia de voto por procuração, 142-143, 229
Global Corporate Governance Academic Networki, 199
Global Corporate Governance Forum, 239

Global Crossing, 108-109
Global Institutional Governance Network, 223
Global Proxy Watch, 202
Globalização
    Protestos de rua contra, 206
    Ressentimento público, 22
GMI (Governance Metrics International), 111, 162-163
Goldin, Harrison J., 81, 164
Goldman Sachs, 130, 155, 191
Goode Committee, 76
Goto.com, 126
Governança corporativa
    Análise remunerada, 20
    Classificações (ratings), 159
    Notícias e análises, 201-202
    Profissionalização da diretoria responsável, 221
    Riscos, 20
Governance for Owners, 139
Governos
    Agenda para formuladores de políticas, 23
    Eliminação de trustes e monopólios, 43-44
    Estímulo aos cidadãos poupadores, 235
    Padrões mínimos de divulgação de informações, 157
    Programas de aposentadoria, 8
Grande Depressão, 133, 153
Grasso, Richard, 108
Greenberg, Maurice, 162
GRI (Global Reporting Initiative), 167-171, 221
Grubman, Jack, 126, 129, 130, 228
Grupos da economia civil, 177-206, 231-232
Guide to Shareholder Activism, 197

Hanson PLC, 82
Hardie, Keir, 29
Harrigan ,Sean, 192
Havesi, Alan G., 132, 137
Hawley, James, 13, 74
Hazelwood, Joseph, 164
Helyar, John, 104
Hermes, 12, 18, 90, 96, 139, 223
   Atendendo às demandas de dois grandes acionistas, 96
   Como catalisador da mudança na Premier Oil, 97
Hewitt, Patrícia, 87
Hewlett, Walter, 68
Hewlett, William, 68
Higgs, Derek, 106
HIH, 10, 132, 200
Hipócrates, 219
Holiday Inn, 56
Honeywell, 141
Houseman, John, 67
"How Responsible is our Pension?", 197
HP (Hewlett-Packard), 67-68
Huffington, Arianna, 33
Huntington Life Sciences, 204

ICCR (Interfaith Center on Corporate Responsibility), 165, 183-185
   Campanhas de acionistas globais, 187
   Centralização das pesquisas de ativistas, 84
   Intermediários, 187
ICRA, 163
Idade Média, 27-29
IFAC (International Federation of Accountants), 137
   Public Interest Oversight Board, 137
Incentivos
   A reinvenção por gestores de fundos, 90-93

Maximizar valor a longo prazo, 57
Independent Fiduciary Services, 85
Independent Pension Trustee Group, 85
Independent Research Think Tank, 130-131
Índia
   ICRA, 163
   Regras SEBI, 115
Informações sobre intangíveis, 167-174
Informações
   Conselhos de administração, 103-104, 112
   Empurradas pela oferta das empresas, 157
   Importância, 242
   Legitimidade e manifesto capitalista, 159
   Necessidade de diferentes tipos, 158
   Poder e, 128
   Propriedade, 157-158
   Puxadas pelas demandas dos novos capitalistas, 157
   Riscos ambientais, 158
   Visão realista das empresas, 157
Inglaterra. *Ver também* Reino Unido
   Agentes fiduciários de fundos de aposentadoria, 75, 85
   Caso Maxwell, 76
   Conselhos de administração, 113
   Contadores, 135-136
   Departamento de Trabalho e de Pensões, 78
   Desafios para os acionistas, 79-80
   Escândalos no mercado de ações, 35
   Investidores Institucionais, 4
   Mudança climática como questão de portfólio, 89
   NAPF (National Association of Pension Funds), 83
   Pensions Act, 76, 85
Ingrassia, Lawrence, 201

Injunções e potências financeiras, 130
Institutional Investor Summit on Climate Risk, 198
Institutional Shareholders Committee, 87
Institututional Investor Program (Columbia University), 198-200
Intercontinental, 56
Interesses especiais, 158-160
Intermediários
    Alinhamento do trabalho com os interesses dos investidores, 127
    Círculo de responsabilidade e prestação de contas, 127
    Contadores, 131-138
    Pouca atenção aos, 128
International Advisory Board, 104
International Corporate Governance Network, 83, 117, 169, 223, 224
International Finance Corporation, 224, 238
International Finance Corporation, Banco Mundial, 238
International Paper, 79
Investidores
    Assunção de atribuições fiduciárias, 117
    Atuação com locatários de participações societárias, 66
    Coalizões, 187
    Diferentes caminhos para o poder, 83
    Escolha de agentes, 225-226
    Memorandos de ação, 225-227
    Nomeação dos auditores, 139
    Passividade, 66
    Relatórios anuais para, 133
    Seleção de fundos, 227
    Voto em questões críticas, 220
    Investidores institucionais, 66, 67
        Capacidade de influenciar o futuro econômico de países, 4-5
        Círculo de responsabilidade e prestação de contas, 18-19
        Como co-proprietários de empresas, 222-223
        Envolvimento dos acionistas, 223
        Estruturas e incentivos, 224-225
        Melhoria do desempenho das empresas, 222-223
        Memorandos de ação, 222-225
        Operações com ações, 223
        Pesquisa de riscos a longo prazo, 222-223
        Práticas gerenciais, 222-223
        Profissionalização das habilidades no exercício da propriedade, 5
Investidores ligados a religiões
    Afirmação dos direitos de propriedade, 186
    Campanhas de acionistas globais, 188
    Construção de coalizões de investidores, 186-187
    Pesquisas ativistas, 187
    Procurações para voto, 184-185
    Regras para o envolvimento sustentável, 186-188
    Responsabilidade social, 183-185
    Temas de campanhas multitarefas, 187
Investimentos com responsabilidade social, comunidade, 166
Investment Advisers Act, 144
Príncipios de Proteção do Investimentos (Investment Protection Principles), 88, 130
Investor Capitalism (Useem), 199
Investorside, 130
IRAs, 66
Iridian Asset Management, 67
ISA, 3

ISS (Institutional Shareholder Services), 110, 111-112, 117, 135, 140-142, 163
ISSO (International Organization for Standardization), 167
ISSO 14000 (gestão ambiental), 167
ISSO 9000 (gestão da qualidade, 167
IVIS, 142

Jacob, Charles, 184
Japão
    Conselhos de administração, 112
    Domínio das empresas, 7
    Fundos de pensão, 75
    Grupos Sokaiya, 21-22, 204
    Investidores institucionais não residentes, 8
    Investidores institucionais, 4
    Velho estilo de empresas no, 161
Jensen, Michael, 11, 108
John, Sir David, 97
Johnson, Ross, 104
Johnson, Thomas, 155-156
Jones, Tom, 71
JPMorgan, 130
Just Pensions, projeto, 85

K.P.A. Adivisory, 85
Kaplan, Robert, 155-156
Keiretsu, 161
Kellett, Stiles, 105
Kennedy, John F., 26
Key Votes Survey, 191
King, J. Joseph, 138
Kissinger, Henry, 105
Kmart, 92
Knupp, Ennis, 145, 229
KPMG, 131
Kreps, Juanita, 105

Lampert, Eddie, 92, 141
Landes, David, 241

Le Maire, Isaac, 33-34
Legg Mason, 89
Lehman Brothers, 130
Leroy, Pierre Henri, 139
Lev, Baruch, 154
LexisNexis, 201
Liderança imperial, 120
Ligados a religiões
    Fundos de supervisão, 184
    Grupos de cidadãos, 206
Lintstock, 95
Liquidnet, 73
Lisle, Illinois, 138
Livedoor, 10
Lorde Oliver, juiz, 136
Lowenstein, Louis, 198-199
LPA (lucro por ação), 171
Lucro
    Conseqüências sociais positivas, 42
    Maximização como objetivo (doutrina de Milton Friedman), 42
Lukomnik, Jon, 148

Machold, Roland, 80
Madison, James, 200
Malaysian National Oil Company, 96
Manda-chuvas da informação, 20
    Conflitos de interesses, 128-129
    Disfunções entre, 127
    Lapsos éticos, 129-130
    Qualidade e competência, 150
Mandela, Nelson, 182, 183
Manifest, 143
Manifesto Capitalista, 16-17, 39, 53-63, 211-219
    Comunicar-se, 61-62, 219
    Concentrar-se onde as necessidades são mais fortes, 58-59, 215
    Crescer apenas onde se cria valor, 55-57, 212-213

Criar valor, 53-55, 212
Manter-se afastado da política partidária, 61, 217
Não desperdiçar capital, 58, 214
Promover regulamentação adequada, 60-61, 216-217
Remunerar as pessoas com justiça e fazer as coisas certas, 57, 215
Renovar a organização, 59, 216
Ser lucrativo, 53-55, 212
Tratar os clientes, os fornecedores, os trabalhadores e as comunidades com honestidade, 59-60, 217-219

Manifesto Comunista, O (Marx), 26.
Mão invisível, 28, 43-44
Marshall, Alfred, 242
Marx, Karl, 26
Massie, Robert, 167, 198
Maxwell Communications, 120
Maxwell, Robert, 76, 132, 201
Mayer, Colin, 7
Mayne, Stephen, 202-203
McGurn, Pat, 135
McKinsey & Company, 11, 12, 13
McRitchie, James, 95, 201-202
Means, Gardiner, 51
Medline, John, 104
Meeting the Responsibilities of Ownership: Our Proposal to USS", relatório, 195
Memorandos de ação, 23, 211-242
  Analistas, assessores e auditores, 227-230
  Conselheiros e executivos de empresas, 211-222
  Economistas e pesquisadores, 240-242
  Grupos da economia civil, 230-232
  Investidores institucionais, 222-225
  Investidores, 225-227
  Políticos e formuladores de políticas, 233-240

Mensuração
  Criação de valor, 160-164
  Sustentabilidade, 164-166

Mercado de ações, crash de 1929, 133, 153
Mercados, 43-44
  Evolução para a economia civil, 16
  Monitoramento, 20
Mercer, 95
Merck, 230
Merrill Lynch, 126, 129, 143
Messier, Jean-Marie, 138
Microsoft, 154-155
Mídia
  Círculo de responsabilidade e prestação de contas, 198-200
  Papel de cão de guarda, 203
Midland Bank, 181
Millstein, Ira, 111, 142, 198-199
Ministério do Comércio e da Industria, 139
Minow, Nell, 109, 141, 200
Mirror Group, 76
Mississippi Company (France), 35
Modernização dos relatórios, 221
Molex, 138
Monks, Robert A. G., 11, 81, 110, 141
Monopólios, 29-30
Monstro de Frankenstein, 42-48
Moody's, 147, 150
Morgan Stanley, 130
Morley, 139
Morningstar, 94
Movimento cooperativo, 45
Mukherjee, Andy, 9
Müntefering, Franz, 84
Murphy, Kevin, 108
Murphy, W. R., 178
MVC Associates International, 108

Myners Report, 87-88
Myners, Paul, 78, 87-88

Nacchio, Joseph, 129
Nader, Ralph, 180
National Association of Pension Funds, 83, 85, 140
National Council on Teachers Retirement, 67
National Labor College, 85
National Press Building, 180
NBC, 209, 210
NCR, 104
Negociações privilegiadas, 114
Negócios
    Atribuição de maximizar o valor, 54
    Nova cultura dos, 243
    Novas instituições para monitorar, 210-211
    Objetivo empreendedor dos, 120
    Regra de Ouro, 218-219
    Senso de ética, 47
    Ver também sociedades por ações
New York Times, 142, 201
Nianmar, 96
Nike, 22
Normas contábeis nos EUA (GAAP), 136
Normas trabalhistas internacionais, 167
Northeastern University, 103
Novo Mercado, 116
Novos arcabouços de desempenho, competência, responsabilidade e prestação de contas, 119
Novos capitalistas, 36, 63
    Agenda, 22-23
    Auditoria, 136-137
    Círculo de responsabilidade e prestação de contas, 13-19
    Decisões sobre gestão de recursos, 225
    Direção de empresas, 48

Diversificação, 49-51
Exigências, 51
Expectativas quanto à eficácia dos conselhos de administração, 113-114
Ferramentas para monitoramento dos agentes, 99
Questionamento das funções e atribuições dos conselhos, 109-110
Regras conducentes ao sucesso do sistema econômico, 50
NRSRO (Nationally Recognized Statistical Rating Organization), 147

OCDE (Organização para Cooperação e Desenvolvimento Econômico), 82, 234, 239
Ogger, Günter, 33
One.Tel, 10
ONGs (organizações não-governamentais), 206
    AccountAbility, 196
    Critério básico para, 204
    Diretrizes e normas nacionais, 204-205
    FEA (Free Enterprise Action Fund), 196
    Licença para operar, 203
    Transparência, responsabilidade e prestação de contas, 205
ONTÁRIO Teachers, 18
ONTÁRIO Teachers' Pension Plan, 84
Operadores de mercado versus proprietários de ações, 214
Organização Mundial do Comércio, 178, 204
Organizações
    Avaliação da sustentabilidade das, 159-160
    Pensamento grupal, 219
    Renovação, 59, 216

Pacioli, Irmão Luca Bartolomeo, 21, 153
Pacto Global (Global Compact), 165
Países Baixos
   ABP, 4
   FLO (Fairtrade Labeling Organizations International), 166
   Governança dos investidores, 88
   Investidores institucionais, 4, 7-8
Paradigmas (benchmarks) significativos, 156-157
Parmalat, 10, 132, 200
Patterson, Bill, 190-191
Paywatch.org, site, 192
PCAOB (Public Company Accounting Oversight Board), 136
Penfida Partners, 85
Penn Central Railroad, 102-104
Pensions Act, 85
Pensions Management Institute, 85
People & Planet, 195
PetroChina, 191
PETRONAS, 96
Pfizer, 118
Philippine Manila Composite Indez, 9
Phillips, David, 174
PIMCo, 148
Piper Jaffray, 130
PIRC, 143
Pitt-Watson, David, 86
Plan Sponsor, 85
Planejadores financeiros, busca de, 226
Plano de benefício definido, 235
Plano de contribuição definida, 3, 6
Plano de pensão dos trabalhadores em mineração, 4
Políticos e formuladores de políticas, memorandos de ação, 233-240
Polly Peci, 10
Porteiros, 143-146
   Vigilância, 187
Prática gerencial
   Associando habilidades organizacionais a oportunidades de mercado, 216
   Comunicação, responsabilidade e prestação de contas, 219
   Criação de valor, 212
   Investidores institucionais, 222-223
   Melhoria do capital investido no negócio, 212
   Motivação dos empregados, 211
   Novas estratégias para a remuneração de executivos, 214-215
   Política partidária, 217
   Ser lucrativa, 212
   Tratar com justiça e honestidade clientes, fornecedores, trabalhadores e comunidades, 217-219
   Vantagem competitiva, 211-222
Premier Oil, 96-98
Prince William Sound, 164
Princípios CERES, 165
Princípios de Valdez, 164-165
Problema principal-agente, 35, 242
Prudential, 67, 148, 169
Profissionalização da diretoria de governança corporativa, 221
Projeto sobre Responsabilidade Corporativa, 180
ProNet, 237
Propriedade
   Afirmação de direitos, 186
   Amplamente difusa, 235
   Dados sobre, 7
   Habilidades, 73
   Marcos da revolução, 88-89
   Questões econômicas, 32
Propriedade ativa, 92-93

Proprietários
  Ativismo em nome dos, 18
  Economia civil, 18
  Maximização do lucro para, 241
  Meios de exercer direitos, 93
Proprietários de ações, 18, 210
  Dependência do conselho de
    administração em relação aos,
    115-116
  Devolução do excesso de caixa aos,
    55-56
  Diálogo com, 61-62
  Direito de indicar candidatos ao
    conselho, 116
  Evasão da responsabilidade e
    prestação de contas
    perante, 116
  Gueto de informação, 157
  Preservação de direitos, 81
  Propostas para votação em empresas
    americanas, 79
  Qualidade e competência dos
    manda-chuvas da informação,
    149
  Questões críticas, 220
  Responsabilidade e prestação de
    contas, 121
  Riscos ambientais, 158
  Sindicatos trabalhistas como
    ativistas, 190
  Versus acionistas, 18
  Versus operadores de
    mercado, 214
Proprietários universais, 51-53
  Diversificados, 55
  Regulamentação 216-217
Proxinvest, 139, 142
Proxy Governance, 142
PwC (PricewaterhouseCoopers), 131,
  169-171, 174-175

Questões ambientais
  Investimentos, 157-158
  Riscos financeiros, 164-165
Qwest, 129

Rainwater, Richard, 141
Reagan, Ronald, 182
Reengenharia da ajuda externa, 239-240
Regra de Ouro, 218
Regra do julgamento em negócios, 136
Regulamentações, 44-45, 47, 63
  Busca de formas apropriadas, 60-61
  Propriedade universal, 216-217
  Sem causar danos colaterais, 216-217
  Transparência, 84-85
Reino Unido. *Ver também* Inglaterra
  BoardEx, 163
  Carbon Trust, 238
  Combined Code, 115
  Cultura de governança dos fundos,
    87-88
  Fundos de pensão, 78
  Institutional Shareholders
    Committee, 87-88
  ISAs, 66
  Ministério do Comércio e da
    Indústria, 139
  Normas contábeis, 136
  Recrutamento de conselheiros não
    executivos de alta qualidade, 238
  Relatório Myners, 87
  Split-capital trusts, escândalo, 66
  Voto e ativismo dos investidores, 82
Relational Investors, 90
Relatório de análise de valor, 174
Relevance Lost (Johnson e Kaplan), 155
Relevance Regained, (Johnson), 156, 170
Remuneração, *Ver* CEO
Remuneration (Jensen, Murphy e
  Wruck), 108
Reputação, 47

Responsabilidade ambiental, 194-198
Responsabilidade e prestação de contas (accountability)
  Administração, 219-222
  Aumento do valor para os acionistas 120
  Ciclo de. *Ver* ciclo de responsabilidade e prestação de contas.
  Cidadãos investidores, 15, 227-228
  Conselhos de administração, 19, 103, 110
  Fundos de pensão, 77
  Grupos da economia civil, 231-232
  Investidores institucionais, 15, 84
  Mídia, 200-201
  ONGs, 205
  Padrões de, 15
  Políticas do setor público, 237
  Sociedades por ações (corporations), 14, 22, 61, 62, 245
Responsabilidade social, 179-180, 194-198
  África do Sul e apartheid, 182-183
  Comunidade religiosa e, 183-185
  Fundos de pensão, 238
  General Motors, 180-181
Revolução Industrial, 27, 36
Richard, Lori, 145
Ripley, William Z., 133
Riqueza das Nações, A (Smith), 27
Rivel Research Group, 171
Rivel, Brian, 171
RJR Nabisco, 104
Robinson, Jimmy, 105
Robinson, Randall, 182
Roosevelt, Franklin D., 30, 133
Roosevelt, Theodore, 30
Russian Ijnstitute of Directors, 163

S&P (Standard & Poors), 146 147, 150
Safeway, 193
SAI (Social Accountability International), 167
Salário-mínimo, 45
Salustro-Reydel, 139
Sanford C. Bernstein, 130
SAP, 154
Sarbanes-Oxley Act, 112, 134-136
Schilit, Howard, 137
Schoroders, 169
Sears, Roebuck and Co., 92, 110
SEBI, regras, 115
SEC (Securities and Exchange Commission), 74, 143
  Office of Compliance Inspections and Examinations, 145
Securities Act, 133
Seguradoras, código voluntário para, 87
Seguro de vida
  Anuidade, 3-4
  Famílias, inglesas, 6
Senhor dos Anéis, 40-41
Sexta-Feira Negra (Black Friday), 133
SHARE, 85
  Desafios, 80
  Empresas que geram lucro para, 113
  Investimentos convencionais, 18
Shell, 8
Sherman, Howard, 141
Sindicatos
  Ampliação da autoridade, 30
  Conversão de missão de valores em missão de dinheiro, 192
  Fundos de pensão, 206
  Safeway, controvérsia, 192
  Transformação em organizações da sociedade civil, 189
Singer, Isaac Bashevis, 243
Sites como foros de investidores, 93
Six Continents, 56

Skandia, 10
Smith & Hawkin, 165
Smith, Adam, 27-28, 35-36, 43, 59, 242
Smith, Andy, 165
Smith, Tim, 184
Sociedade civil, 15-20, 245
   Mídia de informações, 200-201
   Vínculos com a economia civil, 15-20
Sociedade de responsabilidade, limitada, 41, 61
Sociedades por ações (corporations), 32-63. Ver também negócios; empresas.
   Abuso de poder, 10-11
   Alinhamento com os interesses dos novos capitalistas, 20
   Alinhamento com os proprietários de ações, 13
   Autopoliciamento, 216-217
   Círculo de responsabilidade e prestação de contas, 16-18
   Como o monstro de Frankenstein, 43-47
   Contabilidade e prestação de contas, 14, 15, 127, 245
   Cultura empresarial, 46-47
   Definição da estratégia pelos acionistas, 48
   Definição dos relacionamentos com terceiros, 157
   Eleições, 140-143
   Exclusividade da maximização do lucro, 42
   Falta de responsabilidade e prestação de contas, 11, 120
   Fortalecimento das auditorias, 239
   Medida da criação de valor pelas, 160-164
   Mercados e a mão invisível, 164-166
   Novos códigos de governança, 119
   Padrões mínimos de divulgação de informações, 157
   Perigos, 34-35
   Problema principal-agente, 35
   Propriedade dos acionistas, 49
   Regras para o envolvimento sustentável, 186-188
   Regulamentação, 44-45, 47
   Responsabilidade ambiental, 194-198
   Responsabilidade social, 180, 194-198
   Restrições às operações, 39, 43-47
   Segregação entre propriedade e gestão, 35
Sócrates, 40
Sokaya, gangsters japoneses, 21-22, 204
Sonnenfeld, Jeff, 209
South African Human Rights Commission, 168
South Sea Company (Inglaterra), 35
Sparx, 18
Spitzer, Eliot, 86, 130
Split-capital trusts, escândalo, 66
Sprint, 135
Stakeholders, 222
Stanford University, 12
State Street, 3
Statement ou Institutional Shareholder Responsibilities, 224
Stern Stewart & Co, 161
Sticht, Paul, 104
Strine Jr., Leo, 117
Suécia
   Investidores institucionais, 4, 8
   Nomeação dos auditores pelos investidores, 139
Summa de Arithmetica, Geometria, Proportioni et Proportionalita, 153
Summers, Lawrence, 66, 73
Sun Company, 165
Sunbeam, 120

SustainAbility, 167, 205
Sustentabilidade, 175, 215
    Diretrizes, 167-168
    Mensuração, 164-166
    Observância das normas, 166-167
Sykes, Allen, 78
Sylvester, Ken, 165

Taft-Hartley, fundos, 75, 77
Tailândia
    Rating and Information Services, 15
    Voto como acionista por
        investidores institucionais, 86
Tappin, Todd, 126
Taskforce on Churches and Corporate
    Responsibility, 185
Tata, 168
Taxin, Greg, 143
TCI, 92
Teamsters, 190
Office of Corporate Affairs, 189
Tellus Institute, 168
Templeton, 18
Terra do Fogo, Argentina, 32
Think tanks sobre capitalismo liderado
    pelos investidores, 199-200
TIAA-CREF, 74, 79
Times, The (Londres), 82
Today's Trustee, 85
Trabalho
    Adaptação da linguagem da gestão
        de fundos, 191-192
    Agentes fiduciários de fundos
        de pensão e círculo de
        responsabilidade e prestação de
        contas, 191-192
    Ativismo dos proprietários de ações,
        190
    Como capitalistas, 189-193
    Interesse no bem-estar das empresas,
        189
    Padrões, 167
    Testando a água do ativismo dos
        proprietários de ações, 189
Trades Union Congress, 85
TransAfrica, 182
Transparência Internacional, 167
Transparency Initiative, 51
Três Is, 102-196
3iG (International Interfaith Investment
    Group) 185
Trump, Donald, 209, 210
Trustes, desmembramento, 29-30
Tugwell, H. W., 105
TurnBull, Shann, 139
Tyco, 10

UBS Warburg, 130
UK Society of Investment Professionals,
    85
UKSIF (UK Social Investment Forum),
    198
Última Ceia, A, 153
União Européia, eliminação de trustes e
    monopólios, 43-44
União Soviética, 26, 31
Unilever, 8
UniSuper, 83
United Airlines, 86
United Nations Principles for
    Responsible Investment, 247
University of Maastricht, 163
University of Michigan, 12
Unruh, Jessé, 80
Unseen REvolution, The (Drucker), 5
Useem, Michael, 19
USS (Universities Superannuation
    Scheme), 194-195

Valor
    Conversão de missão de valores em
        missão de negócios, 186

Criação ou destruição de, 160-164
Criadores de, 154-157
EVA – Economic Value Added
   (Valor econômico agregado), 161
   Mensuração do, 160-164
   Para quem, 162
Vanguard, 72-74
Varas de falência, 58
Vioxx, 230
Vivendi, 138-139
VOC (Vereenigde Oost-Indische Compagnie), 33-34, 179-180
Voto duplo, 116

Wall Street Journal, 40, 142, 201
Wall Street, 191
Wal-Mart, 109, 190
Washington Post, 142
Watergate, investigação, 200
Wayman, Robert, 68
Webb, David, 202
Webb-site.com, blog, 94, 202
Weil, Gotshal & Manges, 111
Western Asset Management, 148
WH Smith, fundo de aposentadoria, 86
White, Allen, 167
White, Crispin, 185
Williams, Andrew, 13, 74
Wood, Kimba, 189-190
Woodward, Bob, 200
World Bank, 178, 224
WorldCom, 10, 105, 128-129, 148, 212
   Custo para os cidadãos poupadores, 131-132
   Falta de responsabilidade e prestação de contas, CEOs imperiais, 120
   Grau de investimento, 146
   Sprint em negociações com, 134
Wruck, Erick, 108

Cadastre-se e receba informações sobre nossos lançamentos, novidades e promoções.

Para obter informações sobre lançamentos e novidades da Campus/Elsevier, dentro dos assuntos do seu interesse, basta cadastrar-se no nosso site. É rápido e fácil. Além do catálogo completo on-line, nosso site possui avançado sistema de buscas para consultas, por autor, título ou assunto. Você vai ter acesso às mais importantes publicações sobre Profissional Negócios, Profissional Tecnologia, Universitários, Educação/Referência e Desenvolvimento Pessoal.

Nosso site conta com módulo de segurança de última geração para suas compras.
Tudo ao seu alcance, 24 horas por dia.
Clique www.campus.com.br e fique sempre bem informado.

www.campus.com.br
É rápido e fácil. Cadastre-se agora.

Outras maneiras fáceis de receber informações sobre nossos lançamentos e ficar atualizado.

- ligue grátis: **0800-265340** (2ª a 6ª feira, das 8:00 h às 18:30 h)
- preencha o cupom e envie pelos correios (o selo será pago pela editora)
- ou mande um e-mail para: **info@elsevier.com.br**

Nome: _____
Escolaridade: _____ ☐ Masc ☐ Fem   Nasc: __/__/__
Endereço residencial:_____
Bairro:_____ Cidade:_____ Estado:_____
CEP: _____ Tel.: _____ Fax: _____
Empresa:_____
CPF/CNPJ: _____ e-mail:_____
Costuma comprar livros através de: ☐ Livrarias ☐ Feiras e eventos ☐ Mala direta
                                    ☐ Internet

Sua área de interesse é:

☐ **UNIVERSITÁRIOS**
☐ Administração
☐ Computação
☐ Economia
☐ Comunicação
☐ Engenharia
☐ Estatística
☐ Física
☐ Turismo
☐ Psicologia

☐ **EDUCAÇÃO/ REFERÊNCIA**
☐ Idiomas
☐ Dicionários
☐ Gramáticas
☐ Soc. e Política
☐ Div. Científica

☐ **PROFISSIONAL**
☐ Tecnologia
☐ Negócios

☐ **DESENVOLVIMENTO PESSOAL**
☐ Educação Familiar
☐ Finanças Pessoais
☐ Qualidade de Vida
☐ Comportamento
☐ Motivação

20299-999 - Rio de Janeiro - RJ

O SELO SERÁ PAGO POR
Elsevier Editora Ltda

CARTÃO RESPOSTA
Não é necessário selar

Cartão Resposta
050120048-7/2003-DR/RJ
Elsevier Editora Ltda
CORREIOS

GRÁFICA PAYM
Tel. (011) 4392-3344
paym@terra.com.br